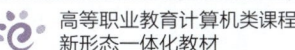
高等职业教育计算机类课程
新形态一体化教材

高等职业教育"新专标"
计算机类课程系列教材

网络互联技术项目化教程

主编 陈高锋 杨雪菲

U0771562

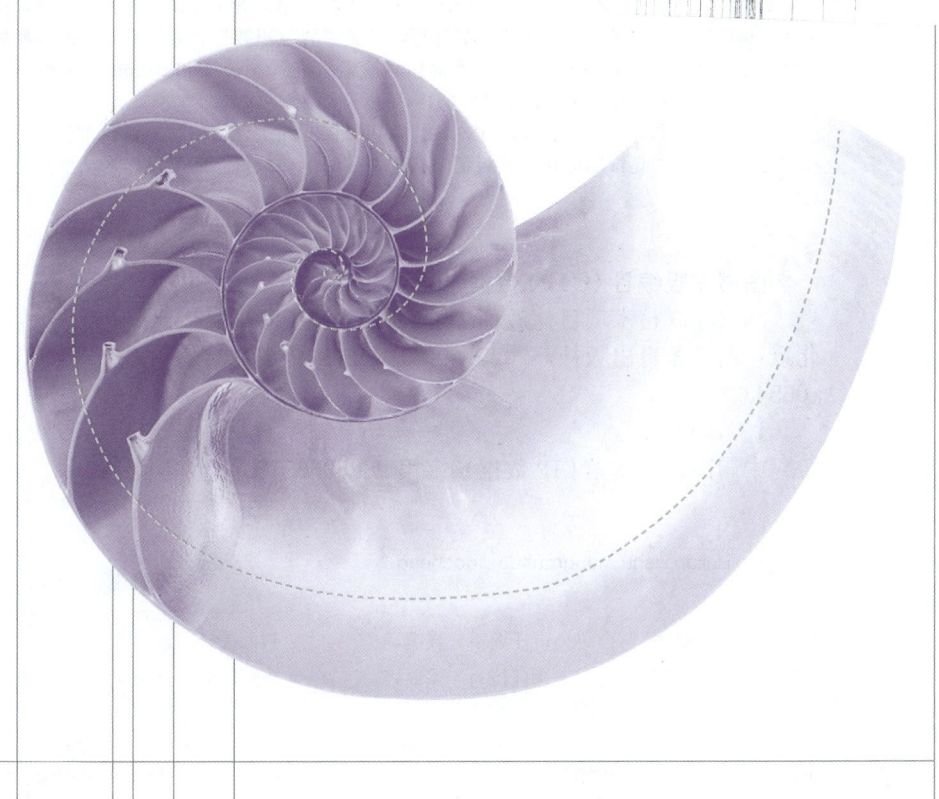

中国教育出版传媒集团

高等教育出版社·北京

内容提要

本书为高等职业教育"新专标"计算机类课程系列教材之一，同时为高等职业教育计算类课程新形态一体化教材。

本书以生产实际典型工作任务为载体，基于华为交换机、路由器等网络产品，以 eNSP 为实践平台，以企业真实的案例实施为主线组织教学内容。全书共分为 9 个项目，23 个工作任务，主要内容为：项目 1 认识网络和网络设备，包括认识常见网络设备、使用华为 eNSP 模拟器、搭建简单网络共 3 个工作任务；项目 2 部署交换网络，包括组建简单局域网、构建 VLAN 虚拟局域网、VLAN 间通信共 3 个工作任务；项目 3 部署路由网络，包括配置静态路由与默认路由、配置单区域 OSPF 协议、配置多区域 OSPF 协议、路由引入共 4 个工作任务；项目 4 部署可靠网络，包括配置生成树协议、配置多生成树协议 MSTP、配置交换机链路聚合、配置虚拟路由冗余协议 VRRP 共 4 个工作任务；项目 5 部署安全网络，包括配置访问控制列表 ACL、配置网络地址转换 NAT 共 2 个工作任务；项目 6 部署无线局域网络，包括认识无线局域网络、配置 WLAN 共 2 个工作任务；项目 7 接入广域网，包括配置点对点协议 PPP、配置基于局域网的点对点协议 PPPoE 共 2 个工作任务；项目 8 部署 IPv6 网络，包括认识 IPv6 地址、配置 IPv6 路由共 2 个工作任务；项目 9 项目综合实战，包括 1 个实战型工作任务。

本书配有微课视频、授课用 PPT、案例源代码、工程案例素材等数字化学习资源。与本书配套的数字课程在"智慧职教"平台（www.icve.com.cn）上线，学习者可登录平台在线学习，授课教师可以调用本课程构建符合自身教学特色的 SPOC 课程，详见"智慧职教"服务指南。授课教师如需获取本书配套教辅资源，请登录"高等教育出版社产品信息检索系统"（xuanshu.hep.com.cn）搜索下载，首次使用本系统的用户，请先进行注册并完成教师资格认证。

本书为高等职业院校专科和职业本科计算机类专业相关课程的教材，也可作为华为 HCIA 认证考试和网络系统建设与运维职业技能等级证书认证考试的培训教材，还可以作为从事网络管理与维护技术人员的参考用书。

图书在版编目（CIP）数据

网络互联技术项目化教程 / 陈高锋，杨雪菲主编.
北京：高等教育出版社，2025．9． -- ISBN 978-7-04
-065482-0

Ⅰ．TP393.4

中国国家版本馆 CIP 数据核字第 2025DU6578 号

Wangluo Hulian Jishu Xiangmuhua Jiaocheng

策划编辑	吴鸣飞	责任编辑	吴鸣飞	封面设计	赵　阳	版式设计	马　云
责任绘图	杨伟露	责任校对	窦丽娜	责任印制	赵义民		

出版发行	高等教育出版社	网　　址	http://www.hep.edu.cn	
社　　址	北京市西城区德外大街 4 号		http://www.hep.com.cn	
邮政编码	100120	网上订购	http://www.hepmall.com.cn	
印　　刷	北京印刷集团有限责任公司		http://www.hepmall.com	
开　　本	787mm×1092mm　1/16		http://www.hepmall.cn	
印　　张	17.75			
字　　数	420 千字	版　　次	2025 年 9 月第 1 版	
购书热线	010-58581118	印　　次	2025 年 9 月第 1 次印刷	
咨询电话	400-810-0598	定　　价	52.00 元	

本书如有缺页、倒页、脱页等质量问题，请到所购图书销售部门联系调换

▥ "智慧职教" 服务指南

"智慧职教"（www.icve.com.cn）是由高等教育出版社建设和运营的职业教育数字教学资源共建共享平台和在线课程教学服务平台，与教材配套课程相关的部分包括资源库平台、职教云平台和 App 等。用户通过平台注册，登录即可使用该平台。

● 资源库平台：为学习者提供本教材配套课程及资源的浏览服务。

登录"智慧职教"平台，在首页搜索框中搜索"网络互联技术项目化教程"，找到对应作者主持的课程，加入课程参加学习，即可浏览课程资源。

● 职教云平台：帮助任课教师对本教材配套课程进行引用、修改，再发布为个性化课程（SPOC）。

1. 登录职教云平台，在首页单击"新增课程"按钮，根据提示设置要构建的个性化课程的基本信息。

2. 进入课程编辑页面后，在"教学任务"的"课程设计"中"导入"教材配套课程，可根据教学需要进行修改，再发布为个性化课程。

● App：帮助任课教师和学生基于新构建的个性化课程开展线上线下混合式、智能化教与学。

1. 在应用市场搜索"智慧职教 +"App，下载安装。

2. 登录 App，任课教师指导学生加入个性化课程，并利用 App 提供的各类功能，开展课前、课中、课后的教学互动，构建智慧课堂。

"智慧职教"使用帮助及常见问题解答请访问 help.icve.com.cn。

前　　言

以云计算、物联网、大数据、人工智能等为代表的新一代信息技术快速发展，不断改变着人们的生产、生活方式，推动了产业转型升级和社会经济快速发展，不断催生新的商业模式，提高社会治理效率，进一步促进经济全球化。党的二十大报告指出要加快建设网络强国、数字中国。党的二十届三中全会对加强网络安全体制建设做出重要部署，要求深入推进网络安全体制建设，完善网络空间治理法律法规，健全网络安全等级保护等制度。因此，未来社会将需要大量在专业技术、创新与实践、团队协作和沟通、知识综合运用、人工智能工具使用，规范操作与职业素养等方面具有较强能力的网络技术专业人才，助力产业转型升级和经济快速发展。

本书以适应高等职业教育改革的需要为目标，落实立德树人根本任务，紧密对接高等职业教育"网络互联技术"课程标准要求，充分体现职教特色，注重对学生职业综合素质和行动能力的培养，使学生掌握网络技术的基础知识和交换机、路由器等常用网络设备的基础知识，理解计算机网络的体系架构，掌握子网划分、VLAN、路由协议、配置协议、网络安全、无线局域网、广域网等知识，具备网络的规划、设计、组建、配置、安全设置、维护、故障排除等方面的能力，具有较强的规范意识、标准意识、质量意识、创新意识、协作意识、沟通能力等。

本书以生产实际典型工作任务为载体，基于华为交换机、路由器等网络产品，以eNSP为实践平台，以企业真实的案例实施为主线组织教学内容。在介绍相关知识的基础上，强化学生综合实践能力和职业素养的培养。全书共包括9个项目，分别为认识网络和网络设备、部署交换网络、部署路由网络、部署可靠网络、部署安全网络、部署无线局域网、接入广域网、部署 IPv6 网络、项目综合实战。本书案例丰富、图文并茂、通俗易懂、实用性较强。

本书具有如下特点：

（1）本书以生产实际典型工作任务为载体，按照"项目—任务"结构编写。项目按照"学习目标—任务—学习评价—项目小结—思考与练习"的体系设计。学习目标主要描述通过本项目的学习，学生需要掌握的知识、技能、素养；任务是项目的组成核心，通过若干个生产实际典型任务的实施支撑整个项目；学习评价从学生自评、小组互评、教师评价维度对学习效果进行评价；项目小结是对项目整体总结；思考与练习是通过完成一些练习题目来巩固学习内容。任务按照"任务引入—任务分析—知识准备—任务实施—技能训练"的体系组织内容：任务引入主要介绍典型实际工作任务的背景以及功能性能要求；任务分析主要描述完成任务所需要掌握的知识和技能；知识准备将详细介绍需要掌握的知识和熟悉的技能；技能训练设计相关的训练任务，以加强对所学知识和技能的巩固。

（2）紧贴高等职业院校教学规律，实现"岗课赛证"融通。内容对接企业岗位标准，紧跟岗位能力需要，体现新知识、新技术、新工艺和新规范的应用；证书对接华为数通网络工程师初级、中级认证及职业技能等级证书认证体系；对接世界职业院校技能大赛新一代信息技术赛道和全国技能大赛信息通信网络运行管理项目的相关内容。

（3）校企"双元"合作开发。本书由多所高等职业院校具有多年教学经验的专职教师与华为技术有限公司、深圳市讯方技术股份有限公司等多位资深网络工程师组成编写团队，企业工程师深度参与本书的整体结构设计、典型案例设计、案例实施验证、内容校核、数字化资源制作等工作。

（4）配套丰富的数字化学习资源。本书配有微课视频、授课用 PPT、案例源代码、工程案例素材等数字化学习资源。与本书配套的数字课程在"智慧职教"平台（www.icve.com.cn）上线，学习者可登录平台在线学习，授课教师可以调用本课程构建符合自身教学特色的 SPOC 课程，详见"智慧职教"服务指南。授课教师如需获取本书配套教辅资源，请登录"高等教育出版社产品信息检索系统"（xuanshu.hep.com.cn）搜索下载，首次使用本系统的用户，请先进行注册并完成教师资格认证。

为推进党的二十大精神进教材、进课堂、进头脑，进一步全面落实立德树人根本任务，本书积极探索新时代大学生课程思政教育教学：首先构建"国家—社会—个人"为主线的思政体系，在国家层面，围绕我国交换机、路由器等网络设备的发展成就，引导学生思考科技自立自强、自主可控的重要性，培养学生坚定的理想信念、科技报国的信心和决心；在社会层面，围绕遵守法律法规、职业道德，培养学生高尚的道德品质和职业情操；在个人层面，围绕工作态度和职业精神，培养学生细致认真、精益求精的工匠精神。其次，本书在每个项目的开始处设置素养目标，并在内容部分穿插设计【想一想】环节，提出问题，引导学生思考并开展交流，激发学生内心深处对科技自立自强、职业精神、精益求精的工作态度的认识。本书配套的相关数字化资源在介绍知识和技术的同时，展示了我国在以交换机、路由器为代表的网络设备方面取得的成就，以及在网络技术、标准、专利等方面取得的成果，贯彻了"科技是第一生产力、创新是第一动力"指导思想，进一步激发努力学习、科技报国的信心和决心，为建设社会主义现代化强国助力。

本书由陕西农林职业技术大学陈高锋、杨雪菲担任主编，负责全书的策划、统稿；西安航空职业技术学院王小春、郑州信息工程职业学院王晓燕、陕西农林职业技术大学冯春卫担任副主编；陕西机电职业技术学院郭靖，西安职业技术学院王萍利，陕西农林职业技术大学任朝辉、赵勃担任参编，具体编写分工为：王小春编写项目 1，冯春卫编写项目 2，杨雪菲编写项目 3，任朝辉编写项目 4，陈高锋编写项目 5，赵勃编写项目 6，郭靖编写项目 7，王萍利编写项目 8，王晓燕编写项目 9。在本书的编写过程中，华为技术有限公司、深圳市讯方技术股份有限公司多位资深网络工程师在教材的整体结构设计、典型案例设计、案例实施验证、内容校核、数字化资源制作等方面进行了深度参与和指导，在此表示衷心的感谢。

由于编者水平有限，书中难免存在疏漏和不妥之处，敬请广大读者批评指正。

编　者

2025 年 7 月

本书使用说明及项目背景简介

1. 使用说明

为了帮助读者更全面地理解网络技术的细节，以及建立直观的网络概念，全书在解释关键技术和实施工程方案时，会涉及一些网络专业术语和词汇。为方便读者将所学知识应用于实际工作中，本书采用了华为标准的技术术语和图形绘制方案。图 1 为本书中所使用的图标示例。

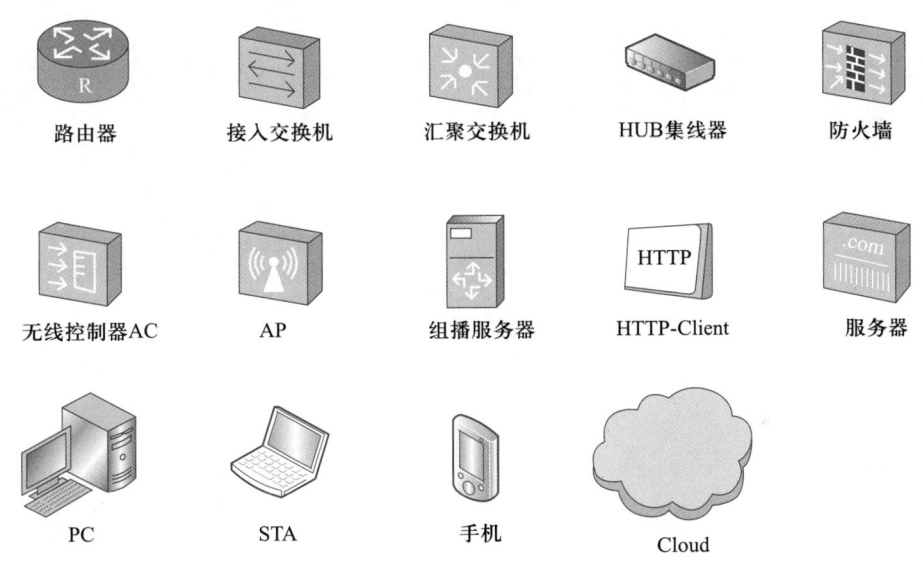

图 1   本书中所使用的图标示例

2. 项目背景简介

某 A 集团公司成立于 1998 年，总部位于北京，是全国知名的绿色健康食品饮料生产企业。公司始终秉承"创新、绿色、健康、发展"的理念，致力于为用户提供安全、绿色、健康的食品饮料。北京总部由行政部、发展规划部、财务部、人力资源部、研发部、销售部、信息化部、生产部等部门组成，其中，信息化部负责公司总部和各分公司网络建设、运行和维护工作，确保信息系统的高效运作和安全稳定。

上海分公司和广州分公司归总部统一管理，分别由行政部、财务部、销售部、生产部组成，在北京总部的统一规划下，已经建立了统一的网络管理系统。

为了进一步拓展业务，集团公司计划在重庆成立分公司，一方面进一步拓展西南地区市场，另一方面，在重庆分公司成立研发部，研发新的产品。重庆分公司由行政部、财务部、销售部、研发部组成。同时，为了进一步拓展线上业务，集团公司计划在四川成立电商枢纽，开展线上产品销售，四川电商枢纽由线上运维部、客服部、线上销售平台、数据中心组成。集团公司计划在西安成立西安分公司，进一步拓展西北地区市场，西安分公司由财务部和销售部组成。集团公司计划在昆明成立分公司，主要从事产品研发和市场分析，由研发部和市场分析部组成。图 2 为公司的组织架构图。

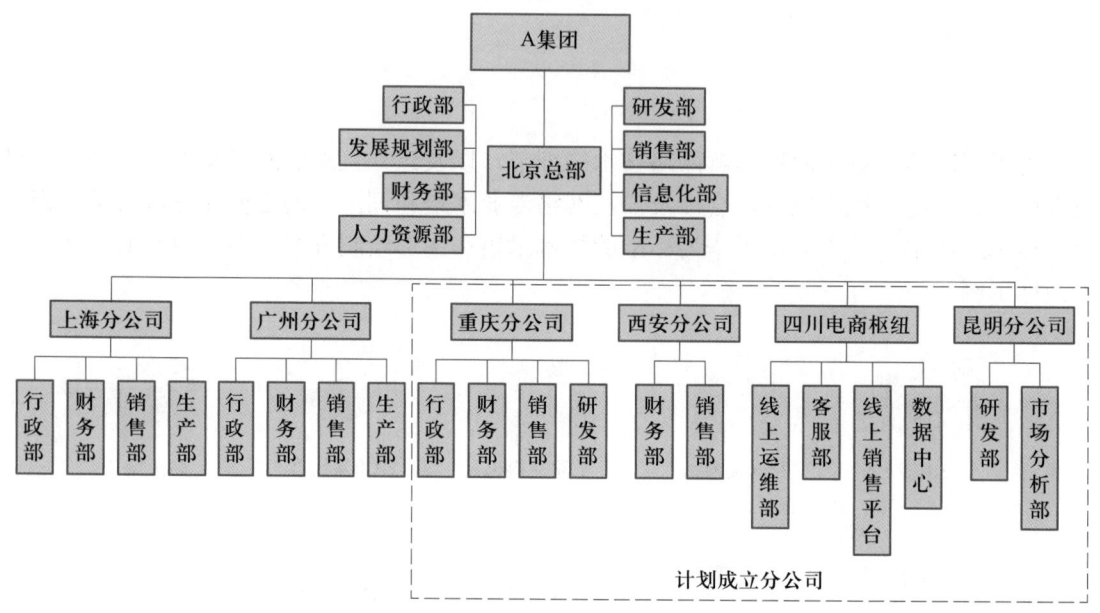

图 2　公司的组织架构图

目　　录

项目 *1*

认识网络和网络设备

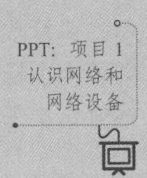

PPT：项目 1
认识网络和
网络设备

【学习目标】

知识目标：

（1）了解各种网络设备的外形、功能及品牌。

（2）了解常用的网络命令。

（3）理解典型的网络三层拓扑结构。

（4）理解 IP 地址的格式、分类及 TCP/IP 协议。

（5）掌握华为 eNSP 软件的安装和使用方法。

（6）掌握常用网络测试命令的使用方法。

能力目标：

（1）能够选用各种网络设备。

（2）能够使用常用的网络命令。

（3）能够安装和使用华为 eNSP 模拟软件。

（4）能够根据网络需求配置 IP 地址。

（5）能够组建简单网络并进行测试。

素养目标：

（1）通过了解我国网络设备的发展成就，增进中国制造、科技强国的认同感，增强爱国情怀和民族自豪感。

（2）充分认识网络作为基础设施，对国家经济社会发展的重要支撑作用。

（3）网络关键核心设备的国产化，对科技创新、自强自立，减少对外部技术依赖的重要性。

（4）通过了解我国工业软件的发展现状，充分认识工业软件国产化对科技创新、产业发展以及国家安全的重要性。

任务1.1 认识常见网络设备

任务引入 ▶▶

小杨是一名高等职业院校计算机应用技术专业的学生，毕业后通过校园招聘来到 A 集团公司信息化部工作，主要从事网络系统建设、运行、维护、管理等方面的工作。

为了提高网络的稳定性和高效性并为后面一些智能化管理信息系统的应用做好准备，公司计划陆续对一些老旧的网络设备进行更新，先期购买的第一批网络设备已经到达公司，由行政部组织相关部门进行联合验收，其中信息化部负责设备的技术验收。为了锻炼并提高小杨的工作能力，积累实际工作经验，部门领导把这项任务交给了小杨，要求他完成好这次任务。设备采购清单见表 1-1。

表 1-1 设备采购清单

产 品 名 称	版 本	数 量
AR2220	V200R003C00	20
S5700	V200R001C00	30
S3700	V200R001C00	100
USG5500	VRPV500R003C07	10
AC6005	V200R007C10SPC300	10
AP2050	V200R007C10SPC300	1200

任务分析 ▶▶

作为一名新人，小杨也非常想利用这次机会提高自己的工作能力。为了完成好本次验收任务，小杨需要清楚本次公司购买了哪些网络设备，以及每一个设备的品牌、型号、参数、数量，并熟悉如何通过设备铭牌、工具软件、命令等方式查看设备的型号、参数，从而确保实际到货的设备和计划采购的是一致的。通过查阅资料、学习交流、操作练习等方式掌握相关的知识，熟悉相关技能才能完成好这项任务。

知识准备 ▶▶

1.1.1 网络设备简介

微课 1-1
认识各种
网络设备

计算机网络是指将地理位置不同的具有独立功能的多台计算机及其外部设备，通过通信线路和通信设备连接起来，在网络操作系统、网络管理软件及网络通信协议的管理和协调下，实现资源共享和信息传递的计算机系统。

在计算机网络中，常见的网络设备有交换机、路由器、服务器等，目前主流的网络设备厂商有华为、思科、H3C、锐捷、中兴、神州数码等。各种网络设备一般会安装在机柜中。

☀【想一想】我国网络设备的发展经历了艰难的发展壮大过程，目前在国际上占有一席之地，请查阅资料，了解我国目前常用网络设备的发展水平。

1. 交换机

交换机是一种用于电（光）信号转发的网络设备，如图 1-1 所示。常见的交换机是以太网交换机，其他的还有电话语音交换机、光纤交换机等，其主要功能是在局域网中连接多台设备，如计算机、服务器等。交换机通常有以下几种分类方法。

按照工作层次划分，可分为二层交换机和三层交换机。二层交换机工作在数据链路层，主要根据 MAC 地址进行数据帧的转发。三层交换机工作在网络层，除了具有二层交换机的功能外，还能进行路由选择，也称为路由交换机。

按照端口速率和传输介质划分，可分为以太网交换机、快速以太网交换机、千兆以太网交换机、FDDI 交换机、ATM 交换机和令牌环交换机等，它们在实际传输过程中有不同的端口速率，使用不同的传输介质。

按照规模应用划分，交换机又可分为企业级交换机、部门级交换机和工作组交换机等。支持 500 个信息点以上大型企业应用的交换机为企业级交换机。支持 300 个信息点以内中型企业的交换机为部门级交换机，而支持 100 个信息点以内的交换机为工作组级交换机。

图 1-1 交换机

2. 路由器

路由器是一种网络层的互联设备，如图 1-2 所示。数据由一个子网传输到另一个子网，就需要用到路由器。在计算机网络中，路由器具有判断网络地址以及选择 IP 路径的作用，通过不同的数据分组以及介质访问方式对各个子网进行连接。

路由器最主要的功能是实现信息的传送，就如同快递公司发送快递，通过不同分站的分拣，不断接近最终地址，从而实现快递的投递过程。由于路由器处在不同网络之间，并不一定是信息的最终接收地址，所以在路由器中通常存放着一张路由表，根据传送信息的最终地址，寻找下一转发地址。

图 1-2 路由器

根据功能可以将路由器分为骨干级、企业级和接入级。骨干级路由器数据吞吐量较大且重要，是企业级网络实现互联的关键设备，其可靠性高、传输速率快、扩展性好、安全性强，通常采用热备份、双电源和双数据通路等技术。企业级路由器连接对象为许多终端系统，简单且数据流量较小。接入级路由器是连接家庭或 ISP 内的小型企业客户的网络设备。

3. 无线接入点

无线接入点（Wireless Access Point，AP）是一种无线网络设备，如图 1-3 所示，其主要作用是作为有线网络和无线网络之间的桥梁，一方面通过网线连接到有线网络（如路由器、交换机等），获取网络信号；另一方面向周围空间发送无线信号，使无线客户端（如手机、平板电脑、便携式计算机等）能够连接到有线网络，进而访问互联网或局域网内的资源。

大规模无线网络中通常需要无线控制器（Wireless Controller，简称 AC）协作工作，如图 1-4 所示。无线 AC 用于集中管理多个 AP，就像一个指挥官，对 AP 进行统一的配置管理，包括设置无线参数（如 SSID、加密方式等）、控制 AP 的工作状态。无线控制器 AC 还能优化无线网络，根据接入设备的数量和网络负载情况，智能分配 AP 资源。

图 1-3 无线 AP

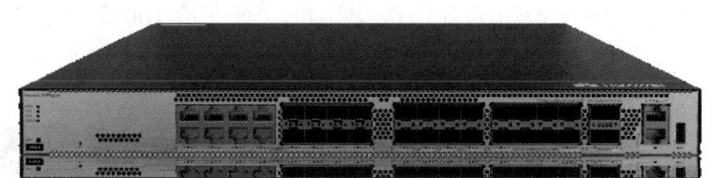

图 1-4 无线控制器 AC

无线 AP 是使用无线设备的用户连接有线网络的接入点，主要用于家庭宽带、大楼内部、校园内部、园区内部以及仓库、工厂等需要无线网络的地方。无线 AP 可覆盖几十米至上百米，也可用于远距离传送，最远可达 30km 左右，其主要技术为 IEEE 802.11 系列。大多数无线 AP 还带有接入点客户端模式，可以和其他 AP 进行无线连接，延展网络的覆盖范围。

4. 服务器

服务器是计算机的一种，它比普通计算机的运行速度更快、负载更高、价格更贵，一般来说服务器都具备承担响应服务请求、承担服务、保障服务的能力，为其他客户机提供计算或者应用服务，如图 1-5 所示。服务器具有高速的 CPU 运算能力、长时间的可靠运行、强大的 I/O 外部数据吞吐能力以及更好的扩展性。

图 1-5 服务器

服务器大都采用部件冗余技术、RAID 技术、内存纠错技术和管理软件。高端服务器采用多处理器、支持双 CPU 以上的对称处理器结构。在选择服务器硬件时，除了考虑档次和具体功能定位外，还需要重点了解服务器的主要参数和特性，包括处理器构架、可扩展性、服务器结构、I/O 能力和故障恢复能力等。可以根据规模档次、服务器结构、硬件类型等对服务器进行分类，见表 1-2。

表 1-2 服务器的分类

分 类 依 据	分 类
规模档次	入门级服务器、工作组级服务器、部门级服务器、企业级服务器
服务器结构	台式服务器、刀片式服务器、机柜式服务器
硬件类型	专用服务器、PC 服务器等

1.1.2 常用网络命令

网络中的计算机经常使用各种操作命令完成相应功能。在 Windows 系统中，通过按 Win+R 组合键打开运行框，然后输入 cmd 并按 Enter 键，打开命令提示符窗口，可以输入各种网络命令。

1. ping 命令

ping 命令通常用于测试本机到目标主机的传输链路是否畅通，常用于检测网络的连通性和网络连接速度。

常见的用法如下：

ping 192.168.1.1，测试该 IP 地址与主机的连通性。

ping www.baidu.com，检查主机与该网站的网络连接情况。

ping −n 10 192.168.1.1，对指定 IP 地址 192.168.1.1 发送 10 个数据包，测试连通性。

ping −t 192.168.1.1，连续对指定 IP 地址 192.168.1.1 发送数据包，直到用户按 Ctrl+C 组合键终止，可用于持续监测网络连接的稳定性。

✐【练一练】使用 ping 命令测试当前主机能否访问人民网。

2. ipconfig 命令

ipconfig 命令主要用于显示当前计算机的 TCP/IP 配置的设置值，可查看配置值是否正确。

当 ipconfig 不带任何参数时，只显示 IP 地址、子网掩码和默认网关等关键信息。

ipconfig/all 显示更详细的信息，包括 DNS 服务器、WINS 服务器、网卡的物理地址等。

✐【练一练】使用 ipconfig/all 命令查看当前主机详细网络信息。

3. tracert 命令

tracert 命令是一个用于跟踪数据包从源地址到目标地址所经过的路由路径的网络诊断工具，在 Windows、Linux、UNIX 等操作系统中都有类似的命令。

例如，tracert 192.168.1.1，跟踪数据包从本地计算机到目标地址所经过的路由路径，并显示每个路由节点的 IP 地址以及数据包到达该节点所需时间。

✎【练一练】使用 tracert 命令查看当前主机访问新华网网站时经过的路径。

4. telnet 命令

telnet 命令用于远程访问其他计算机，可以通过打开端口来检查服务是否可用。

例如，telnet 192.168.1.1 80，尝试连接到指定 IP 地址的计算机 80 端口，以检查该端口上的服务是否正在运行。由于 telnet 是一种不安全的协议，现在逐渐被更安全的 SSH 协议所取代。

✎【练一练】使用 telnet 命令远程登录局域网内的一台计算机。

5. ssh 命令

使用 ssh 命令可以远程登录到其他计算机，对远程计算机进行管理和操作。

例如，ssh user@remote_host 将会尝试使用 SSH 协议连接到 remote_host 上的 user 账户；ssh -p 2222 user@remote_host 将会连接到 remote_host 的 2222 端口。

✎【练一练】使用 ssh 命令远程登录局域网内的一台计算机。

常用的网络命令和功能见表 1-3。

表 1-3 常用的网络命令和功能

命令名称	功 能
ping	确定本地主机是否能与另一台主机正常通信
ipconfig	显示当前 TCP/IP 配置的设置值
netstat	显示路由表、网络连接和网络接口统计信息
tracert	确定 IP 数据包访问目标地址所采取的路径
telnet	使用 Telnet 协议远程访问其他计算机
ssh	使用 SSH 协议远程访问其他计算机
pathping	跟踪在源和目标之间的中间跃点处网络滞后和网络丢失的详细信息
arp	用于查询和修改地址解析协议缓存中的项目
nslookup	显示可用来诊断域名系统基础结构的信息
net	管理网络环境、服务、用户、登录等

💡【想一想】作为一名网络技术人员，应当具有良好的职业素质和道德素养，在使用网络命令时，需要保护用户信息和数据安全，想一想应该怎么做。

任务实施 ▶▶

在本任务中，小杨需要完成对公司购买的第一批网络设备进行技术验收，下面是本任务的完成过程。

1. 验收流程

- 接收网络设备
- 验货确认数量是否与合同一致
- 查看设备版本信息并与设备清单核对

微课 1-4
网络设备
验收

2. 验收具体过程

步骤 1：接收网络设备。

小杨在设备到达时，首先应与供应商进行仔细的交接，确保每台设备都有详细而准确的记录。在这个过程中，需仔细检查每台设备的外观，确保没有任何损坏或缺失零部件的情况存在。外观检查不仅包括设备的整体外观，还涉及连接端口等方面的细致观察，交换机端口外观如图 1-6 所示。

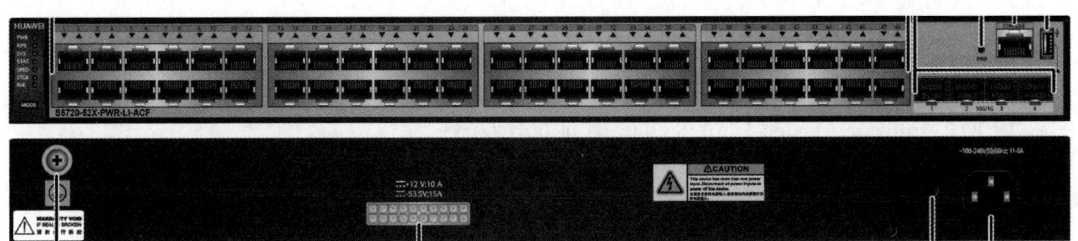

图 1-6　交换机端口外观

步骤 2：验货确认数量是否与合同一致。

根据购买合同，仔细核对每台设备的名称和数量，与合同中的详细信息进行比对，设备清单见表 1-1。务必记录每台设备的数量，确保与合同规定的数量完全一致。如果发现任何与合同不符的地方，应立即与上级或相关部门进行沟通，并详细记录问题情况。

步骤 3：查看设备版本信息并与设备清单核对。

（1）查看路由器 AR2220 版本信息。

```
<Huawei>display version  # 查看系统版本信息
Huawei Versatile Routing Platform Software
VRP (R) software, Version 5.130 (AR2200 V200R003C00)
# 华为的 VRP 软件，版本为 5.130，型号为 AR2200，版本号为 V200R003C00
Copyright (C) 2011-2012 HUAWEI TECH CO., LTD
Huawei AR2220 Router uptime is 0 week, 0 day, 0 hour, 3 minutes
# 路由器自上次启动以来的运行时间，以周、天、小时和分钟为单位
BKP 0 version information:
1. PCB      Version : AR01BAK2A VER.NC
2. If Supporting PoE : No
3. Board    Type    : AR2220
4. MPU Slot Quantity: 1
5. LPU Slot Quantity : 6
MPU 0(Master) : uptime is 0 week, 0 day, 0 hour, 3 minutes
# 主处理单元（MPU）的信息，MPU 0 表示这是第一个（也是唯一的）MPU，当前运行时间是 0
周，0 天，0 小时，3 分钟
MPU version information :
1. PCB      Version : AR01SRU2A VER.A
2. MAB      Version : 0
3. Board    Type    : AR2220
4. BootROM Version : 0
```

（2）查看交换机 S5700 版本信息。

```
<Huawei>display version
Huawei Versatile Routing Platform Software
VRP (R) software, Version 5.110 (S5700 V200R001C00)
Copyright (c) 2000-2011 HUAWEI TECH CO., LTD
Quidway S5700-28C-HI Routing Switch uptime is 0 week, 0 day, 0 hour, 31 minutes
```

（3）查看交换机 S3700 版本信息。

```
<Huawei>display version
Huawei Versatile Routing Platform Software
VRP (R) software, Version 5.110 (S3700 V200R001C00)
Copyright (c) 2000-2011 HUAWEI TECH CO., LTD
Quidway S3700-26C-HI Routing Switch uptime is 0 week, 0 day, 0 hour, 32 minutes
```

（4）查看防火墙 USG5500 版本信息。

```
<SRG>display version
10:39:03  2024/01/17
Huawei Versatile Routing Platform Software
VRP WVSP Software Version VRPV500R003C07
Copyright (c) 2000-2013 by VRP Team Beijing Institute Huawei Tech, Inc
Compiled Feb 27 2014 16:04:12 by VSP
```

（5）查看 AC6005 版本信息。

```
<AC6005>display version
Huawei Versatile Routing Platform Software
VRP (R) software, Version 5.160 (AC6005 V200R007C10SPC300)
Copyright (C) 2011-2018 HUAWEI TECH CO., LTD
Huawei AC6005-8-PWR Router uptime is 0 week, 0 day, 0 hour, 34 minutes
MPU 0(Master) : uptime is 0 week, 0 day, 0 hour, 34 minutes
MPU version information :
1. PCB        Version  : H85D2H08M100 VER.A
2. MAB        Version  : 0
3. Board      Type     : AC6005-8-PWR
4. BootROM Version : 0
```

（6）查看 AP2050 版本信息。

```
<Huawei>display version
Huawei Versatile Routing Platform Software
VRP (R) software, Version 5.160 (AP2050DN FIT V200R007C10SPC300)
Copyright (C) 2011-2018 HUAWEI TECH CO., LTD
Huawei AP2050DN Router uptime is 0 week, 0 day, 0 hour, 36 minutes
MPU 0(Master) : uptime is 0 week, 0 day, 0 hour, 36 minutes
NOR FLASH Memory Size: 32      M bytes
MPU version information :
1. PCB        Version  : H82D2TD1D504 VER.A
```

```
2. MAB      Version  : 0
3. Board    Type     : AP2050DN
4. BootROM Version : 0
```

技能训练 ▶▶

网络设备的品牌、型号比较多，请查阅相关资料，列写交换机、路由器、服务器、无线 AP 等常用网络设备的品牌、型号及应用场景等。

任务1.2　使用华为eNSP模拟器

任务引入 ▶▶

为了进一步提高集团公司的信息化管理水平，为后续公司网络的升级和扩展做好铺垫和准备，公司领导要求信息化部绘制一份集团公司的网络结构图。为了使新入职的小杨尽快熟悉公司的网络结构，为今后的工作打下基础，信息化部领导把这项任务交给了小杨，由他来负责完成。

任务分析 ▶▶

小杨知道熟悉公司的网络体系结构是做好今后工作的基础和要求，同时也将此项任务作为提高自己工作能力的机会，下定决心一定将此项任务完成好。首先，他需要选择一款绘图软件，其次，需要熟悉所选软件的安装、使用以及公司目前的网络体系结构，最后绘制公司网络结构。目前常用的绘图软件有 eNSP、Cisco Packet Tracer 等，通过实地了解，公司目前使用的华为网络设备相对较多，再结合自身实际，对 eNSP 模拟器的使用相对较为熟悉，最后，选择使用 eNSP 模拟器。通过查阅资料、学习交流、实地查看、操作练习等方式掌握相关的知识，熟悉相关技能才能很好地完成这项任务。

知识准备 ▶▶

1.2.1　华为 eNSP 模拟器简介

eNSP（Enterprise Network Simulation Platform）是一款由华为公司开发的开源、可扩展、图形化操作的网络仿真工具平台，主要对路由器、交换机、防火墙等设备进行软件仿真，呈现真实设备部署场景，支持大型网络模拟，在没有真实设备的情况下能够模拟演练。

eNSP 提供便捷的图形化操作界面，让复杂的组网操作起来变得更简单，可以直观感受设备形态，并支持一键获取帮助和在华为官方网站查询设备资料。

微课 1-5 认识华为 eNSP 软件

1. eNSP的特点

（1）高仿真度

可模拟华为路由器、交换机、PC终端、Hub、云、帧中继交换机等大部分设备，可模拟大规模设备组网，模拟接口抓包，直观展示协议交互过程，可与真实设备对接，支持与真实网卡的绑定，实现模拟设备与真实设备的对接，组网更灵活。

（2）图形化操作

支持拓扑创建、修改、删除、保存等操作。支持设备拖曳、接口连线操作。通过不同颜色，直观反映设备与接口的运行状态。预置大量工程案例，可直接进行演练学习。

（3）分布式部署

eNSP不仅支持单机部署，而且还支持服务器端分布式部署在多台服务器上，在分布式部署环境下能够支持更多设备组成复杂的大型网络。

（4）免费开放

可直接下载并安装即可使用eNSP，学生、教师、专业技术人员等均能使用。

☀【想一想】工业实力是国家实力的重要体现，为了全面提升国家工业的综合竞争力，助力高质量发展，国家大力倡导在各个领域工业软件的自主化，想一想工业软件自主化对提高国家科技综合实力，助力高质量发展有什么意义？

2. eNSP的安装

本软件目前运行在Windows操作系统上，且对运行环境的配置有如下要求，只有达到或超过最低配置标准才能正常运行。

计算机配置要求：内存≥16GB，4核以上CPU。

安装eNSP模拟器前必须先安装VirtualBox、Wireshark、WinPcap三款软件。

3. eNSP的界面

运行eNSP进入引导界面，引导界面主要包含样例区域、最近打开区域和学习区域。如图1-7所示。

微课 1-6
软件界面
介绍

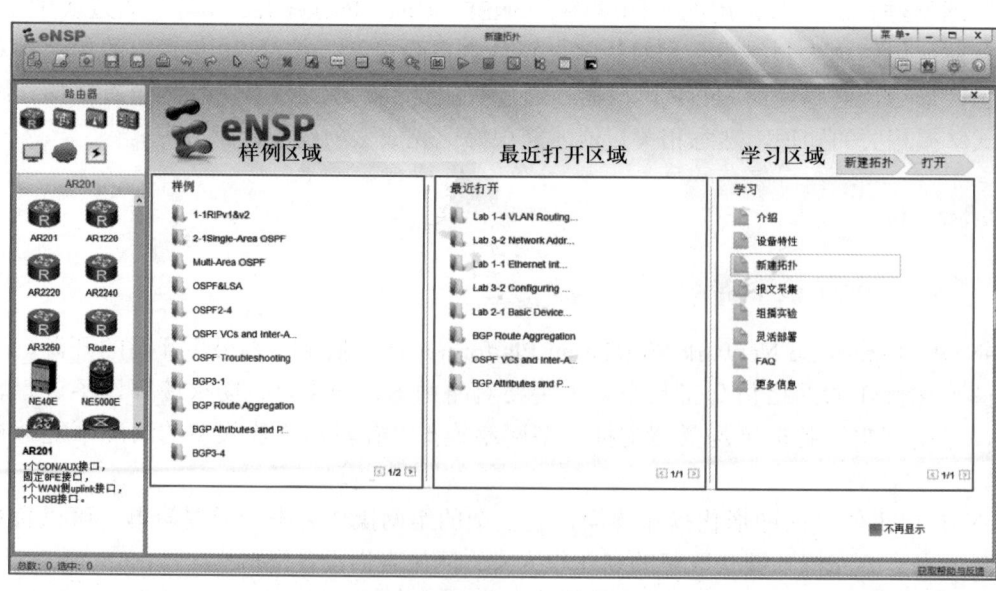

图1-7 eNSP引导界面

打开一个工程文件，即可以进入软件主界面。主界面如图 1-8 所示，各个区域的主要功能如下。

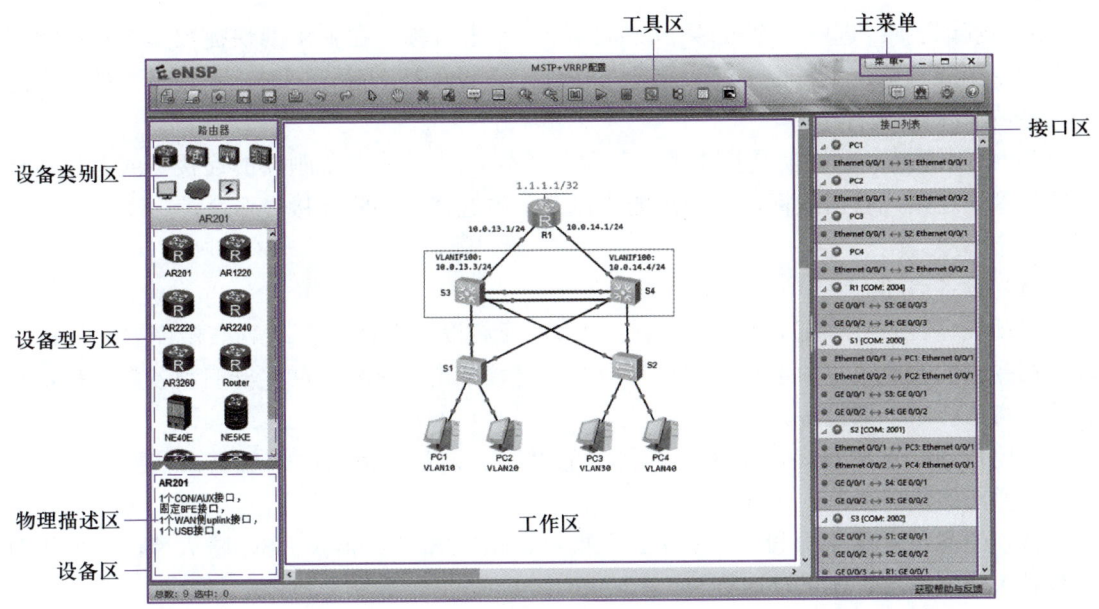

图 1-8　eNSP 主界面

主菜单：包含"文件""编辑""视图""工具""考试"和"帮助"等菜单选项。

工具区：包含新建拓扑、删除拓扑、导入工程项目、启动设备、关闭设备、抓包数据和开启 CLI 等常用功能。

设备区：分为设备类别区、设备型号区、物理描述区 3 个子区域。设备类别区包括设备、终端、桥接工具和连接线；设备型号区显示对应设备类别的所有设备型号；物理描述区描述选定设备的端口或说明线缆的连接。

工作区：在此区域创建网络拓扑，构建网络环境。

接口区：显示拓扑中的设备间互连端口的信息。

1.2.2　华为 eNSP 基本操作

1. 创建和管理项目

新建项目：单击工具栏中的"新建"按钮，输入项目名称和保存路径。

打开项目：单击"打开"按钮，选择已有项目进行加载。

保存项目：保存当前工作，防止数据丢失。

2. 新建拓扑

新建拓扑操作主要有添加设备、设备连接、删除设备、删除连接等操作。

1）添加设备：单击工具栏中的"新建拓扑"按钮，显示空白工作区，在设备类别区选择设备类型，在设备型号区选择对应型号设备。在工作区中单击，添加选中的设备，或者直接将所选设备拖曳至工作区。

2）设备连接：在设备类别区将设备类型设置为线缆，在设备型号区设置型号为 auto

微课 1-7
使用华为
eNSP 绘
制网络
拓扑

或其他具体类型。选择 auto 后，系统会根据设备接口类型自动匹配线缆，并选择设备可用的最小编号的接口进行连接。如果选择具体线缆类型，那么用户可以自行选择接口进行连接。

3）删除设备：选中一个或多个设备图标，右击鼠标，在弹出的快捷菜单中选择"删除"命令；或者单击工具栏中的"删除"按钮，该设备被删除，同时，该设备上的所有连接也将被清除。

4）删除连接：单击工具栏中的"删除"按钮，然后单击要删除的连接；或者直接选中要删除的连接，右击鼠标，在弹出的快捷菜单中选择"删除连接"命令。

3. 设备配置

（1）设备启动

启动设备：选中设备，单击工具栏中的"开启设备"按钮；或者右击需要开启的设备，在弹出的快捷菜单中选择"启动"命令。直接单击工具栏中的"开启设备"按钮，将启动网络拓扑中全部设备。

关闭设备：选中设备，单击工具栏中的"停止设备"按钮；或者右击需要关闭的设备，在弹出的快捷菜单中选择"停止"命令。

特别注意：对于部分设备，如 CE 交换机、NE/CX 路由器及 USG 防火墙，在使用时只有导入对应设备包才可以运行。

（2）设备设置

右击设备，在弹出的快捷菜单中选择"设置"命令，进入设备设置界面，如图 1-9 所示。

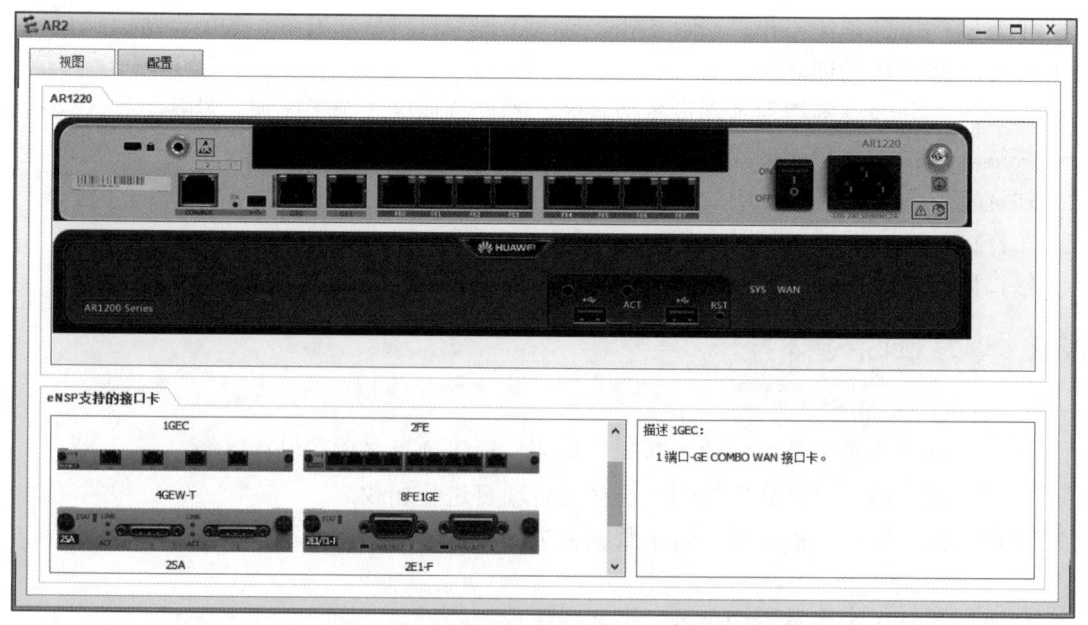

图 1-9　设备设置界面

在"视图"选项卡中，可查看设备面板及 eNSP 支持的接口卡。在具有扩展插槽的设备上，通过拖曳方式添加或者删除接口卡来增加或者减少设备的接口类型或数量。设备只有在关闭状态下才能进行增加或删除接口卡操作。

（3）设备配置

设备启动后，采用 CLI 方式对设备进行配置，如图 1-10 所示。双击设备或者右击设备，在弹出的快捷菜单中选择"CLI"命令，即可进入 CLI 配置界面。

同时选中多个设备右击，在弹出的快捷菜单中选择"CLI"命令，可进入多个设备 CLI 配置界面。

进入 CLI 配置界面后可输入配置命令。首先输入 system-view 进入系统视图，然后根据需要配置各种协议参数。

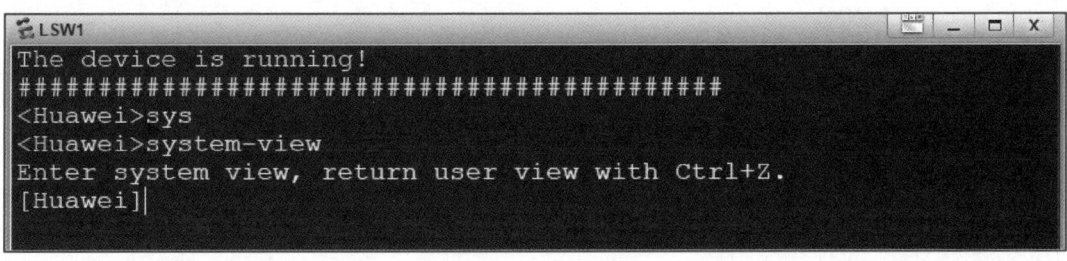

微课 1-8
软件命令
行界面

图 1-10　CLI 配置界面

【练一练】在华为 eNSP 工作区创建 1 台 S3700 交换机，启动设备进入 CLI 配置界面，然后进入系统视图模式。

（4）终端配置

终端 PC 配置：右击"PC"，在弹出的快捷菜单中选择"设置"命令，打开 PC 设置窗口。在"基础配置"选项卡中设置 IP 地址等网络参数，如图 1-11 所示。参数配置完成

图 1-11　终端 PC 配置界面

后，单击"应用"按钮，在"命令行"中执行 ping 等网络测试命令。

在"组播"选项卡中设置组播参数，在"UDP 发包工具"选项卡中定义 UDP 分片参数，在"串口"选项卡中设置连接网络设备 CLI 配置界面。

终端 Client 配置：在 Client 终端设置窗口"基础配置"选项卡中，设置客户端的 IPv4 网络参数、定义 ping 测试目的地址及发包次数；在"客户端信息"选项卡中，定义身份为 FtpClient 或 HttpClient，并进行服务访问测试，如图 1-12 所示；在"日志信息"选项卡中，查看客户端的记录及访问日志。

图 1-12　终端 Client 配置界面

在 Server 终端设置窗口"基础配置"选项卡中，设置服务器的 IPv4 网络参数、定义 ping 测试目的地址及发包次数；在"服务器信息"选项卡中，定义身份为 DNSServer、FtpServer 或 HttpServer，并配置服务器参数，如图 1-13 所示。在"日志信息"选项卡中，查看服务器的记录及访问日志。

4. 仿真网络

启动仿真：单击"启动"按钮，使配置生效并开始仿真。

测试网络连通性：使用 ping、traceroute 等命令测试网络中设备之间的连通性。

例如，在设备的命令行界面输入 ping［目标 IP 地址］，查看是否能收到回复，如图 1-14 所示。

5. 使用调试工具分析网络

Wireshark 抓包分析：启动内置的 Wireshark 抓包工具，如图 1-15 所示，对特定接口的数据包进行捕获和分析，以便深入了解网络通信过程中的数据包内容和交互情况。

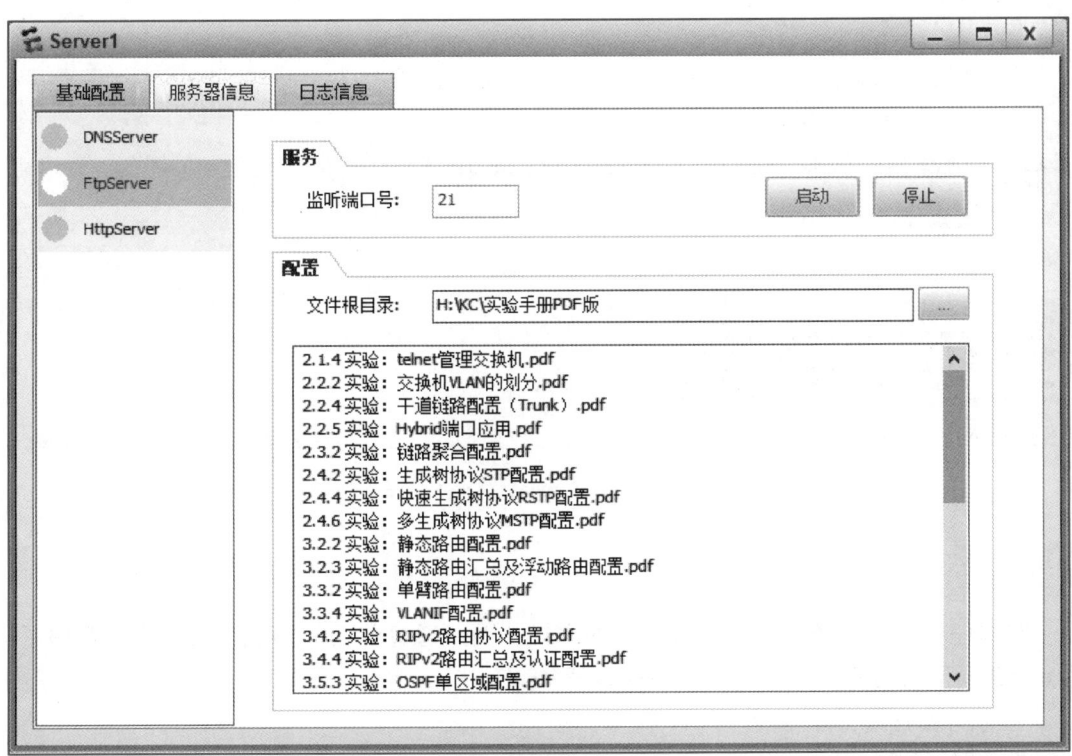

图 1-13　终端 Server 配置界面

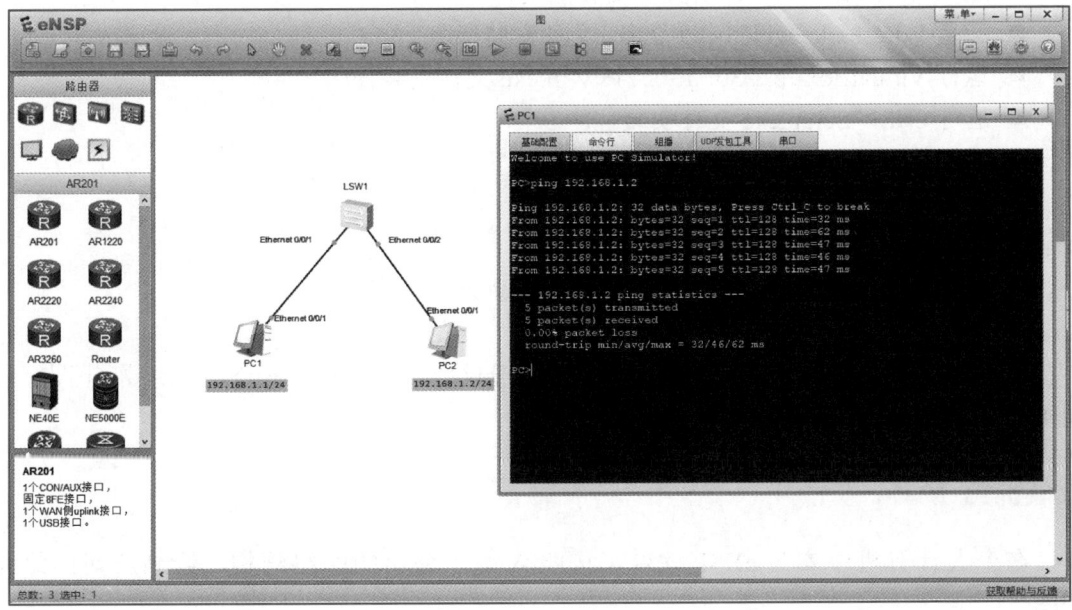

图 1-14　仿真网络

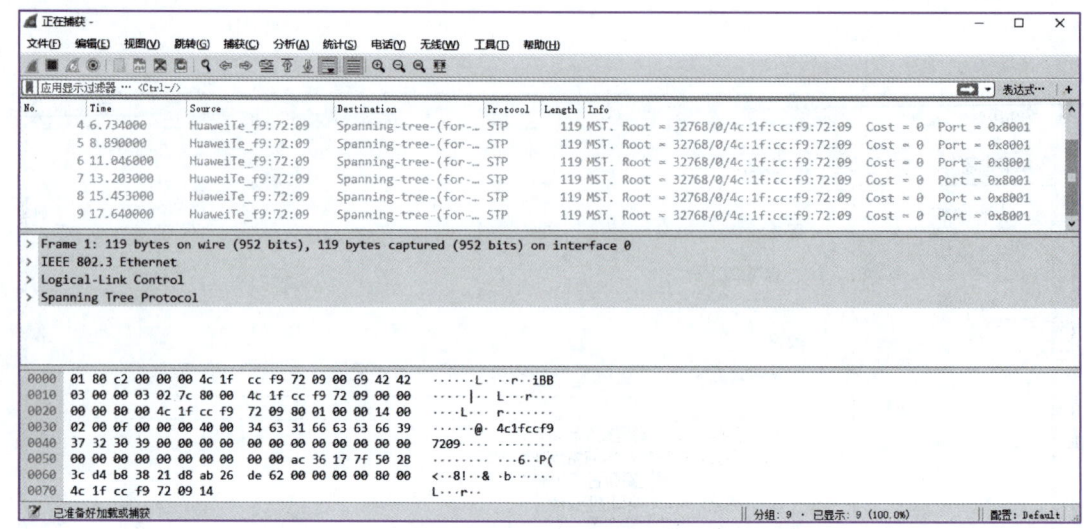

图 1-15 Wireshark 抓包工具

任务实施 ▶▶

在本任务中，小杨需要绘制公司的网络拓扑图，通过前面的知识学习，已经掌握了华为 eNSP 模拟器的使用方法，现在完成该任务。

1. 软件安装与绘制思路

- 准备环境
- 下载 eNSP 及相关依赖组件的安装文件
- 运行 WinPcap_4_1_3.exe 文件安装程序
- 运行 Wireshark-win64-3.0.2.exe 文件安装程序
- 运行 VirtualBox-5.2.30-130521-Win.exe 文件安装程序
- 运行 eNSP_Setup.exe 文件安装程序
- 启动 eNSP 并进行激活
- 绘制公司网络拓扑图

2. eNSP 安装过程

eNSP 的具体安装过程，请扫描二维码观看视频。

3. 绘制公司网络拓扑

启动 eNSP 后，进入初始界面，按照公司的组织架构图绘制公司网络拓扑图，如图 1-16 所示。

微课 1-9
eNSP 的
安装

技能训练 ▶▶

在个人计算机中安装 eNSP 软件，按照 A 集团公司的网络结构，绘制公司网络拓扑图。

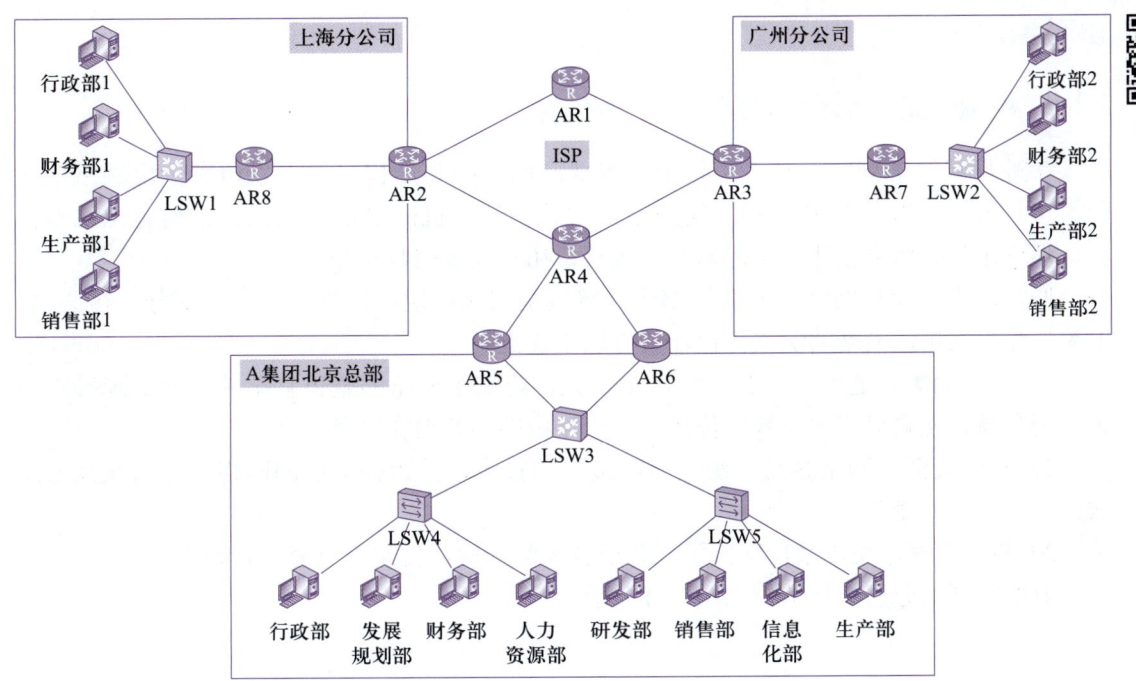

图 1-16 公司网络拓扑图

任务1.3 搭建简单网络

任务引入 ▶

　　小杨入职后，被安排住在公司的员工宿舍，同宿舍还住着一位也在信息化部工作的员工小王，为了尽快熟悉工作业务并提高工作能力，小杨晚上经常在宿舍学习，有时也把工作任务带到宿舍晚上来完成，经常需要打印一些资料，而他自己没有打印机，他看到小王的个人计算机连着一台打印机，就想将小王的打印机共享，自己需要的时候也可以打印一些资料，当然可以适当地支付一些费用，他把这个想法告诉了小王，小王欣然同意了。

任务分析 ▶

　　为了实现打印机的共享打印，小杨需要购买一个交换机，然后使用交换机将他和小王的个人计算机以及打印机组成一个小型局域网，然后，在打印机上设置共享，就可以实现打印机的共享打印。通过查阅资料、学习交流等方式掌握相关知识，熟悉相关技能后才能确保完成这项任务。

知识准备 ▶▶

1.3.1 典型网络分层拓扑结构

在进行网络规划时，网络拓扑十分重要。网络拓扑结构可以形象地表示出网络服务器、工作站、网络设备的相互之间的连接关系。计算机网络常用的拓扑结构有总线型拓扑、环形拓扑、树形拓扑、星形拓扑、混合型拓扑以及网状拓扑。

通常，中、大型网络一般会把整个计算机网络按照层次进行划分，可划分为核心层、汇聚层和接入层，网络的层次化设计具有以下优点。

1）结构简单。通过网络分成许多小单元，降低了网络的整体复杂性，使故障排除或扩展更容易，能隔离广播风暴的传播、防止路由循环等潜在问题。

2）升级灵活。网络容易升级到目前最新的技术，升级任意层的网络不会对其他层造成影响，无须改变整个网络环境。

3）易于管理。层次结构降低了设备配置的复杂性，使网络更容易管理。

典型的网络分层拓扑结构如图 1-17 所示。

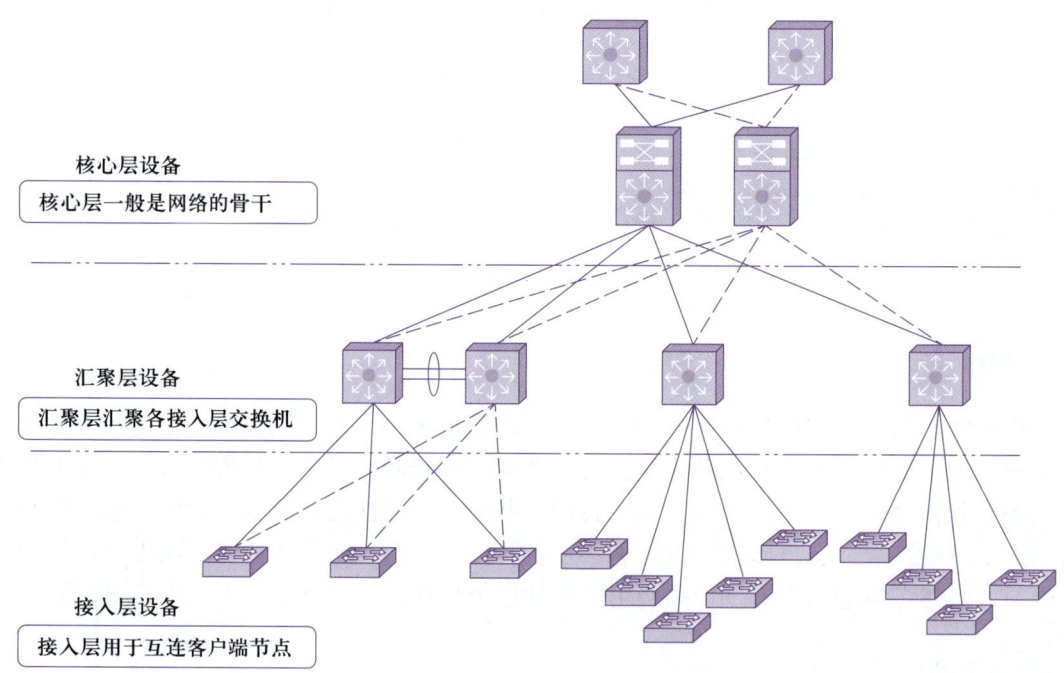

图 1-17 典型的网络分层拓扑结构

1. 核心层

核心层是网络的核心部分，是整个网络的高速交换主干，对网络的连通性起到至关重要的作用。

核心层具备极高的带宽和强大的数据转发能力，能够快速地处理和转发大量的网络流量，保证数据在网络中高效传输。例如，对于大型互联网数据中心，核心层交换机需要能够在短时间内处理海量的数据流量，确保用户的请求能够快速得到响应。

核心层采用冗余设计，如设备冗余、链路冗余等，确保网络的高可靠性和高可用性。当某个设备或链路出现故障时，能够快速切换到备用设备或链路，保证网络的正常运行。例如，核心层交换机可以采用双机冗余热备份的方式，当一台交换机出现故障时，另一台交换机能够立即接管工作。

核心层负责网络中数据包的路由和路径选择，根据目标 IP 地址将数据包准确地转发到相应目的地，其需要支持各种路由协议，如 OSPF（开放式最短路径优先）、BGP（边界网关协议）等，以便与其他网络进行互联。例如，在一个大型企业的多分支机构网络中，核心层路由器通过运行路由协议，选择最佳的路径将数据从一个分支机构传输到另一个分支机构。

2. 汇聚层

汇聚层处于接入层和核心层之间，起到承上启下的作用。它将多个接入层设备连接在一起，并与核心层设备相连。

汇聚层收集来自多个接入层设备的流量，并进行汇聚和整合，然后将这些流量传输到核心层。例如，在一个大型商场的网络中，各个店铺的接入层交换机将数据传输到汇聚层交换机，汇聚层交换机再将这些数据传输到核心层，以便进行进一步的处理和转发。

汇聚层支持不同虚拟局域网 VLAN 之间的通信。通过配置 VLAN 间的路由功能，实现不同 VLAN 中的用户设备可以相互通信。例如，在企业网络中，财务部门和销售部门处于不同的 VLAN，汇聚层交换机负责在这两个 VLAN 之间进行数据路由，使两个部门的员工可以进行业务交流。

汇聚层可以实施更高级的安全策略，如访问控制列表 ACL、流量过滤等，对进出网络的流量进行精细的控制和管理，从而提高网络的安全性。例如，在学校的网络中，汇聚层交换机可以设置 ACL，禁止学生访问一些不适合的网站，同时允许教师访问教学资源网站。

汇聚层可以将流量均匀地分配到不同的核心层链路或设备上，避免核心层出现单点过载的情况，从而提高网络的整体性能和可靠性。例如，在一个数据中心网络中，汇聚层交换机根据核心层设备的负载情况，将数据流量合理地分配到不同的核心层交换机上。

3. 接入层

接入层位于网络的最边缘，直接面向终端用户设备，如个人计算机、手机、打印机、IP 摄像头等，它是用户设备接入网络的入口。接入层主要为用户提供大量的网络接口，方便用户设备连接到网络，满足相邻用户之间的互访需求。例如，企业员工的个人计算机通过接入层交换机连接到公司网络。

接入层为每个连接的用户或设备分配相应的带宽，确保用户能够正常使用网络资源。例如，在一个拥有 100 台个人计算机的小型公司网络中，接入层交换机根据不同部门或用户的需求，合理分配网络带宽，保证日常办公的网络使用流畅。

接入层也可以进行一些简单的安全管理，如 MAC 地址绑定、端口安全等，以防止非法设备接入网络。例如，将终端用户个人计算机的 MAC 地址与接入层交换机的端口进行绑定，只有经过授权的设备才能接入网络。

1.3.2 IP 地址和 TCP/IP 协议

微课 1-10
搭建简原
网络

IP 地址是主机在网络中的标识。根据协议版本,IP 地址可以分为 IPv4 和 IPv6 地址。

1. IPv4 地址的格式

IPv4 地址由 32 位二进制数组成,一般用 3 个点号将 32 位二进制数分成 4 段,并将这 4 段数字分别转换成十进制数来表达,以提高可读性,如图 1-18 所示。

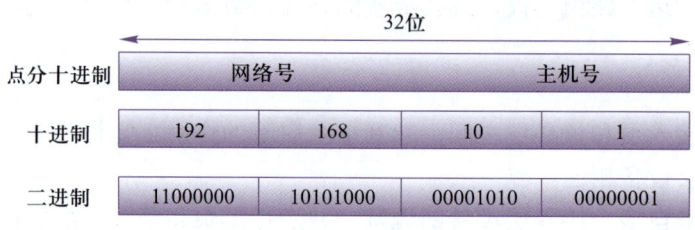

图 1-18 IPv4 地址格式

IP 地址由网络号部分和主机号部分组成。网络号部分是该 IP 地址所在网络的编号,主机号部分是拥有该 IP 地址的主机在网络中的编号。

2. IPv4 地址的分类

IPv4 地址分为 A、B、C、D、E,共 5 类。通过 IPv4 地址的第 1 个字节可以识别此 IPv4 地址属于哪一类,如图 1-19 所示。

A类	0	网络号			主机号	
B类	1	0	网络号		主机号	
C类	1	1	0	网络号		主机号
D类	1	1	1	0	组播地址	
E类	1	1	1	1	0	保留给将来使用

图 1-19 IPv4 地址分类

A 类地址:第 1 个字节是 0 ~ 127 内的 IP 地址,其范围为 0.0.0.0/8 ~ 127.0.0.0/8,其中 0.0.0.0 和 127.0.0.0 保留,不能进行分配。

B 类地址:第 1 个字节是 128 ~ 191 内的 IP 地址,其范围为 128.0.0.0/16 ~ 191.255.0.0/16。

C 类地址:第 1 个字节是 192 ~ 223 内的 IP 地址,其范围为 192.0.0.0/24 ~ 223.255.255.0/24。

D 类地址:第 1 个字节是 224 ~ 239 内的 IP 地址。

E 类地址:第 1 个字节是 240 ~ 255 内的 IP 地址。

能在 Internet 上使用的只有 A、B、C,共 3 类。D 类作为组播地址,E 类保留用于实验。

3. 特殊 IP 地址

与网络成功连接的主机可通过单播、广播、组播 3 种方式中的任意一种与其他设备通信,IP 数据包中封装的目的地址分别是单播地址、广播地址、组播地址。

单播地址用于标识单个网络接口的 IP 地址。当一个数据包的目的地址是单播地址时,这个数据包会被发送到具有该地址的特定网络设备接口。

广播地址用于将数据包发送给同一网络中的所有设备。当一个数据包的目的地址是广播地址时，该网络中的所有设备都会接收并处理这个数据包。

组播地址用于标识一组 IP 地址，当数据包的目的地址是组播地址时，这个数据包会被发送给该组播组中的所有成员设备。

4. 公有 IP 地址和私有 IP 地址

公有 IPv4 地址应用于互联网，必须全球唯一，是能在 ISP 路由器之间全面路由的地址，需要申请购买。

私有 IPv4 地址一般应用于局域网内部。20 世纪 90 年代中期，IPv4 地址空间耗尽，于是从 A、B、C 三类地址中划出了 3 个网段专有地址，作为私有 IPv4 地址使用，这在一定程度上解决了公有地址用尽带来的问题。私有 IPv4 地址并不是全球唯一的，任何组织的内部网络都可以免费使用。私有 IP 地址如下：

A 类：10.0.0.0/8 或 10.0.0.0 ～ 10.255.255.255。

B 类：172.16.0.0/12 或 172.16.0.0 ～ 172.31.255.255。

C 类：192.168.0.0/16 或 192.168.0.0 ～ 192.168.255.255。

IPv4 使用 32 位地址，一方面地址资源数量有限，另一方面随着电子技术及网络技术的发展，计算机网络已进入人们的日常生活，可能身边的每一样东西都需要连入互联网，终端用户数量随之迅速增加，IPv4 地址枯竭问题也随之产生，IPv6 应运而生。IPv6 地址位数是 128 位，所拥有的地址数量大大增多，有效解决了网络地址资源枯竭的问题。

✎【练一练】请在自己的个人计算机上手动设置 IP 地址为 192.168.1.100，子网掩码为 255.255.255.0，网关为 192.168.1.1。

5. TCP/IP 协议

TCP/IP 协议即传输控制协议/网际协议，是指能够在多个不同网络间实现信息传输的协议簇，用于实现面向连接的数据传输和分组交换的网络通信，是现代计算机网络的基础协议。

TCP/IP 协议是一个四层的体系结构，由应用层、传输层、网络层和网络接口层组成，如图 1-20 所示。

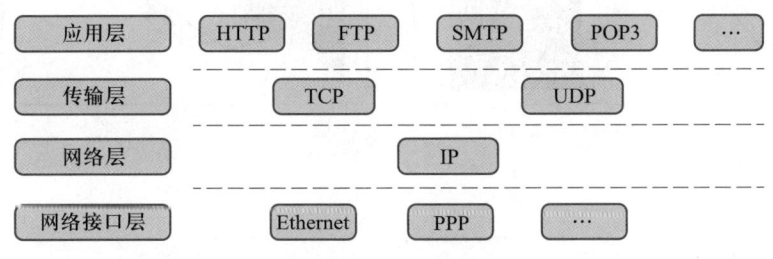

图 1-20 TCP/IP 四层结构

应用层是 TCP/IP 协议簇中最高层的协议，由各种不同的网络应用程序所使用，主要任务是向应用程序提供数据传输服务，包括的应用程序有电子邮件、文件传输协议、远程连接协议、万维网协议等。此层所提供的传输服务，具有完整性、可靠性和交互性，以确保应用程序之间的互联互通。

传输层是 TCP/IP 协议簇的第二层，它为主机上的应用程序提供端到端的数据传输服务，主要任务是识别和区分到达同一台主机上的不同应用层进程，还负责检测并纠正传输中的错误，保证数据传输的可靠性。在此层中最为重要的协议是 TCP 与 UDP。

网络层位于 TCP/IP 协议簇的第三层，是 TCP/IP 协议族的基础核心，负责数据的传输，包括数据的分组、路由和分发。此层所使用的协议有 IP 协议，IP 协议负责电子通信的时候把数据包从源到目的地进行传输，IP 协议还需要由地址解析和流量控制等机制来保证网络的稳定性。

网络接口层是 TCP/IP 协议簇的最底层，为网络层提供物理寻址、网络拓扑结构、访问控制和传输错误控制等数据传输服务。

💡【想一想】通常，一个网络项目是由若干人组成一个团队合作完成，想一想如何做才能体现团队的协作精神和创新精神。

1.3.3 常用网络传输介质

1. 双绞线

双绞线是综合布线工程中常用的传输介质。双绞线分为屏蔽双绞线和非屏蔽双绞线两类。它由 8 根具有绝缘保护层的 22～26 号铜导线组成，分为 4 组，每 2 根一组，按一定密度互相绞在一起，"双绞线"的名字也由此而来。每一根导线在传输过程中辐射出来的电波会被另一根线上发出的电波抵消，有效降低了信号干扰。

根据双绞线水晶头的接法主要分为 T568A 和 T56B8 两种。两种接法主要体现在线序的不同，如图 1-21 所示，具体线序见表 1-4。

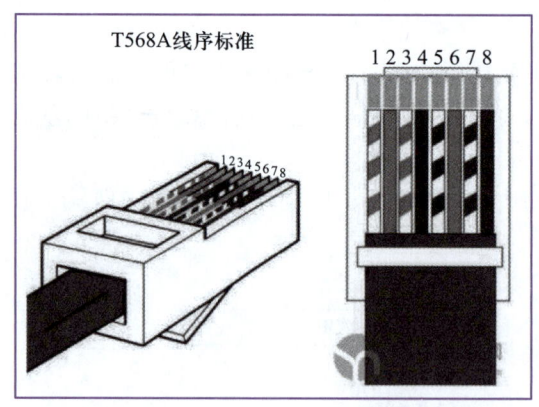
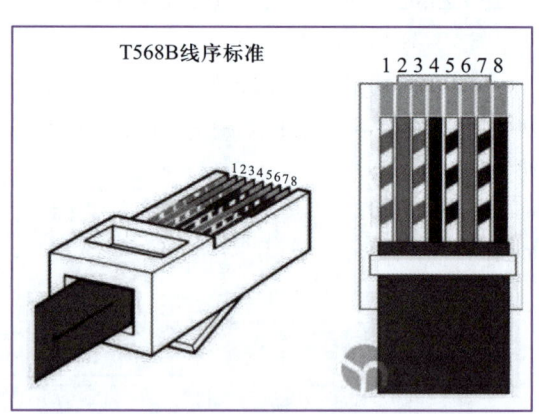

图 1-21　双绞线水晶头接法

表 1-4　双绞线线序

线　序	1	2	3	4	5	6	7	8
T568A	白/绿	绿	白/橙	蓝	白/蓝	橙	白/棕	棕
T568B	白/橙	橙	白/绿	蓝	白/蓝	绿	白/棕	棕

双绞线根据两头线序是否相同又分为交叉线和直通线。

同一根网线的两端使用不同的线序（一头为 T568A，另外一头为 T568B）称为交叉线。一般情况下，同种设备之间的连接用交叉线，如个人计算机之间、路由器之间的连接。

同一根网线的两端使用同样的线序（双绞线两头的线序均为T568A或者T568B）称为直通线。在实际运用中一般都使用T568B，通常认为T568B对电磁干扰的屏蔽比较好。不同种设备之间的连接用直通线，如个人计算机和交换机、路由器和交换机连接等。

2. 光纤

光纤是一种由非常纯的玻璃制成的极细的透明弹性线束，通过光纤传输时，信号会被编码成光脉冲。光纤可以用于"波导管"或"光导管"，以最少的信号丢失来传输两端之间的光。常见的光纤跳线如图1-22所示。

与其他传输介质相比，光纤能够以更远的距离和更高的带宽传输数据。不同于铜缆，光纤在传输过程中信号的衰减更少，并且完全不受电磁干扰或射频干扰的影响。

图1-22 常见的光纤跳线

3. 无线传输介质

无线传输介质使用无线电或微波频率来承载代表数据通信二进制数字的电磁信号，具有所有传输介质中最佳的移动特性，使用无线传输介质的设备在不断增多。无线连接已经成为用户连接到家庭网络和企业网络的主要方式。常见的无线传输方式有以下几种。

1）WiFi：WiFi是基于IEEE 802.11标准的无线局域网技术，主要用于提供高速的无线网络连接。它使用2.4GHz和5GHz频段，传输距离较远，能够覆盖一定范围的区域，如家庭、办公室、商场等场所。

2）蓝牙：蓝牙是无线个人局域网标准，主要用于短距离设备之间的连接和通信。

3）ZigBee：ZigBee是一种用于低数据速率、低功耗通信的标准，适用于短距离、低数据速率和长电池寿命的应用，通常用于工业和物联网环境，如无线照明开关和医疗设备数据采集。

💡【想一想】规范化网络线缆布设是网络工程师应该具有的基本素质，请查阅资料，了解在网络线缆布设过程中应遵守哪些规则。

任务实施 ▶▶

1. 配置思路
- 购买交换机设备
- 建立物理连接并启动终端设备
- 进入终端设备配置界面并进行配置
- 测试端到端的连通性

2. 配置过程
步骤1：购买交换机设备。

小杨通过查询华为、新华三、思科和锐捷等各大厂商的官网，详细了解各款交换机的性能、特点和用户评价。结合此次任务需要，对交换机没有特别要求，8口就足够，网速百兆以上就可以，因此他选择了一款100多元的华为交换机，在购买前，听说公司网络升级改造退下来一批不用的交换机，第二天，经过向部门领导申请，从库房中找了一台闲置的S3700交换机，领导得知他们的用途后，同意他们拿回去使用。

步骤2：建立物理连接并启动终端设备。

按照如图1-23所示的打印机连接拓扑，小杨将交换机、两台PC和一台网络打印机，通过网线进行连接。首先，他将网线的一端插入交换机的第1个端口，然后将网线的另一端插入小杨的PC网络接口。接着，他重复这一过程，将第2根网线的一端插入交换机的第2个端口，另一端插入小王的PC网络接口，打印机与其一致，这里使用的打印机具有网络连接功能，具备以太网端口。最后，确保所有连接牢固，端口的状态指示灯工作正常。

图1-23

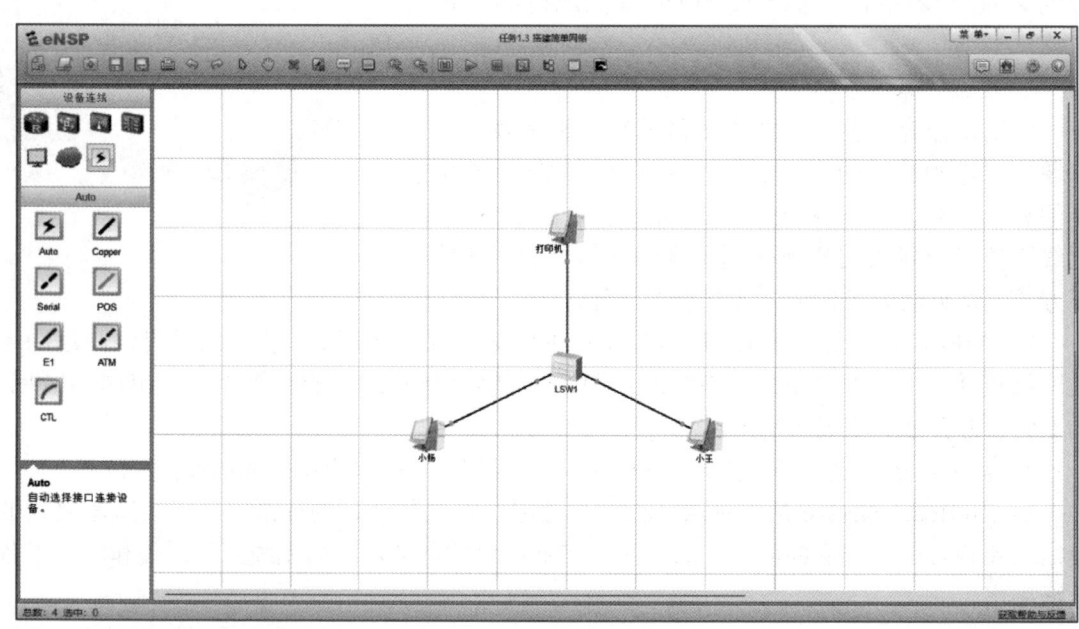

图1-23 打印机连接拓扑

步骤3：进入终端设备配置界面并进行配置。

按照表1-5设备基础配置信息，进入小杨的PC端桌面后选择"开始"→"控制面板"命令，进入"网络和共享中心"，单击"更改适配器设置"超链接。在打开的"网络连接"窗口中，右击"本地连接"或"以太网"图标，在弹出的快捷菜单中选择"属性"命令。在弹出的窗口中，选择"Internet协议版本4（TCP/IPv4）"选项，单击"属性"按钮。在"IP地址"配置窗口中，选中"使用下面的IP地址"单选按钮，并输入以下信息：IP地址为192.168.1.1，子网掩码为255.255.255.0，单击"确定"按钮保存设置。小王的PC端配置过程与其一致。

最后，为打印机配置IP地址。根据打印机的型号和品牌，通过打印机的控制面板或网页配置界面进行设置。小杨通过单击打印机上的菜单按钮，进入网络设置选项。在网络设置菜单中，选择"TCP/IP设置"并输入以下信息：IP地址为192.168.1.3，子网掩码为

255.255.255.0。完成设置后，确认并保存配置，确保打印机能够顺利连接到网络并与其他设备进行通信。

表 1-5　设备基础配置信息

设　备　名	IP 地址	子 网 掩 码
小杨	192.168.1.1	255.255.255.0
小王	192.168.1.2	255.255.255.0
打印机	192.168.1.3	255.255.255.0

步骤 4：测试端到端的连通性。

小杨在配置完成后，测试两台 PC 和打印机之间的网络连通性，以确保所有设备正确连接并能够相互通信。首先在自己的 PC 上打开命令提示符窗口中，输入 ping 192.168.1.2 命令并按 Enter 键，验证自己的 PC 能否与小王的 PC 通信。同样，他在小王的 PC 上输入 ping 192.168.1.1 命令进行测试，确认两台 PC 之间能够成功通信。小杨继续测试 PC 与打印机的连通性，在自己的 PC 上，输入 ping 192.168.1.3 命令，检查能否与打印机建立连接。

接着，在小王的 PC 上也输入相同的命令进行验证。如果命令提示符窗口显示来自目标设备的响应，则表明网络配置正确，两台 PC 和打印机之间能够顺利通信。通过这些测试，小杨确认所有设备的网络连通性良好。

在打印机使用之前，还需要在 PC 上安装打印机驱动程序，安装过程不再赘述。

技能训练 ▶

小王是一名职业院校的学生，其所在宿舍住了 4 名同学，他想将同宿舍同学们的 PC 组成一个局域网，方便传送一些学习资料，他通过老师，从实验室借了一台 S3700 交换机并在实验室制作了几根网线，请大家帮助他将 4 台 PC 组建一个局域网，自行分配主机的 IP 地址及主机名，随后使用 ping 命令测试，并验证 4 台设备的相互通信情况。

学习评价

项目 1　认识网络和网络设备学习评价表

	评 价 内 容	学 生 自 评	小 组 互 评	教 师 评 价	综 合 评 价
知识	网络设备类型、外形、功能及品牌	□ A □ B □ C	□ A □ B □ C	□ A □ B □ C	□ A □ B □ C
	各种网络仿真软件	□ A □ B □ C	□ A □ B □ C	□ A □ B □ C	□ A □ B □ C
	网络三层拓扑结构	□ A □ B □ C	□ A □ B □ C	□ A □ B □ C	□ A □ B □ C
	IP 地址的格式、分类	□ A □ B □ C	□ A □ B □ C	□ A □ B □ C	□ A □ B □ C

续表

	评 价 内 容	学 生 自 评	小 组 互 评	教 师 评 价	综 合 评 价
知识	TCP/IP 协议	□A□B□C	□A□B□C	□A□B□C	□A□B□C
	华为 eNSP 软件的安装和使用方法	□A□B□C	□A□B□C	□A□B□C	□A□B□C
	网络传输介质	□A□B□C	□A□B□C	□A□B□C	□A□B□C
能力	合理选用网络设备	□A□B□C	□A□B□C	□A□B□C	□A□B□C
	使用常用的网络命令	□A□B□C	□A□B□C	□A□B□C	□A□B□C
	安装华为 eNSP 软件	□A□B□C	□A□B□C	□A□B□C	□A□B□C
	使用华为 eNSP 软件绘制拓扑图	□A□B□C	□A□B□C	□A□B□C	□A□B□C
	使用华为 eNSP 组建简单网络	□A□B□C	□A□B□C	□A□B□C	□A□B□C
	根据网络需求配置设备 IP 地址	□A□B□C	□A□B□C	□A□B□C	□A□B□C
	组建简单网络并进行测试	□A□B□C	□A□B□C	□A□B□C	□A□B□C
素养	爱国情怀与民族自豪感	□A□B□C	□A□B□C	□A□B□C	□A□B□C
	科技创新、自强自立	□A□B□C	□A□B□C	□A□B□C	□A□B□C
	国家安全观	□A□B□C	□A□B□C	□A□B□C	□A□B□C
	团队协作精神、创新精神	□A□B□C	□A□B□C	□A□B□C	□A□B□C
综合评价		□A□B□C			
学生签名：		老师签名：			

备注：A 表示"优秀"，B 表示"良好"，C 表示"合格"。

项目小结

本项目主要介绍常见的网络设备、常用的网络命令、华为 eNSP 模拟器、网络拓扑结构、IP 地址、TCP/IP 协议、网络传输介质等内容。

常见的网络设备有路由器、交换机、服务器、无线设备及各种终端设备。网络命令通常用来测试网络的连通性以及查看网络设备的详细信息。eNSP 模拟器是华为公司推出的一款免费网络模拟仿真软件，用户可以通过添加设备、设备连接、设备配置、仿真模拟、抓包分析等操作对各种网络进行仿真。典型的网络结构一般划分为核心层、汇聚层、接入层，分层架构清晰地定义了各层的基本功能，使网络的规划、管理与维护更加高效且有序。IP 地址分为 IPv4 和 IPv6 地址。IPv4 地址是 32 位二进制数，通常用点分十进制表示。IPv6 地址是 128 位二进制数，通常用冒号十六进制表示。

本项目的重点是使用华为 eNSP 模拟软件进行仿真，本项目的难点是各种网络测试命令的使用。通过本项目的学习，认识了各种网络设备，能够使用华为 eNSP 模拟软件，并能够根据需求搭建简单网络。

思考与练习

一、单选题

1. 在 IP 地址中，202.199.100.1 是一个（　　　）。
   A. A 类地址　　　　　B. B 类地址　　　　　C. C 类地址　　　　　D. D 类地址
2. 用来检查一台主机通信是否正常的命令是（　　　）。
   A. ping　　　　　　　B. tracert　　　　　　C. telnet　　　　　　D. ipconfig
3. 跟踪网络路由路径使用的网络命令是（　　　）。
   A. ipconfig/all　　　　B. tracert　　　　　　C. ping　　　　　　　D. netstat
4. 在 eNSP 中，若发现交换机端口指示灯不亮，可能的原因是（　　　）。
   A. 端口被配置为关闭状态（shutdown）　　B. 连接的线缆类型错误
   C. 对端设备未开启电源　　　　　　　　　D. 以上选项都有可能
5. 在下列传输介质中，（　　　）传输速度最快。
   A. 光纤　　　　　　　B. 双绞线　　　　　　C. 同轴电缆　　　　　D. 无线介质

二、填空题

1. 常见的网络设备有_____、_____、_____、_____等。
2. 华为模拟器 CLI 进入系统视图模式的命令是_____。
3. 获取计算机 TCP/IP 配置信息，检验配置的 TCP/IP 值是否正确的命令是_____。
4. 华为 eNSP 模拟器必须和_____、_____、_____三款软件一起安装。
5. TCP/IP 协议由 4 个协议层组成，包括_____、_____、_____、_____。
6. 常用的网络传输介质有 _____、_____、_____等。

三、简答题

1. 简述常用的网络设备及其功能。
2. 简述华为 eNSP 模拟器的主要功能。
3. 简述 IPv4 地址的分类。

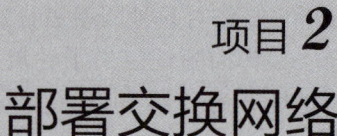

项目 2
部署交换网络

PPT：项目 2
部署交换
网络

【学习目标】

知识目标：

（1）了解交换机的分类。

（2）理解交换机的工作过程。

（3）理解冲突域、广播域的概念。

（4）掌握 VLAN 的概念、划分方法和端口类型。

（5）掌握 VLAN 的规划与配置方法。

（6）掌握 3 种 VLAN 间通信方式。

能力目标：

（1）能够区分和选用各种交换机。

（2）能够登录交换机并对交换机进行管理和维护。

（3）能够对交换机进行 VLAN 划分与配置。

（4）能够配置交换机实现 VLAN 间通信。

素养目标：

（1）通过了解我国交换机技术的发展成就，充分认识科技创新和自立自强对国家发展的重要性。

（2）通过配置国产交换机设备，培养科技强国的责任感与担当，增进中国制造、科技强国的认同感。

（3）通过实践操作训练，培养学生细致认真、精益求精的工作态度。

（4）在实训场所具有良好的安全意识，规范使用仪器设备，严格按照规范进行操作。

任务2.1 组建简单局域网

任务引入 ▶

随着公司业务的不断扩展，A集团公司决定成立西部片区，核心分公司设立在重庆，并在昆明和西安设立分公司。为了加强线上产品的销售，在四川建立电商平台，专门开展线上销售和服务咨询工作。各分公司装修工作已经完成，现安排信息化部的小杨去规划、设计、部署昆明、西安分公司和四川电商枢纽的局域网，要求能够实现各分公司内部终端设备的互联互通。

任务分析 ▶

为了顺利完成这项任务，小杨通过查阅资料和学习交流等方式学习交换机的相关知识，掌握其基本功能、工作原理及配置方法，通过交换机将所有终端设备连接成一个小型局域网，并给各设备配置IP地址及子网掩码，即可实现终端设备的互联互通。

知识准备 ▶

2.1.1 交换机基础

1. 交换机的接口

交换机的接口大致可以分为业务接口、管理接口和监控口三类，如图2-1所示。

1）业务接口。业务接口主要负责业务数据的接收和发送。根据接口的电气属性，可以分为以太网电接口和以太网光接口。

以太网电接口：主要用于连接终端或设备的互联，采用RJ45接口类型，使用双绞线连接，传输速率可达1Gbit/s，最长有效传输距离为100m。

以太网光接口：主要用于连接服务器或设备的互联。以太网光接口需要安装光模块，以实现信号的光/电转换。光模块接口有多种类型，对应不同的光线缆进行数据传输，传输速率可达100Gbit/s。传输距离依据光缆的类型有所区别，多模光纤最长传输距离为几百米，单模光纤最长传输距离可达40多km。

2）管理接口。通常是指Console接口，需配套使用Console通信线缆连接配置终端的COM接口，基于CLI配置方式来进行现场配置。接口类型大多是RJ45，也有DB-9。有些交换机还提供以太网接口，使用网络连接配置终端，采用GUI管理方式实现现场或远程配置。

3）监控口。监控口是一种用于监控机柜门、设备电源或备用电源等设备的接口。华为仅部分交换机支持监控口。

华为 S5700-28C-HI 交换机接口面板如图 2-1 所示,各部分功能说明见表 2-1。

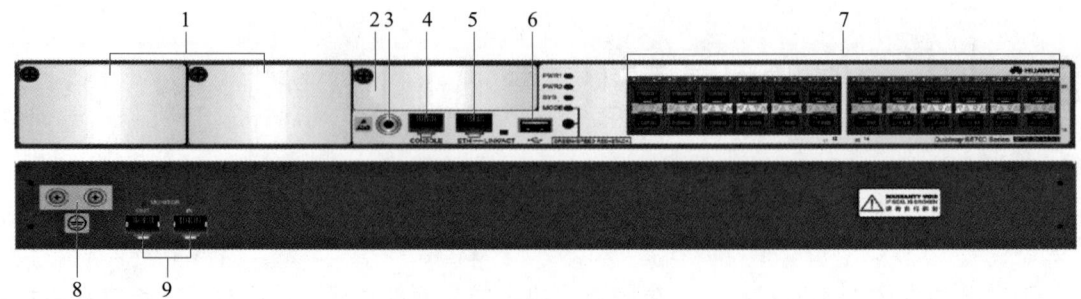

图 2-1 华为 S5700-28C-HI 交换机接口面板

表 2-1 华为 S5700-28C-HI 交换机接口功能

序号	名 称	描 述
1	电源模块槽位	安装电源模块
2	插卡槽位	安装以太网光接口插卡
3	ESD 插孔	在对交换机设备进行安装维护操作时,需要佩戴防静电腕带,防静电腕带的一端要插在机箱上的 ESD 插孔中
4	Console 接口	管理接口,与配置终端的 COM 串口连接,用于搭建现场配置环境
5	ETH 接口	管理接口,与配置终端网口连接,用于搭建现场或远程配置环境
6	USB 接口	配合 U 盘使用,可用于传输配置文件、升级文件等
7	以太网电接口	包含 24 个 10/100/1000Base-T 以太网电接口,用于十兆 / 百兆 / 千兆业务数据的接收和发送
8	接地螺钉	配套使用接地线缆
9	监控口	用于监控机柜门、设备电源、电池电量和空调电源

2. 交换机的分类

交换机按照是否支持网络管理、规模应用、技术特征、OSI 工作层等有不同的分类方法。

1)按照是否支持网络管理功能分类,可分为非网管型交换机和网管型交换机。

非网管型交换机:具有最基本的通信功能,不能通过配置实现对网络的控制和管理。

网管型交换机:通过对交换机进行配置,网络可以实现相应的通信需求。网管型交换机提供了基于终端控制口、基于 Web 页面及支持 Telnet 远程登录网络等多种网络管理方式。网络管理人员可以对交换机的工作状态、网络运行状况进行本地或远程的实时监控,并通过相关技术配置对网络进行管理。

2）按照规模应用分类，可分为企业级、部门级、工作组。

企业级：适用于庞大的企业网络，如跨国企业等。这种交换机通常是机架式的。

部门级：适用于中型企业网络，可以是机架式或固定配置式。

工作组：适用于小型企业或办公室网络，通常是固定配置式。

3）按照技术特征分类，可分为以太网交换机、快速以太网交换机、千兆以太网交换机、FDDI 交换机、ATM 交换机、令牌环交换机等。

以太网交换机：适用于以太网环境。

快速以太网交换机：支持更高速率的以太网交换机。

千兆以太网交换机：支持千兆以太网速率的交换机。

FDDI 交换机：适用于 FDDI 网络。

ATM 交换机：适用于 ATM 网络。

令牌环交换机：适用于令牌环网络。

4）按照 OSI 工作层划分，主要分为二层交换机和三层交换机。

二层交换机基于 MAC 地址转发数据，使用最为普遍，应用于网络接入层和汇聚层。

三层交换机基于 IP 地址转发数据，具备路由功能，应用于网络核心层，也少量应用于汇聚层。部分三层交换机可以根据数据帧的协议端口信息进行目标端口判断。

☼【想一想】交换机是网络中的重要设备，请查阅资料，了解我国目前交换机技术的发展水平，思考为什么说交换机设备的国产化非常重要。

3. 交换机的主要功能

（1）MAC 地址学习

交换机的 MAC 地址表记录了其连接设备的 MAC 地址与端口的对应关系，通过查看收到的每个数据帧的源 MAC 地址来学习每个端口连接设备的 MAC 地址。如图 2-2 所示，该 MAC 地址表中存放的就是交换机的 4 个端口与所连 4 台 PC 的 MAC 地址之间的映射关系。

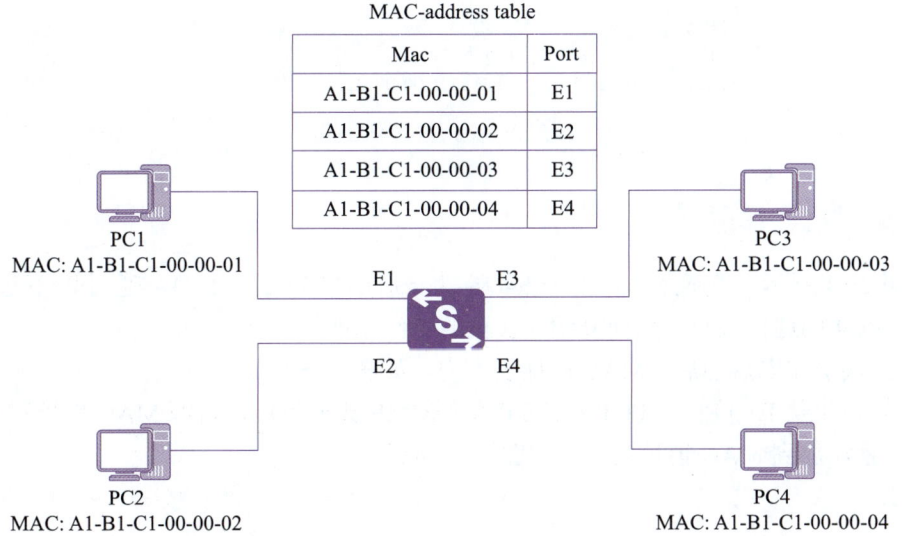

图 2-2 交换机 MAC 地址学习

（2）转发

当交换机某个端口收到数据帧后，则在 MAC 地址表中查询目的 MAC 地址，若有记录，则从指定端口转发；若无记录，则将该数据帧从其他所有激活的端口转发出去，接收该帧的端口除外，此过程称为泛洪。另外交换机在收到广播帧时，也要进行泛洪。

例如，在图 2-2 所示的拓扑中，PC1 访问 PC2 的数据帧到达交换机后，交换机在 MAC 地址表中找到了目的主机 PC2 的 MAC 地址，且该数据帧的源 MAC 和目的 MAC 对应的端口号不同，交换机将会把 PC1 发给 PC2 的数据帧从 E2 端口转发出去。

（3）过滤

过滤是指当交换机在 MAC 地址表中找到了该目标 MAC 地址，且该数据帧的源 MAC 地址和目的 MAC 地址对应的端口号相同，将丢弃该数据帧。

例如，在图 2-3 所示的拓扑中，交换机 S1 的 MAC 地址表中已记录了 PC1、PC2 的 MAC 地址和 E1 端口的对应关系。当 PC1 访问 PC2 时，假设交换机 S1 的 E1 端口收到了该数据帧，而目的 MAC 地址对应的端口也为 E1，那么交换机 S1 就将该数据帧丢弃。可以理解为通信双方都是 E1 端口一侧的设备，故 S1 没有必要将该数据帧通过其他端口转发扩散。

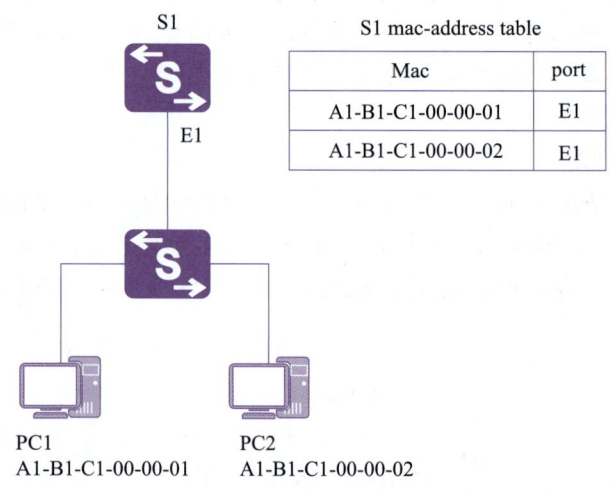

图 2-3　交换机转发过滤

2.1.2　交换机工作原理

如图 2-4 所示，交换机的 E1 ~ E4 端口分别连接 PC1 ~ PC4，通过以下过程模拟 PC1 ping PC4 的通信过程，从而介绍交换机的工作原理。

1）交换机加电启动后，MAC 地址表为空，如图 2-5 所示。

2）交换机从 E1 接收到 PC1 发往 PC4 的 ICMP 数据包后，将源 MAC 地址和 E1 端口的对应关系添加到 MAC 地址表中，如图 2-6 所示。

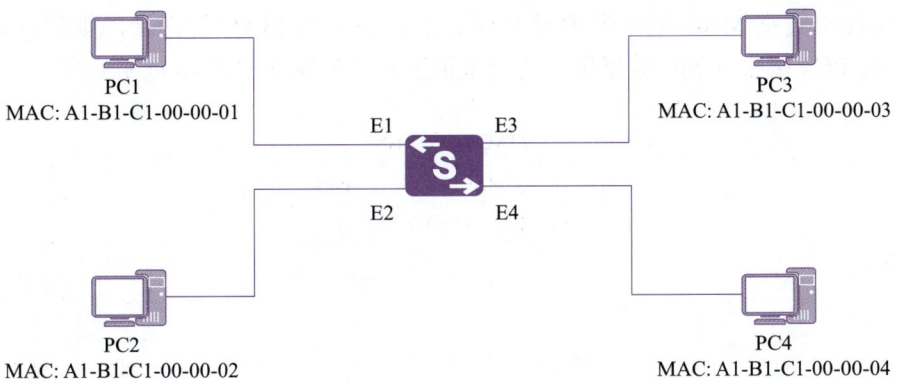

图 2-4 交换机工作拓扑

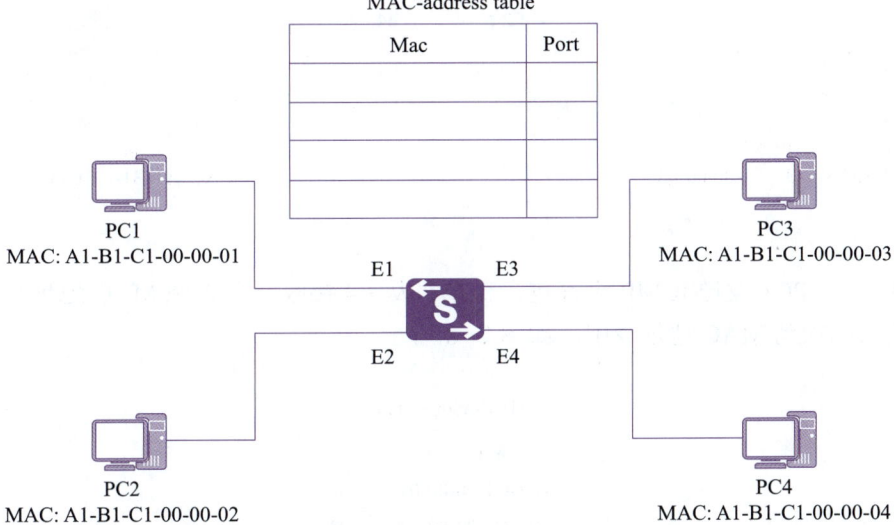

图 2-5 MAC 地址表为空

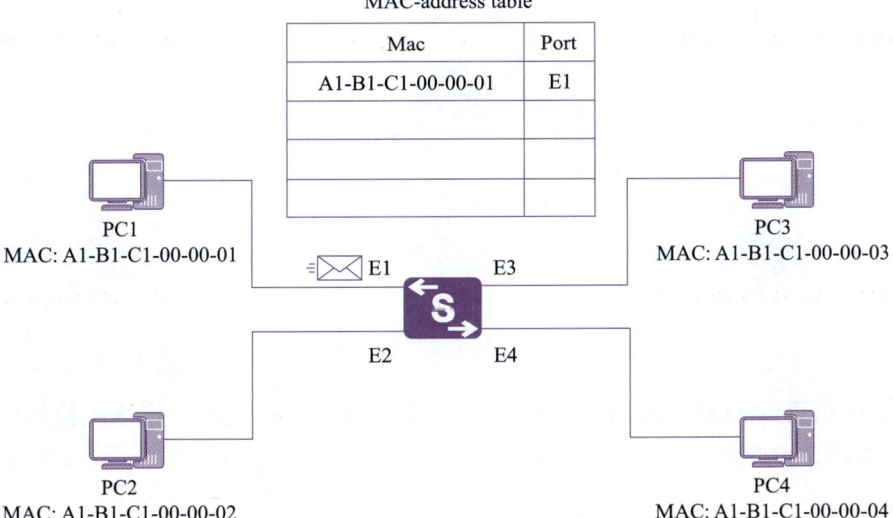

图 2-6 更新 MAC 地址表

3）交换机查询 MAC 地址表中没有目的主机 PC4 的 MAC 的记录，则进行泛洪。只有目标主机 PC4 接收 ICMP 数据包，其余主机丢弃，如图 2-7 所示。

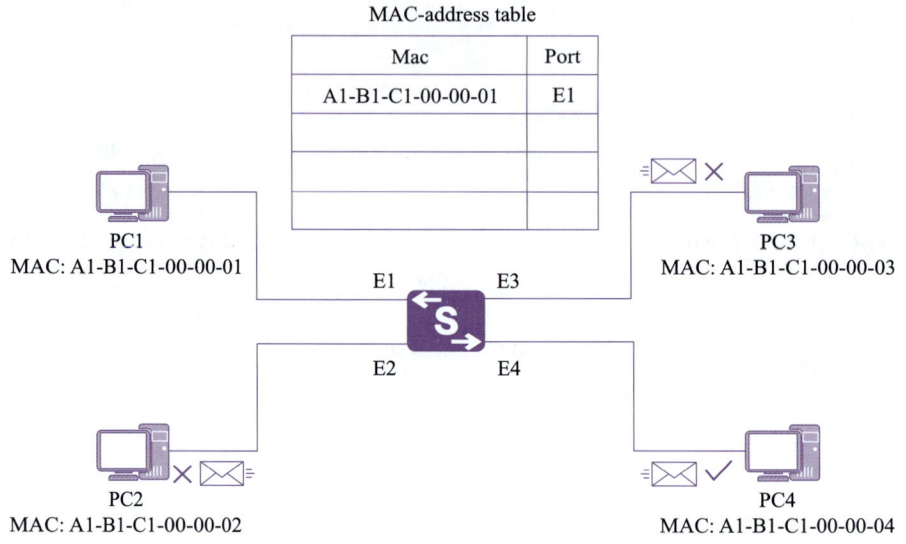

图 2-7 交换机泛洪

4）PC4 向 PC1 发送 ICMP 应答包，交换机从 E4 接收，并将源 MAC 地址与 E4 端口的对应关系添加到 MAC 地址表中，如图 2-8 所示。

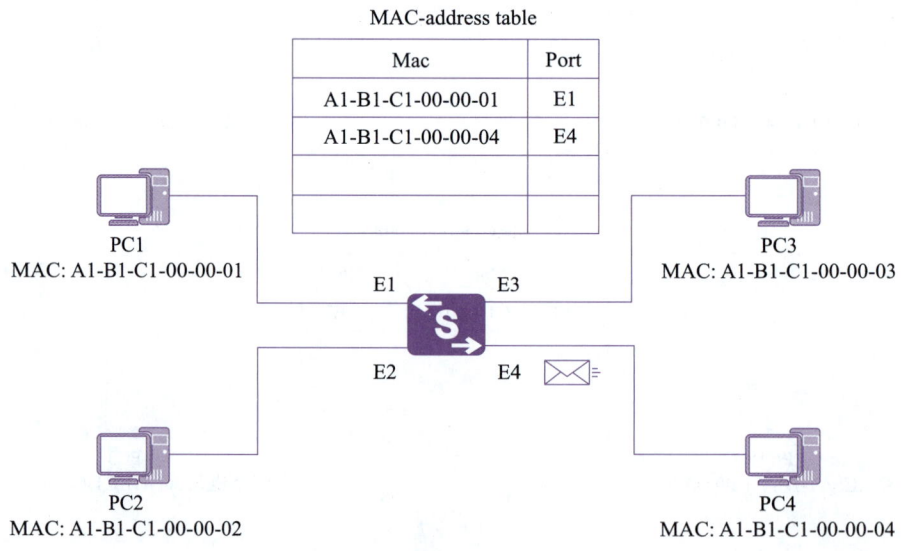

图 2-8 更新 MAC 地址表

5）交换机查询 MAC 地址表中有目的主机 PC1 的 MAC 记录，将该应答包只从 E1 转发出去，如图 2-9 所示。

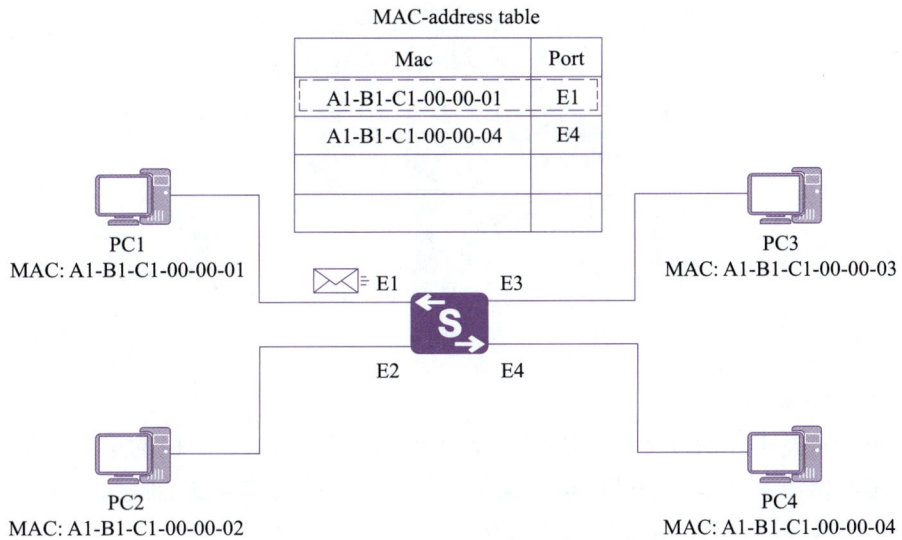

图 2-9 交换机从指定接口转发数据

2.1.3 冲突域与广播域

1. 冲突域

冲突域是指在同一个网络中，由于共享传输介质，当两台或多台设备同时发送数据时，可能会产生信号冲突的区域。在传统的共享式以太网中，使用集线器连接的所有设备都处于同一个冲突域。

在一个冲突域中，当两个数据帧同时被发到物理传输介质上，并完全或部分重叠时，就发生了信号冲突，如图 2-10 所示。

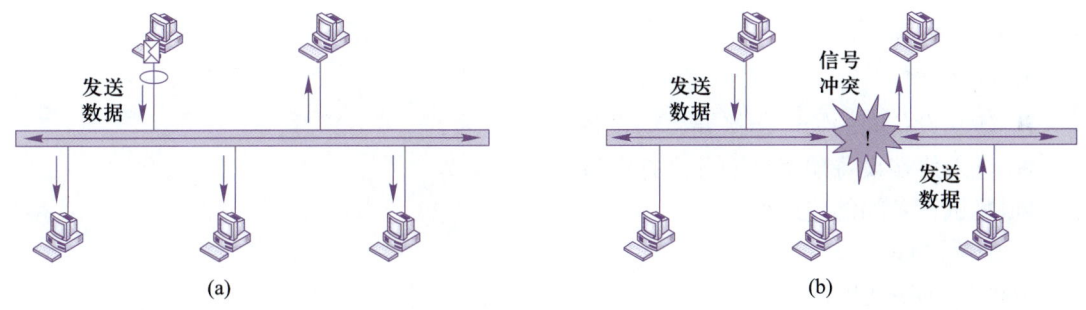

图 2-10 共享型以太网信号冲突

当以太网规模增大时，就必须采取措施来控制冲突域，交换机正是基于这样一个背景被设计出来的。交换机工作在数据链路层，它能识别以太网数据帧的源 MAC 地址和目的 MAC 地址，并将数据帧从与目的设备相连的端口转发出去。因此，交换机的每一个端口都是一个独立的冲突域，它们互不影响，且每个端口均可实现全双工通信，从而为大型网络的组建提供了良好的扩展性和高传输带宽，如图 2-11 所示。

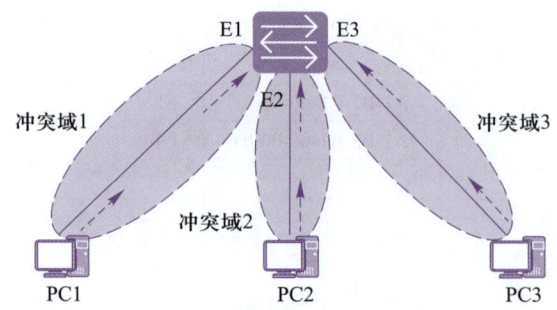

图 2-11 交换机端口形成冲突域

2. 广播域

当一个节点发出广播报文后,所有能收到该广播报文的节点组成的集合就是一个广播域。对于集线器而言,本身的转发机制就是广播,其连接的节点都能收到广播报文,所以集线器和其所有接口所连接的节点共同构成了广播域。交换机在收到广播帧时会进行泛洪,即除入口外和其所有接口都转发,因此交换机和其所有接口所连接的节点共同构成了广播域,如图 2-12 所示。

缩小冲突域和广播域范围能够提高网络的通信性能。对于冲突域,交换机将冲突域缩小至一个接口连接的网络范围;对于广播域,一般交换机会基于 VLAN 技术隔离广播域。

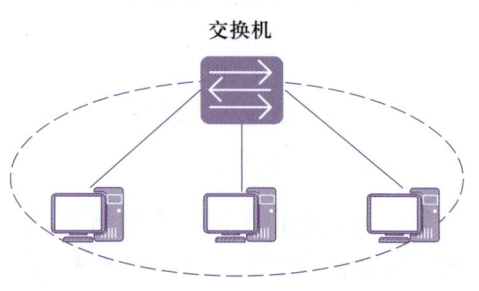

图 2-12 交换机广播域

任务实施 ▶▶

微课 2-1
组建简单
局域网

1. 配置思路

- 网络规划
- 建立设备间的物理连接并启动设备
- 进入终端设备配置界面并进行配置
- 测试设备间的连通性

2. 配置过程

步骤 1:网络规划。

根据各分公司的终端设备情况对各个分公司终端设备信息进行规划,见表 2-2。

表 2-2 各分公司终端设备信息

设 备 名	IP 地址	网 关	分 公 司
财务部	192.168.1.1/24	192.168.1.254/24	西安分公司
销售部	192.168.1.2/24	192.168.1.254/24	
研发部	192.168.2.1/24	192.168.2.254/24	昆明分公司
市场分析部	192.168.3.1/24	192.168.3.254/24	

续表

设 备 名	IP 地址	网 关	分 公 司
线上运维部	192.168.4.1/24	192.168.4.254/24	四川电商枢纽
客服部	192.168.5.1/24	192.168.5.254/24	
线上销售平台	192.168.6.1/24	192.168.6.254/24	
数据中心	192.168.7.1/24	192.168.7.254/24	

步骤 2：建立设备间的物理连接并启动设备。

将各分公司的终端设备，通过交换机进行设备间的连接，物理设备连接完成后启动设备，各分公司局域网拓扑如图 2-13 所示。

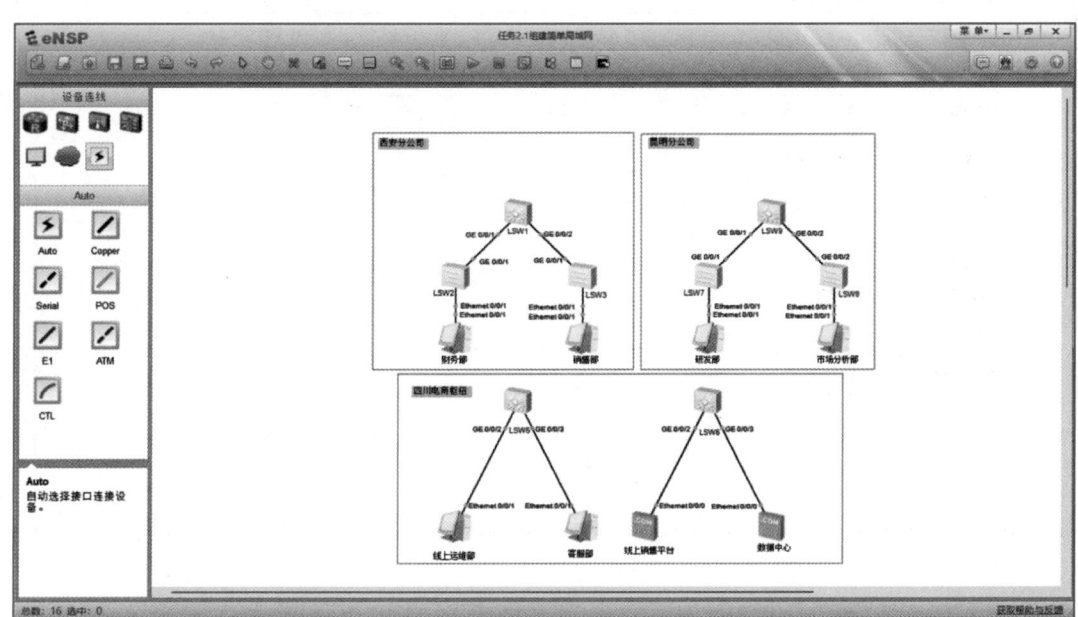

图 2-13　各分公司局域网拓扑

步骤 3：进入终端设备配置界面并进行配置。

根据表 2-2 中各分公司终端设备信息，进行终端设备的基础配置，财务部的基础配置如图 2-14 所示，其他终端设备按照相同的方式进行配置。

步骤 4：测试设备间的连通性。

由于是连接在同一接入层设备中，且属于同一网段，所以同一分公司的终端间能够互访。如测试西安分公司终端设备的连通性。

```
PC>ping 192.168.1.2
Ping 192.168.1.2: 32 data bytes, Press Ctrl_C to break
From 192.168.1.2: bytes=32 seq=1 ttl=128 time=125 ms
From 192.168.1.2: bytes=32 seq=2 ttl=128 time=156 ms
From 192.168.1.2: bytes=32 seq=3 ttl=128 time=141 ms
From 192.168.1.2: bytes=32 seq=4 ttl=128 time=140 ms
```

From 192.168.1.2: bytes=32 seq=5 ttl=128 time=125 ms
--- 192.168.1.2 ping statistics ---
    5 packet(s) transmitted
    5 packet(s) received
    0.00% packet loss
    round-trip min/avg/max = 125/137/156 ms

图 2-14 财务部的基础配置

技能训练 ▷▷

请规划、设计、部署重庆分公司内部的局域网,实现重庆分公司内部终端设备的互联互通。

任务2.2 构建VLAN虚拟局域网

任务引入 ▷▷

在西安分公司,一位员工使用带有计算机病毒的 U 盘导致其电脑感染了计算机病毒,并迅速在网络中扩散,影响了整个分公司的运营。这一情况的出现,使得公司意识到,分公司内部各部门应该组成独立的虚拟局域网,在逻辑上将各部门网络进行隔离,以 VLAN 的形式进行管理,从而有效防范病毒传播并方便管理。安排信息化部尽快给西部各分公司实施 VLAN 部署，信息化部指派小杨负责该项工作。

任务分析 ▷▷

小杨负责实施 VLAN 部署工作，目的是在逻辑层面上隔离各分公司各个部门的网络，以遏制病毒的蔓延。为了确保任务的顺利进行，他需要对公司的网络设备进行全面了解，包括品牌、型号、技术参数以及数量，然后进行 VLAN 部署。通过查阅资料、学习交流和实践操作，系统地学习 VLAN 相关知识，掌握 VLAN 的配置技能，才能确保完成好本次任务。

知识准备 ▷▷

2.2.1　VLAN 技术

VLAN（Virtual Local Area Network）即虚拟局域网，是将一个物理局域网在逻辑上划分成多个局域网。

将 VLAN 部署在数据链路层，用于隔离二层流量。一个 VLAN 是一个独立的广播域，VLAN 间互不影响。同一个 VLAN 内的主机属于同一个广播域，同一个 VLAN 内的主机可直接进行二层通信，不同 VLAN 间的主机不能直接实现二层互通。同时，广播报文被限制在各个相应的 VLAN 内，从而提高了网络的安全性。

1. VLAN 帧格式

为了使交换机能够分辨不同 VLAN 的报文，需要在报文中添加标识 VLAN 信息的字段。IEEE 802.1q 协议规定，在以太网数据帧的目的 MAC 地址和源 MAC 地址字段之后、协议类型字段之前加入 4 个字节的 VLAN 标签（又称 VLAN Tag，简称 Tag），用于标识数据帧所属的 VLAN。

在现有的交换网络环境中，以太网的帧有 Tag 和 Untag 两种格式。其中，Tag 是带有 VLAN 标记的以太网帧（Tagged Frame），Untag 是不带有 VLAN 标记的标准以太网帧（Untagged Frame）。VLAN 帧格式如图 2-15 所示。

在带有 VLAN 标记的以太网帧中，Tag 标签的长度为 4 字节，具体内容说明如下。

TPID（Tag Protocol Identifier）：2 字节，固定取值为 0x8100，是 IEEE 定义的新类型，表明这是一个携带 IEEE 802.1q 标签的帧。如果不支持 IEEE 802.1q 的设备收到这样的帧，则会将其丢弃。

TCI（Tag Control Information）：2 字节，用来表示帧的控制信息，包括以下几部分。

PRI（Priority）：3 位，表示帧的优先级，取值为 0 ~ 7，值越大，优先级越高。当交换机阻塞时，优先发送优先级高的数据帧。

CFI（Canonical Format Indicator）：1 位，表示 MAC 地址是否为经典格式。CFI 为 0 表示为经典格式；CFI 为 1 表示为非经典格式，用于区分以太网帧、光纤分布式数据接口（FiberDistributed Data Interface，FDDI）帧和令牌环网帧。在以太网中，CFI 的值为 0。

VLAN ID（VLAN Identifier）：12 位，虚拟局域网标识，用于区分不同 VLAN 的编号，取值范围通常是 1 ~ 4094。在创建 VLAN 时，管理员需要为每个 VLAN 分配一个唯一的 ID。

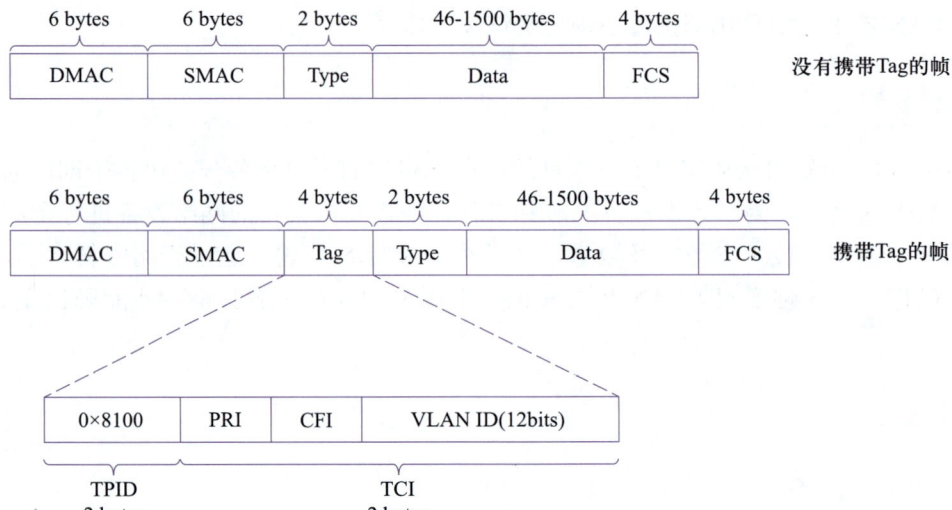

图 2-15　VLAN 帧格式

2. 划分 VLAN 的优点

划分 VLAN 的优点主要体现在以下几个方面。

1）提高网络安全性。VLAN 通过逻辑划分，将不同用户或设备隔离在不同的虚拟网络中，减少了广播域的范围，从而降低了广播风暴和非法访问的风险。管理员可以针对不同 VLAN 设置不同的访问控制策略，增强网络的安全性。

2）优化网络性能。划分 VLAN 后，广播流量被限制在特定的 VLAN 内，减少了网络中的广播风暴，提高了网络的带宽利用率。VLAN 使得网络管理员能够更灵活地配置网络，根据业务需求动态调整网络资源，提高网络的响应速度和整体性能。

3）简化网络管理。VLAN 使得网络管理员能够更容易地管理和维护网络，因为 VLAN 的划分是基于逻辑的，不受物理位置的限制。管理员可针对不同 VLAN 进行独立的配置和管理，降低网络管理的复杂性和成本。

4）增强网络的灵活性和可扩展性。VLAN 支持跨物理位置的网络连接，使得不同地理位置的用户能够像在同一局域网中一样方便地共享信息和资源。随着企业的发展和业务的扩张，管理员可以轻松地添加新的 VLAN 或调整现有 VLAN 的配置，以适应不断变化的业务需求。

5）提高资源利用率。通过划分 VLAN，可以将网络资源（如 IP 地址、带宽等）更合理地分配给不同的用户或部门，提高资源的利用率。VLAN 还可以实现不同部门之间的资源共享，促进部门间的协作和沟通。

6）实现网络隔离和策略控制。VLAN 可实现不同用户或设备之间的网络隔离，防止信息泄露和非法访问。管理员针对不同 VLAN 设置不同的访问控制策略，如访问权限、流量控制等，以满足不同用户或部门的需求。

2.2.2　VLAN 划分方法与端口类型

1. VLAN 的划分方法

在实际网络中，对 VLAN 进行划分常见的方法有以下几种。

（1）基于端口编号划分

根据交换机的端口编号来划分 VLAN，该方法是最常用的方法之一。在初始情况下，交换机的端口都属于 VLAN 1，网络管理员通过给交换机的每个端口配置不同的 PVID（Port-base VLAN ID，PVID 的值默认为1），将不同的端口划分到不同的 VLAN 中。

（2）基于 MAC 地址划分

根据设备的源 MAC 地址来划分 VLAN。网络管理员提前配置网络中的主机 MAC 地址和 VLAN ID 映射关系表。当交换机收到的是 Untagged 帧时，则依据该表给数据帧添加指定 VLAN 的标签。

（3）基于 IP 地址子网划分

根据数据帧中的源 IP 地址所属的子网来划分 VLAN。网络管理员预先配置 IP 地址和 VLAN ID 映射关系表，当交换机收到的是 Untagged 帧，则依据该表给数据帧添加指定 VLAN 标签，将属于同一子网的设备划分到同一个 VLAN 中。

（4）基于协议划分

根据数据帧中的网络层协议（簇）类型及封装格式来划分 VLAN。网络管理员预先配置以太网帧中的协议域和 VLAN ID 的映射关系表，如果收到的是 Untagged 帧，则依据该表给数据帧添加指定 VLAN 的标签。

（5）基于策略划分

根据配置的策略划分 VLAN，能实现多种组合的划分方式，如端口、MAC 地址、IP 地址、协议类型等。网络管理员预先配置策略，如果收到的是 Untagged 帧，且匹配配置的策略时，则会给数据帧添加指定 VLAN 的标签。

上述 VLAN 划分方法的示例见表 2-3。

表 2-3　VLAN 划分方法的示例

VLAN 划分方式	VLAN 10	VLAN 20
基于端口编号划分	GE0/0/1、GE0/0/3	GE0/0/2、GE0/0/4
基于 MAC 地址划分	MAC 1、MAC 3	MAC 2、MAC 4
基于 IP 地址子网划分	10.0.0.0/24	20.0.0.0/24
基于协议划分	IP	IPv6
基于策略划分	10.0.0.* + GE0/0/1+ MAC 1	20.0.0.* + GE0/0/2 + MAC 2

2. 交换机端口类型

华为交换机端口类型主要有接入（Access）端口、干道（Trunk）端口和混合（Hybrid）端口 3 种。不同的端口类型接收和发送数据帧的处理方式不同。

（1）Access 端口

Access 端口用于连接计算机、服务器等终端设备，只能属于一个 VLAN，即只能传输一个 VLAN 的数据。

1）Access 端口接收入站数据帧。

Access 端口从链路上收到一个 Untagged 帧时，交换机会给该帧添加 VLAN ID 为 PVID 的 Tag，变成 Tagged 帧，以供交换机内部处理。

Access 端口从链路上收到一个 Tagged 帧时，交换机会检测该帧的 Tag 中的 VLAN ID 是否与 PVID 相同。如果相同，则接收该帧；如果不同，则直接丢弃。

2）Access 端口发送出站数据帧。

Access 端口要转发数据帧时，交换机会检查该帧的 Tag 中的 VLAN ID 是否与 PVID 相同。如果相同，则将这个 Tagged 帧的 Tag 进行剥离，然后将得到的 Untagged 帧从链路上发送出去；如果不同，则直接丢弃，禁止将该帧从该 Access 端口发送出去。

（2）Trunk 端口

Trunk 端口一般用于连接交换机、路由器等网络设备，仅允许 VLAN ID 在允许通过列表中的数据帧通过。

1）Trunk 端口接收入站数据帧。

当 Trunk 端口从链路上收到一个 Untagged 帧时，交换机会在该帧中添加上 VLAN ID 为 PVID 的 Tag，然后查看 PVID 是否在允许通过的 VLAN ID 列表中。如果在，则对得到的 Tagged 帧进行转发操作；如果不在，则直接丢弃该 Tagged 帧。

当 Trunk 端口从链路上收到一个 Tagged 帧，交换机会检查这个帧的 Tag 中的 VLAN ID 是否在允许通过的 VLAN ID 列表中。如果在，则接收该 Tagged 帧；如果不在，则直接丢弃。

2）Trunk 端口发送出站数据帧。

Trunk 端口在转发数据帧时，会保留数据帧的 Tag 标签。如果数据帧的 Tag 中的 VLAN ID 不在允许通过的 VLAN ID 列表中，则该 Tagged 帧会被直接丢弃。

如果数据帧的 Tag 中的 VLAN ID 在允许通过的 VLAN ID 列表中，则会检查其 VLAN ID 是否与接口的 PVID 相同，如果相同，交换机则会剥离掉该帧的 Tag，然后将得到的 Untagged 帧从链路上发送出去；如果不同，交换机则直接将该 Tagged 帧从链路上发送出去。

（3）Hybrid 端口

Hybrid 端口是华为交换机端口的默认工作模式，它能够接收和发送多个 VLAN 的数据帧。Hybrid 端口兼具 Access 端口和 Trunk 端口的特征，可以用于连接交换机之间的链路，也可以用于连接终端设备。

1）Hybrid 端口接收入站数据帧。

当 Hybrid 端口从链路上收到一个 Untagged 帧，交换机会在该帧中添加 VLAN ID 为 PVID 的 Tag，然后查看 PVID 是否在 Untagged 或 Tagged VLAN ID 列表中。如果在，则对得到的 Tagged 帧进行转发操作；如果不在，则直接丢弃。

当 Hybrid 端口从链路上收到一个 Tagged 帧，交换机会检查该帧的 Tag 中的 VLAN ID 是否在 Untagged 或 Tagged VLAN ID 列表中。如果在，则对该 Tagged 帧进行转发操作；如果不在，则直接丢弃。

2）Hybrid 接口发送出站数据帧。

当一个 Tagged 帧从本交换机的其他端口到达一个 Hybrid 端口后，如果该帧的 Tag 中的 VLAN ID 既不在 Untagged VLAN ID 列表中，也不在 Tagged VLAN ID 列表中，则该 Tagged 帧会被直接丢弃。

当一个 Tagged 帧从本交换机的其他端口到达一个 Hybrid 端口后，如果该帧的 Tag 中的 VLAN ID 在 Untagged VLAN ID 列表中，则交换机会对这个 Tagged 帧的 Tag 进行剥离，然后将得到的 Untagged 帧从链路上发送出去。

当一个 Tagged 帧从本交换机的其他端口到达一个 Hybrid 端口后，如果该帧的 Tag 中的 VLAN ID 在 Tagged VLAN ID 列表中，则交换机直接将该 Tagged 帧从链路上发送出去。

2.2.3　VLAN 划分与配置

1. 创建 VLAN

在交换机上划分 VLAN 时，需要先创建 VLAN。

创建单个 VLAN 的命令：vlan *vlan-id*。

创建多个连续 VLAN 的命令：vlan batch {*vlan-id1 to vlan-id*2}。

创建多个不连续 VLAN 的命令：vlan batch {*vlan-id1 vlan-id* 2 *vlan-id*3 ...}。

说明：vlan-id 是 VLAN 编号，取值范围为 1 ～ 4094。

例如，在交换机 LSW1 上创建 VLAN 10、VLAN 20。

微课 2-2
创建
VLAN

```
［LSW1］vlan 10
［LSW1-vlan10］quit
［LSW1］vlan 20
［LSW1-vlan20］quit
```

或者

微课 2-3
VLAN 的
删除、
描述

```
［LSW1］vlan batch 10 20 // 创建不连续的 VLAN10 和 VLAN20，共 2 个 VLAN
```

例如，在交换机 LSW1 上创建 VLAN 10 ～ VLAN 20。

```
［LSW1］vlan batch 10 to 20 // 创建连续的 VLAN10 ～ VLAN20，共 11 个 VLAN
```

2. 配置端口类型

在交换机上创建 VLAN 后，即可进入相应的端口，配置端口类型。

（1）配置 Access 端口

在接口视图下，配置端口类型为 Access，并将端口划分到 VLAN 中。

微课 2-4
Access
端口配置

1）配置端口类型为 Access 的命令为：port link-type access。

2）将端口划分到 VLAN 中的命令为：port default vlan *vlan-id*。

例如，在如图 2-16 中，为财务部创建 VLAN10，PC1 和 PC2 为财务部 PC，分别连接 G0/0/1 和 G0/0/2 端口；为项目部创建 VLAN20，PC3 和 PC4 为项目部 PC，分别连接 G0/0/3 和 G0/0/4 端口。基于端口进行 VLAN 划分，配置端口类型，实现两个部门内部 PC 可以通信，跨部门 PC 不能互相通信。

微课 2-5
Trunk 端
口配置

配置命令如下：

```
[SW1] vlan batch 10 20
[SW1] interface GigabitEthernet 0/0/1
[SW1-GigabitEthernet0/0/1] port link-type access
[SW1-GigabitEthernet0/0/1] port default vlan 10
[SW1] interface GigabitEthernet 0/0/2
[SW1-GigabitEthernet0/0/2] port link-type access
[SW1-GigabitEthernet0/0/2] port default vlan 10
```

```
[SW1] interface GigabitEthernet 0/0/3
[SW1-GigabitEthernet0/0/3] port link-type access
[SW1-GigabitEthernet0/0/3] port default vlan 20
[SW1] interface GigabitEthernet 0/0/4
[SW1-GigabitEthernet0/0/4] port link-type access
[SW1-GigabitEthernet0/0/4] port default vlan 20
```

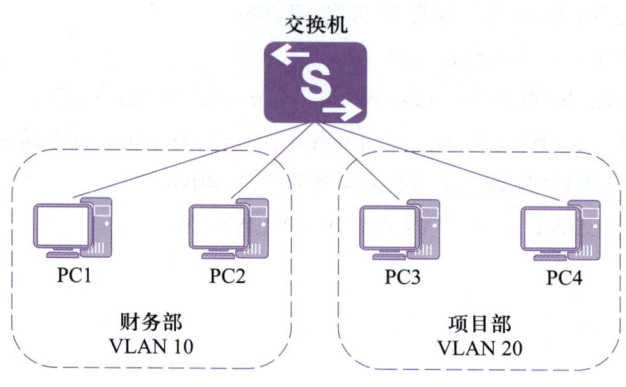

图 2-16　VLAN 划分网络拓扑

（2）配置 Trunk 端口

在接口视图下，配置端口类型为 Trunk，并配置 Trunk 端口允许哪些 VLAN 通过。

1）配置端口类型为 Trunk 的命令为：port link-type trunk。

2）配置允许通过的 VLAN 列表命令为：port trunk allow-pass vlan {{*vlan-id*1 [to *vlan-id*2] } | all }，all 代表 trunk 端口允许所有 VLAN 的数据帧通过。

例如，网络拓扑如图 2-17 所示，在交换机 SW1 和 SW2 上配置基于接口划分 VLAN 10 和 VLAN 20，配置各端口类型及允许通过的 VLAN，实现不同 VLAN 终端用户的二层流量隔离，相同 VLAN 终端用户能够通过 SW1 和 SW2 通信。

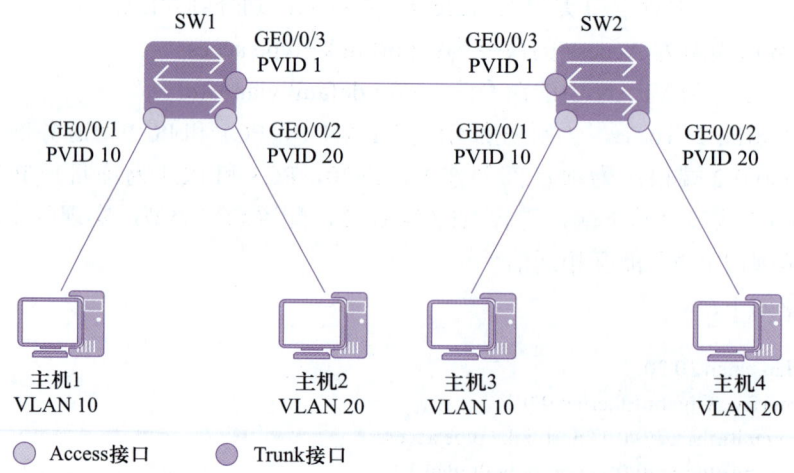

图 2-17　VLAN 划分网络拓扑

SW1 的配置命令如下。

```
[SW1] vlan batch 10 20
[SW1] interface GigabitEthernet 0/0/1
[SW1-GigabitEthernet0/0/1] port link-type access
[SW1-GigabitEthernet0/0/1] port default vlan 10
[SW1] interface GigabitEthernet 0/0/2
[SW1-GigabitEthernet0/0/2] port link-type access
[SW1-GigabitEthernet0/0/2] port default vlan 20
[SW1] interface GigabitEthernet 0/0/3
[SW1-GigabitEthernet0/0/3] port link-type trunk
[SW1-GigabitEthernet0/0/3] port trunk allow-pass vlan 10 20
```

SW2 的配置与 SW1 的配置类似，不再展示。

（3）配置 Hyprid 端口

在接口视图下，配置端口类型为 Hyprid（默认类型），定义 Hybrid 端口对发出的 Tagged 帧的 Tag 剥离规则，并配置端口的 PVID。

1）定义 Hybrid 端口对发出的 Tagged 帧的 Tag 剥离规则。

在接口视图下，设置 Hybrid 端口允许发送的 Tagged 帧的 VLAN 命令为：

port hybrid tagged vlan { { *vlan-id*1 [to *vlan-id*2] } | *all* }

在接口视图下，设置 Hybrid 端口允许发送的 Untagged 帧的 VLAN 命令为：

port hybrid untagged vlan { { *vlan-id*1 [to *vlan-id*2] } | *all* }

2）配置 Hybrid 端口的 PVID，即定义该端口所属 VLAN 的命令为：

port hybrid pvid vlan *vlan-id*

例如，网络拓扑如图 2-18 所示，要求在交换机上基于端口划分 VLAN，并配置 Hybrid 端口，实现 VLAN 10 和 VLAN 20 之间不能互访，但都能直接访问服务器所在的 VLAN 100。

微课 2-6
Hybrid 端
口配置

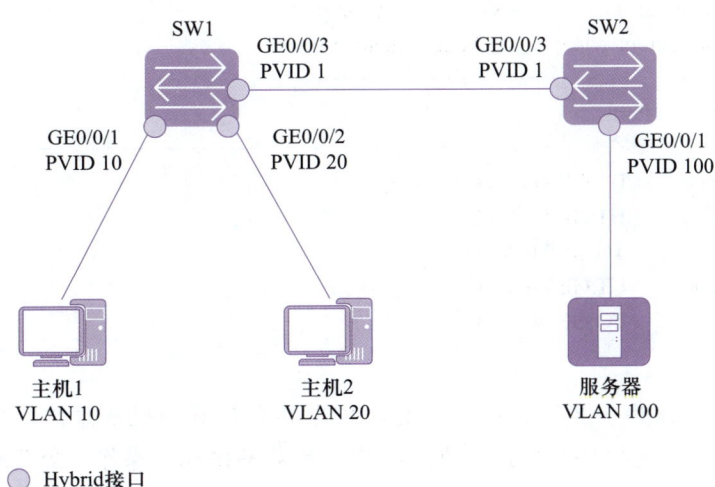

图 2-18　Hybrid 端口配置网络拓扑

配置步骤如下。

步骤 1：SW1 的配置。

```
[SW1] vlan batch 10 20 100
[SW1] interface GigabitEthernet 0/0/1
[SW1-GigabitEthernet0/0/1] port link-type hybrid// 默认模式，可省略
[SW1-GigabitEthernet0/0/1] port hybrid pvid vlan 10
[SW1-GigabitEthernet0/0/1] port hybrid untagged vlan 10 100
// 允许来自 VLAN 10 和 VLAN 100 的数据帧通过，并以 Untagged 方式转发（剥离 Tag）
[SW1-GigabitEthernet0/0/1] interface GigabitEthernet 0/0/2
[SW1-GigabitEthernet0/0/2] port hybrid pvid vlan 20
[SW1-GigabitEthernet0/0/2] port hybrid untagged vlan 20 100
[SW1-GigabitEthernet0/0/2] interface GigabitEthernet 0/0/3
[SW1-GigabitEthernet0/0/3] port hybrid tagged vlan 10 20 100
// 允许来自 VLAN 10，VLAN 20 和 VLAN 100 的数据帧通过，并以 Tagged 方式转发
```

步骤 2：SW2 的配置。

```
[SW2] vlan batch 10 20 100
[SW2] interface GigabitEthernet 0/0/1
[SW2-GigabitEthernet0/0/1] port hybrid pvid vlan 100
[SW2-GigabitEthernet0/0/1] port hybrid untagged vlan 10  20 100
[SW2-GigabitEthernet0/0/1] interface GigabitEthernet 0/0/3
[SW2-GigabitEthernet0/0/3] port hybrid tagged vlan 10 20 100
```

3. 检查 VLAN 信息

创建 VLAN 后，可以执行 display vlan 命令查看 VLAN 相关信息。

```
[SW1] display vlan
The total number of vlans is : 3
-----------------------------------------------------------------------
U: Up;          D: Down;          TG: Tagged;        UT: Untagged;
MP: Vlan-mapping;                 ST: Vlan-stacking;
#: ProtocolTransparent-vlan;      *: Management-vlan;
-----------------------------------------------------------------------

VID    Type    Ports
-----------------------------------------------------------------------
1      common  UT:GE0/0/3（U） ……
10     common  UT:GE0/0/1（U）
               TG:GE0/0/3（U）
20     common  UT:GE0/0/2（U）
               TG:GE0/0/3（U）
……
```

☼【想一想】作为一名网络技术人员，应当具有良好的规范意识，在进行交换机操作、命令配置时，一定要按照规范来进行操作，如果不按规范操作，会带来哪些影响。

微课 2-7
构建 VLAN
虚拟局
域网

任务实施 ▶▶

1. 配置思路

■ 网络规划

- 在各分公司交换机上创建 VLAN
- 配置交换机连接终端端口的类型及所属 VLAN
- 配置交换机互连端口的类型并加入对应 VLAN
- 测试设备间的连通情况
- 保存设备配置

2. 配置过程

步骤 1：网络规划。

根据各分公司部门所属 VLAN 信息规划构建 VLAN 虚拟局域网，见表 2-4。

表 2-4　各分公司部门所属 VLAN 信息

设 备 名	IP 地址	网　关	所属 VLAN	分 公 司
财务部	192.168.1.1/24	192.168.1.254/24	10	西安分公司
销售部	192.168.1.2/24	192.168.1.254/24	20	西安分公司
研发部	192.168.2.1/24	192.168.2.254/24	30	昆明分公司
市场分析部	192.168.3.1/24	192.168.3.254/24	40	昆明分公司
线上运维部	192.168.4.1/24	192.168.4.254/24	50	四川电商枢纽
客服部	192.168.5.1/24	192.168.5.254/24	60	四川电商枢纽
线上销售平台	192.168.6.1/24	192.168.6.254/24	70	四川电商枢纽
数据中心	192.168.7.1/24	192.168.7.254/24	80	四川电商枢纽

步骤 2：在各分公司交换机上创建 VLAN。

1）在西安分公司 LSW1 交换机上修改设备名并创建 VLAN。

```
<Huawei>system-view
[Huawei]sysname LSW1
[LSW1]vlan 10   # 创建 vlan 10
[LSW1-vlan10]vlan 20
```

2）在西安分公司 LSW2 交换机上修改设备名并创建 VLAN。

```
<Huawei>system-view
[Huawei]sysname LSW2
[LSW2]vlan batch 10 20
```

使用相同的方法分别在西安分公司 LSW3、四川电商枢纽 LSW5 和 LSW6、昆明分公司 LSW7 和 LSW8 创建相应的 VLAN。

3）在西安分公司交换机 LSW1 上查看创建结果。

```
[LSW1]display vlan
The total number of vlans is : 3
-----------------------------------------------------------------
U: Up;      D: Down;        TG: Tagged;      UT: Untagged;
MP: Vlan-mapping;           ST: Vlan-stacking;
```

```
#: ProtocolTransparent-vlan;        *: Management-vlan;
--------------------------------------------------------------------------------

VID     Type      Ports

--------------------------------------------------------------------------------

1       common    UT:Eth0/0/1(U)    Eth0/0/2(D)      Eth0/0/3(D)     Eth0/0/4(D)
                  Eth0/0/5(D)       Eth0/0/6(D)      Eth0/0/7(D)     Eth0/0/8(D)
                  Eth0/0/9(D)       Eth0/0/10(D)     Eth0/0/11(D)    Eth0/0/12(D)
                  Eth0/0/13(D)      Eth0/0/14(D)     Eth0/0/15(D)    Eth0/0/16(D)
                  Eth0/0/17(D)      Eth0/0/18(D)     Eth0/0/19(D)    Eth0/0/20(D)
                  Eth0/0/21(D)      Eth0/0/22(D)     GE0/0/1(U)      GE0/0/2(D)
10      common
20      common
VID     Status    Property     MAC-LRN Statistics Description
--------------------------------------------------------------------------------

1       enable default    enable disable     VLAN 0001
10      enable default    enable disable     VLAN 0010
20      enable default    enable disable     VLAN 0020
# 默认情况下所有接口都属于交换机管理中心 vlan 1
```

步骤 3：配置交换机连接终端端口的类型及所属 VLAN。

在西安分公司 LSW2 交换机上，配置连接终端端口类型及所属 VLAN。

```
[LSW2] interface Ethernet0/0/1
[LSW2-Ethernet0/0/1] port link-type access        # 配置端口类型为 ACCESS 端口
[LSW2-Ethernet0/0/1] port default vlan 10         # 将 E0/0/1 端口加入 vlan10 中
[LSW2-Ethernet0/0/1] quit
```

使用相同的方法继续分别在西安分公司交换机 LSW3，昆明分公司交换机 LSW7、LSW8，以及四川电商枢纽交换机 LSW5、LSW6 上配置连接终端端口类型及所属 VLAN。

步骤 4：配置交换机互连端口的类型并加入对应 VLAN。

1）在西安分公司 LSW1 交换机上，配置互连端口的类型并加入对应 VLAN。

```
[LSW1] interface GigabitEthernet0/0/1
[LSW1-GigabitEthernet0/0/1] port link-type trunk  # 配置端口类型为 Trunk 端口
[LSW1-GigabitEthernet0/0/1] port trunk allow-pass vlan 10 20   # 加入 VLAN 10 20
[LSW1-GigabitEthernet0/0/1] quit
[LSW1] interface GigabitEthernet0/0/2
[LSW1-GigabitEthernet0/0/2] port link-type trunk
[LSW1-GigabitEthernet0/0/2] port trunk allow-pass vlan 10 20
[LSW1-GigabitEthernet0/0/2] quit
```

使用相同的方法继续分别在西安分公司交换机 LSW2、LSW3，昆明分公司交换机 LSW7 和 LSW8 和 LSW9 上配置互连端口的类型并加入对应 VLAN。

2）在西安分公司交换机 LSW3 上查看 VLAN 分配结果。

```
[LSW3] display vlan
The total number of vlans is : 3
--------------------------------------------------------------------------------
```

```
U: Up;          D: Down;          TG: Tagged;          UT: Untagged;
MP: Vlan-mapping;                 ST: Vlan-stacking;
#: ProtocolTransparent-vlan;      *: Management-vlan;
-----------------------------------------------------------------------
VID     Type     Ports
-----------------------------------------------------------------------
1       common   UT:Eth0/0/2(D)     Eth0/0/3(D)      Eth0/0/4(D)      Eth0/0/5(D)
                    Eth0/0/6(D)      Eth0/0/7(D)      Eth0/0/8(D)      Eth0/0/9(D)
                    Eth0/0/10(D)     Eth0/0/11(D)     Eth0/0/12(D)     Eth0/0/13(D)
                    Eth0/0/14(D)     Eth0/0/15(D)     Eth0/0/16(D)     Eth0/0/17(D)
                    Eth0/0/18(D)     Eth0/0/19(D)     Eth0/0/20(D)     Eth0/0/21(D)
                    Eth0/0/22(D)     GE0/0/1(U)       GE0/0/2(D)
10      common   TG:GE0/0/1(U)
20      common   UT:Eth0/0/1(U)
                 TG:GE0/0/1(U)
VID  Status Property    MAC-LRN Statistics Description
-----------------------------------------------------------------------
1    enable default     enable disable     VLAN 0001
10   enable default     enable disable     VLAN 0010
20   enable default     enable disable     VLAN 0020
```

步骤 5：测试设备间的连通情况。

以西安分公司为例，其各部门设备连接在同一接入层交换机上，虽然终端的 IP 地址都属于同一网段，但终端属于不同 VLAN，所以同一分公司不同部门的终端间无法互访，西安分公司的财务部和销售部连通性测试如下。

```
PC>ping 192.168.1.2 -c 1
Ping 192.168.1.2: 32 data bytes, Press Ctrl_C to break
From 192.168.1.1: Destination host unreachable
--- 192.168.1.2 ping statistics ---
  1 packet(s) transmitted
  0 packet(s) received
  100.00% packet loss
```

步骤 6：保存设备配置。

使用 save 命令保存西安分公司交换机 LSW1 的设备配置。

技能训练 ▶▶

在完成西安、昆明、四川电商枢纽分公司各部门 VLAN 部署之后，请完成重庆分公司各部门 VLAN 的规划和部署。

任务2.3 实现VLAN间通信

任务引入 ▷▷

公司在西部各分公司部署完成 VLAN 后，分公司各部门的网络在逻辑上实现了二层隔离，从而显著增强了网络安全性。随着公司内部的跨部门协作需求日益增长，如财务部门需要实时获取市场部门的销售数据，这就要求部门之间应保持一定条件下通信的畅通。

小杨负责该项任务，确保 VLAN 间在一定条件下的顺畅通信。为适应不同分公司的网络架构和业务需求，集团信息化部经过研究将采取多样化的技术方案。

昆明分公司：采用 VLANIF 技术，通过为每个 VLAN 配置一个虚拟接口，确保数据传输的灵活性和安全性。

西安分公司：采用 Hybrid 模式，这种配置允许多个 VLAN 通过物理端口进行通信，从而简化了网络结构并提高了通信效率。

四川电商枢纽：采用单臂路由技术，利用路由器的一个物理接口来处理多个 VLAN 的流量，该方法在保持成本效益的同时，也保障了网络的高效运行。

任务分析 ▷▷

为了实现 VLAN 间在一定需求下的通信，小杨需要配置路由器或三层交换机，以管理不同 VLAN 间的信息流动，设置路由器或三层交换机的端口，从而确保其能够识别并正确转发跨 VLAN 信息。通过查阅资料、交流学习，小杨需要掌握 3 种 VLAN 间通信方式。

知识准备 ▷▷

VLAN 的本质作用是分割广播域，减少网络中的广播流量。划分 VLAN 之后，不同 VLAN 间的通信也被二层隔离。但在实际环境中，不同 VLAN 之间也存在着通信要求，此时需要借助三层设备来解决。路由器和三层交换机均可实现 VLAN 间的通信。

2.3.1 多臂路由方式

微课 2-8
多臂路由
方式

多臂路由是将路由器的每一个三层物理接口连接一个 VLAN，并作为所连 VLAN 的网关。如图 2-19 所示，将交换机划分为 VLAN 10、VLAN 20 和 VLAN 30 这 3 个 VLAN，路由器需提供 3 个三层接口连接交换机，当路由器接口配置 IP 地址并处于 UP 状态时，会产生这 3 个子网的直连路由，从而实现 VLAN 间的数据转发。

可以看出，随着 VLAN 数量的增多，路由器需要提供更多物理接口，但很多路由器的三层接口数量非常有限，因此这对于路由器接口来讲是一种浪费。多臂路由只是一种理论参考，不适合进行实际部署。

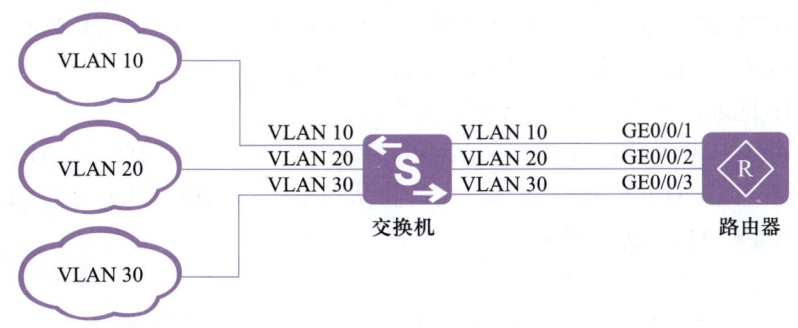

图2-19 多臂路由

2.3.2 单臂路由方式

1. 单臂路由的工作原理

单臂路由的工作原理与多臂路由相同，但在机制上进行了改进。单臂路由使用路由器
的一个三层物理接口连接所有 VLAN。在逻辑上，一个物理接口可派生出多个虚拟的子
接口，每一个子接口对应一个 VLAN，并作为对应 VLAN 的网关。子接口是一个逻辑接
口，数据依然在物理接口上转发。如图2-20所示，路由器通过 GE0/0/1 接口连接交换机， 微课 2-9
GE0/0/1 接口派生出 3 个虚拟子接口，即 GE0/0/1.10 接口、GE0/0/1.20 接口和 GE0/0/1.30 单臂路由
接口，分别对应 VLAN 10、VLAN 20 和 VLAN 30。 方式

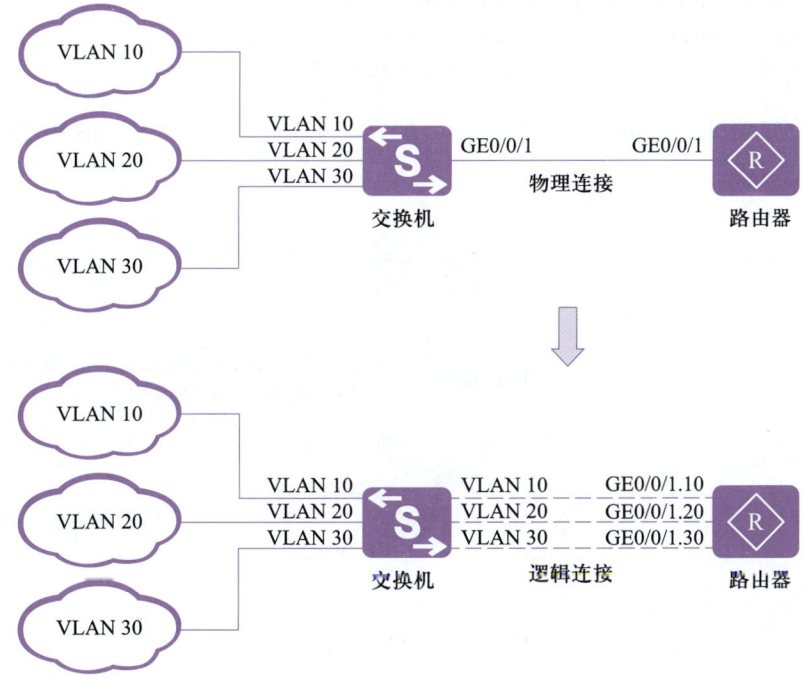

图2-20 单臂路由

交换机连接路由器的接口类型被配置为 Trunk，并允许业务 VLAN 流量通过。路由器
基于物理接口创建子接口，并对子接口进行如下配置。

1）进行 IEEE 802.1q 封装。使子接口在收到 Tagged 帧后可以剥离 Tag，进行三层转发；在发送报文时，对报文进行二层封装并插入 Tag。

2）配置 IP 地址。作为对应 VLAN 的网关地址。

3）开启 ARP 广播功能。子接口默认不开启 ARP 广播功能，在收到 ARP 广播报文后会直接丢弃。在开启 ARP 广播功能后，系统将从该子接口发送带 Tag 标签的 ARP 广播报文，完成 IP 地址和 MAC 地址映射。

2. 单臂路由的配置

1）为路由器创建子接口。在系统视图下，创建子接口的命令为：

interface *interface_type interface_number.subinterface-number*

例如，为路由器 AR1 创建子接口 GE0/0/0.10、GE0/0/0.20。

```
[AR1] interface g0/0/0.10
[AR1-Gigabithernet0/0/0.10] interface g0/0/0.20
[AR1-Gigabithernet0/0/0.20]
```

2）为子接口进行 IEEE 802.1q 封装的命令为：dot1q termination vid *vlan-id*。

3）开启子接口 ARP 广播功能的命令为：arp broadcast enable。

4）为子接口配置 IP 地址的命令为：ip address *ip-address mask-length*。

例如，为路由器 AR1 的子接口 G0/0/0.10 进行 IEEE 802.1q 封装，VLAN ID 为 10，开启 ARP 广播功能，并为其配置 IP 地址/掩码 192.168.10.254/14。

```
[AR1-Gigabithernet0/0/0.10] dot1q termination vid 10
[AR1-Gigabithernet0/0/0.10] arp broadcast enable
[AR1-Gigabithernet0/0/0.10] ip address 192.168.10.254 24
```

网络拓扑如图 2-21 所示，在路由器上配置单臂路由，实现 VLAN10 和 VLAN20 网络互联互通。

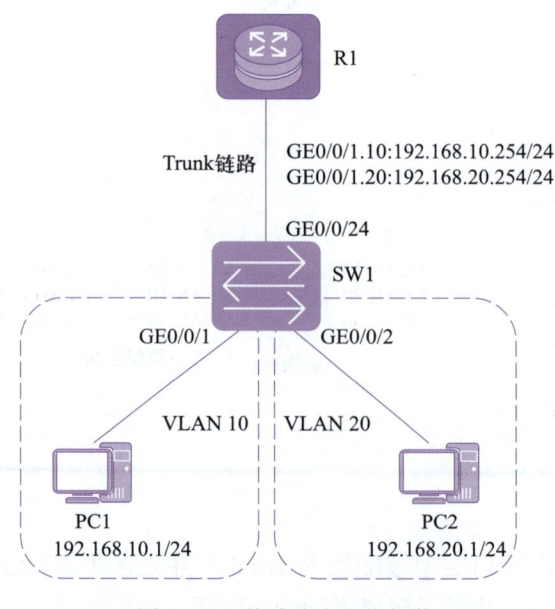

图 2-21 单臂路由网络拓扑

交换机配置命令如下：

```
[SW1]vlan batch 10 20
[SW1]interface  g0/0/24
[SW1-GigabitEthernet0/0/24]port link-type trunk
[SW1-GigabitEthernet0/0/24]port trunk allow-pass vlan 10 20
[SW1]interface  g0/0/1
[SW1-GigabitEthernet0/0/1]port link-type access
[SW1-GigabitEthernet0/0/1]port default vlan 10
[SW1]interface  g0/0/2
[SW1-GigabitEthernet0/0/2]port link-type access
[SW1-GigabitEthernet0/0/2]port default vlan 20
```

路由器配置命令如下：

```
[R1]interface g0/0/1.10
[R1-GigabitEthernet0/0/0.10]dot1q termination vid 10
[R1-GigabitEthernet0/0/1.10]ip address 192.168.10.254 24
[R1-GigabitEthernet0/0/1.10]arp broadcast enable
[R1-GigabitEthernet0/0/1.10]quit
[R1]interface g0/0/1.20
[R1-GigabitEthernet0/0/1.20]dot1q termination vid 20
[R1-GigabitEthernet0/0/1.20]ip address 192.168.20.254 24
[R1-GigabitEthernet0/0/1.20]arp broadcast enable
[R1-GigabitEthernet0/0/1.20]quit
```

2.3.3　三层交换机方式

1. 三层交换机实现 VLAN 间通信

在 VLAN 数量较多时，使用单臂路由实现 VLAN 间通信存在明显弊端，单臂链路将成为通信的瓶颈。三层交换机集成了三层路由功能和二层交换功能，在解决 VLAN 间通信问题上提供了更灵活有效的组网方案。

三层交换机支持通过 VLANIF 接口实现路由转发功能。VLANIF 接口是一种三层的逻辑接口，支持 VLAN Tag 的剥离和添加，因此可以通过 VLANIF 接口实现 VLAN 之间的通信。VLANIF 接口编号与所对应的 VLAN ID 相同，如 VLAN 10 对应 VLANIF 10。当 VLANIF 创建完毕后，三层交换机上会生成路由表，即可实现不同 VLAN 的路由。VLANIF 接口配置简单，是实现 VLAN 间相互访问常用的一种技术。

如图 2-22 所示，以 VLAN 10 访问 VLAN 30 为例，来介绍 VLANIF 接口的工作原理。二层交换机 L2-S1 接收来自 VLAN 10 的数据帧，插入 VLANID 为 10 的 Tag，并从干道链路发送给三层交换机 L3-S；L3-S 接收该数据帧后剥离 Tag，基于目的网络 10.2.30.0/24 查询路由表并匹配路由，出接口为 VLANIF 30；VLANIF 30 对报文进行二层封装，插入 VLANID 为 30 的 Tag，并发送出去；二层交换机 L2-S2 接收该数据帧后剥离 Tag，从 VLAN 30 接口发送给目的主机。

微课 2-10
三层交换
机方式

Destination/mask	Proto	Pre	cost	NextHop	Interface
10.1.10.0/24	Direct	0	0	10.1.10.254	VLANIF10
10.1.20.0/24	Direct	0	0	10.1.20.254	VLANIF20
10.1.30.0/24	Direct	0	0	10.1.30.254	VLANIF30

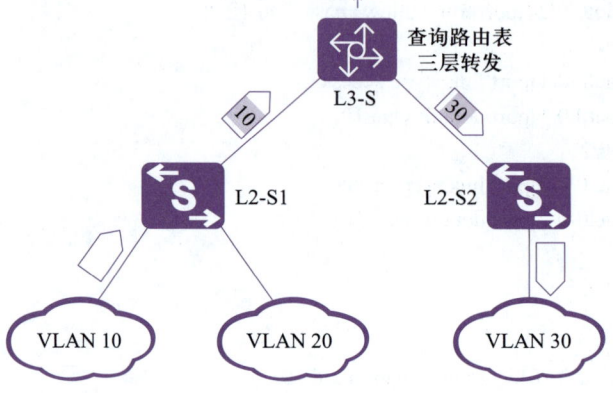

图 2-22 三层交换机方式

2. 三层交换机实现 VLAN 间通信配置

使用三层交换机实现不同 VLAN 间的通信的配置就是在三层交换机上配置 VLANIF 接口，相关配置命令如下。

1）为交换机创建 VLANIF 接口的命令为：interface vlanif *vlan_id*。

2）配置 VLANIF 接口的 IP 地址的命令为：ip address *ip-address mask-length*。

例如，为三层交换机 LSW1 创建 VLANIF 10 接口，VLANIF 10 的 IP 地址及掩码为 10.1.1.254/24。

```
[LSW1] vlan 10 // 创建 VLANIF 接口前，必须先创建对应的 VLAN
[LSW1-vlan10] quit
[LSW1] interface vlanif 10
[LSW1-Vlanif10] ip address 10.1.1.254 24
```

网络拓扑如图 2-23 所示，在三层交换机上配置三层路由，实现 VLAN10 和 VLAN20 网络互联互通。

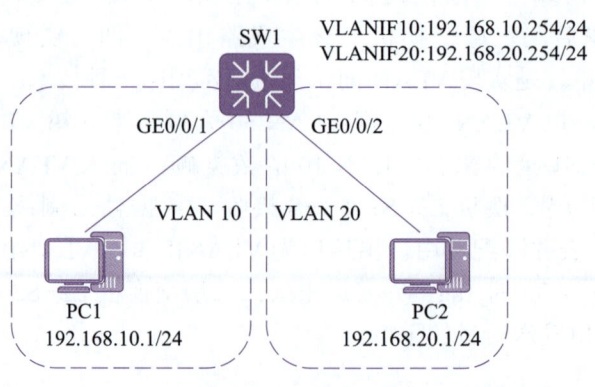

图 2-23 三层交换机 VLAN 间通信网络拓扑

配置命令如下：

```
[SW1]vlan batch 10 20
[SW1]interface Gigabitethernet0/0/1
[SW1-GigabitEthernet0/0/1]port link-type access
[SW1-GigabitEthernet0/0/1]port default vlan 10
[SW1-GigabitEthernet0/0/1]quit
[SW1]interface Gigabitethernet0/0/2
[SW1-GigabitEthernet0/0/2]port link-type access
[SW1-GigabitEthernet0/0/2]port default vlan 20
[SW1-GigabitEthernet0/0/2]quit
[SW1]interface vlanif 10
[SW1-Vlanif10]ip address 192.168.10.254 24
[SW1-Vlanif10]quit
[SW1]interface vlanif 20
[SW1-Vlanif20]ip address 192.168.20.254 24
[SW1-Vlanif20]quit
```

☼【想一想】在对交换机进行VLAN配置时，如果不仔细认真，配置命令或数据输
入不正确，会造成怎么样的后果。

微课2-11
VLAN间
路由

✎【练一练】网络拓扑示意图如图2-24所示，现需要实现全网互通，需求如下。

1）在路由器R1上配置单臂路由，实现VLAN 11和VLAN 12的互通，其中VLAN
11的网关地址为10.1.11.254/24，VLAN 12的网关地址为10.1.12.254/24。

2）在交换机S3上配置VLANIF接口，实现VLAN 13和VLAN 14的互通，其中
VLAN 13的网关地址为10.1.13.254/24，VLAN 14的网关地址为10.1.14.254/24。

3）通过静态路由技术实现非直连网段互通。

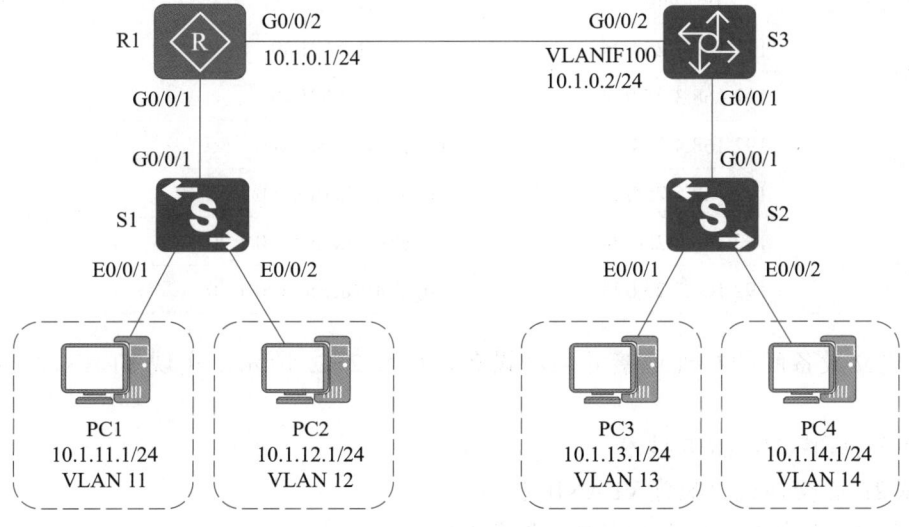

图2-24 网络拓扑示意图

任务实施

1. 配置思路
■ 搭建网络

昆明分公司：VLANIF 技术
■ 交换机上配置 VLANIF 技术
■ 测试设备间的连通情况
■ 保存设备配置

西安分公司：Hybrid 接口
■ 清除交换机端口原有的类型及所加入的 VLAN 配置
■ 配置交换机端口类型为 Hybrid 并加入指定 VLAN
■ 测试设备间的连通情况
■ 保存设备配置

四川电商枢纽：单臂路由技术
■ 路由器接口配置 IP 地址
■ 配置单臂路由技术
■ 测试设备间的连通情况
■ 保存设备配置

2. 配置过程
步骤 1：搭建网络。

1）根据各分公司部门网络设备基础信息进行网络规划配置，见表 2-5。

表 2-5 各公司部门网络设备基础信息

设 备 名	IP 地址	接 口	分 公 司
LSW9	192.168.2.254/24	VLANIF30	昆明分公司
	192.168.3.254/24	VLANIF40	
AR8	192.168.4.254/24	GigabitEthernet 0/0/1.50	四川电商枢纽
	192.168.5.254/24	GigabitEthernet 0/0/1.60	
AR9	192.168.6.254/24	GigabitEthernet 0/0/1.70	
	192.168.7.254/24	GigabitEthernet 0/0/1.80	

2）建立设备间的物理连接并启动设备，如图 2-25 所示，实现 VLAN 间通信连接拓扑。

昆明分公司：VLANIF 技术

步骤 2：在交换机上配置 VLANIF 技术。

1）在昆明分公司交换机 LSW9 上配置 VLANIF 技术。

```
［LSW9］interface Vlanif30
［LSW9-Vlanif30］ip address 192.168.2.254 24
［LSW9-Vlanif30］quit
```

```
[LSW9] interface Vlanif40
[LSW9-Vlanif40] ip address 192.168.3.254 24
[LSW9-Vlanif40] quit
```

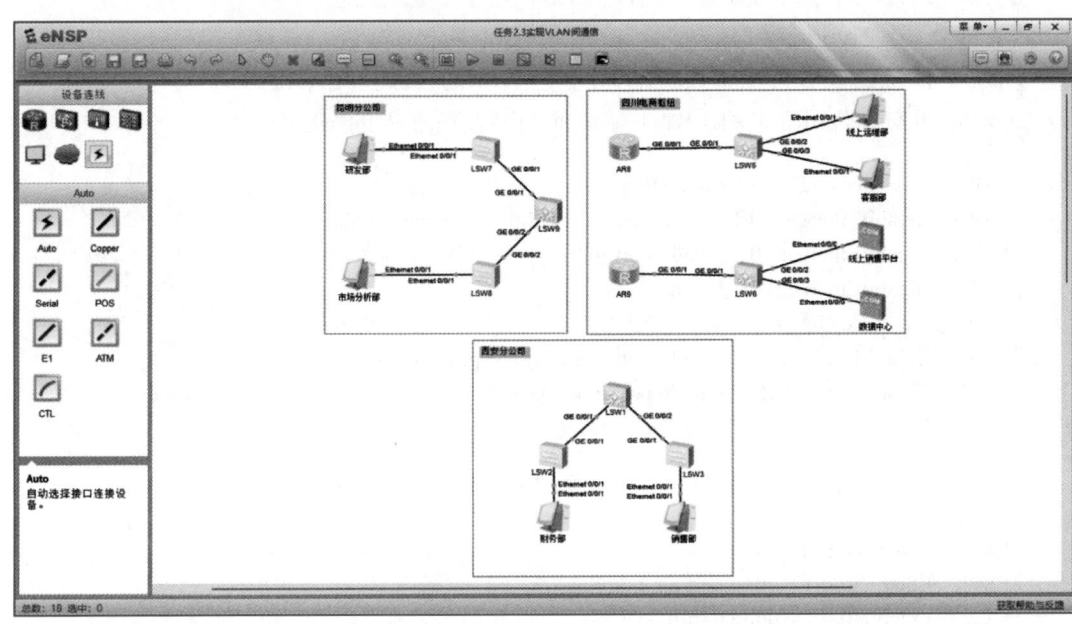

图 2-25 实现 VLAN 间通信连接拓扑

2）查看昆明分公司交换机 LSW9 产生的路由。

```
<LSW9>display ip routing-table
Route Flags: R-relay, D-download to fib
_____

Routing Tables: Public
         Destinations : 6        Routes : 6
Destination/Mask      Proto   Pre   Cost   Flags   NextHop         Interface
       127.0.0.0/8    Direct   0     0      D       127.0.0.1       InLoopBack0
       127.0.0.1/32   Direct   0     0      D       127.0.0.1       InLoopBack0
     192.168.2.0/24   Direct   0     0      D       192.168.2.254   Vlanif30
    192.168.2.254/32  Direct   0     0      D       127.0.0.1       Vlanif30
     192.168.3.0/24   Direct   0     0      D       192.168.3.254   Vlanif40
    192.168.3.254/32  Direct   0     0      D       127.0.0.1       Vlanif40
```

步骤 3：测试昆明分公司设备间的连通情况。

```
PC>ping 192.168.3.1 -c 1 # 在昆明分公司研发部终端上去 ping 市场分析部终端
Ping 192.168.3.1: 32 data bytes, Press Ctrl_C to break
From 192.168.3.1: bytes=32 seq=1 ttl=127 time=78 ms
--- 192.168.3.1 ping statistics ---
  1 packet(s) transmitted
  1 packet(s) received
  0.00% packet loss
```

```
round-trip min/avg/max = 78/78/78 ms
```

步骤 4：保存昆明分公司交换机 LSW9 的设备配置。

使用 save 命令保存昆明分公司交换机 LSW9 的设备配置。

西安分公司：Hybrid 接口

步骤 5：清除西安分公司交换机端口的类型及所加入的 VLAN。

1）清除西安分公司交换机 LSW1 端口的类型及所加入的 VLAN。

```
[LSW1] interface GigabitEthernet 0/0/1
[LSW1-GigabitEthernet0/0/1] undo port trunk allow-pass vlan 10 20
[LSW1-GigabitEthernet0/0/1] undo port link-type
[LSW1-GigabitEthernet0/0/1] quit
[LSW1] interface GigabitEthernet 0/0/2
[LSW1-GigabitEthernet0/0/2] undo port trunk allow-pass vlan 10 20
[LSW1-GigabitEthernet0/0/2] undo port link-type
[LSW1-GigabitEthernet0/0/2] quit
```

2）清除西安分公司交换机 LSW2 端口的类型及所加入的 VLAN。

```
[LSW2] interface Ethernet0/0/1
[LSW2-Ethernet0/0/1] undo port default vlan
[LSW2-Ethernet0/0/1] undo port link-type
[LSW2-Ethernet0/0/1] quit
[LSW2] interface GigabitEthernet 0/0/1
[LSW2-GigabitEthernet0/0/1] undo port trunk allow-pass vlan 10 20
[LSW2-GigabitEthernet0/0/1] undo port link-type
[LSW2-GigabitEthernet0/0/1] quit
```

3）清除西安分公司交换机 LSW3 端口的类型及所加入的 VLAN。

```
[LSW3] interface Ethernet0/0/1
[LSW3-Ethernet0/0/1] undo port default vlan
[LSW3-Ethernet0/0/1] undo port link-type
[LSW3-Ethernet0/0/1] quit
[LSW3] interface GigabitEthernet 0/0/1
[LSW3-GigabitEthernet0/0/1] undo port trunk allow-pass vlan 10 20
[LSW3-GigabitEthernet0/0/1] undo port link-type
[LSW3-GigabitEthernet0/0/1] quit
```

步骤 6：配置西安分公司交换机端口类型为 Hybrid 并加入指定 VLAN。

1）配置西安分公司交换机 LSW1 的端口类型为 Hybrid 并加入指定 VLAN 中。

```
[LSW1] interface GigabitEthernet 0/0/1
[LSW1-GigabitEthernet0/0/1] port link-type hybrid
[LSW1-GigabitEthernet0/0/1] port hybrid tagged vlan 10 20
[LSW1-GigabitEthernet0/0/1] quit
[LSW1] interface GigabitEthernet 0/0/2
[LSW1-GigabitEthernet0/0/2] port link-type hybrid
```

```
[LSW1-GigabitEthernet0/0/2] port hybrid tagged vlan 10 20
[LSW1-GigabitEthernet0/0/2] quit
```

2）配置西安分公司交换机 LSW2 的端口类型为 Hybrid 并加入指定 VLAN 中。

```
[LSW2] interface Ethernet0/0/1
[LSW2-Ethernet0/0/1] port link-type hybrid
[LSW2-Ethernet0/0/1] port hybrid pvid vlan 10
[LSW2-Ethernet0/0/1] port hybrid untagged vlan 10 20
[LSW2-Ethernet0/0/1] quit
[LSW2] interface GigabitEthernet 0/0/1
[LSW2-GigabitEthernet0/0/1] port link-type hybrid
[LSW2-GigabitEthernet0/0/1] port hybrid tagged vlan 10 20
[LSW2-GigabitEthernet0/0/1] quit
```

3）配置西安分公司交换机 LSW3 的端口类型为 Hybrid 并加入指定 VLAN 中。

```
[LSW3] interface Ethernet0/0/1
[LSW3-Ethernet0/0/1] port link-type hybrid
[LSW3-Ethernet0/0/1] port hybrid pvid vlan 20
[LSW3-Ethernet0/0/1] port hybrid untagged vlan 10 20
[LSW3-Ethernet0/0/1] quit
[LSW3] interface GigabitEthernet 0/0/1
[LSW3-GigabitEthernet0/0/1] port link-type hybrid
[LSW3-GigabitEthernet0/0/1] port hybrid tagged vlan 10 20
[LSW3-GigabitEthernet0/0/1] quit
```

4）在西安分公司交换机 LSW3 上查看 VLAN 分配结果。

```
<LSW3>display vlan
The total number of vlans is : 3
---------------------------------------------------------------
U: Up;          D: Down;          TG: Tagged;          UT: Untagged;
MP: Vlan-mapping;                 ST: Vlan-stacking;
#: ProtocolTransparent-vlan;      *: Management-vlan;
---------------------------------------------------------------

VID    Type    Ports
---------------------------------------------------------------

1      common  UT:Eth0/0/1(U)    Eth0/0/2(D)      Eth0/0/3(D)      Eth0/0/4(D)
               Eth0/0/5(D)       Eth0/0/6(D)      Eth0/0/7(D)      Eth0/0/8(D)
               Eth0/0/9(D)       Eth0/0/10(D)     Eth0/0/11(D)     Eth0/0/12(D)
               Eth0/0/13(D)      Eth0/0/14(D)     Eth0/0/15(D)     Eth0/0/16(D)
               Eth0/0/17(D)      Eth0/0/18(D)     Eth0/0/19(D)     Eth0/0/20(D)
               Eth0/0/21(D)      Eth0/0/22(D)     GE0/0/1(U)       GE0/0/2(D)
10     common  UT:Eth0/0/1(U)
               TG:GE0/0/1(U)
20     common  UT:Eth0/0/1(U)
               TG:GE0/0/1(U)
VID  Status  Property      MAC-LRN Statistics Description
```

```
-----------------------------------------------------------------
1     enable default    enable disable    VLAN 0001
10    enable default    enable disable    VLAN 0030
20    enable default    enable disable    VLAN 0040
```

步骤 7：测试西安分公司设备间的连通情况。

```
PC>ping 192.168.1.2 −c 1 # 在西安分公司的财务部终端上去 ping 销售部终端
Ping 192.168.1.2: 32 data bytes, Press Ctrl_C to break
From 192.168.1.2: bytes=32 seq=1 ttl=128 time=93 ms
--- 192.168.1.2 ping statistics ---
  1 packet(s) transmitted
  1 packet(s) received
  0.00% packet loss
  round−trip min/avg/max = 93/93/93 ms
```

步骤 8：保存西安分公司交换机的设备配置。

使用 save 命令保存西安分公司交换机 LSW1、LSW2、LSW3 的设备配置。

四川电商枢纽：单臂路由技术

步骤 9：路由器基础配置。

1）配置四川电商枢纽路由器 AR8 基础配置。

```
<Huawei>system−view
[Huawei] sysname AR8
```

2）配置四川电商枢纽路由器 AR9 基础配置。

```
<Huawei>system−view
[Huawei] sysname AR9
```

步骤 10：配置单臂路由技术。

1）配置四川电商枢纽路由器 AR8 单臂路由技术。

```
[AR8] interface GigabitEthernet 0/0/1.50   # 创建子接口
[AR8−GigabitEthernet0/0/1.50] ip address 192.168.4.254 24
[AR8−GigabitEthernet0/0/1.50] dot1q termination vid 50   # 配置子接口 Dot1q 终结的单层 VLAN ID
[AR8−GigabitEthernet0/0/1.50] arp broadcast enable      # 使能终结子接口的 ARP 广播功能
[AR8−GigabitEthernet0/0/1.50] quit
[AR8] interface GigabitEthernet 0/0/1.60
[AR8−GigabitEthernet0/0/1.60] ip address 192.168.5.254 24
[AR8−GigabitEthernet0/0/1.60] dot1q termination vid 60
[AR8−GigabitEthernet0/0/1.60] arp broadcast enable
[AR8−GigabitEthernet0/0/1.60] quit
```

2）配置四川电商枢纽路由器 AR9 单臂路由技术。

```
[AR9] interface GigabitEthernet 0/0/1.70
[AR9−GigabitEthernet0/0/1.70] ip address 192.168.6.254 24
[AR9−GigabitEthernet0/0/1.70] dot1q termination vid 70
```

```
［AR9-GigabitEthernet0/0/1.70］arp broadcast enable
［AR9-GigabitEthernet0/0/1.70］quit
［AR9］interface GigabitEthernet 0/0/1.80
［AR9-GigabitEthernet0/0/1.80］ip address 192.168.7.254 24
［AR9-GigabitEthernet0/0/1.80］dot1q termination vid 80
［AR9-GigabitEthernet0/0/1.80］arp broadcast enable
［AR9-GigabitEthernet0/0/1.80］quit
```

3）查看四川电商枢纽路由器 AR8 产生的路由表。

```
<AR8>display ip routing-table
Route Flags: R-relay, D-download to fib
-------------------------------------------------------------------
Routing Tables: Public
         Destinations : 10        Routes : 10
Destination/Mask      Proto  Pre  Cost  Flags  NextHop         Interface
       127.0.0.0/8    Direct  0    0     D      127.0.0.1       InLoopBack0
       127.0.0.1/32   Direct  0    0     D      127.0.0.1       InLoopBack0
 127.255.255.255/32   Direct  0    0     D      127.0.0.1       InLoopBack0
     192.168.4.0/24   Direct  0    0     D      192.168.4.254   GigabitEthernet0/0/1.50
   192.168.4.254/32   Direct  0    0     D      127.0.0.1       GigabitEthernet0/0/1.50
   192.168.4.255/32   Direct  0    0     D      127.0.0.1       GigabitEthernet0/0/1.50
     192.168.5.0/24   Direct  0    0     D      192.168.5.254   GigabitEthernet0/0/1.60
   192.168.5.254/32   Direct  0    0     D      127.0.0.1       GigabitEthernet0/0/1.60
   192.168.5.255/32   Direct  0    0     D      127.0.0.1       GigabitEthernet0/0/1.60
 255.255.255.255/32   Direct  0    0     D      127.0.0.1       InLoopBack0
```

4）配置四川电商枢纽交换机 LSW5 与路由器 AR8 相连端口。

```
［LSW5］interface GigabitEthernet0/0/1
［LSW5-GigabitEthernet0/0/1］port link-type trunk
［LSW5-GigabitEthernet0/0/1］port trunk allow-pass vlan 50 60
```

5）配置四川电商枢纽交换机 LSW6 与路由器 AR9 相连端口。

```
［LSW6］interface GigabitEthernet0/0/1
［LSW6-GigabitEthernet0/0/1］port link-type trunk
［LSW6-GigabitEthernet0/0/1］port trunk allow-pass vlan 70 80
```

步骤 11：测试四川电商枢纽设备间的连通情况。

```
PC>ping 192.168.5.1 -c 1 # 以线上运维部终端 ping 客服部终端为例测试
Ping 192.168.5.1: 32 data bytes, Press Ctrl_C to break
From 192.168.5.1: bytes=32 seq=1 ttl=127 time=78 ms
--- 192.168.5.1 ping statistics ---
 1 packet(s) transmitted
 1 packet(s) received
 0.00% packet loss
 round-trip min/avg/max = 78/78/78 ms
```

步骤 12：保存设备配置。

使用 save 命令保存四川电商枢纽路由器 AR8、AR9，交换机 LSW5、LSW6 的设备配置。

技能训练 ▷▷

在小杨努力和细致的工作下，实现了同一分公司各部门之间的高效通信。现在请运用所掌握的知识，针对重庆分公司的具体情况，选择合适的技术方案实现不同 VLAN 之间的相互通信。

学习评价

项目 2 部署交换网络学习评价表

	评 价 内 容	学 生 自 评	小 组 互 评	教 师 评 价	综 合 评 价
知识	交换机的分类	□ A □ B □ C	□ A □ B □ C	□ A □ B □ C	□ A □ B □ C
	交换机的工作过程	□ A □ B □ C	□ A □ B □ C	□ A □ B □ C	□ A □ B □ C
	冲突域、广播域的概念	□ A □ B □ C	□ A □ B □ C	□ A □ B □ C	□ A □ B □ C
	VLAN 的概念、VLAN 划分方法	□ A □ B □ C	□ A □ B □ C	□ A □ B □ C	□ A □ B □ C
	VLAN 的规划与配置流程	□ A □ B □ C	□ A □ B □ C	□ A □ B □ C	□ A □ B □ C
	VLAN 的配置命令	□ A □ B □ C	□ A □ B □ C	□ A □ B □ C	□ A □ B □ C
	多臂路由 VLAN 间通信的原理	□ A □ B □ C	□ A □ B □ C	□ A □ B □ C	□ A □ B □ C
	单臂路由 VLAN 间通信的原理	□ A □ B □ C	□ A □ B □ C	□ A □ B □ C	□ A □ B □ C
	三层交换机 VLAN 间通信的原理	□ A □ B □ C	□ A □ B □ C	□ A □ B □ C	□ A □ B □ C
技能	能区分和选用交换机	□ A □ B □ C	□ A □ B □ C	□ A □ B □ C	□ A □ B □ C
	能登录交换机并进行管理和维护	□ A □ B □ C	□ A □ B □ C	□ A □ B □ C	□ A □ B □ C
	能对交换机进行 VLAN 划分与配置	□ A □ B □ C	□ A □ B □ C	□ A □ B □ C	□ A □ B □ C
	能配置交换机实现 VLAN 间通信	□ A □ B □ C	□ A □ B □ C	□ A □ B □ C	□ A □ B □ C
	多臂路由实现 VLAN 间通信	□ A □ B □ C	□ A □ B □ C	□ A □ B □ C	□ A □ B □ C

续表

	评 价 内 容	学 生 自 评	小 组 互 评	教 师 评 价	综 合 评 价
技能	单臂路由实现 VLAN 间通信	□ A □ B □ C	□ A □ B □ C	□ A □ B □ C	□ A □ B □ C
	三层交换机实现 VLAN 间通信	□ A □ B □ C	□ A □ B □ C	□ A □ B □ C	□ A □ B □ C
素养	科技创新和自立自强	□ A □ B □ C	□ A □ B □ C	□ A □ B □ C	□ A □ B □ C
	科技强国的责任与担当	□ A □ B □ C	□ A □ B □ C	□ A □ B □ C	□ A □ B □ C
	爱国热情和民族自信	□ A □ B □ C	□ A □ B □ C	□ A □ B □ C	□ A □ B □ C
	细致认真、精益求精	□ A □ B □ C	□ A □ B □ C	□ A □ B □ C	□ A □ B □ C
	安全意识，规范使用仪器设备	□ A □ B □ C	□ A □ B □ C	□ A □ B □ C	□ A □ B □ C
综合评价		□ A □ B □ C			
老师签名：		学生签名：			

备注：A 表示"优秀"，B 表示"良好"，C 表示"合格"。

项目小结

本项目主要介绍了交换机分类及工作过程、VLAN 划分和实现 VLAN 间通信的 3 种方式。

交换机根据是否支持网络管理功能分类，可分为非网管型交换机和网管型交换机；根据规模应用分类，可分为企业级、部门级、工作组；按照技术分类，可分为以太网交换机、快速以太网交换机、千兆以太网交换机、FDDI 交换机、ATM 交换机、令牌环交换机等。

划分 VLAN 的常用方法有 5 种，分别是基于端口、基于 MAC 地址、基于 IP 子网、基于协议和基于策略的划分。基于端口划分是根据交换机的端口编号来划分，是较常用的方法。基于 MAC 地址划分是根据设备的源 MAC 地址来划分。基于 IP 地址子网划分是根据数据帧中的源 IP 地址所属的子网来划分。基于协议划分是根据数据帧中的网络层协议（簇）类型及封装格式来划分。基丁策略划分是根据配置的策略来划分，能实现端口、MAC 地址、IP 地址、协议类型等多种组合的划分，每种方式都有其独特的优势与适用场景。实现 VLAN 间通信的方式有单臂路由和三层交换方式。单臂路由利用路由器的子接口与交换机的 Trunk 链路配合，实现 VLAN 间通信；三层交换方式则凭借其内置的路由功能，通过 VLANIF 接口为每个 VLAN 配置逻辑接口并设置 IP 地址作为 VLAN 的网关地址，实现不同 VLAN 间的通信。

本项目的学习重点是 VLAN 的划分与配置，学习难点是 VLAN 间路由配置。通过本项目的学习，详细了解华为交换机的端口、特性以及使用方法，同时可以根据网络需求进行交换机 VLAN 的划分与配置，并实现不同 VLAN 间通信。

思考与练习

一、单选题

1. 华为交换机默认端口类型为（　　　）。

    A. Shutdown   B. Access   C. Trunk   D. Hybrid

2. 关于 IEEE 802.1q 帧格式，应通过（　　　）给以太网帧打上 VLAN 标签。

    A. 在以太网帧的源地址和长度/类型字段之间插入 4 个字节的标签

    B. 在以太网帧的前面插入 4 个字节的标签

    C. 在以太网帧的尾部插入 4 个字节的标签

    D. 在以太网帧的外部加入 IEEE 802.1q 封装

3. 一个 Access 类型端口可以属于（　　　）。

    A. 最多 32 个 VLAN   B. 仅属于一个 VLAN

    C. 最多 4094 个 VLAN   D. 依据管理员配置结果

4. 某交换机端口属于 VLAN 5，现在从 VLAN 5 中将该端口删除后，该端口属于（　　　）。

    A. VLAN 0   B. VLAN 1   C. VLAN 1023   D. VLAN 1024

5. 下列关于 VLAN 的说法，不正确的是（　　　）。

    A. 隔离广播域

    B. 只能在同一个物理网络上的主机进行逻辑分组

    C. 相互间通信要通过路由器

    D. 可以限制网上的计算机互相访问的权限

6. 在使用单臂路由器实现 VLAN 间通信时，通常的做法是采用子接口，而不是直接采用物理接口，这是因为（　　　）。

    A. 物理接口不能封装 IEEE 802.10

    B. 子接口转发速度更快

    C. 用子接口能节约物理端口

    D. 子接口可以配置 Access 端口或 Trunk 端口

二、填空题

1. 交换机端口大致可以分为_____、_____、_____三类。

2. 按照 OSI 工作层划分，交换机可以分为_____、_____。

3. 一个节点发出广播报文后，所有能收到该报文的节点组成的集合就是一个_____。

4. 创建多个连续 VLAN 的命令是_____。

5. 交换机的主要功能是_____。

三、简答题

1. 简述划分 VLAN 的优点。

2. 简述交换机 Access 端口和 Trunk 端口的区别。

3. 简述实现 VLAN 间路由的必要性。

项目 3
部署路由网络

【学习目标】

知识目标：

（1）了解路由、路由表的概念及作用。

（2）理解静态路由的工作原理。

（3）理解默认路由的工作原理。

（4）掌握 OSPF 动态路由协议的相关知识及工作原理。

（5）掌握路由引入技术的工作原理。

能力目标：

（1）能够基于网络要求配置静态路由和默认路由。

（2）能够完成静态路由汇总及浮动静态路由配置。

（3）能够部署单区域 OSPF 和多区域 OSPF 路由协议。

（4）能够根据网络需求配置路由引入。

（5）能够利用路由协议实现网络之间的数据通信。

素养目标：

（1）引导学生了解我国路由器技术的发展成果，增强爱国热情和民族自豪感。

（2）通过配置国产路由设备，培养学生对中国制造、自主可控的认同感。

（3）通过实践操作训练，培养学生细致认真、精益求精的工作态度。

（4）在实训场所具有良好安全意识，规范使用仪器设备，严格按照规范进行操作。

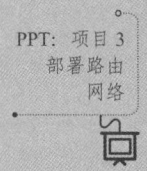

PPT：项目 3
部署路由
网络

任务3.1 配置静态路由与默认路由

任务引入 ▶▶

随着 A 集团公司业务的蓬勃发展，产品研发部门面临着新的挑战和机遇。为了紧贴市场脉搏，深入了解当前市场需求，实现内部信息的互通和共享，公司计划加强网络设施建设，决定实现西安、昆明和四川电商枢纽 3 家分公司内部网络的连通并能上网，以支持研发团队获取第一手的市场信息，进而指导后续的产品创新和开发。此项工作交由信息化部小杨来完成，经过分析，小杨计划采用部署静态路由实现昆明公司内部的连通，并在西安、昆明和四川电商枢纽分公司网络出口部署默认路由，实现分公司能够访问 Internet。

任务分析 ▶▶

为了实现上述需求，小杨需要了解路由基础，掌握静态路由和默认路由的工作原理以及应用场景，具备配置静态路由和默认路由的能力，通过查阅资料、学习交流、技能训练，掌握相关技能，才能确保配置顺利完成并满足公司各部门的需求。

知识准备 ▶▶

3.1.1 路由基础

二层交换机在转发数据帧时，使用 MAC 地址确定主机在网络中的位置，二层交换机通过查找交换机中的 MAC 地址表实现在同一网络中转发数据帧。如果数据帧不在同一网络内，则需要利用三层网络设备进行路由转发。

微课 3-1
路由、路
由器与路
由表

1. 路由

路由即路径，是指导数据包转发的路径信息，即路由器将数据包从源节点转发到目标节点的过程，如图 3-1 所示。路由通常发生在 OSI 参考模型的网络层，一般包含确定最佳路径和通过网络传输信息两个基本动作。

2. 路由器

路由器（Router）是执行路由动作的一种硬件设备。在路由转发过程中，路由器承担着重要作用，用于连接两个或多个网络，对不同网络之间的数据包进行存储转发处理，实现将数据包从一个网络转发到另一个网络的功能。

在互联网中，路由器根据接收的数据包携带的目的 IP 地址，选择一条合适路径，将 IP 数据包转发到下一跳路由器。路由器负责接收 IP 数据包，并选择一条最优路径将其转发，最终将数据包转发至目的网络。

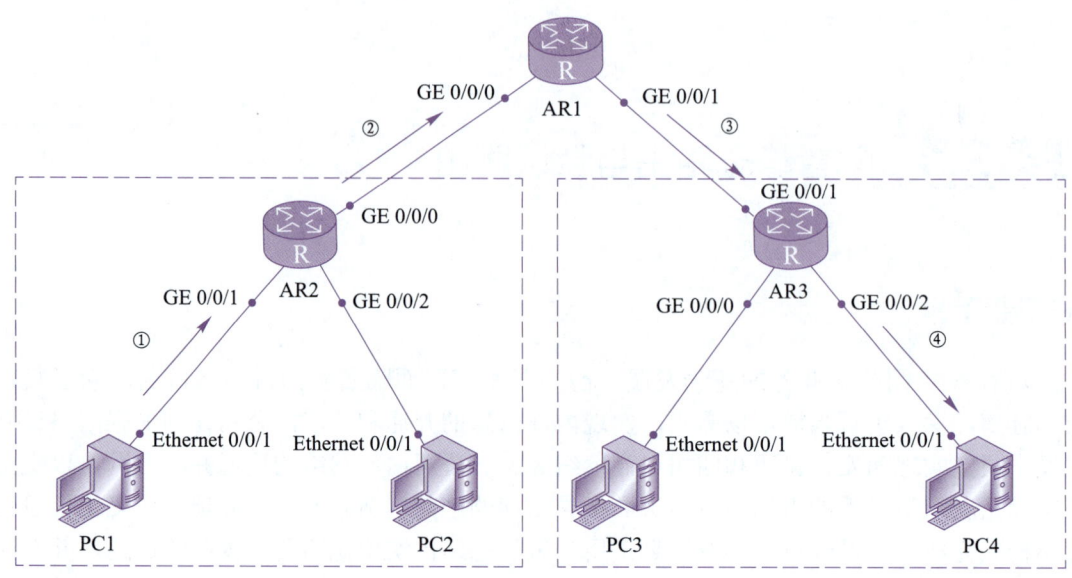

图 3-1 路由过程

3. 路由表

路由表（Router Table）是若干条路由信息的集合。在路由表中，一条路由信息被称为一个路由表项或路由条目，路由设备根据路由表中的路由条目进行路径选择。每条路由条目中包括的主要基本要素见表 3-1。

表 3-1 路由条目的主要基本要素

目的网络/子网掩码	路 由 来 源	路 由 优 先 级	路 由 开 销	下 一 跳 地 址	出 接 口
Destination/Mask	Proto	Pre	Cost	NextHop	Interface

1）目的网络/子网掩码（Destination/Mask）：用来标识 IP 数据包的目的地址或者目的网络。

2）路由来源（Proto）：路由产生的方式，包括直连路由、静态路由或动态路由。

3）路由优先级（Pre）：到达一个目的地址可能有多条路由，可根据路由的优先级选择最优路径，优先级值越小，路由越优先。

4）路由开销（Cost）：也称度量值，指到达这条路由的目的地址需要付出的代价值。当到达一个目的地址的多条路由优先级相同时，路由开销越小，路由越优先。

5）下一跳地址（NextHop）：指对于本路由器而言，到达当前路由指向的目的地址，所经过的第一台路由设备的接口 IP 地址。

6）出接口（Interface）：表示匹配当前路由条目的 IP 数据包将从该接口转发出去。

如图 3-2 所示，AR1 的路由表中有去往目的网络 20.1.1.0/24 的路由，图中显示了该路由条目的各要素信息。其含义是目标网络为 20.1.1.0/24，该路由条目的来源是静态路由，路由优先级为 60，路由开销为 0，从 AR1 去往目标网络 20.1.1.0/24，需要经过的第 1 台路由设备的接口 IP 地址为 12.1.1.2，需要从 AR1 的 GE0/0/1 接口转发出去。

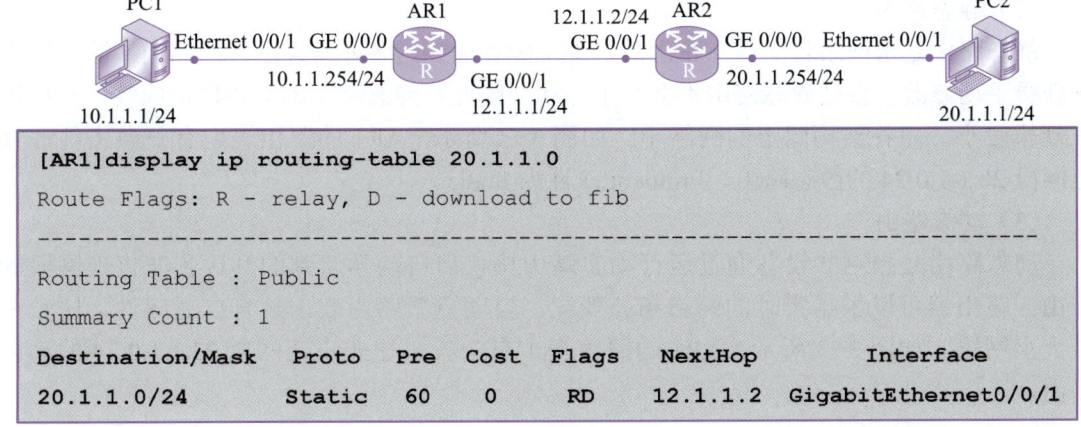

```
[AR1]display ip routing-table 20.1.1.0
Route Flags: R - relay, D - download to fib
------------------------------------------------------------------------
Routing Table : Public
Summary Count : 1
Destination/Mask    Proto    Pre    Cost    Flags    NextHop        Interface
20.1.1.0/24         Static   60     0       RD       12.1.1.2       GigabitEthernet0/0/1
```

图 3-2　路由条目要素示例

4. 路由来源

路由表中的路由条目根据来源可分为直连路由（Direct Route）、静态路由（Static Route）和动态路由（Dynamic Route）。

（1）直连路由

直连路由是指路由器接口所连接的子网的路由方式。当路由器接口启用并配置了 IP 地址后，该接口所在的网络就会被自动添加到路由表中。因此，配置直连路由的命令和配置路由器接口 IP 地址的命令相同。如图 3-3 所示，AR1 自动产生了两条直连路由，Protocol 属性为 Direct。直连路由非常重要，因为直连路由是保证非直连路由正常通信的前提。

微课 3-3
直连路由

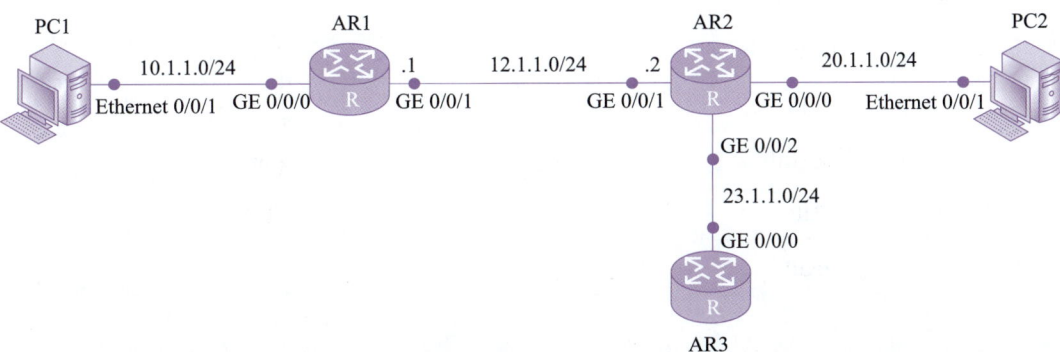

```
<AR1>display ip routing-table
Route Flags: R - relay, D - download to fib
------------------------------------------------------------------------
Routing Tables: PublicDestinations : 11      Routes : 11
Destination/Mask Proto    Pre Cost Flags NextHop        Interface
10.1.1.0/24      Direct   0   0    D     10.1.1.254     GigabitEthernet0/0/0
12.1.1.0/24      Direct   0   0    D     12.1.1.1       GigabitEthernet0/0/1
20.1.1.0/24      Static   60  0    RD    12.1.1.2       GigabitEthernet0/0/1
23.1.1.0/24      OSPF     10  2    D     12.1.1.2       GigabitEthernet0/0/1
```

图 3-3　路由分类

（2）静态路由

静态路由是指网络管理员在路由器上手工配置的到达各非直连网段的路由。除非网络管理员手动修改，否则静态路由不会发生变化，因此，静态路由不具备自适应性，一般用在规模较小、拓扑结构固定的网络中。如图3-3所示，AR1的路由表中有一条去往非直连网段20.1.1.0/24的静态路由，Protocol属性为Static。

（3）动态路由

动态路由是指网络设备通过运行动态路由协议而自动学习到的到达各非直连网段的路由。路由器可以根据实时的网络拓扑变化，自动更新路由表，具有自适应性，比较适合大型网络。如图3-3所示，AR1的路由表中有一条去往非直连网段23.1.1.0/24的动态路由。

5. 路由优先级

路由优先级是指路由的优先程度，数值越小越优先。一台路由器可以同时运行多种路由协议，每种路由协议都有专门的路由表，用于存放该路由协议产生的路由表项。当到达某个目的网络存在由不同的路由协议产生的多条路由时，路由器会比较路由优先级，优先级最高的路由为去往该目的网络的最优路由。最终，最优路由会被加入到IP路由表中。

设备的路由优先级一般具有默认值，不同厂家定义的默认路由优先级可能不同。华为路由优先级的默认值见表3-2。

表3-2　华为路由优先级的默认值

路 由 类 型	优先级的默认值
直连路由	0
OSPF	10
ISIS	15
静态路由	60
RIP	100
BGP	255

6. 路由开销

路由开销是指一条路由到达目的地址需要付出的代价值。当同一种路由协议有多条路由可以到达同一目的地址时，根据路由开销可确定最优路由，将优先选择开销最小的路由。

当到达同一目的网络的多条路由的优先级相同，且开销值相等，这些路由被称为等价路由。等价路由会同时被加入到路由表中，实现数据流量的负载分担，多条路由同时传输数据流量，从而可以实现数据分流、减轻单条路由的负载。

不同的路由协议对开销值的定义不同，开销值的比较只存在于同一种路由协议产生的路由，不同路由协议之间的开销值没有可比性。

3.1.2　静态路由和默认路由配置

1. 静态路由的配置

静态路由是指网络管理员手工配置和维护路由条目，当网络拓扑发生变化时，静态路由不会自动更新，必须通过手动重新配置路由信息。因此，配置时要求网络管理员充分了解网络结构，静态路由适合小型网络，不适合大型网络。

静态路由的配置命令格式为：

ip route-static *ip-address* {*mask* | *mask-length*} *interface-type interface-number* [*nexthop-address*] [preference *preference*]

说明：

1）*ip-address* {*mask* | *mask-length*}：表示目的地址和子网掩码。

2）*interface-type interface-number*：表示数据转发的出接口。

3）*nexthop-address*：表示下一跳 IP 地址。

4）preference *preference*：表示路由优先级的值。

在创建静态路由时，可以同时指定出接口和下一跳。对于不同的出接口类型，也可以只指定出接口或只指定下一跳 IP 地址。如果出接口是广播接口（如以太网接口），则必须要指定下一跳 IP 地址；如果出接口是串口，则可以只指定出接口，不必指定下一跳 IP 地址。

例如，在路由器 AR1 上配置一条静态路由，出接口为 GE0/0/0，目的地址/子网掩码为 10.1.3.0/24，下一跳 IP 地址为 10.1.1.1。配置命令如下：

```
<Huawei>system-view
［Huawei］ip route-static 10.1.3.0 24 10.1.1.1
```

2. 默认路由的配置

默认路由是指目的地址/子网掩码为 0.0.0.0/0 的路由。如果路由表中存在默认路由，当 IP 数据包的目的地址不能匹配路由表中所有的非默认路由条目时，路由器将会根据默认路由转发数据包；如果路由表中不存在默认路由，那么当 IP 数据包的目的地址不能匹配路由表中的任何路由时，路由器将直接丢弃该 IP 数据包。

默认路由的配置命令格式为：

ip route-static 0.0.0.0 0 {*interface-type number* | *nexthop-address*}

例如：在路由器 AR1 上配置一条默认路由，下一跳 IP 地址为 10.1.1.1。配置命令如下：

```
<Huawei>system-view
［Huawei］ip route-static 0.0.0.0 0 10.1.1.1
```

✎【练一练】网络拓扑图如图 3-4 所示，请先在 AR1、AR2、AR3 上配置静态路由，实现 PC1 和 PC2 互通，然后在 AR1 和 Internet 路由器上配置默认路由，实现全网互通，能够访问 Internet 路由器。

💡【想一想】路由器是网络中的重要设备，国产路由器在技术上不断更新和突破，国家大力倡导关键领域设备国产化，请思考发展国产路由设备的重要性。

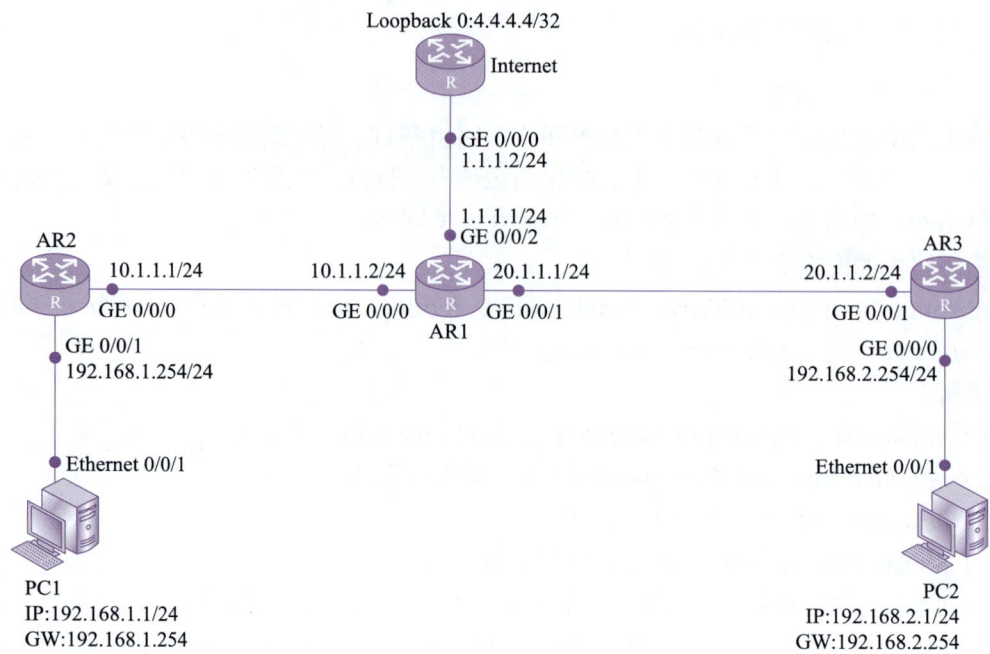

图 3-4　静态路由默认路由实验网络拓扑

3.1.3　静态路由汇总及浮动静态路由

1. 静态路由汇总

　　静态路由汇总是指将若干条静态路由汇总成一条静态路由，减小路由表中的路由条目数量，降低路由查询对路由器资源的消耗，是一种重要的网络设计思想，可以利用该技术对网络进行优化设计。动态路由也可以进行路由汇总。

　　如图 3-5 所示的网络拓扑中，路由器 AR2 右侧连接了 8 个连续的子网 192.168.1.0/24 ～ 192.168.8.0/24，如果路由器 AR1 想要访问这 8 个目的网络，需要在 AR1 上手动配置 8 条静态路由。

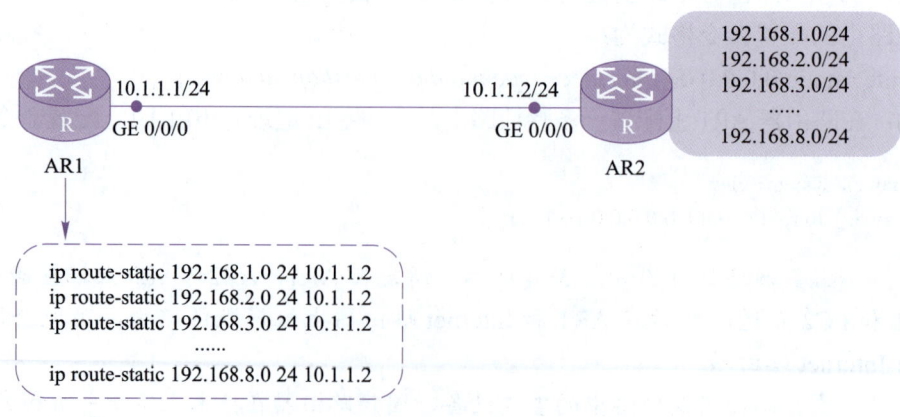

图 3-5　静态路由汇总前的网络拓扑

　　当静态路由汇总后，只需要一条静态路由命令即可实现，如图 3-6 所示。

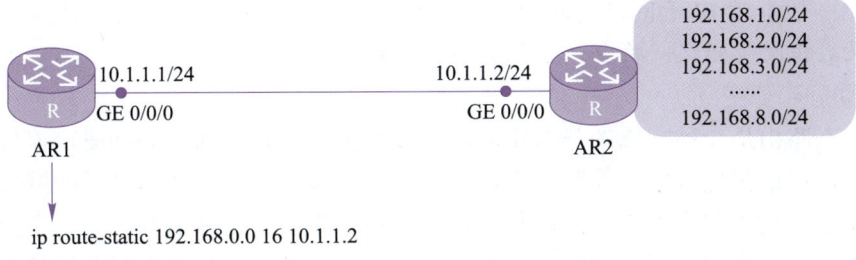

图3-6　静态路由汇总后的网络拓扑

路由汇总采用无类别域间路由 CIDR，基于可变长子网掩码 VLSM，进行前缀路由聚合，将多个子网合并成一个更大的网络。下面以图3-7为例介绍路由汇总的计算方法。

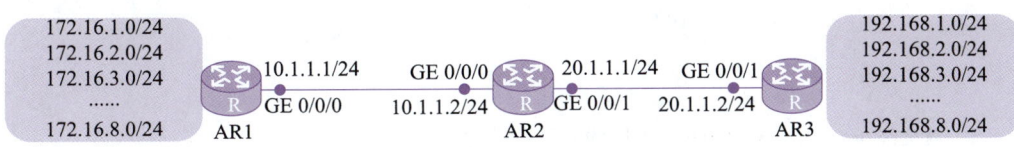

图3-7　路由汇总网络拓扑示例

从图3-7可以看出，路由器 AR3 右侧的 IP 网段为 192.168.1.0/24 ～ 192.168.8.0/24 这8个连续的子网，如图3-8所示是对这8个连续的 IP 子网进行路由汇总的计算方法和过程，可以看出汇总路由 192.168.0.0/20 精确包含了8个连续的 IP 子网。

同理，可以参照图3-8的方法计算出 AR1 左侧的所有子网汇总后的网段为 172.16.0.0/20。以图3-7中的路由器 AR2 为例，进行静态路由汇总配置，配置命令为：

```
<Huawei>system-view
［Huawei］sysname AR2
［AR2］ip route-static 192.168.0.0 20 20.1.1.2
［AR2］ip route-static 172.16.0.0 20 10.1.1.1
```

微课 3-8
静态路由
汇总

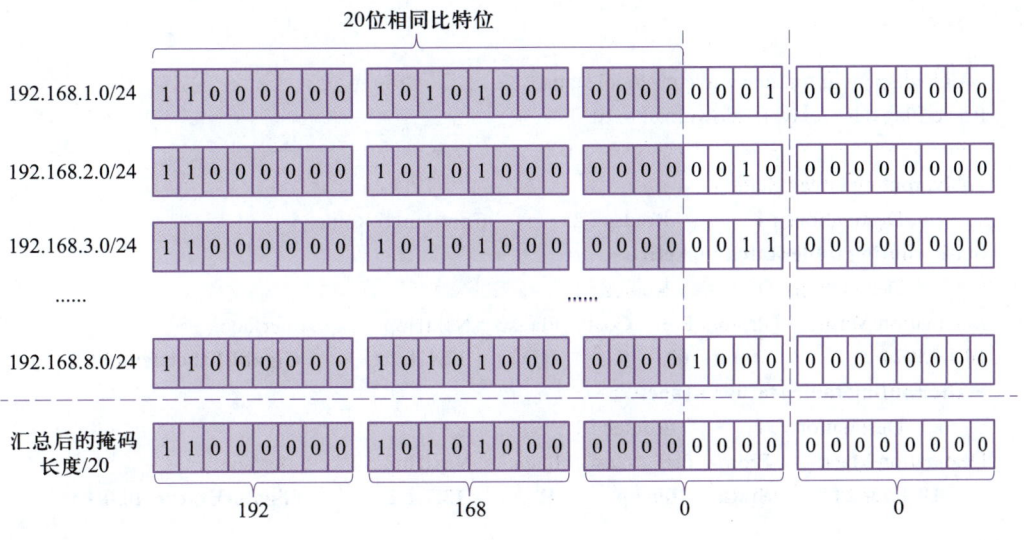

图3-8　路由汇总计算

☼【想一想】对 IP 子网进行路由汇总时会输入大量数据，这就需要精益求精的工作态度，如果数据配置错误，将会产生什么样的结果。

2. 浮动静态路由

微课 3-9
浮动静态
路由

浮动静态路由是一种特殊的静态路由，通过配置去往相同的目的网段，但优先级不同的静态路由，保证优先级较高的路由工作，实现路由备份。在去往相同目的网段的多条路由中，优先级最高的路由为主路由，其余路由为备份路由。正常情况下，路由器采用主路由转发数据，路由表中只展示主路由。当主路由失效的时，备份路由就会接替主路由，保证网络的正常运行。如图 3-9 所示，路由器 AR1 配置了两条去往目的网段 10.1.1.0/24 的静态路由，其中下一跳地址指向 AR2 的路由优先级为默认值 60，下一跳地址指向 AR3 的路由优先级设置为 100。

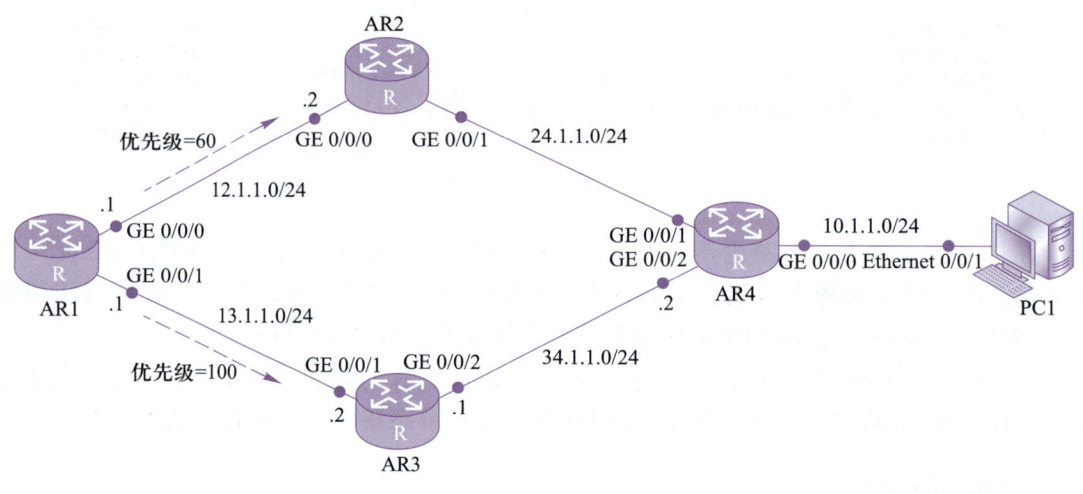

图 3-9　浮动静态路由网络拓扑

路由优先级为 60 的路由为主路由，处于活动状态；优先级为 100 的路由为备份路由，处于备份状态。在 AR1 上使用 display ip routing-table protocol static 命令查看静态路由表状态信息如下：

```
<AR1>display ip routing-table protocol static
Route Flags: R-relay, D-download to fib
------------------------------------------------------------------------
Public routing table : Static
        Destinations : 1        Routes : 2        Configured Routes : 2
Static routing table status : <Active>
        Destinations : 1        Routes : 1
Destination/Mask     Proto   Pre   Cost   Flags   NextHop        Interface
10.1.1.0/24          Static  60    0      RD      12.1.1.2       GigabitEthernet0/0/0
Static routing table status : <Inactive>
        Destinations : 1        Routes : 1
Destination/Mask     Proto   Pre   Cost   Flags   NextHop        Interface
10.1.1.0/24          Static  100   0      R       13.1.1.2       GigabitEthernet0/0/1
```

通过 display ip routing-table 命令查看 AR1 的路由表信息，路由表中已经有了优先级为 60 的静态路由条目，但没有优先级为 100 的路由条目。

```
[AR1] display ip routing-table
Route Flags: R-relay, D-download to fib
-------------------------------------------------------------------------------

Routing Tables: Public
         Destinations : 11        Routes : 11
Destination/Mask      Proto   Pre   Cost   Flags   NextHop       Interface
   10.1.1.0/24        Static   60    0      RD     12.1.1.2      GigabitEthernet0/0/0
   12.1.1.0/24        Direct   0     0      D      12.1.1.1      GigabitEthernet0/0/0
   12.1.1.1/32        Direct   0     0      D      127.0.0.1     GigabitEthernet0/0/0
   12.1.1.255/32      Direct   0     0      D      127.0.0.1     GigabitEthernet0/0/0
   13.1.1.0/24        Direct   0     0      D      13.1.1.1      GigabitEthernet0/0/1
   13.1.1.1/32        Direct   0     0      D      127.0.0.1     GigabitEthernet0/0/1
   13.1.1.255/32      Direct   0     0      D      127.0.0.1     GigabitEthernet0/0/1
   127.0.0.0/8        Direct   0     0      D      127.0.0.1     InLoopBack0
   127.0.0.1/32       Direct   0     0      D      127.0.0.1     InLoopBack0
   127.255.255.255/32 Direct   0     0      D      127.0.0.1     InLoopBack0
   255.255.255.255/32 Direct   0     0      D      127.0.0.1     InLoopBack0
```

当把 AR1 的 GE0/0/0 接口关闭，模拟主链路发生故障，再查看 AR1 的静态路由表状态信息及路由表如下：

```
[AR1] interface g0/0/0
[AR1-GigabitEthernet0/0/0] shutdown
[AR1-GigabitEthernet0/0/0] quit
[AR1] display ip routing-table protocol static
Route Flags: R-relay, D-download to fib
-------------------------------------------------------------------------------

Public routing table : Static
         Destinations : 1         Routes : 2        Configured Routes : 2
Static routing table status : <Active>
         Destinations : 1         Routes : 1
Destination/Mask      Proto   Pre   Cost   Flags   NextHop       Interface
   10.1.1.0/24        Static   100   0      RD     13.1.1.2      GigabitEthernet0/0/1
Static routing table status : <Inactive>
         Destinations : 1         Routes : 1
Destination/Mask      Proto   Pre   Cost   Flags   NextHop       Interface
   10.1.1.0/24        Static   60    0             12.1.1.2      Unknown
```

通过对比发现，路由器 AR1 的静态路由表中优先级为 100 的路由条目的状态变成了 <Active>，而路由表中只看到了优先级为 100 的路由条目，因此主/备路由发生了切换，验证了浮动静态路由的效果。

```
<AR1>display ip routing-table
Route Flags: R-relay, D-download to fib
-------------------------------------------------------------------------------

Routing Tables: Public
```

```
        Destinations : 8        Routes : 8
Destination/Mask      Proto    Pre   Cost    Flags    NextHop        Interface
     10.1.1.0/24      Static   100   0       RD       13.1.1.2       GigabitEthernet0/0/1
     13.1.1.0/24      Direct   0     0       D        13.1.1.1       GigabitEthernet0/0/1
     13.1.1.1/32      Direct   0     0       D        127.0.0.1      GigabitEthernet0/0/1
   13.1.1.255/32      Direct   0     0       D        127.0.0.1      GigabitEthernet0/0/1
    127.0.0.0/8       Direct   0     0       D        127.0.0.1      InLoopBack0
    127.0.0.1/32      Direct   0     0       D        127.0.0.1      InLoopBack0
127.255.255.255/32    Direct   0     0       D        127.0.0.1      InLoopBack0
255.255.255.255/32    Direct   0     0       D        127.0.0.1      InLoopBack0
```

微课 3-10
路由的负载均衡

执行 undo shutdown 命令，重新开启路由器 AR1 的 GE0/0/0 接口，并执行命令 ip route-static 10.1.1.0 24 13.1.1.2，将这条路由的优先级从 100 修改为默认值 60。查看路由器 AR1 的路由表发现，去往目的网段 10.1.1.0/24 有两条优先级均为 60 的路由条目，从而达到了负载均衡的效果。

```
［AR1］interface g0/0/0
［AR1-GigabitEthernet0/0/0］undo shutdown
［AR1-GigabitEthernet0/0/0］q
［AR1］ip route-static 10.1.1.0 24 13.1.1.2
Info: Succeeded in modifying route.
［AR1］display ip routing-table
Route Flags: R-relay, D-download to fib
-----------------------------------------------------------------------------------

Routing Tables: Public
        Destinations : 11       Routes : 12
Destination/Mask      Proto    Pre   Cost    Flags    NextHop        Interface
     10.1.1.0/24      Static   60    0       RD       12.1.1.2       GigabitEthernet0/0/0
                      Static   60    0       RD       13.1.1.2       GigabitEthernet0/0/1
     12.1.1.0/24      Direct   0     0       D        12.1.1.1       GigabitEthernet0/0/0
     12.1.1.1/32      Direct   0     0       D        127.0.0.1      GigabitEthernet0/0/0
   12.1.1.255/32      Direct   0     0       D        127.0.0.1      GigabitEthernet0/0/0
     13.1.1.0/24      Direct   0     0       D        13.1.1.1       GigabitEthernet0/0/1
     13.1.1.1/32      Direct   0     0       D        127.0.0.1      GigabitEthernet0/0/1
   13.1.1.255/32      Direct   0     0       D        127.0.0.1      GigabitEthernet0/0/1
    127.0.0.0/8       Direct   0     0       D        127.0.0.1      InLoopBack0
    127.0.0.1/32      Direct   0     0       D        127.0.0.1      InLoopBack0
127.255.255.255/32    Direct   0     0       D        127.0.0.1      InLoopBack0
255.255.255.255/32    Direct   0     0       D        127.0.0.1      InLoopBack0
```

任务实施 ▶▶

微课 3-11
配置静态
路由与默
认路由

1. 配置思路

- 搭建网络
- 配置设备基础信息
- 部署静态路由

- 部署访问 Internet 的默认路由
- 查看路由配置情况
- 保存设备配置

2. 配置过程

步骤 1：搭建网络。

1）根据各分公司部门的网络设备情况对设备信息进行规划，见表 3-3。

表 3-3 各分公司部门的网络设备基础信息

设 备 名	IP 地址	接 口	分 公 司
AR5	192.168.8.254/24	GigabitEthernet 0/0/0	昆明分公司
	100.100.1.253/24	GigabitEthernet 0/0/1	
LSW9	192.168.8.253/24	VLANIF 1	
AR6	192.168.1.254/24	GigabitEthernet 0/0/0	西安分公司
	100.100.2.253/24	GigabitEthernet 0/0/2	
AR7	192.168.9.254/24	GigabitEthernet 0/0/1	四川电商枢纽
	192.168.10.254/24	GigabitEthernet 0/0/2	
	100.100.3.253/24	GigabitEthernet 0/0/0	
AR8	192.168.9.253/24	GigabitEthernet 0/0/0	
AR9	192.168.10.253/24	GigabitEthernet 0/0/0	
Internet	100.100.1.254/24	GigabitEthernet 0/0/0	外网
	100.100.2.254/24	GigabitEthernet 2/0/0	
	100.100.3.254/24	GigabitEthernet 0/0/2	

2）建立设备间的物理连接并启动设备，如图 3-10 所示，配置静态路由与默认路由。

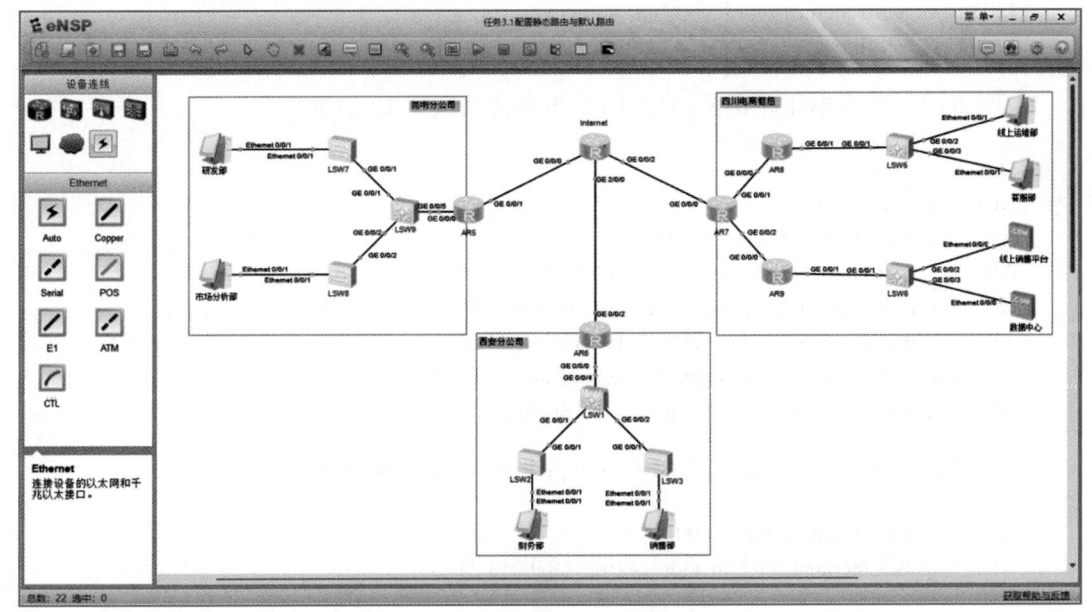

图 3-10

图 3-10 配置静态路由与默认路由拓扑

步骤 2：配置设备基础信息。

1）根据表 3-3 各分公司部门网络设备基础信息，配置昆明分公司路由器 AR5 的设备名称及接口 IP 地址。

```
<Huawei>system-view
[Huawei] sysname AR5
[AR5] interface GigabitEthernet 0/0/0
[AR5-GigabitEthernet0/0/0] ip address 192.168.8.254 24
[AR5-GigabitEthernet0/0/0] quit
[AR5] interface GigabitEthernet 0/0/1
[AR5-GigabitEthernet0/0/1] ip address 100.100.1.253 24
[AR5-GigabitEthernet0/0/1] quit
```

2）配置昆明分公司交换机 LSW9 连接路由器 AR5 的接口。

```
[LSW9] interface Vlanif 1
[LSW9-Vlanif1] ip address 192.168.8.253 24
```

3）配置西安分公司路由器 AR6 的设备名称及接口 IP 地址。

```
<Huawei>system-view
[Huawei] sysname AR6
[AR6] interface GigabitEthernet 0/0/0
[AR6-GigabitEthernet0/0/0] ip address 192.168.1.254 24
[AR6-GigabitEthernet0/0/0] interface GigabitEthernet 0/0/2
[AR6-GigabitEthernet0/0/2] ip address 100.100.2.253 24
```

4）配置西安分公司交换机 LSW1 连接路由器 AR6 的接口。

```
[LSW1] interface GigabitEthernet 0/0/4
[LSW1-GigabitEthernet0/0/4] port link-type hybrid
[LSW1-GigabitEthernet0/0/4] port hybrid untagged vlan 10 20
```

5）配置四川电商枢纽路由器 AR7 的设备名称及接口 IP 地址。

```
<Huawei>system-view
[Huawei] sysname AR7
[AR7] interface GigabitEthernet 0/0/0
[AR7-GigabitEthernet0/0/0] ip address 100.100.3.253 24
[AR7-GigabitEthernet0/0/0] interface GigabitEthernet 0/0/1
[AR7-GigabitEthernet0/0/1] ip address 192.168.9.254 24
[AR7-GigabitEthernet0/0/1] interface GigabitEthernet 0/0/2
[AR7-GigabitEthernet0/0/2] ip address 192.168.10.254 24
```

6）配置四川电商枢纽路由器 AR8 的设备名称及接口 IP 地址。

```
[AR8] interface GigabitEthernet 0/0/0
[AR8-GigabitEthernet0/0/0] ip address 192.168.9.253 24
```

7）配置四川电商枢纽路由器 AR9 的设备名称及接口 IP 地址。

```
［AR9］interface GigabitEthernet 0/0/0
［AR9-GigabitEthernet0/0/0］ip address 192.168.10.253 24
```

8）配置路由器 Internet 的设备名称及接口 IP 地址。

```
<Huawei>system-view
［Huawei］sysname Internet
［Internet］interface GigabitEthernet 0/0/0
［Internet-GigabitEthernet0/0/0］ip address 100.100.1.254 24
［Internet-GigabitEthernet0/0/0］interface GigabitEthernet 2/0/0
［Internet-GigabitEthernet2/0/0］ip address 100.100.2.254 24
［Internet］interface GigabitEthernet 0/0/2
［Internet-GigabitEthernet0/0/2］ip address 100.100.3.254 24
```

步骤 3：部署静态路由。
1）配置昆明分公司路由器 AR5 去往研发部门网段的静态路由。

```
［AR5］ip route-static 192.168.2.0 24 192.168.8.253
```

2）配置昆明分公司路由器 AR5 去往市场分析部门网段的静态路由。

```
［AR5］ip route-static 192.168.3.0 24 192.168.8.253
```

步骤 4：部署访问 Internet 的默认路由。
1）配置昆明分公司路由器 AR5 去往 Internet 的默认路由。

```
［AR5］ip route-static 0.0.0.0 0 100.100.1.254
```

2）配置昆明分公司交换机 LSW9 去往外部网段的默认路由。

```
［LSW9］ip route-static 0.0.0.0 0 192.168.8.254
```

3）配置西安分公司路由器 AR6 去往 Internet 的默认路由。

```
［AR6］ip route-static 0.0.0.0 0 100.100.2.254
```

4）配置四川电商枢纽路由器 AR7 去往 Internet 的默认路由。

```
［AR7］ip route-static 0.0.0.0 0 100.100.3.254
```

步骤 5：查看路由配置情况。
1）查看昆明分公司路由器 AR5 产生的路由。

```
<AR5>display ip routing-table
Route Flags: R-relay, D-download to fib
------------------------------------------------------------------
Routing Tables: Public
         Destinations : 13        Routes : 13
Destination/Mask    Proto   Pre   Cost   Flags   NextHop        Interface
        0.0.0.0/0   Static  60    0      RD      100.100.1.254  GigabitEthernet0/0/1
```

100.100.1.0/24	Direct	0	0	D	100.100.1.253	GigabitEthernet0/0/1
100.100.1.253/32	Direct	0	0	D	127.0.0.1	GigabitEthernet0/0/1
100.100.1.255/32	Direct	0	0	D	127.0.0.1	GigabitEthernet0/0/1
127.0.0.0/8	Direct	0	0	D	127.0.0.1	InLoopBack0
127.0.0.1/32	Direct	0	0	D	127.0.0.1	InLoopBack0
127.255.255.255/32	Direct	0	0	D	127.0.0.1	InLoopBack0
192.168.2.0/24	Static	60	0	RD	192.168.8.253	GigabitEthernet0/0/0
192.168.3.0/24	Static	60	0	RD	192.168.8.253	GigabitEthernet0/0/0
192.168.8.0/24	Direct	0	0	D	192.168.8.254	GigabitEthernet0/0/0
192.168.8.254/32	Direct	0	0	D	127.0.0.1	GigabitEthernet0/0/0
192.168.8.255/32	Direct	0	0	D	127.0.0.1	GigabitEthernet0/0/0
255.255.255.255/32	Direct	0	0	D	127.0.0.1	InLoopBack0Route

2）可以通过［display ip routing-table］命令继续查看交换机 LSW9 和路由器 AR6、AR7 的 IP 路由表信息。

步骤 6：保存设备配置。

使用 save 命令保存交换机 LSW9，路由器 AR5、AR6、AR7、AR8、AR9 和 Internet 的 IP 路由表信息配置。

技能训练 ▷▷

A 集团公司在昆明分公司内部成功应用了静态路由，并在集团西部各分公司网络出口部署了默认路由技术，实现了昆明分公司内部网络及各分公司与互联网之间的高效、无障碍通信。现在，请利用静态路由实现四川电商枢纽内部网络的互联互通，默认路由实现重庆分公司能够访问 Internet。

任务3.2 配置单区域OSPF协议

任务引入 ▷▷

随着 A 集团公司四川电商枢纽业务的不断扩展，网络设备和服务器数量显著增加，静态路由已无法满足当前的网络需求，经过实地勘测和综合评估，集团公司决定采用动态路由协议 OSPF 取代静态路由，从而优化四川电商枢纽的内部网络。信息化部委派小杨在四川电商枢纽部署单区域 OSPF 协议更新内部网络路由。

任务分析 ▷▷

为了完成好该项任务，小杨需要了解 OSPF 协议的工作原理，掌握 OSPF 的应用场景，具备配置单区域 OSPF 协议的能力，同时，配置完成后，需要进行全面的网络测试和验证，以确保四川电商枢纽的内部网络的稳定运行和高效运营。

知识准备 ▶

　　大中型网络的拓扑结构复杂，使用静态路由配置工作量会非常大，并且无法动态响应网络拓扑变化，后期运维难度大。动态路由协议的工作方式和静态路由存在本质区别，动态路由协议可实现路由器自动学习路由信息，能够解决静态路由需要手动调整路由信息的问题，更适合大中型网络。

3.2.1　OSPF 路由协议

　　开放最短路径优先协议（Open Shortest Path First，OSPF）是 IETF 组织开发的一种开放的链路状态内部网关路由协议。在网络中使用 OSPF 协议，大部分路由将由 OSPF 协议自行计算和生成，无须网络管理员人工配置，当网络拓扑发生变化时，协议能够实现自动计算、更正路由，网络管理非常方便，是当今广泛使用的一种动态路由协议。

1. 相关术语

（1）区域

　　OSPF 协议引入了区域（Area）的概念，一个 OSPF 网络可被划分成多个区域，实现对网络设备的分层管理。如果一个 OSPF 协议网络只包含一个区域，则被称为单区域 OSPF 协议网络；如果一个 OSPF 协议网络包含多个区域，则被称为多区域 OSPF 协议网络。同一个区域内的路由器共享链路状态信息，具有相同的链路状态数据库。

（2）区域 ID

　　区域 ID 是 OSPF 协议中用于标识不同区域的唯一标识符，是一个 32 位的二进制数，一般用整数或点分十进制数的形式表示，如 area 0.0.0.0 等价于 area 0。

（3）骨干区域和非骨干区域

　　骨干区域是指区域 ID 为 0 的区域，其他的区域为非骨干区域。单区域 OSPF 协议网络只包含一个骨干区域。多区域 OSPF 协议网络包含一个骨干区域及若干个非骨干区域，每个非骨干区域都需要与骨干区域（Area 0）直连，因为非骨干区域间的通信必须依靠骨干区域才能实现。OSPF 协议网络区域结构如图 3-11 所示。

微课 3-12
区域

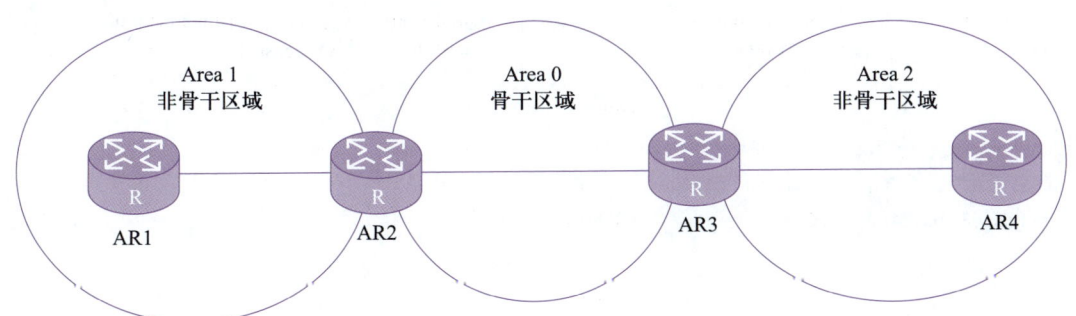

图 3-11　OSPF 协议网络区域结构

（4）Router ID

　　Router ID 是 OSPF 协议区域中的路由器的唯一标识，一般用点分十进制数的形式表示。Router ID 可以由网络管理员手工配置；如果没有手工配置，则选择路由器上环回接

微课 3-13
Router ID

口中的最大 IP 地址；如果没有创建环回接口，则选择路由器的物理接口中最大的 IP 地址。一旦选定 Router ID，只要 OSPF 协议进程未重启，路由器的 Router ID 就不会发生变化。一般网络管理员会手工配置。

（5）度量值

度量值 cost 是衡量到达某个目的网络所需开销的估计值。在 OSPF 协议中，度量值主要用于选择到达目的地址的最优路径，通常基于链路的带宽来计算，反映了一条链路的性能，带宽越大，cost 值越小，说明链路性能越好。cost 值的计算公式如下：

$$cost = 参考带宽/实际带宽$$

参考带宽默认为 100Mbit/s（10^8bit/s），假设链路带宽为 100Mbit/s，则该链路的度量值 cost = 100Mbit/s/100Mbit/s = 1；链路带宽为 10Mbit/s 时，cost = 100Mbit/s/10Mbit/s = 10。

OSPF 会计算到达目的地的所有可能路径的累积 cost，并选择累积 cost 最小的路径作为最优路径。

（6）链路状态通告

链路状态是指路由器接口的接口状态。链路状态通告（Link-State Advertisement，LSA）是链路状态信息的主要载体，是 OSPF 路由器之间交换的信息单位，用于描述路由器的链路状态和网络拓扑，包括接口地址、子网掩码、网络类型、度量值及邻居信息等。如图 3-12 所示，AR2 可以通过两条路径到达目标网络 192.168.10.0/24，第 1 条路由的度量值为 65，第 2 条路由的度量值为 3，因此，AR2 将选择度量值小的路由加入路由表，作为去往目标网络的最优路径。

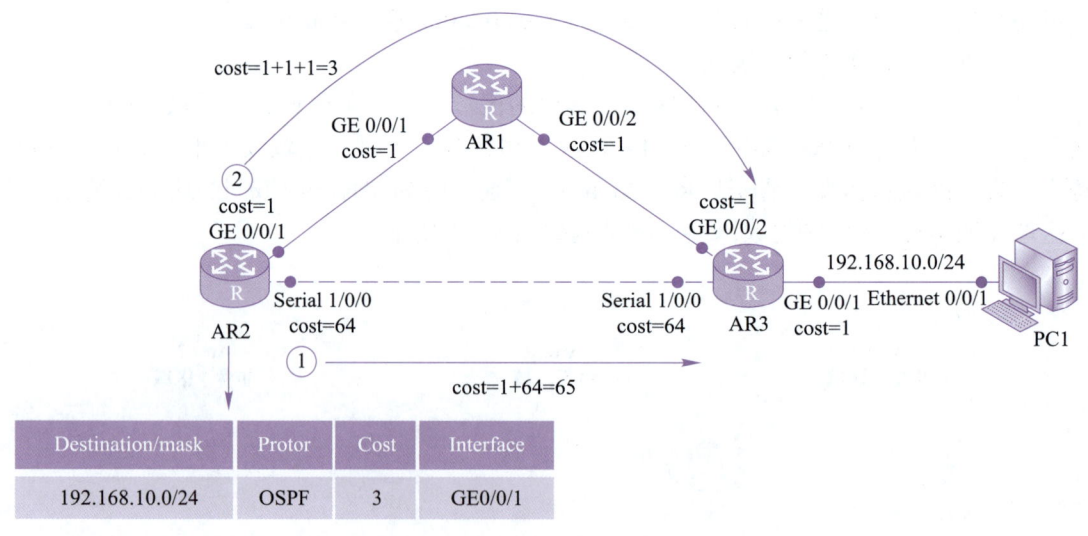

图 3-12　OSPF 路由的度量值示意图

（7）链路状态数据库

链路状态数据库（Link State DatcBasc，LSDB）是 OSPF 协议网络中的路由器用于存储所有接收到的 LSA 的数据库，为每台 OSPF 路由器提供了一个完整的网络拓扑视图，一个区域内的路由器的 LSDB 相同。

（8）SPF 算法

SPF 算法（Shortest Path First Algorithm）称为最短路径优先算法或 Dijkstra 算法，是 OSPF 路由协议的核心路由计算算法。SPF 算法将每一台路由器作为根（Root），计算到每一台目标路由器的距离，每一台路由器根据最后统一的链路状态数据库 LSDB，计算出路由域的拓扑结构图，使得每一台运行着 OSPF 路由协议的路由器都掌握整个网络的链路状态信息，然后路由器使用 SPF 算法计算到达目的网段的最优路径，建立起到达每个网段的最短路径树。LSA、LSDB 和 SPF 算法三者的关系如图 3-13 所示，SPF 算法生成的最短路径树如图 3-14 所示。

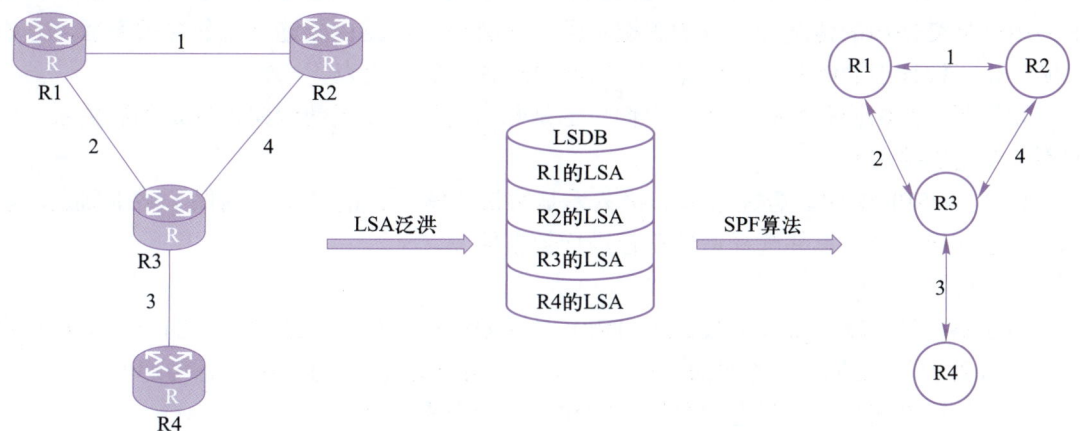

图 3-13　LSA、LSDB、SPF 算法关系示意图

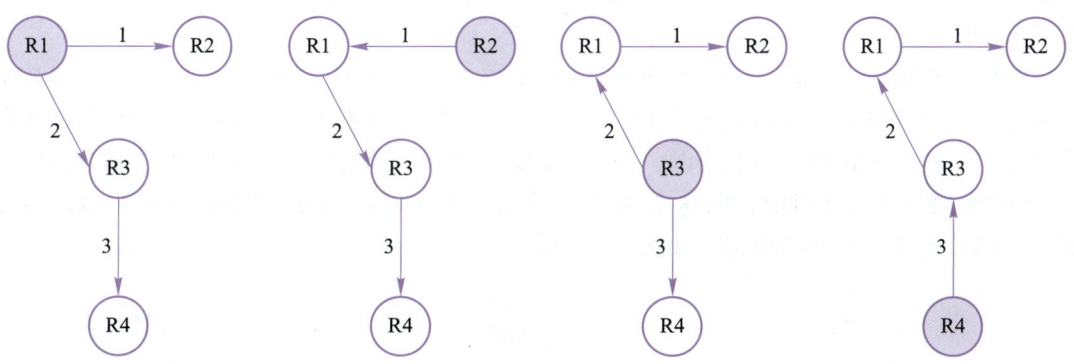

图 3-14　SPF 算法最短路径树

2. OSPF 协议的网络类型

根据路由器所连接的物理网络不同，OSPF 将网络分成了 4 种类型。

1）点到点（Point-to-Point，P2P）：链路层协议是 PPP、高级数据链路控制（High-Level Data Link Control，HDLC）。

2）广播型（Broadcast）：链路层协议是 Ethernet。

3）非广播多路访问（Non-Broadcast Multi-Access，NBMA）：链路层协议是帧中继、X.25 等，该类型网络以单播形式发送协议报文。

4）点到多点（Point-to-Multi Point，P2MP）：通常由 NBMA 网络强制更改得到，一

微课 3-14
OSPF 邻
居表

般以组播形式（224.0.0.5）发送协议报文。

3. 邻居关系和邻接关系

在 OSPF 协议中，邻居关系和邻接关系是两个重要的概念，它们在实现路由信息的交换和最佳路径的计算中起着关键作用。

邻居关系是指同一广播域或同一网段内的 OSPF 路由器之间建立的动态关系。每台路由器都会周期性地发送 Hello 报文，如果相邻的两台路由器之间发送给对方的 Hello 报文相同，那么这两台路由器就建立了邻居关系。

邻接关系是建立在邻居关系基础上的连接关系。当两台 OSPF 路由器建立了邻居关系，并且交换路由信息，这时它们之间就形成了邻接关系。邻接关系的建立是 OSPF 协议中路由信息交换和最佳路径计算的关键步骤。只有当两台路由器建立了邻接关系后，它们才能开始交换详细的链路状态信息，并据此更新各自的路由表。

如果两台路由器是邻接关系，它们一定是邻居关系；如果两台路由器是邻居关系，它们不一定是邻接关系。

总之，OSPF 中的邻居关系和邻接关系是协议正常运行的基础，确保了路由器之间能够有效地交换路由信息并选择最佳路径进行数据转发。

4. DR 和 BDR

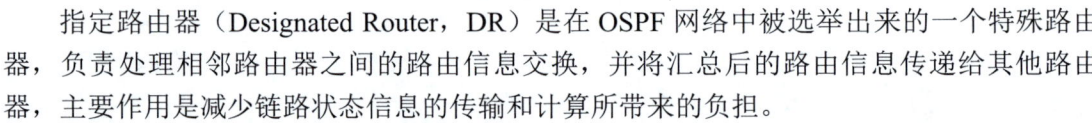

指定路由器（Designated Router，DR）是在 OSPF 网络中被选举出来的一个特殊路由器，负责处理相邻路由器之间的路由信息交换，并将汇总后的路由信息传递给其他路由器，主要作用是减少链路状态信息的传输和计算所带来的负担。

微课 3-15
DR 和
BDR

备份指定路由器（Backup Designated Router，BDR）是 DR 的备份，当 DR 出现故障或者不可用时，BDR 会迅速代替 DR 的角色，立即接管 DR 的所有职责，保证网络的稳定性和可靠性。

DR 和 BDR 只适用于广播网络或 NBMA 网络，如果任意两台路由器直接都传递 LSA，会导致网络中充斥着大量的 LSA 流量，并且当网络拓扑发生变化时会导致 LSA 的重复传递，严重消耗网络系统资源。因此，DR 和 BDR 是 OSPF 协议中的两个重要角色。

OSPF 路由器只和 DR、BDR 建立邻接关系，因此只给 DR、BDR 发送 LSA，再由 DR 将 LSA 泛洪给其他路由器，如图 3-15 所示。

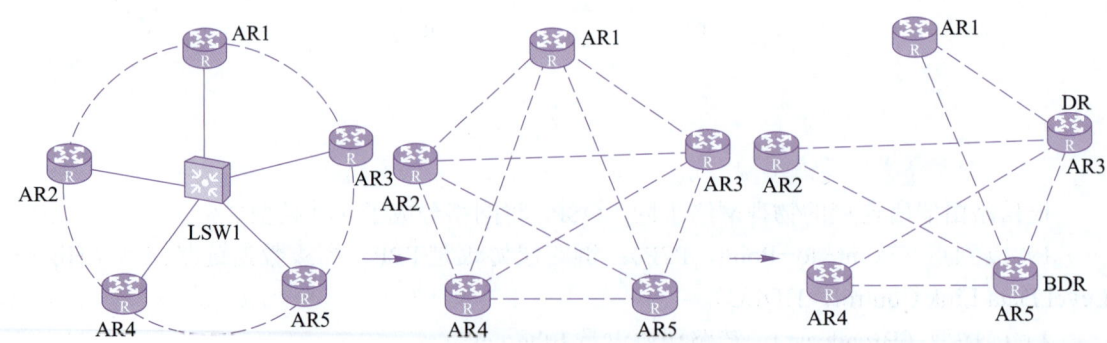

图 3-15　DR、BDR 减少广播型网络的邻接关系过程图

在一个广播网络或者非广播多路访问网络中，路由器直接通过 Hello 报文进行交互，

Hello 报文中携带路由器的 Router ID 和优先级，根据路由器的 Router ID 和优先级进行 DR 和 BDR 选举规则如下。

1）路由器优先级值最大的路由器被选为 DR，优先级取值范围是 0 ~ 255，值越大，优先级越高。

2）如果优先级值相等，则比较 Router ID，Router ID 值最大的路由器将被选为 DR，DR 不能被抢占。

3）BDR 的选举规则与 DR 相同，DR 选举完成后进行 BDR 的选举，在具有选举资格的路由器中进行，选择优先级最高的作为 BDR。同一个网络中的 DR 和 BDR 不能是同一台路由器。

5. OSPF 的运行机制

OSPF 的运行机制是通过发现邻居并建立邻接关系、同步链路状态数据库、计算最短路由、维护和更新路由表以及周期性更新与邻居关系维护 5 个阶段共同确保网络的稳定性和高效性。

第 1 阶段：发现邻居并建立邻接关系。当 OSPF 路由器启动或接口状态发生变化时，会从所有启动 OSPF 协议的接口上发送 Hello 报文，OSPF 路由器通过彼此交互 Hello 报文发现邻居设备，从而建立邻居关系，进而建立邻接关系。

第 2 阶段：同步链路状态数据库。每台路由器根据自己周围的网络拓扑结构生成 LSA，形成邻接关系的路由器之间泛洪 LSA，并交换彼此的 LSDB，直到所有 OSPF 路由器的 LSDB 相同。

第 3 阶段：计算最短路由。每台 OSPF 路由器根据 LSDB，使用 SPF 算法计算到达各个目的网络的最短路径，形成一棵以自己为根节点的最短路径树。

第 4 阶段：维护和更新路由表。每台 OSPF 路由器将计算得出的最短路径加载到 OSPF 路由表中，形成指导数据转发的路由表项，并且实时更新，确保路由表中包含最新的路径信息。

第 5 阶段：周期性更新与邻居关系维护。OSPF 路由器会定期发送 Hello 消息以维持邻居、邻接关系，以确保链路状态数据库的更新。如果某个邻居在一定时间内没有发送 Hello 消息，路由器会将其标记为失效，并相应地更新路由表。

当网络拓扑发生变化时，如链路发生故障或路由器宕机等，受到影响的路由器会立即通知自己的邻居，确保网络的快速收敛和路径的重新计算。

6. OSPF 报文类型

OSPF 报文封装在 IP 报文内，其协议号为 89。OSPF 有 5 种重要的报文类型，包括 Hello 报文、DD 报文、LSR 报文、LSU 报文和 LSAck 报文，共同服务于 OSPF 工作的各个阶段。

微课3 16
OSPF 报文类型

（1）Hello 报文

Hello 报文是 5 种 OSPF 报文类型中最常用的一种报文。路由器以组播的形式周期性发送 Hello 报文给邻居路由器，用于发现邻居、建立和维护邻居关系，选举 DR/BDR 以及确保双向通信。

（2）DD 报文（Database Description 报文）

当两台路由器进行数据库同步时，DD 报文用于描述本端设备的链路状态数据库

LSDB，以帮助邻居路由器了解自身的数据库状态。

（3）LSR 报文（Link State Request 报文）

两台路由器互相交换过 DD 报文后，路由器会检测 LSDB 是否有不一致或过时的链路状态通告 LSA。当发现邻居的数据库中有自己缺少的 LSA 时，会向邻居发送 LSR 报文，并向其请求所需的 LSA，以达到 LSA 完全同步的目的。

（4）LSU 报文（Link State Update 报文）

LSU 报文用于向对端路由器发送其所请求的 LSA 或者泛洪自己更新的 LSA，以实现链路状态数据库的同步。

（5）LSAck 报文（Link State Acknowledgment 报文）

当路由器接收到 LSU 报文后，必须回复 LSAck 报文以确认已成功接收并处理了 LSU 报文中的 LSA。一个 LSAck 报文可对多个 LSA 进行确认。

以上 5 种类型的报文共同构成了 OSPF 协议的核心通信机制，确保了路由信息的准确传递和网络的稳定运行。

3.2.2 单区域 OSPF 协议配置

微课 3-17
OSPF 协议的基本配置命令

1. OSPF 的配置思路

1）创建 OSPF 进程。

2）配置路由器 Router ID。

3）创建 OSPF 区域。

4）接口启用 OSPF。

2. 单区域 OSPF 配置命令

1）创建 OSPF 进程的命令为：ospf *process-id*。

process-id 是 OSPF 进程的标识符，用于区分不同的 OSPF 进程。

2）手动配置路由器 ID 的命令为：router-id *router-id*。

路由器 ID 可以手动配置，也可以自动从路由器的某个接口 IP 地址中选择，通常用点分十进制格式表示。

例如，AR1 启动 OSPF 进程 1，且 AR1 的 Router ID 为 1.1.1.1。

微课 3-18
OSPF 配置命令示例

```
［AR1-ospf-1］ospf 1 router-id 1.1.1.1
```

3）创建 OSPF 区域的命令为：area *area-id*。

area-id 是区域的标识符，可用一个十进制数字或点分十进制数表示。

例如，创建一个区域 ID 为 0 的 OSPF 区域。

```
［AR1-ospf-1］area 0
［AR1-ospf-1-area-0.0.0.0］
```

4）接口启用 OSPF 的命令为：network *ip-address wildcard-mask*。

ip-address wildcard-mask 表示接口所属网络地址及通配符掩码，用于指定网络范围。其中，wildcard-mask 指通配符掩码，其与 IP 地址一起分辨匹配的 IP 地址范围，表示一个由若干个 IP 地址组成的集合。在 OSPF 协议配置中，通配符掩码和 IP 地址按位对应，

0 表示需要精确匹配，1 表示无须匹配。

例如，在 AR1 的 GE0/0/1 接口启用 OSPF，GE0/0/1 接口的 IP 地址为 10.1.1.1/24。

> [AR1-ospf-1-area-0.0.0.0] network 10.1.1.0 0.0.0.255

☀【想一想】在实训场地练习过程中，如果不按规范拔插设备电源和操作设备，会带来哪些后果？另外，在实训结束后，应该做好哪些现场整理工作？

✎【练一练】网络拓扑如图 3-16 所示，请使用单区域 OSPF 协议实现网络互联互通。

微课 3-19
练一练—
单区域
OSPF 配
置实验

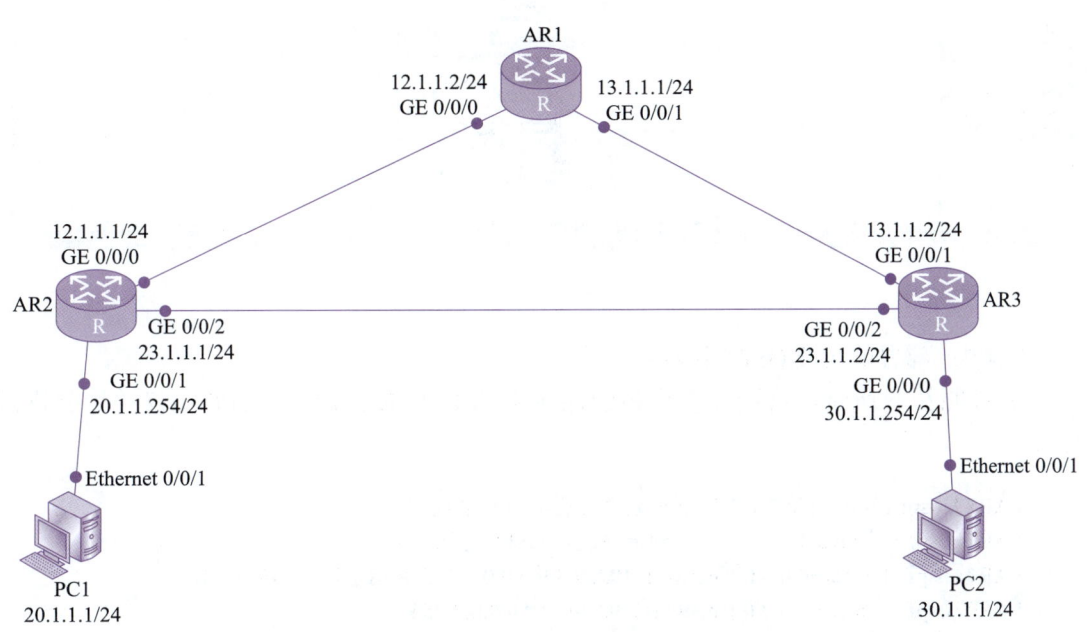

图 3-16　单区域 OSPF 配置拓扑图

任务实施 ▶▶

1. 配置思路

- 搭建网络
- 部署单区域 OSPF 协议
- 查看路由配置情况
- 测试设备间的连通情况
- 保存设备配置

2. 配置过程

步骤 1：搭建网络。

建立设备间的物理连接并启动设备，网络拓扑如图 3-17 所示。

图 3-17

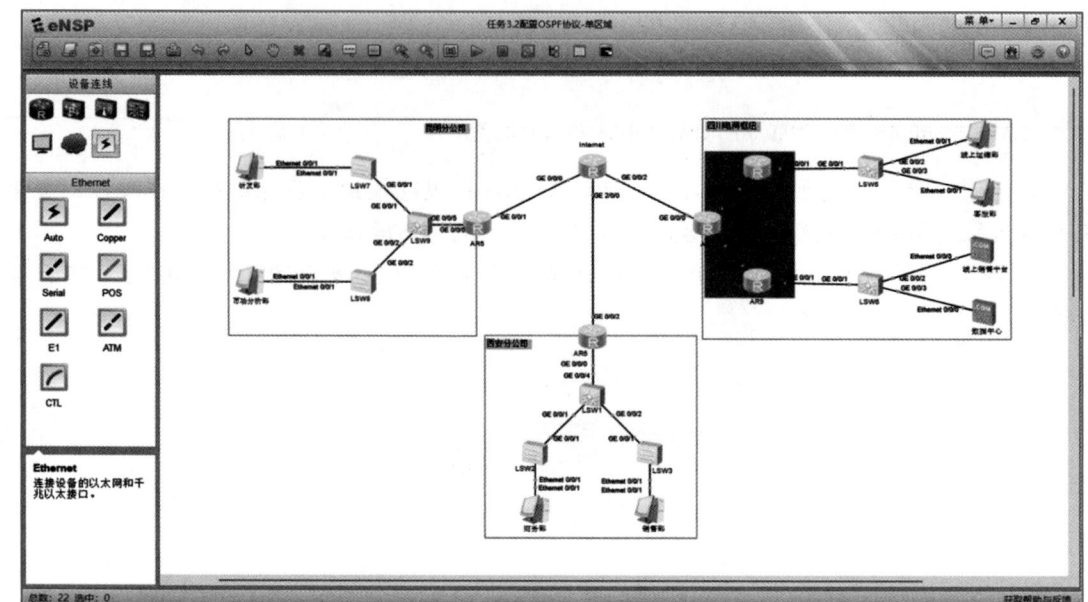

图 3-17 配置 OSPF 协议—单区域拓扑

微课 3-20
配置单区
域 OSPF
协议

步骤 2：部署单区域 OSPF 协议。

1）按照拓扑所示，将四川电商枢纽路由器 AR7 的接口激活 OSPF 协议并划分进区域 0。

```
［AR7］ospf 1 router-id 7.7.7.7    # 创建并运行 OSPF 进程
［AR7-ospf-1］area 0              # 创建并进入 OSPF 区域
［AR7-ospf-1-area-0.0.0.0］network 192.168.9.0 0.0.0.255 # 指定运行 OSPF 的接口
［AR7-ospf-1-area-0.0.0.0］network 192.168.10.0 0.0.0.255
```

注：network 命令用来指定运行 OSPF 协议的接口和接口所属的区域。network-address 为接口所在的网段地址。wildcard-mask 为 IP 地址的反码，相当于将 IP 地址的掩码反转（0 变 1，1 变 0），例如，0.0.0.255 表示掩码长度 24 bit。

2）按照拓扑所示，将四川电商枢纽路由器 AR8 的接口激活 OSPF 协议并划分进区域 0。

```
［AR8］ospf router-id 8.8.8.8
［AR8-ospf-1］area 0
［AR8-ospf-1-area-0.0.0.0］network 192.168.9.0 0.0.0.255
［AR8-ospf-1-area-0.0.0.0］network 192.168.4.0 0.0.0.255
［AR8-ospf-1-area-0.0.0.0］network 192.168.5.0 0.0.0.255
```

3）按照拓扑所示，将四川电商枢纽路由器 AR9 的接口激活 OSPF 协议并划分进区域 0。

```
［AR9］ospf router-id 9.9.9.9
［AR9-ospf-1］arca 0
［AR9-ospf-1-area-0.0.0.0］network 192.168.10.0 0.0.0.255
［AR9-ospf-1-area-0.0.0.0］network 192.168.6.0 0.0.0.255
［AR9-ospf-1-area-0.0.0.0］network 192.168.7.0 0.0.0.255
```

步骤3：查看路由配置情况。

查看四川电商枢纽路由器 AR7 的 OSPF 三大表项。

```
<AR7>display ospf peer        # 查看 OSPF 路由器之间的邻居状态
                OSPF Process 1 with Router ID 7.7.7.7
                        Neighbors
Area 0.0.0.0 interface 192.168.9.254(GigabitEthernet0/0/1)'s neighbors
Router ID: 8.8.8.8        Address: 192.168.9.253
  State: Full  Mode:Nbr is  Master  Priority: 1
  DR: 192.168.9.254  BDR: 192.168.9.253  MTU: 0
  Dead timer due in 33  sec
  Retrans timer interval: 5
  Neighbor is up for 00:01:20
  Authentication Sequence: [ 0 ]
                        Neighbors
Area 0.0.0.0 interface 192.168.10.254(GigabitEthernet0/0/2)'s neighbors
Router ID: 9.9.9.9        Address: 192.168.10.253
  State: Full  Mode:Nbr is  Master  Priority: 1
  DR: 192.168.10.254  BDR: 192.168.10.253  MTU: 0
  Dead timer due in 33  sec
  Retrans timer interval: 5
  Neighbor is up for 00:01:04
  Authentication Sequence: [ 0 ]
<AR7>display ospf routing   # 查看 OSPF 路由表
            OSPF Process 1 with Router ID 7.7.7.7
                    Routing Tables
Routing for Network
Destination        Cost   Type     NextHop           AdvRouter   Area
192.168.9.0/24     1      Transit  192.168.9.254     7.7.7.7     0.0.0.0
192.168.10.0/24    1      Transit  192.168.10.254    7.7.7.7     0.0.0.0
192.168.4.0/24     2      Stub     192.168.9.253     8.8.8.8     0.0.0.0
192.168.5.0/24     2      Stub     192.168.9.253     8.8.8.8     0.0.0.0
192.168.6.0/24     2      Stub     192.168.10.253    9.9.9.9     0.0.0.0
192.168.7.0/24     2      Stub     192.168.10.253    9.9.9.9     0.0.0.0
Total Nets: 6
Intra Area: 6  Inter Area: 0  ASE: 0  NSSA: 0


<AR7>display ospf lsdb        # 查看 OSPF 的 LSDB 表
            OSPF Process 1 with Router ID 7.7.7.7
                Link State Database
                    Area: 0.0.0.0
Type        LinkState ID    AdvRouter    Age   Len   Sequence    Metric
Router      7.7.7.7         7.7.7.7      145   48    8000000A    1
Router      9.9.9.9         9.9.9.9      155   60    80000007    1
Router      8.8.8.8         8.8.8.8      171   60    80000007    1
Network  192.168.9.254     7.7.7.7      170   32    80000002    0
Network  192.168.10.254    7.7.7.7      145   32    80000002    0
```

步骤 4：测试设备间的连通情况。

使用线上运维部终端测试四川电商枢纽各部门间的连通情况。

```
PC>ping 192.168.7.1 −c 1
Ping 192.168.7.1: 32 data bytes, Press Ctrl_C to break
From 192.168.7.1: bytes=32 seq=1 ttl=252 time=63 ms
−−− 192.168.7.1 ping statistics −−−
  1 packet(s) transmitted
  1 packet(s) received
  0.00% packet loss
  round−trip min/avg/max = 63/63/63 ms
```

步骤 5：保存设备配置。

使用 save 命令保存四川电商枢纽路由器 AR7、AR8、AR9 的配置。

技能训练 ▶▶

A 集团公司四川电商枢纽成功部署并实施单区域 OSPF 路由协议后，实现了四川电商枢纽各部门之间通信的高效性和无障碍性。现在，公司决定将广州分公司内部网络现有的静态路由配置升级为单区域 OSPF 协议，进一步提升网络的动态适应性和管理效率，请根据要求完成该任务。

任务3.3 配置多区域OSPF协议

任务引入 ▶▶

A 集团公司重庆分公司，作为西部市场的战略核心，肩负着昆明、西安、四川三地分公司间业务数据交互的关键任务。然而，随着业务量的急剧增长，公司网络出现了明显的卡顿现象，数据处理速度显著下降，该问题不仅影响了工作效率，也对公司的业务连续性和客户满意度造成了负面影响。

经过分析研判，决定在重庆分公司部署多区域 OSPF 协议以提升网络的可扩展性、加快收敛速度，并优化链路状态信息的泛洪范围，从而满足业务快速发展的需求。此举将有效改善网络管理，降低路由计算复杂度，并提高网络的扩展性，确保重庆分公司能够高效地处理和传输关键业务数据，有效保障 A 集团公司在西南市场的持续发展和竞争力提升，信息化部委派小杨完成该项任务。

任务分析 ▶▶

为实现重庆分公司多区域 OSPF 协议的部署目标，小杨需要理解多区域 OSPF 的作用及工作机制，掌握配置多区域 OSPF 路由协议的知识和技能，通过研讨、交流、学习、实践等，不断提升自己在 OSPF 多区域配置方面的能力，才能确保完成好该项任务。

知识准备 ▶▶

3.3.1 多区域 OSPF 路由协议

多区域 OSPF 协议通常适用于大规模的网络，通过划分不同的区域（Area）来优化路由信息的传播和减少路由表的大小。在多区域 OSPF 中，整个网络被划分为一个骨干区域（Area 0）和若干个非骨干区域。骨干区域负责连接所有的非骨干区域，确保它们之间的路由信息能够正确传递。

1. 多区域 OSPF 主要特征

1）LSA 泛洪和 LSDB 的同步只在本区域内进行。

2）每个区域都维护一个独立的 LSDB，同一区域的 LSDB 相同。

3）每个区域独立计算路由。

4）一个 OSPF 自治系统中只能有一个 Area 0，并且其他区域必须和 Area 0 直接连接。

5）通过 Area 0 进行区域间路由信息交换，ABR 将区域内部路由转换为区域间路由，并在其他区域通告。

2. 多区域 OSPF 设计目的

1）降低网络复杂性：在大型网络中，若部署单区域 OSPF，将导致所有路由器会收到域内其他所有路由器的链路状态信息 LSA，所有路由器都需要维护整个网络的链路状态数据库 LSDB，将会导致 LSDB 规模过于庞大，路由表过于复杂。同时，网络中的任何一台设备的变动都会触发其他设备进行 SPF 重新计算。通过划分多区域，可以减少每个区域内 LSDB 的大小，降低路由计算的复杂性。

2）提高可扩展性：随着网络规模的扩大，多区域设计允许网络管理员根据需求灵活划分区域，从而更容易地扩展网络。

3）优化管理性能：每个区域可以由不同的网络管理员负责组织管理，区域内部的问题不会影响到整个网络。

4）提高网络可靠性：当某一区域发生故障时，由于区域间的隔离性，故障的影响范围会被限制在该区域内，不会影响到其他区域的正常运行。

5）增强网络安全性：通过控制路由信息的传播范围，多区域设计可以提高网络的安全性。例如，在末梢区域（Stub Area）和完全末梢区域（Totally Stubby Area）中，可以限制外部路由信息的引入，从而减少潜在的安全威胁。

3. 多区域 OSPF 路由器角色

在多区域 OSPF 网络中，根据路由器所处位置定义了不同的角色，OSPF 路由器角色定位如图 3-18 所示。

内部路由器（Internal Router，IR）：所有接口均在同一个区域内部的路由器。

区域边界路由器（Area Border Router，ABR）：连接骨干区域 Area0 和其他区域的路由器。

自治系统边界路由器（Autonomous System Boundary Router，ASBR）：连接 OSPF 域和其他路由协议的边界路由器。

骨干路由器（Backbone Router，BR）：至少有一个接口连接到骨干区域（Area 0）的路由器。

微课 3-21
OSPF 多
区域路由
器角色

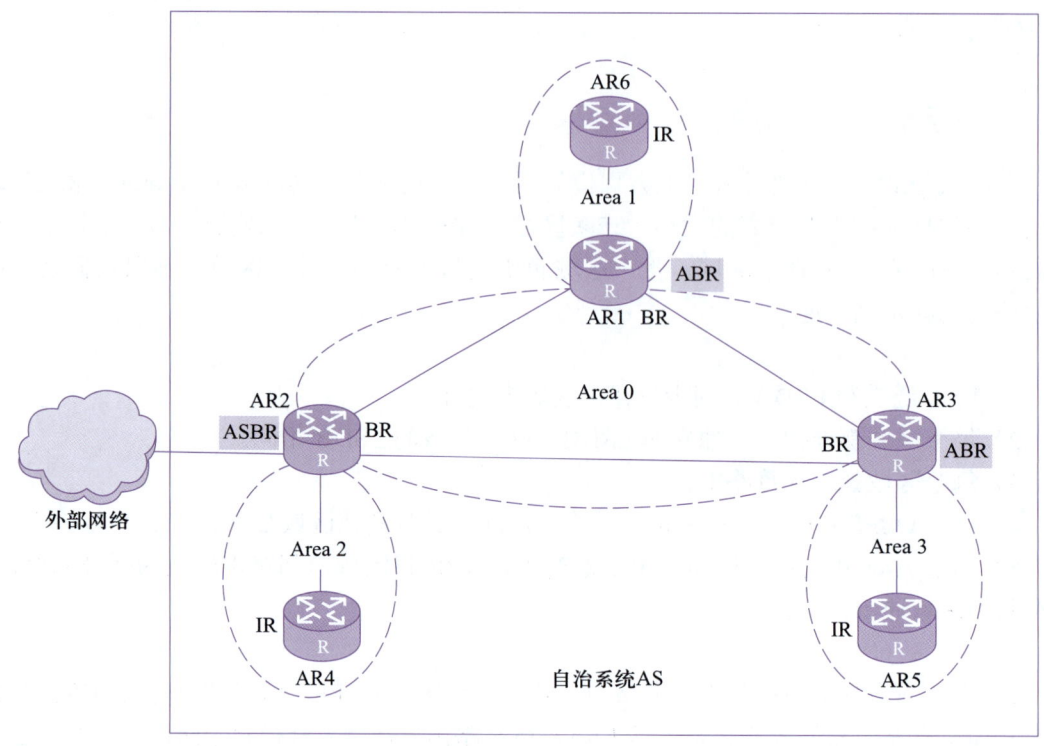

图 3-18 OSPF 路由器角色定位示意图

内部路由器负责区域内的路由选择和转发任务；ABR 和 ASBR 则分别负责跨区域和跨自治系统的路由信息交换和传递；骨干路由器则作为网络的核心节点，连接整个自治系统并提供路由信息的交换。不同角色的路由器相互配合，共同实现了 OSPF 网络的路由选择和转发。

☀【想一想】通过不同角色的 OSPF 路由器之间相互协作，保证了 OSPF 网络的稳定运行，这是否体现了团队协作的重要性，团队成员之间应如何进行有效的协作？

4. 邻居关系和邻接关系的建立过程

在邻居关系和邻接关系建立的过程中，OSPF 路由器会经历 7 种状态。

1）关闭（Down）状态：OSPF 接口在未接收到邻居路由器发送的 Hello 报文。

2）初始（Init）状态：OSPF 接口收到邻居设备发送的 Hello 报文，但邻居列表中没有自己的 Router ID。

3）双向（Two-Way）状态：OSPF 接口收到邻居设备发送的 Hello 报文，且邻居列表中有自己的 Router ID，确认双方通信，即双方均能收到对方的 Hello 报文，说明进入 Two-Way 状态，邻居关系建立成功。如果不需要建立邻接关系，则路由器将一直保持 Two-Way 状态。

4）准启动（ExStar）状态：确定路由器的主/从角色和 DD 报文的序列号，为同步 LSDB 做准备。

5）交换（Exchange）状态：路由器交互 DD 报文，用于更新 LSDB。

6）装载（Loading）状态：路由器通过 LSR 报文、LSU 报文和 LSAck 报文，获取所需 LSA 完整信息，以构建或更新本地 LSDB。

7）邻接（Full）状态：路由器完成 LSDB 同步，建立完全的邻接关系。在 Full 状态下，路由器通过本地 LSDB 计算出最短路径，并更新路由表。

5. LSA 类型

OSPF 定义了多种 LSA 类型，以适应不同的网络环境和需求，一台路由器中所有有效的 LSA 都被存放在它的 LSDB 中。常见的 LSA 有 6 种类型。

微课 3-22
LSA 类型

1）1 类 LSA：也称为路由器 LSA（Router LSA），由区域内所有路由器产生，用于描述路由器上连接到某一个区域的链路或是某一接口的状态信息。该 LSA 只会在区域内扩散，而不会扩散至其他的区域。

2）2 类 LSA：也称为网络 LSA（Network LSA），由 DR 产生，用来描述 DR 和与之相连的所有路由器信息，即描述特定 OSPF 区域内网络段链路状态，保证正确构建和维护准确的路由表。只在 DR 所在区域泛洪。

3）3 类 LSA：也称为网络汇总 LSA（Network Summary LSA），由 ABR 产生，描述其所直连区域内部的路由信息，并在区域间传递。

4）4 类 LSA：也称为 ASBR 汇总 LSA（ASBR Summary LSA），由 ABR 产生，描述到 ASBR 的路由，通告给除 ASBR 所在区域的其他相关区域。

5）5 类 LSA：也称为 AS 外部 LSA（AS External LSA），由 ASBR 产生，描述自治系统外的路由信息，并在整个 OSPF 路由域通告。

6）7 类 LSA：也称为 NSSA 外部 LSA（NSSA External LSA），由 NSSA 区域内的 ASBR 产生，且只在该区域内泛洪。ABR 会将 7 类 LSA 转换为 5 类 LSA 后在其他区域通告。

3.3.2　多区域 OSPF 协议配置案例

网络拓扑如图 3-19 所示，请使用多区域 OSPF 协议实现网络互联互通。

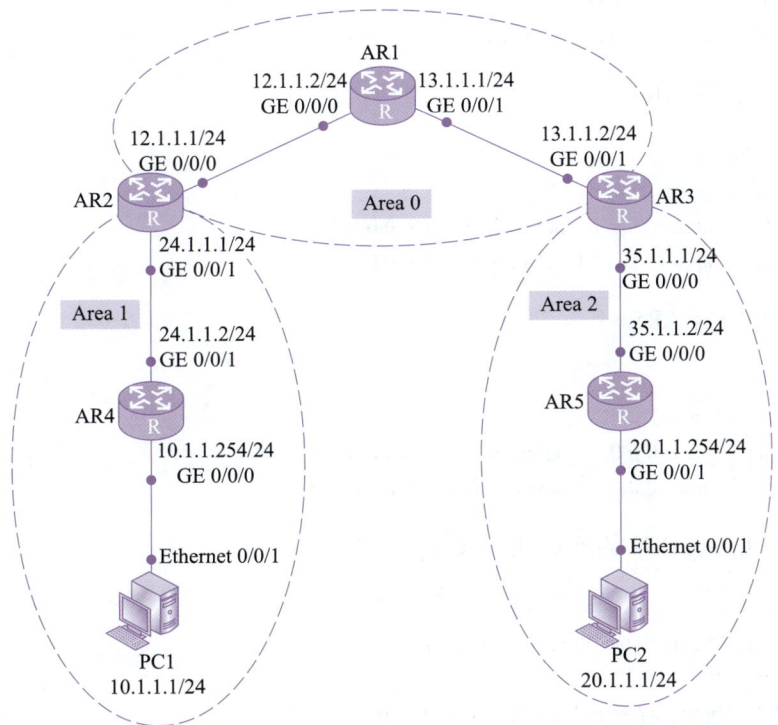

图 3-19　多区域 OSPF 网络拓扑

微课 3-23
多区域
OSPF 配
置实验

1. 多区域 OSPF 配置思路

1）配置 PC 及路由器的网络参数。

2）创建 OSPF 进程。

3）各路由器根据区域规划，创建 OSPF 区域，并在接口分别使能 OSPF。

2. 主要配置命令

（1）配置路由器 AR1

微课 3-24
OSPF 接
口验证
配置

```
［AR1］ospf 1
［AR1-ospf-1］area 0
［AR1-ospf-1-area-0.0.0.0］network 12.1.1.0 0.0.0.255
［AR1-ospf-1-area-0.0.0.0］network 13.1.1.0 0.0.0.255
```

（2）配置路由器 AR2

微课 3-25
OSPF 区
域验证
配置

```
［AR2］ospf 1
［AR2-ospf-1］area 0
［AR2-ospf-1-area-0.0.0.0］network 12.1.1.0 0.0.0.255
［AR2-ospf-1-area-0.0.0.0］area 1
［AR2-ospf-1-area-0.0.0.1］network 24.1.1.0 0.0.0.255
```

（3）配置路由器 AR3

```
［AR3］ospf 1
［AR3-ospf-1］area 0
［AR3-ospf-1-area-0.0.0.0］network 13.1.1.0 0.0.0.255
［AR3-ospf-1-area-0.0.0.0］area 2
［AR3-ospf-1-area-0.0.0.2］network 35.1.1.0 0.0.0.255
```

（4）配置路由器 AR4

```
［AR4］ospf 1
［AR4-ospf-1］area 1
［AR4-ospf-1-area-0.0.0.1］network 10.1.1.0 0.0.0.255
［AR4-ospf-1-area-0.0.0.1］network 24.1.1.0 0.0.0.255
```

（5）配置路由器 AR5

```
［AR5］ospf 1
［AR5-ospf-1］area 2
［AR5-ospf-1-area-0.0.0.2］network 35.1.1.0 0.0.0.255
［AR5-ospf-1-area-0.0.0.2］network 20.1.1.0 0.0.0.255
```

（6）测试 PC1 和 PC2 的连通性（PC1 ping PC2）

```
PC>ping 20.1.1.1
Ping 20.1.1.1: 32 data bytes, Press Ctrl_C to break
Request timeout!
From 20.1.1.1: bytes=32 seq=2 ttl=123 time=31 ms
From 20.1.1.1: bytes=32 seq=3 ttl=123 time=47 ms
```

From 20.1.1.1: bytes=32 seq=4 ttl=123 time=31 ms
From 20.1.1.1: bytes=32 seq=5 ttl=123 time=31 ms
--- 20.1.1.1 ping statistics ---
  5 packet(s) transmitted
  4 packet(s) received
  20.00% packet loss
  round-trip min/avg/max = 0/35/47 ms

3. 查看 OSPF 路由相关信息

以 AR1 为例查看路由器的 OSPF 路由相关信息，命令及结果如下：

（1）AR1 的 OSPF 路由表信息

```
<AR1>display ip routing-table protocol ospf
Route Flags: R-relay, D-download to fib
---------------------------------------------------------------

Public routing table : OSPF
        Destinations : 4       Routes : 4
OSPF routing table status : <Active>
        Destinations : 4       Routes : 4
Destination/Mask     Proto   Pre  Cost  Flags   NextHop      Interface
10.1.1.0/24          OSPF    10   3     D       12.1.1.1     GigabitEthernet0/0/0
20.1.1.0/24          OSPF    10   3     D       13.1.1.2     GigabitEthernet0/0/1
24.1.1.0/24          OSPF    10   2     D       12.1.1.1     GigabitEthernet0/0/0
35.1.1.0/24          OSPF    10   2     D       13.1.1.2     GigabitEthernet0/0/1
OSPF routing table status : <Inactive>
        Destinations : 0       Routes : 0
```

可以通过 display ip routing-table protocol ospf 命令继续查看路由器 AR2、AR3、AR4、AR5 的 OSPF 路由表信息。

（2）AR1 的路由表信息

```
<AR1>display ip routing-table
Route Flags: R-relay, D-download to fib
---------------------------------------------------------------

Routing Tables: Public
        Destinations : 14    Routes : 14
Destination/Mask     Proto    Pre  Cost  Flags   NextHop      Interface
10.1.1.0/24          OSPF     10   3     D       12.1.1.1     GigabitEthernet0/0/0
12.1.1.0/24          Direct   0    0     D       12.1.1.2     GigabitEthernet0/0/0
12.1.1.2/32          Direct   0    0     D       127.0.0.1    GigabitEthernet0/0/0
12.1.1.255/32        Direct   0    0     D       127.0.0.1    GigabitEthernet0/0/0
13.1.1.0/24          Direct   0    0     D       13.1.1.1     GigabitEthernet0/0/1
13.1.1.1/32          Direct   0    0     D       127.0.0.1    GigabitEthernet0/0/1
13.1.1.255/32        Direct   0    0     D       127.0.0.1    GigabitEthernet0/0/1
20.1.1.0/24          OSPF     10   3     D       13.1.1.2     GigabitEtherne0/0/1
24.1.1.0/24          OSPF     10   2     D       12.1.1.1     GigabitEthernet0/0/0
35.1.1.0/24          OSPF     10   2     D       13.1.1.2     GigabitEthernet0/0/1
127.0.0.0/8          Direct   0    0     D       127.0.0.1    InLoopBack0
```

127.0.0.1/32	Direct	0	0	D	127.0.0.1	InLoopBack0
127.255.255.255/32	Direct	0	0	D	127.0.0.1	InLoopBack0
255.255.255.255/32	Direct	0	0	D	127.0.0.1	InLoopBack0

可以通过 display ip routing-table 命令继续查看路由器 AR2、AR3、AR4、AR5 的 IP 路由表信息。

（3）AR1 的邻居信息

```
<AR1>display ospf peer brief
            OSPF Process 1 with Router ID 12.1.1.2
                    Peer Statistic Information
----------------------------------------------------------------

Area Id      Interface                Neighbor id     State
0.0.0.0      GigabitEthernet0/0/0     12.1.1.1        Full
0.0.0.0      GigabitEthernet0/0/1     13.1.1.2        Full
----------------------------------------------------------------
```

可以通过 display ospf peer brief 命令继续查看路由器 AR2、AR3、AR4、AR5 的邻居信息。

☼【想一想】面对越来越复杂的企业网络环境，优化 OSPF 的配置可以提高网络性能和稳定性，这是否要求工程师具有较强的问题分析解决能力和创新思维能力？

任务实施 ▶▶

1. 配置思路
- 搭建网络
- 配置网络设备基础信息
- 部署 OSPF 多区域协议
- 部署重庆分公司出口路由器访问 Internet 的默认路由
- 保存设备配置

2. 配置过程

步骤 1：搭建网络。

1）根据各分公司部门网络设备情况对设备进行 IP 地址规划，见表 3-4。

表 3-4 各分公司部门网络设备基础信息

设 备 名	IP 地 址	接 口	分 公 司
AR1	192.168.14.254/24	GigabitEthernet 0/0/0	重庆分公司
	192.168.15.254/24	GigabitEthernet 0/0/1	
	100.100.4.253/24	GigabitEthernet 0/0/2	
AR2	192.168.14.253/24	GigabitEthernet 0/0/0	
	192.168.16.254/24	GigabitEthernet 0/0/1	
	192.168.11.254/24	Serial 1/0/0	

续表

设 备 名	IP 地 址	接 口	分 公 司
AR3	192.168.16.253/24	GigabitEthernet 0/0/0	
	192.168.17.254/24	GigabitEthernet 0/0/1	
	192.168.12.254/24	Serial 1/0/0	
AR4	192.168.17.253/24	GigabitEthernet 0/0/0	重庆分公司
	192.168.15.253/24	GigabitEthernet 0/0/1	
	192.168.13.254/24	Serial 1/0/0	
AR5	192.168.11.253/24	Serial 1/0/0	昆明分公司
AR6	192.168.12.253/24	Serial 1/0/0	西安分公司
AR7	192.168.13.253/24	Serial 1/0/0	四川电商枢纽
Internet	100.100.4.254/24	GigabitEthernet 0/0/1	外网

2）建立设备间的物理连接并启动设备，如图 3-20 所示。

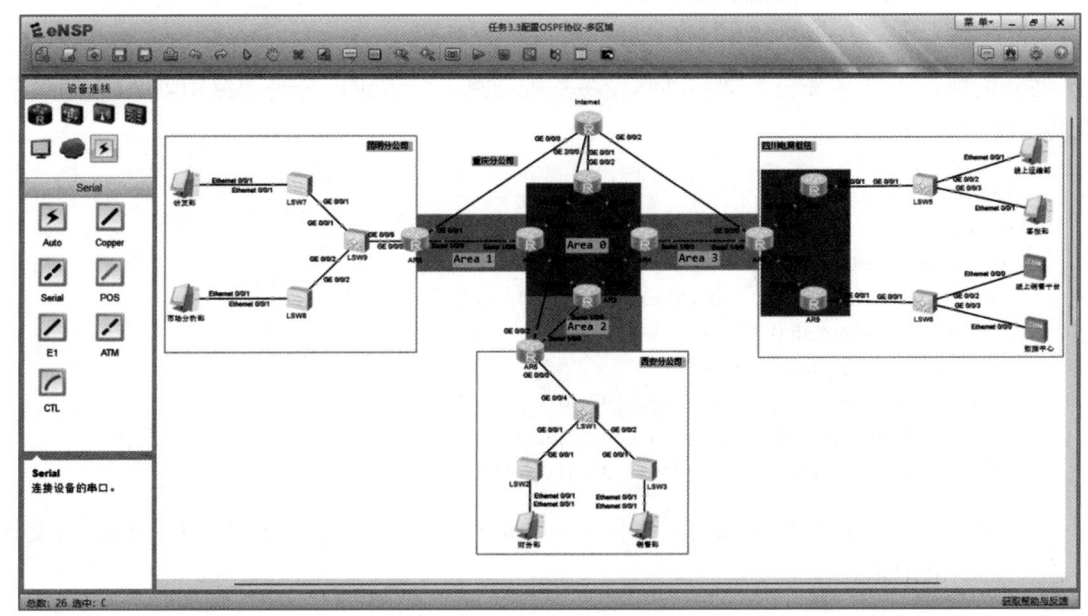

图 3-20

图 3-20　配置 OSPF 协议—多区域拓扑

步骤 2：配置网络设备基础信息。

1）根据表 3-4 各分公司部门网络设备基础信息，配置昆明分公司路由器 AR5 的接口 IP 地址。

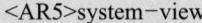

```
<AR5>system-view
［AR5］interface Serial 1/0/0
［AR5- Serial 1/0/0］ip address 192.168.11.253 24
［AR5- Serial 1/0/0］quit
```

微课 3-26
配置 OSPF
协议—多
区域

2）根据表 3-4 各分公司部门网络设备基础信息，配置西安分公司路由器 AR6 的接口 IP 地址。

```
<AR6>system-view
[AR6] interface Serial 1/0/0
[AR6- Serial 1/0/0] ip address 192.168.12.253 24
[AR6- Serial 1/0/0] quit
```

3）根据表 3-4 各分公司部门网络设备基础信息，配置四川电商枢纽路由器 AR7 的接口 IP 地址。

```
<AR7>system-view
[AR7] interface Serial 1/0/0
[AR7- Serial 1/0/0] ip address 192.168.13.253 24
```

4）根据表 3-4 各分公司部门网络设备基础信息，配置外网路由器 Internet 的接口 IP 地址。

```
<Internet>system-view
[Internet] interface GigabitEthernet 0/0/1
[Internet- GigabitEthernet 0/0/1] ip address 100.100.4.254 24
```

5）根据表 3-4 各分公司部门网络设备基础信息，配置重庆分公司路由器 AR1 的设备名称及接口 IP 地址。

```
<Huawei>system-view
[Huawei] sysname AR1
[AR1] interface GigabitEthernet 0/0/0
[AR1-GigabitEthernet0/0/0] ip address 192.168.14.254 24
[AR1-GigabitEthernet0/0/0] quit
[AR1] interface GigabitEthernet 0/0/1
[AR1-GigabitEthernet0/0/1] ip address 192.168.15.254 24
[AR1-GigabitEthernet0/0/1] interface GigabitEthernet0/0/2
[AR1- GigabitEthernet0/0/2] ip address 100.100.4.253 24
```

6）根据表 3-4 各分公司部门网络设备基础信息，配置重庆分公司路由器 AR2 的设备名称及接口 IP 地址。

```
<Huawei>system-view
[Huawei] sysname AR2
[AR2] interface GigabitEthernet 0/0/0
[AR2-GigabitEthernet0/0/0] ip address 192.168.14.253 24
[AR2-GigabitEthernet0/0/0] interface GigabitEthernet 0/0/1
[AR2-GigabitEthernet0/0/1] ip address 192.168.16.254 24
[AR2] interface Serial 1/0/0
[AR2- Serial 1/0/0] ip address 192.168.11.254 24
```

7）根据表 3-4 各分公司部门网络设备基础信息，配置重庆分公司路由器 AR3 的设备名称及接口 IP 地址。

```
<Huawei>system-view
[Huawei] sysname AR3
[AR3] interface GigabitEthernet 0/0/0
[AR3-GigabitEthernet0/0/0] ip address 192.168.16.253 24
[AR3] interface GigabitEthernet 0/0/1
[AR3-GigabitEthernet0/0/1] ip address 192.168.17.254 24
[AR3] interface Serial 1/0/0
[AR3- Serial 1/0/0] ip address 192.168.12.254 24
```

8）根据表 3-4 各分公司部门网络设备基础信息，配置重庆分公司路由器 AR4 的设备名称及接口 IP 地址。

```
<Huawei>system-view
[Huawei] sysname AR4
[AR4] interface GigabitEthernet 0/0/0
[AR4-GigabitEthernet0/0/0] ip address 192.168.17.253 24
[AR4] interface GigabitEthernet 0/0/1
[AR4-GigabitEthernet0/0/1] ip address 192.168.15.253 24
[AR4] interface Serial 1/0/0
[AR4- Serial 1/0/0] ip address 192.168.13.254 24
```

步骤 3：部署 OSPF 多区域协议。

1）按照拓扑所示将重庆分公司路由器 AR1 的接口激活 OSPF 协议并划分进对应区域。

```
[AR1] ospf 2 router-id 1.1.1.1
[AR1-ospf-2] area 0
[AR1-ospf-2-area-0.0.0.0] network 192.168.14.0 0.0.0.255
[AR1-ospf-2-area-0.0.0.0] network 192.168.15.0 0.0.0.255
```

2）按照拓扑所示将重庆分公司路由器 AR2 的接口激活 OSPF 协议并划分进对应区域。

```
[AR2] ospf 2 router-id 2.2.2.2
[AR2-ospf-2] area 0
[AR2-ospf-2-area-0.0.0.0] network 192.168.14.0 0.0.0.255
[AR2-ospf-2-area-0.0.0.0] network 192.168.16.0 0.0.0.255
[AR2-ospf-2-area-0.0.0.0] quit
[AR2-ospf-2] area 1
[AR2-ospf-2-area-0.0.0.1] network 192.168.11.0 0.0.0.255
```

3）按照拓扑所示将重庆分公司路由器 AR3 的接口激活 OSPF 协议并划分进对应区域。

```
[AR3] ospf 2 router-id 3.3.3.3
[AR3-ospf-2] area 0
[AR3-ospf-2-area-0.0.0.0] network 192.168.16.0 0.0.0.255
[AR3-ospf-2-area-0.0.0.0] network 192.168.17.0 0.0.0.255
[AR3-ospf-2-area-0.0.0.0] quit
[AR3-ospf-2] area 2
[AR3-ospf-2-area-0.0.0.2] network 192.168.12.0 0.0.0.255
```

4）按照拓扑所示将重庆分公司路由器 AR4 的接口激活 OSPF 协议并划分进对应区域。

```
[AR4] ospf 2 router-id 4.4.4.4
[AR4-ospf-2] area 0
[AR4-ospf-2-area-0.0.0.0] network 192.168.17.0 0.0.0.255
[AR4-ospf-2-area-0.0.0.0] network 192.168.15.0 0.0.0.255
[AR4-ospf-2-area-0.0.0.0] quit
[AR4-ospf-2] area 3
[AR4-ospf-2-area-0.0.0.3] network 192.168.13.0 0.0.0.255
```

5）按照拓扑所示将昆明分公司路由器 AR5 的接口激活 OSPF 协议并划分进对应区域。

```
[AR5] ospf 2 router-id 5.5.5.5
[AR5-ospf-2] area 1
[AR5-ospf-2-area-0.0.0.1] network 192.168.11.0 0.0.0.255
```

6）按照拓扑所示将西安分公司路由器 AR6 的接口激活 OSPF 协议并划分进对应区域。

```
[AR6] ospf 2 router-id 6.6.6.6
[AR6-ospf-2] area 2
[AR6-ospf-2-area-0.0.0.3] network 192.168.12.0 0.0.0.255
```

7）按照拓扑所示将四川电商枢纽路由器 AR7 的接口激活 OSPF 协议并划分进对应区域。

```
[AR7] ospf 2 router-id 7.7.7.7
[AR7-ospf-2] area 3
[AR7-ospf-2-area-0.0.0.2] network 192.168.13.0 0.0.0.255
```

8）查看重庆分公司路由器 AR1 的三大表项。

```
<AR1>display ospf peer
          OSPF Process 2 with Router ID 1.1.1.1
                Neighbors
Area 0.0.0.0 interface 192.168.14.254(GigabitEthernet0/0/0)'s neighbors
Router ID: 2.2.2.2      Address: 192.168.14.253
 State: Full  Mode:Nbr is  Master  Priority: 1
 DR: 192.168.14.253 BDR: 192.168.14.254 MTU: 0
 Dead timer due in 31  sec
 Retrans timer interval: 5
 Neighbor is up for 00:03:37
 Authentication Sequence: [ 0 ]
                Neighbors
Area 0.0.0.0 interface 192.168.15.254(GigabitEthernet0/0/1)'s neighbors
Router ID: 4.4.4.4      Address: 192.168.15.253
 State: Full  Mode:Nbr is  Master  Priority: 1
 DR: 192.168.15.254 BDR: 192.168.15.253 MTU: 0
 Dead timer due in 39  sec
 Retrans timer interval: 5
```

```
        Neighbor is up for 00:02:53
        Authentication Sequence: [ 0 ]

<AR1>display ospf routing
           OSPF Process 2 with Router ID 1.1.1.1
               Routing Tables
Routing for Network
Destination       Cost   Type       NextHop          AdvRouter   Area
192.168.14.0/24   1      Transit    192.168.14.254   1.1.1.1     0.0.0.0
192.168.15.0/24   1      Transit    192.168.15.254   1.1.1.1     0.0.0.0
192.168.11.0/24   49     Inter-area 192.168.14.253   2.2.2.2     0.0.0.0
192.168.13.0/24   49     Inter-area 192.168.15.253   4.4.4.4     0.0.0.0
192.168.16.0/24   2      Transit    192.168.14.253   2.2.2.2     0.0.0.0
192.168.17.0/24   2      Stub       192.168.15.253   4.4.4.4     0.0.0.0
Total Nets: 6
Intra Area: 4  Inter Area: 2  ASE: 0  NSSA: 0


<AR1>display ospf lsdb
           OSPF Process 2 with Router ID 1.1.1.1
               Link State Database
                 Area: 0.0.0.0
Type        LinkState ID    AdvRouter    Age    Len    Sequence      Metric
  Router    4.4.4.4         4.4.4.4      73     48     8000000A      1
  Router    2.2.2.2         2.2.2.2      676    48     80000009      1
  Router    1.1.1.1         1.1.1.1      632    48     80000009      1
  Router    3.3.3.3         3.3.3.3      67     48     80000009      1
  Network   192.168.17.254  3.3.3.3      67     32     80000002      0
  Network   192.168.16.254  2.2.2.2      677    32     80000002      0
  Network   192.168.15.254  1.1.1.1      632    32     80000002      0
  Network   192.168.14.253  2.2.2.2      685    32     80000002      0
  Sum-Net   192.168.11.0    2.2.2.2      705    28     80000001      48
  Sum-Net   192.168.13.0    4.4.4.4      634    28     80000001      48
```

步骤4：部署重庆分公司出口路由器访问 Internet 的默认路由。

按照拓扑所示在重庆分公司路由器 AR1 上部署出口默认路由。

```
[AR1] ip route-static 0.0.0.0 0 100.100.4.254
```

步骤5：保存设备配置。

使用 save 命令保存重庆分公司路由器 AR1、AR2、AR3、AR4，昆明分公司路由器 AR5，西安分公司路由器 AR6，四川电商枢纽路由器 AR7 以及外部路由器 Internet 的配置。

技能训练 ▶▶

在 A 集团公司重庆分公司成功实施 OSPF 多区域路由协议后，公司网络的通信效率显著提升。随着业务的持续扩展，公司决定进一步优化网络架构，在总部网络出口及连接昆明、西安和四川各分公司的出口处各增设一台路由器，以实现网络负载分担，提高数据传输效率和网络的可靠性，该任务要求运用多区域 OSPF 协议，巧妙地将新设备整合进现有网络架构中，确保新旧设备协同工作，满足网络稳定性和高效性的需求。

任务3.4 配置路由引入

任务引入 ▶▶

随着 A 集团公司规模的不断扩大和业务类型的日益复杂化，企业网络采用了多种路由协议来构建和管理总部和分公司网络，以确保数据的高效和可靠传输。目前总部人力资源部门决定对各分公司人力资源进行全面管理和盘点，这就需要保证使用不同路由协议的总部和分公司网络之间的连通性。经过研判，集团公司决定采用路由引入技术，实现不同路由协议之间的路由信息传递和学习，并在引入过程中部署精细的路由控制策略，达到企业网络全局的路由优化、增强网络健壮性并简化网络管理过程，为企业的发展提供坚实有力的网络支撑。

任务分析 ▶▶

为了完成该项任务，小杨通过学习交流、实践操作等方式不断提升自己的专业知识和实践能力，熟悉常见路由协议的工作原理、特点和适用场景，能够根据需求制定路由引入策略，具备网络规划与路由协议、路由引入技术配置技能。

知识准备 ▶▶

不同路由协议实现的原理不同，它们的路由信息相互隔离，无法直接交换。随着网络规模的不断扩大，网络中可能会运行多种路由协议，因此，为了实现不同路由协议之间路由信息的传递和共享，需要采用路由引入技术。

3.4.1 路由引入基础

路由引入是指在两个或多个自治系统 AS 边界上，将某个路由协议的路由信息引入到另一个路由协议中。由于不同路由协议之间的路由算法、机制、开销等不同，导致它们之间无法直接分享彼此的路由信息，通过路由引入技术，可以实现不同路由协议之间的路由信息共享，从而增强网络的互连性和灵活性。

如图 3-21 所示，AR2 位于 OSPF 路由域和 RIP 路由域的边界处，其运行着 OSPF 和 RIP 两种动态路由协议，因此 AR2 可以获得基于两种协议的路由。通过 AR2 将 RIP 路由引入到 OSPF 路由域，则 OSPF 路由器 AR1 就获得了去往目的网络 20.1.1.0/24 的 RIP 路由；在 AR2 上将 OSPF 路由引入到 RIP 路由域中，AR3 将获得去往目的网络 10.1.1.0/24 的 OSPF 路由信息。

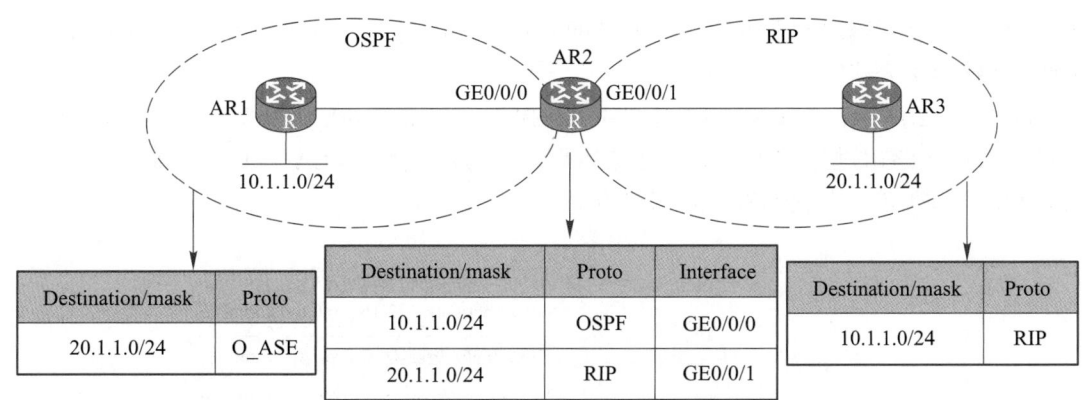

图 3-21 路由引入示意图

1. 路由引入原则

假设将路由协议 A 引入进路由协议 B 中，需要遵循以下原则。

1）执行路由引入的路由器必须至少同时运行两种路由协议。

2）与 A 路由协议有关的所有路由都会引入到 B 协议中。

3）路由引入是向外的，即负责引入的路由器不会改变自身的路由表，只影响其他路由器的路由信息。

4）引入的路由必须位于路由表中，即引入的路由必须是本路由器上的最优路由，确保路由信息的有效性和准确性。

2. 种子度量值

种子度量值是指把一种路由引入进其他路由协议后的默认度量值。不同路由协议使用的路由算法不同，对度量值的定义也不同，因此，在进行路由引入时需要重新定义度量值。如果不明确指定该路由在新路由协议中的度量值，则路由将使用默认的度量值，即种子度量值（seed-metric）。常见的动态路由协议的默认初始度量值和种子度量值见表 3-5。

表 3-5 常见的动态路由协议的默认初始度量值和种子度量值

路 由 协 议	默认度量值	种子度量值	默认路由优先级
RIP	跳数	0	100
OSPF	开销值	1	10，O_ASE 为 150
IS-IS	开销值	1	15

注意：在 OSPF 协议中，外部路由的开销有以下两种度量计算类型：

1）Metric-Type-1：累加内部开销。

2）Metric-Type-2：不累加内部开销。

当 OSPF 协议引入外部路由时，默认的度量计算类型为 Metric-Type-2。

3.4.2 路由引入类型

1. 引入直连路由

当路由器的接口启动并添加 IP 地址后，路由表中就会自动产生直连路由。直连路由

微课 3-27
引入直连
路由配置

一般对应设备互联网段和业务网段，业务网段直连路由的学习方式一般通过 Network 宣告或者直连路由引入获得。

如图 3-22 所示，在 OSPF 路由域中，LSW1 通过 network 命令对 VLAN 10、VLAN 20 对应的直连路由进行宣告。如图 3-23 所示，LSW1 引入 VLAN 10、VLAN 20 对应的直连路由，AR1 就会获得 OSPF 外部路由。

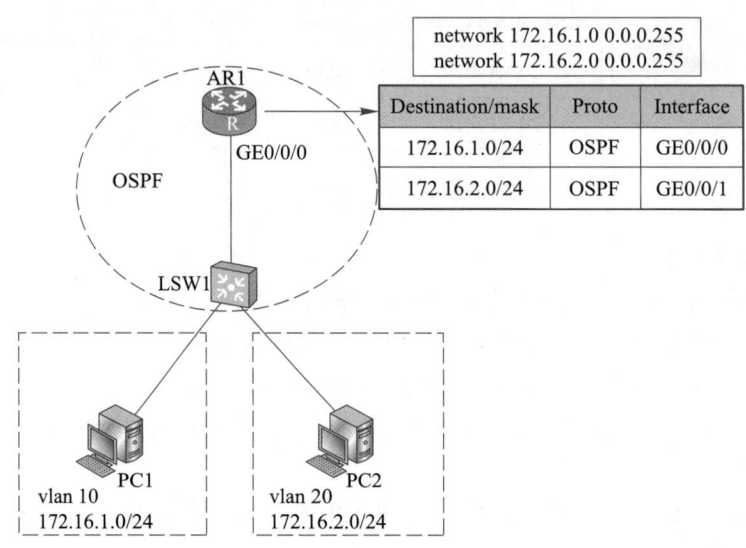

图 3-22　network 通告直连路由示意图

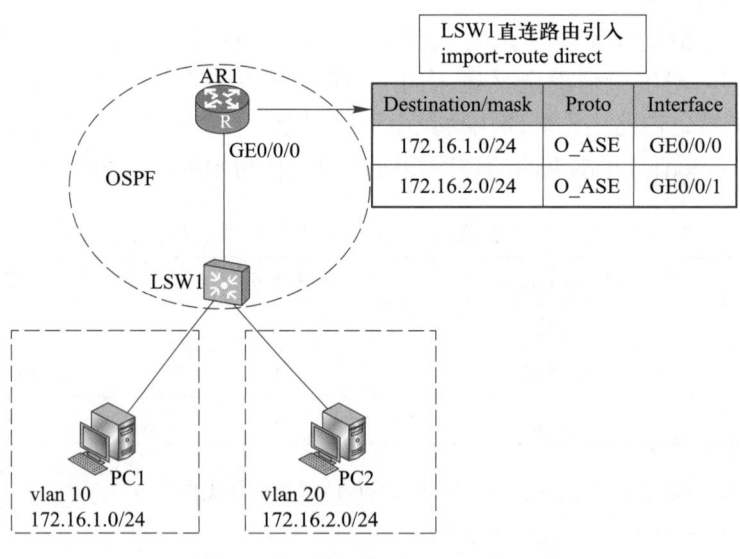

图 3-23　引入直连路由示意图

2. 引入静态路由

微课 3-28
引入静态
路由配置

引入静态路由是指将静态路由条目引入到其他路由协议中。一般在边界路由器上引入静态路由，使得对应路由域中的设备可以获得静态路由条目所指向的目标网络的路由。如图 3-24 所示，AR2 上有一条去往目标网络 192.168.10.0/24 的静态路由，在 AR2 上将静态路由引入到 OSPF 协议中，AR1 就获得了去往目标网络 192.168.10.0/24 的 OSPF 外部路由，并且 OSPF 路由器会将引入的静态路由视为动态学习到的路由，并在 OSPF 路由域中广泛传播这些路由信息。

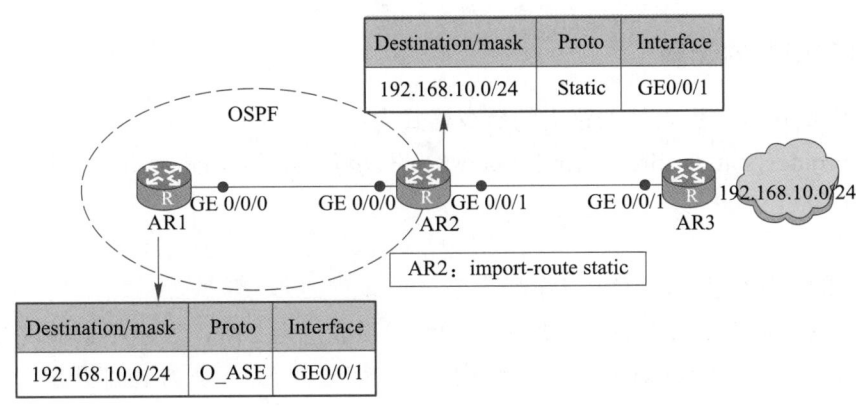

图 3-24　引入静态路由示意图

3. 引入动态路由

引入动态路由是指动态路由协议间的重分发，将 A 协议路由引入到 B 协议中，即将边界设备路由表中的路由条目和该设备上 A 协议接口对应的直连路由全部发布到 B 协议的路由域中，并按照 B 协议重新标注路由类型。引入动态路由一般要保证双向引入。

微课 3-29
引入动态
路由配置

如图 3-25 所示，AR2 属于边界路由器，路由表中有两条直连路由和两条动态路由协议路由，将 OSPF 路由引入 RIP 协议时，会将 OSPF 标记的 192.168.10.0/24 和 OSPF 接口对应的直连路由 12.1.1.0/24 发布到 RIP 路由域中，RIP 路由域中的 AR3 将会获得这两条路由，并将协议类型标记为 RIP。

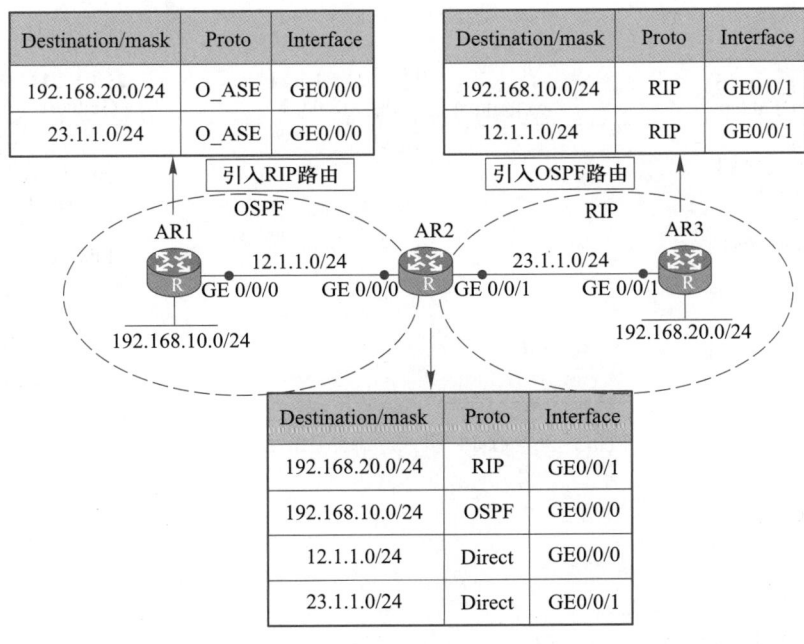

图 3-25　引入动态路由示意图

将 RIP 路由引入到 OSPF 路由协议时，AR2 会将 RIP 路由 192.168.20.0/24 和 RIP 接口对应的直连路由 23.1.1.0/24 引入到 OSPF 路由域中，AR1 将获得这两条路由，并将协议类型标记为 O_ASE。

3.4.3 路由引入的配置

在 OSPF 路由域中引入外部路由的命令格式为：

import-route {static | direct | rip [*process-id-rip*] | isis [*process-id-isis*] } [cost *cost*] [type *type*]

命令说明：

1）cost 的默认值为 1。

2）type 的取值为 1 时，表示累加内部开销；当取值为 2 时，表示不累加内部开销。

例如，OSPF 路由器 AR1 引入直连路由，cost 取值为 5，不累加内部开销。

[AR1-ospf-1] import-route direct cost 5

例如，OSPF 路由器 AR1 引入静态路由，cost 取值为 50，不累加内部开销。

[AR1-ospf-1] import-route static cost 50

例如，OSPF 路由器 AR1 引入 RIP 进程 1 的路由，cost 取值为 20，累加内部开销。

[AR1-ospf-1] import-route rip 1 cost 20 type 1

【练一练】网络拓扑如图 3-26 所示，请通过路由引入技术实现网络互联互通。

微课 3-30 练一练— 路由引入 配置实验

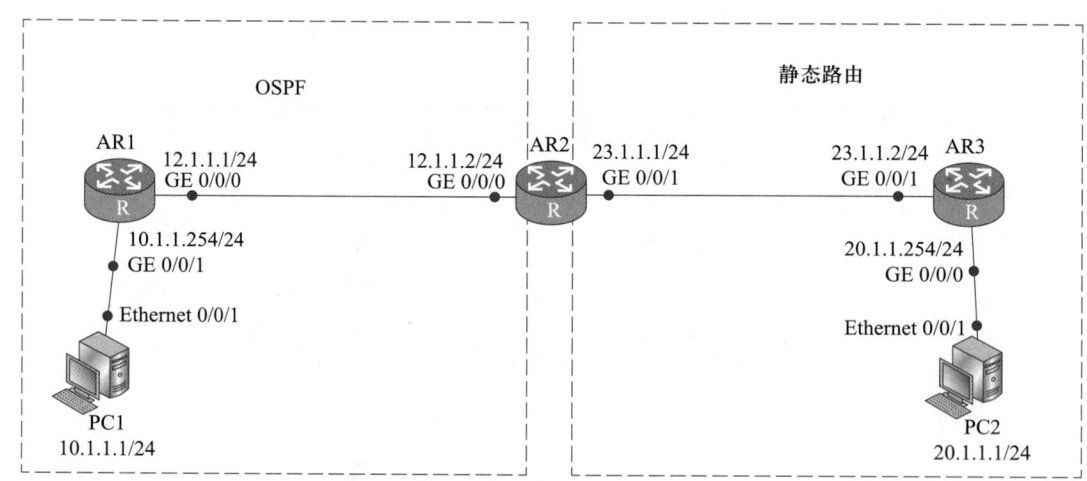

图 3-26　OSPF 引入静态路由网络拓扑

任务实施 ≫

1. 配置思路
- 搭建网络
- 部署路由引入协议

- 测试设备间的连通情况
- 保存设备配置

2. 配置过程

步骤 1：搭建网络。

建立设备间的物理连接并启动设备，如图 3-27 所示。

步骤 2：部署路由引入协议。

微课 3-31
路由引入

1）查看重庆分公司路由器 AR1 的路由表。

```
<AR1>display ospf routing
            OSPF Process 2 with Router ID 1.1.1.1
                    Routing Tables
 Routing for Network
 Destination      Cost  Type        NextHop          AdvRouter   Area
 192.168.14.0/24  1     Transit     192.168.14.254   1.1.1.1     0.0.0.0
 192.168.15.0/24  1     Transit     192.168.15.254   1.1.1.1     0.0.0.0
 192.168.11.0/24  49    Inter-area  192.168.14.253   2.2.2.2     0.0.0.0
 192.168.12.0/24  50    Inter-area  192.168.14.253   3.3.3.3     0.0.0.0
 192.168.13.0/24  49    Inter-area  192.168.15.253   4.4.4.4     0.0.0.0
 192.168.16.0/24  2     Transit     192.168.14.253   3.3.3.3     0.0.0.0
 192.168.17.0/24  2     Stub        192.168.15.253   4.4.4.4     0.0.0.0
 Total Nets: 7
 Intra Area: 4  Inter Area: 3  ASE: 0  NSSA: 0
```

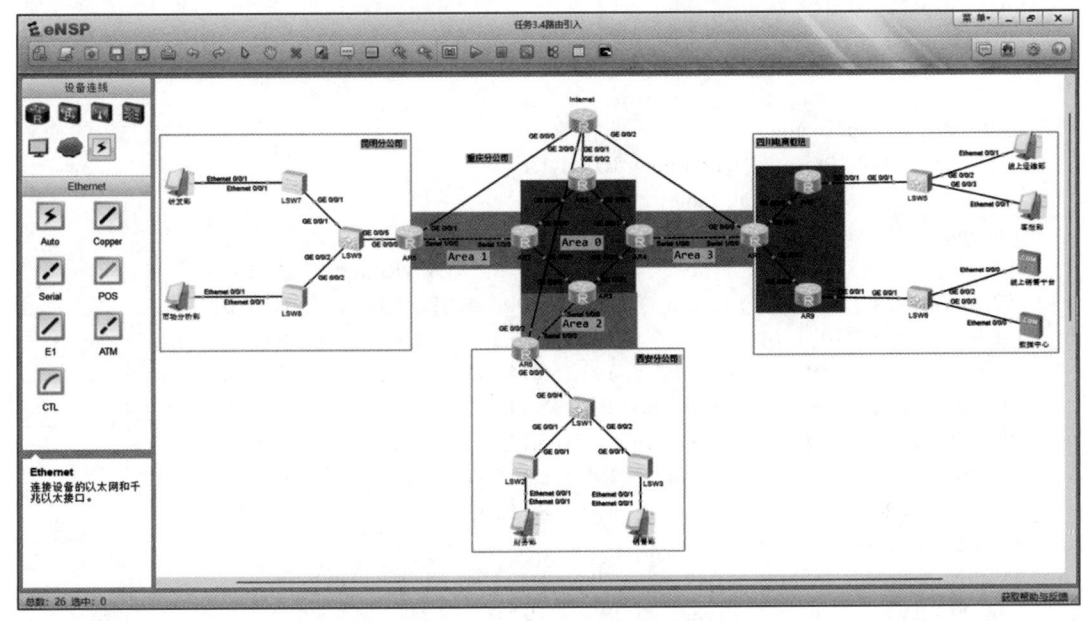

图 3-27

图 3-27 路由引入网络拓扑

2）在四川电商枢纽路由器 AR7 上部署路由引入协议。

```
[AR7] ospf 2
```

```
[AR7-ospf-2] import-route ospf 1 # 将四川电商枢纽分公司的 ospf 1 的路由引入总重庆分公司
[AR7-ospf-2] quit
[AR7] ospf 1
[AR7-ospf-1] default-route-advertise # 将访问 Internt 的默认路由引入四川电商枢纽
```

注：import-route 命令用来引入其他路由协议学习到的路由信息。

OSPF 不能通过 import-route 命令从其他协议引入默认路由，如果想把默认路由引入到 OSPF 路由区域，则必须使用 default-route-advertise 命令配置 OSPF 引入默认路由。

3）在西安分公司路由器 AR6 上部署路由引入协议。

```
[AR6] ospf 2
[AR6-ospf-2] import-route direct    # 将 AR6 的直连路由引入重庆分公司 ospf 网络
[AR6-ospf-2] quit
```

4）在昆明分公司路由器 AR5 上部署路由引入协议。

```
[AR5] ospf 2
[AR5-ospf-2] import-route direct
[AR5-ospf-2] import-route static    # 将 AR5 的静态路由引入重庆分公司 ospf 网络
[AR5-ospf-2] quit
```

5）在重庆分公司路由器 AR1 上部署路由引入协议。

```
[AR1] ospf 2
[AR1-ospf-2] default-route-advertise
[AR1-ospf-2] quit
```

6）查看重庆分公司路由器 AR1 的 OSPF 路由表。

```
<AR1>display ospf routing
        OSPF Process 2 with Router ID 1.1.1.1
            Routing Tables
 Routing for Network
 Destination      Cost   Type        NextHop          AdvRouter    Area
 192.168.14.0/24  1      Transit     192.168.14.254   1.1.1.1      0.0.0.0
 192.168.15.0/24  1      Transit     192.168.15.254   1.1.1.1      0.0.0.0
 192.168.11.0/24  49     Inter-area  192.168.14.253   2.2.2.2      0.0.0.0
 192.168.12.0/24  50     Inter-area  192.168.14.253   3.3.3.3      0.0.0.0
 192.168.13.0/24  49     Inter-area  192.168.15.253   4.4.4.4      0.0.0.0
 192.168.16.0/24  2      Transit     192.168.14.253   3.3.3.3      0.0.0.0
 192.168.17.0/24  2      Stub        192.168.15.253   4.4.4.4      0.0.0.0
 Routing for ASEs
 Destination      Cost   Type    Tag   NextHop          AdvRouter
 100.100.1.0/24   1      Type2   1     192.168.14.253   5.5.5.5
 100.100.2.0/24   1      Type2   1     192.168.14.253   6.6.6.6
 192.168.1.0/24   1      Type2   1     192.168.14.253   6.6.6.6
 192.168.2.0/24   1      Type2   1     192.168.14.253   5.5.5.5
 192.168.3.0/24   1      Type2   1     192.168.14.253   5.5.5.5
 192.168.4.0/24   1      Type2   1     192.168.15.253   7.7.7.7
```

192.168.5.0/24	1	Type2	1	192.168.15.253	7.7.7.7
192.168.6.0/24	1	Type2	1	192.168.15.253	7.7.7.7
192.168.7.0/24	1	Type2	1	192.168.15.253	7.7.7.7
192.168.8.0/24	1	Type2	1	192.168.14.253	5.5.5.5
192.168.9.0/24	1	Type2	1	192.168.15.253	7.7.7.7
192.168.10.0/24	1	Type2	1	192.168.15.253	7.7.7.7
192.168.11.254/32	1	Type2	1	192.168.14.253	5.5.5.5
192.168.12.254/32	1	Type2	1	192.168.14.253	6.6.6.6

```
Total Nets: 21
Intra Area: 4  Inter Area: 3  ASE: 14  NSSA: 0
```

步骤 3：测试设备间的连通情况。

使用 ping 命令测试网络连通情况。使用西安分公司财务部 PC1 的命令行界面，输入以下命令。

```
PC>ping 192.168.2.1 -c 1
Ping 192.168.2.1: 32 data bytes, Press Ctrl_C to break
From 192.168.2.1: bytes=32 seq=1 ttl=127 time=31 ms
--- 192.168.2.1 ping statistics ---
  1 packet(s) transmitted
  1 packet(s) received
  0.00% packet loss
  round-trip min/avg/max = 31/31/31 ms
```

继续使用 ping 命令分别测试西安分公司财务部 PC1 和其他分公司各部门的连通性。

步骤 4：保存设备配置。

使用 save 命令保存重庆分公司 AR1、昆明分公司路由器 AR5、西安分公司路由器 AR6 以及四川电商枢纽路由器 AR7 的配置。

技能训练 ▷▷

在 A 集团公司业务扩展的背景下，通过采用路由引入技术，实现了集团各分公司间的高效通信。当前，重庆分公司新增设了一台销售数据服务器，该服务器旁挂在重庆分公司的路由器 AR1 上，并要求对所有分公司开放访问权限。现要求通过路由引入技术配置网络，以确保各分公司能够顺利访问重庆分公司新增的销售数据服务器。

学习评价

项目 3　部署路由网络学习评价表

评价内容		学生自评	小组互评	教师评价	综合评价
知识	路由、路由表的概念及作用	□A □B □C	□A □B □C	□A □B □C	□A □B □C

续表

评价内容		学生自评	小组互评	教师评价	综合评价
知识	路由优先级和路由开销含义	□A□B□C	□A□B□C	□A□B□C	□A□B□C
	静态路由的工作原理	□A□B□C	□A□B□C	□A□B□C	□A□B□C
	默认路由的工作原理	□A□B□C	□A□B□C	□A□B□C	□A□B□C
	OSPF 的工作原理	□A□B□C	□A□B□C	□A□B□C	□A□B□C
	路由引入技术的工作原理	□A□B□C	□A□B□C	□A□B□C	□A□B□C
能力	配置静态路由	□A□B□C	□A□B□C	□A□B□C	□A□B□C
	配置默认路由	□A□B□C	□A□B□C	□A□B□C	□A□B□C
	配置浮动路由	□A□B□C	□A□B□C	□A□B□C	□A□B□C
	静态路由汇总	□A□B□C	□A□B□C	□A□B□C	□A□B□C
	配置单区域 OSPF	□A□B□C	□A□B□C	□A□B□C	□A□B□C
	配置多区域 OSPF	□A□B□C	□A□B□C	□A□B□C	□A□B□C
	根据网络需求配置路由引入	□A□B□C	□A□B□C	□A□B□C	□A□B□C
素养	爱国热情和民族自信	□A□B□C	□A□B□C	□A□B□C	□A□B□C
	科技报国	□A□B□C	□A□B□C	□A□B□C	□A□B□C
	安全意识	□A□B□C	□A□B□C	□A□B□C	□A□B□C
	严格按规范操作	□A□B□C	□A□B□C	□A□B□C	□A□B□C
	严谨细致的工作态度	□A□B□C	□A□B□C	□A□B□C	□A□B□C
	团队协作能力	□A□B□C	□A□B□C	□A□B□C	□A□B□C
综合评价		□A□B□C			
学生签名：		老师签名：			

备注：A 表示"优秀"，B 表示"良好"，C 表示"合格"。

项目小结

本项目介绍了路由的基本概念、静态路由和默认路由的工作原理和基本配置、OSPF 路由协议的相关概念、单区域 OSPF、多区域 OSPF 路由协议的配置、路由引入的工作原理及配置。

路由指从一个网络到另一个网络的最佳路径。路由器是实现路由功能的网络设备，用于连接不同的网络并转发数据包。路由表是路由器的重要组成部分，包含了所有可达网络的路径信息。路由选择是路由器根据路由表中的字段决定数据包转发的最优路径的过程。

路由协议是用于路由器之间交换路由信息的协议，路由协议的分类方式多种多样。根据协议的作用范围可分为内部网关路由协议（Interior Gateway Protocol，IGP）和外部网关路由协议（Exterior Gateway Protocol，EGP），根据工作原理可分为距离矢量路由协议和链路状态路由协议，按照路由表的更新方式可分为静态路由协议和动态路由协议。

静态路由是网络管理员手动配置的路由，当网络拓扑发生变化时，路由表中的静态路由不会自动更新，必须通过网络管理员手动重新配置路由信息，适合小型网络。默认路由是一种特殊的静态路由，是对未知目标网络的路由，通常使用 0.0.0.0/0 来表示所有未知目标网络。当目标网络不在路由表中时，路由器就会使用默认路由将数据包发送到指定的默认网关。

OSPF 是一种链路状态路由协议，属于内部网关协议，被广泛应用于自治系统（AS）内部的路由选择。OSPF 通过路由器之间交换链路状态信息来构建链路状态数据库，并基于该数据库使用 SPF 算法计算到达各个目的地的最优路径。

路由引入是将路由信息从一个路由协议发布到另一个路由协议的操作，实现不同路由协议之间共享路由信息，从而提高网络的互操作性。

本项目的学习重点是路由基础和静态路由，学习难点是 OSPF 路由协议的工作原理和配置。通过对本项目的学习，能够对路由技术有一定的掌握，能够理解路由协议的工作原理和配置方法，可以熟练完成静态路由、OSPF 路由协议以及路由引入技术的配置。

思考与练习

一、单选题

1. 路由器中的路由表需要包含（　　）。
   A. 到达所有主机的完整路径信息　　B. 到达所有主机的下一步路径信息
   C. 到达目的网络的完整路径信息　　D. 到达目的网络的下一步路径信息
2. 浮动静态路由是指（　　）。
   A. 总是优先于其他所有路由的静态路由
   B. 在主路径失效时才会生效的备用静态路由
   C. 自动根据网络负载动态调整的路由
   D. 无须管理员手动配置的静态路由
3. 在配置 OSPF 协议命令时，如果不输入 OSPF 协议的进程编号，则默认取值是（　　）。
   A. 0　　　　　　B. 1　　　　　　C. 10　　　　　　D. 100
4. 关于路由优先级和路由开销值，以下说法错误的是（　　）。
   A. 路由优先级用于从多种不同路由协议中选择最终使用的路由
   B. 路由开销值用于从同一路由协议获得的多条路由中选择最终使用的路由

C. 默认的路由优先级值和路由开销值均可以由网络管理员手动修改

D. 路由优先级和路由开销值都是选择路由的参数，但适用于不同的场合

5. 用于引入一条静态路由到 OSPF 区域的命令是（　　　）。

A. ospf network import-route static　　　　B. import-route static ospf

C. ospf import-route static　　　　D. network import-route static

二、填空题

1. 默认路由的目的地址/子网掩码是_____。

2. 在静态路由配置中，管理员需要指定目的网络、子网掩码以及下一跳路由器或_____。

3. 在 OSPF 协议中，路由器通过交换_____来描述网络的拓扑结构。

4. 在 OSPF 多区域网络中，区域之间的通信必须通过_____设备。

5. 在 OSPF 协议中，路由器之间通过发送_____报文来建立和维护邻居关系。

三、简答题

1. 简述 OSPF 协议的主要特点。

2. 比较静态路由和动态路由的优缺点。

3. 简述 OSPF 协议的 5 种报文类型的作用。

项目 4
部署可靠网络

【**学习目标**】

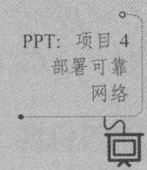

知识目标:

（1）了解单点故障问题及其产生的原因。

（2）掌握生成树协议的原理。

（3）掌握快速生成树协议的原理。

（4）掌握链路聚合技术的原理。

（5）掌握虚拟路由冗余协议技术的原理。

PPT: 项目 4 部署可靠网络

能力目标:

（1）能够配置生成树协议 STP。

（2）能够配置快速生成树协议 RSTP。

（3）能够配置链路聚合。

（4）能够配置虚拟路由冗余协议。

素养目标:

（1）通过配置国产交换机设备和路由器设备，培养科技强国的责任感与担当，增进中国制造、科技强国的认同感，增强爱国热情和民族自信。

（2）通过配置网络协议，培养细致认真、精益求精的精神，具备良好的道德品质和社会责任感。

（3）通过实践练习，培养良好的沟通和协作能力，树立团队合作意识和精神。

任务4.1 配置生成树协议

任务引入 ▷▷

为了提高网络可靠性，A 集团公司西安分公司和昆明分公司的员工在二层网络中增加了一条链路，却不慎引发了二层环路，导致广播风暴、多帧复制和地址表不稳定等严重的网络故障，对公司正常业务的运行造成了严重影响。经过研判，公司决定采用生成树协议来解决环路问题，并委派信息化部小杨负责此项工作。小杨在分析公司现有网络状况，确认环路产生原因后，在西安分公司采用 STP 协议，昆明分公司采用 RSTP 协议解决环路问题，并保留新增链路以发挥冗余作用。

任务分析 ▷▷

为了解决环路问题，提高网络可靠性，小杨需要深入理解生成树协议的原理和选举过程，掌握各类生成树协议的配置和管理方法以及应用场景，具备熟练运用生成树知识排查和解决网络环路问题的能力。小杨通过学习、查阅相关技术资料、实践练习等，掌握相关知识和技能，才能确保顺利完成该项任务。

知识准备 ▷▷

为了提高网络可靠性，交换网络中通常会使用冗余链路，然而冗余链路会给交换网络带来环路风险，造成广播风暴、MAC 地址表抖动等问题，影响通信质量。生成树协议（Spanning Tree Protocol，STP）可以解决环路带来的诸多问题。

4.1.1 网络单点故障

1. 网络单点故障产生的原因

网络单点故障（Single Point Of Failure，SPOF）指在网络系统中，如果任何一个特定的点（如设备、接口、线路）发生故障，则会导致整个网络系统或部分系统停止工作的情况。

网络单点故障会显著降低网络的冗余性，增加整个网络系统遭受重大影响的风险。为了减少单点故障的影响，网络设计通常会包括备份链路或设备，以便在主链路或设备出现故障时，系统仍然能够部分或全部运行。

在传统的交换式以太网建立过程中，为了避免端口浪费情况，经常使用一根网线连接下层设备与上层设备，这就造成了从任一主机访问网络时只存在唯一一条线路，当这条线路中任一位置出现故障时，均会对网络的连通性造成影响。

　　如图4-1所示，当汇聚层交换机LSW2的GE0/0/2接口出现故障，与之相连的接入层交换机LSW4上的所有主机的数据将无法到达核心层交换机LSW1；当核心层交换机LSW1的GE0/0/1接口出现故障时，与之相连的汇聚层交换机LSW2上的数据无法正常到达核心交换机LSW1，同时汇聚层交换机连接的接入层交换机LSW4与LSW5上的数据也均无法到达核心交换机LSW1上。

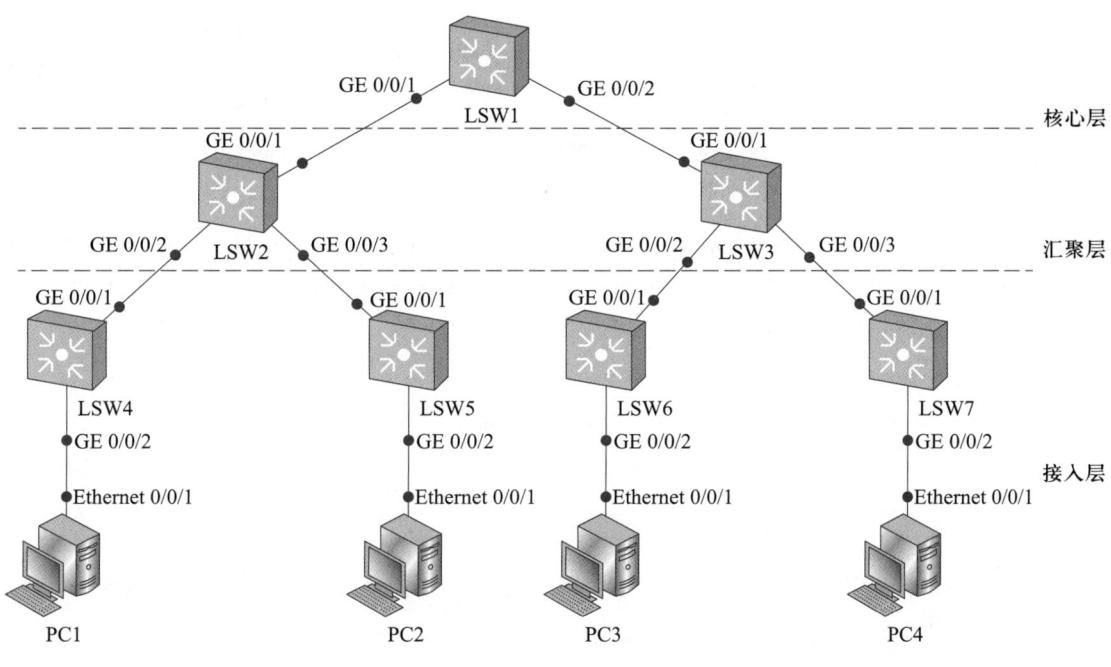

图4-1　交换式以太网拓扑

　　通过上述单点故障引起的网络通信问题，接入层的交换机出现单点故障，只会引起相应端口下网络故障；汇聚层交换机出现单点故障，则会引起与之相连的接入层交换机网络故障，当核心层交换机出现单点故障，则有可能影响整个网络。

2. 避免网络单点故障的方法

　　为了解决网络中单点故障对网络整体通信的影响，提高网络的可靠性，在交换式以太网中使用冗余拓扑。冗余功能为网络路径选择提供了很大的灵活性，使得在汇聚层或者核心层的某条路径或者设备出现故障时数据仍然可以正常传输。

微课4-1
冗余链路
解决网络
单点故障

　　如图4-2所示，在各汇聚层交换机上新增两条链路，当汇聚层交换机LSW4出现故障时，接入层交换机LSW7与LSW8可以通过冗余链路到达汇聚层交换机LSW3上，不会中断网络通信。

　　在采用冗余链路构建的交换式以太网中，占用了大量的交换机接口，使得每台交换机接入其他设备的数量有所减少，同时采用冗余链路连接建立交换式以太网会在网络中引起交换环路，继而会引起广播风暴，重复帧和MAC地址漂移等问题。如图4-3所示，在交换机LSW1、LSW2、LSW3之间形成环路。

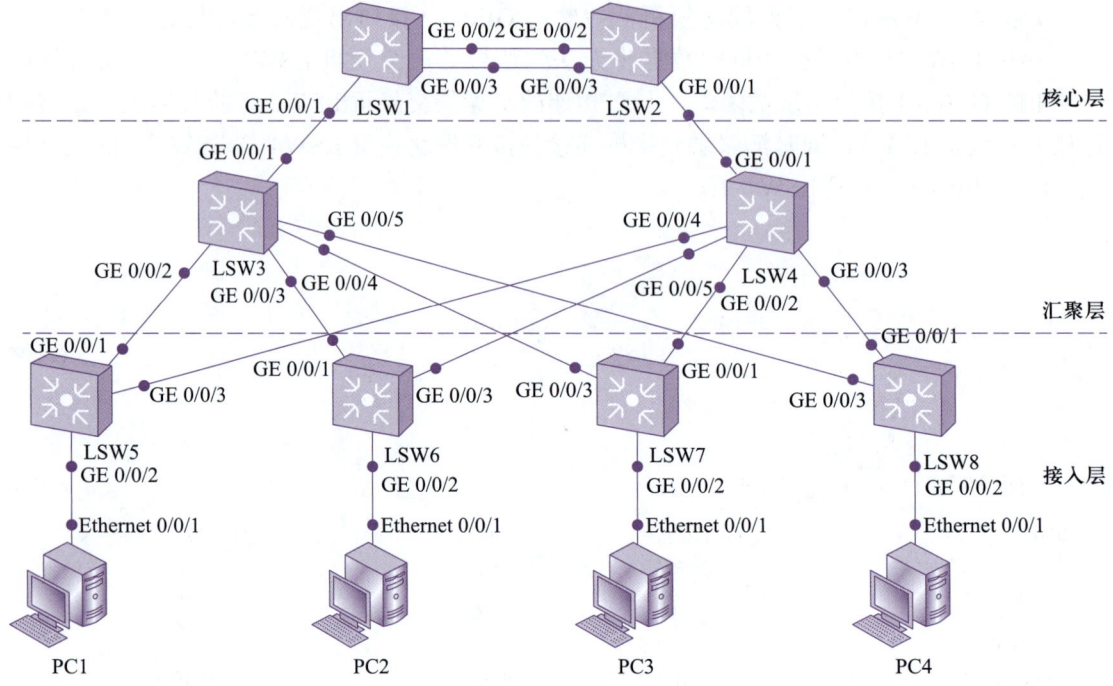

图 4-2　冗余链路交换式网络拓扑

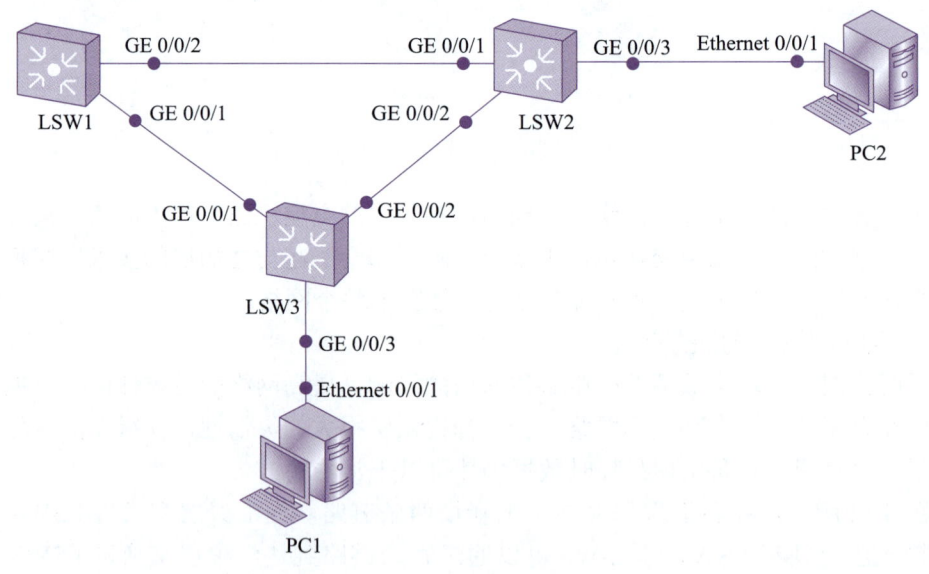

图 4-3　环路拓扑

3. 环路引起的问题

（1）广播风暴

广播风暴是指环路中循环转发广播报文，从而导致网络资源耗尽，造成网络瘫痪。如图 4-3 所示，PC1 发送数据，交换机 LSW3 接收到后泛洪到 LSW1 和 LSW2，LSW1 和 LSW2 接收后同样泛洪，如此循环往复，环路中充斥着大量重复的广播流量，严重影响网络通信。

（2）重复帧

当 PC1 第一次发送单播帧数据给 PC2 时，交换机 LSW3 接受到来自 PC1 的数据，假设交换机 LSW3 中没有 PC2 的 MAC 地址，LSW3 将该单播帧泛洪到 LSW1 和 LSW2，LSW2 分别接收到来自 LSW1 和 LSW3 的相同数据帧，并都转发给主机 PC2，造成帧重复。

（3）MAC 地址漂移

当 3 台交换机刚启动时，MAC 地址表为空状态。在主机 PC1 上发送单播帧给 PC2，交换机 LSW3 收到该帧后，将 PC1 的 MAC 地址和端口对应关系添加到交换机 LSW3 的 MAC 地址表中，并将该帧数据从其他端口泛洪出去；交换机 LSW2 接受到该帧数据后，将 PC1 的 MAC 地址与端口（LSW2 的 GE0/0/2 接口）的对应关系添加到交换机 LSW2 的 MAC 地址表中。交换机 LSW1 接受到该帧数据后，将 PC1 的 MAC 地址与端口（LSW1 的 GE0/0/1 接口）的对应关系添加到交换机 LSW1 的 MAC 地址表中，并继续泛洪将该帧数据通过 GE0/0/2 接口转发给交换机 LSW2，此时交换机 LSW2 接受到来自交换机 LSW1 发送的帧数据后，将主机 PC1 的 MAC 地址与端口的对应关系从端口 GE0/0/2 更改为 GE0/0/1，并添加到交换机 LSW2 的 MAC 地址表中。这样随着更多数据帧的出现，交换机 LSW2 认为自己与主机 PC1 连接的端口在 GE0/0/1 和 GE0/0/2 切换，造成 MAC 地址漂移。

4.1.2 STP 工作过程

1. STP 基础知识

为了解决冗余链路引起的网络故障，IEEE 通过了 IEEE 802.1d 协议，即 STP。STP 通过阻塞环路中的某些端口，使网络中计算机在进行通信时只有唯一一条链路可用。当正在使用的链路出现故障时，网络中的设备重新沟通，将处于阻塞状态的端口重新打开生成新的最优链路，保障网络的正常通信不受影响。

微课 4-2
生成树协
议的基本
概念

2. STP 中的基本术语

STP 中定义了根桥（Root Bridge）、根端口（Root Port，RP）、指定端口（Designated Port，DP）和根路径开销（Root Path Cost）等。通过构造一个无环的树形网络拓扑结构，既保证了网络的冗余性，又解决了网络中环路的问题。

（1）桥 ID（Bridge ID）

一个桥 ID 由 8 个字节组成，前 2 个字节表示桥的优先级，默认情况下桥的优先级为 32768，可人为手动设置，取值范围为 0 ～ 65535，步长为 4096；后 6 个字节为桥的 MAC 地址，一般交换机有多个端口，每个端口都有 MAC 地址，桥的 MAC 地址取交换机端口号最小的 MAC 地址，如图 4-4 所示为桥 ID 格式。

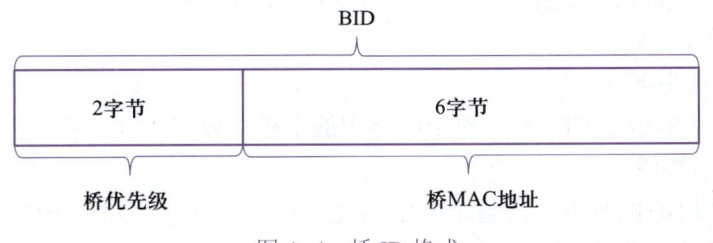

图 4-4 桥 ID 格式

（2）根桥（Root Bridge）

STP 中将部分端口阻塞，从而解决了网络中存在环路的问题，将原有的环形网络拓扑结构转变成树形网络拓扑结构，因此网络中一定存在一个根节点，即根桥。当根桥产生后，网络中其他交换机被称作非根桥。

（3）端口 ID（Port Identifier）

端口 ID 用于区分交换机不同端口号。一般情况下，端口 ID 由 16 位二进制数表示，有两种表示形式。如图 4-5 所示，第 1 种是前面 4 位表示端口的优先级，后面 12 位表示端口的编号；如图 4-6 所示，第 2 种是前 8 位表示端口的优先级，后 8 位表示端口编号。端口优先级默认情况下取 128，端口的优先级也可通过手动方式修改。

（4）根端口（Root Port）

根端口是指从非根交换机到根交换机上连接的总路径开销最小的端口，这个最小的总路径开销值也称为交换机的根路径开销，一个非根交换机上有且只有一个根端口。

（5）指定端口（Designated Port）

STP 为网络中所有链路上都会选举出一个指定端口，任意两个端口的连线上一定有一个端口为指定端口。指定端口为每个网段转发去往根交换机的数据，并将根交换机下发的数据转发至本网段。

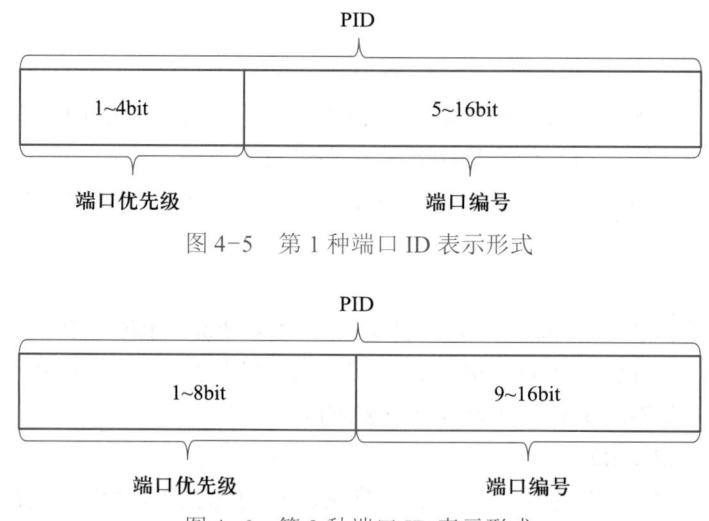

图 4-5　第 1 种端口 ID 表示形式

图 4-6　第 2 种端口 ID 表示形式

（6）根路径开销（Root Path Cost）

在交换式以太网中，选举出根桥与非根桥后，会确定出非根桥到达根桥的最优路径，根路径开销是指非根桥到达根桥的路径上所有端口开销的总和。

3. STP 的工作原理

（1）STP 的选举流程

交换式以太网中运行 STP 后，整个网络中的主机主要完成以下 4 个步骤。

步骤 1：选举根桥。

根桥是 STP 树的根节点，是整个网络的逻辑中心。选举环路中 BID 最小的交换机为根桥。借助网桥协议数据单元（Bridge Protocol Data Unit，BPDU）报文进行信息交换。

微课 4-3
生成树协议的工作原理

在 BPDU 报文中，包含了 BID 信息。桥优先级值越小，越优先。若桥优先级相同，则比较 MAC 地址，MAC 地址越小，越优先。

如图 4-7 所示，运行 STP 的交换机 LSW1、LSW2、LSW3 都使用了默认优先级 32768，无法通过优先级确定根桥，这时通过比较 3 台交换机的桥 MAC 地址确定 MAC 地址最小的交换机 LSW2 为根桥。

微课 4-4
生成树协
议的三种
工作模式

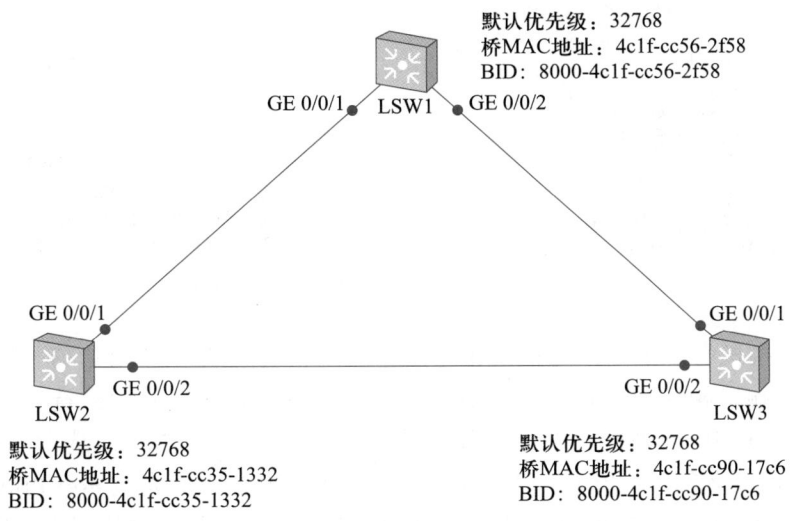

图 4-7　选举根桥

步骤 2：确定根端口。

除根桥外，所有交换机均为非根桥。每个非根桥都要选举一个根端口，来实现与根桥进行通信。

先比较根路径开销（Root Path Cost，RPC），在一个运行 STP 的网络中，某个交换机的端口到达根桥的所有路径开销之和称为该端口的 RPC。非根桥到达根桥路径开销值最小的端口为根端口。在华为设备中，端口传输速率与链路开销值的对应关系见表 4-1。

表 4-1　端口传输速率与路径开销的对应关系

端口传输速率	路径开销
10Mbit/s	2000000
100Mbit/s	200000
1Gbit/s	20000
10Gbit/s	2000

如图 4-8 所示，交换机 LSW2 已经被确定为根交换机，交换机 LSW3 要从自己的 GE0/0/1 端口和 GE0/0/2 端口确定出根端口，参照表 4-1 给出的交换机端口转发速率与 RPC 的对应关系，可以得出交换机 LSW3 的 GE0/0/2 端口的 RPC 值为 20000，GE0/0/1 端口的 RPC 为 200000+20000=220000。因此交换机 LSW3 将 RPC 值最小的端口选举为根端口，也就是将 GE0/0/2 端口选举为根端口。同理交换机 LSW1 的根端口为 GE0/0/1 端口。

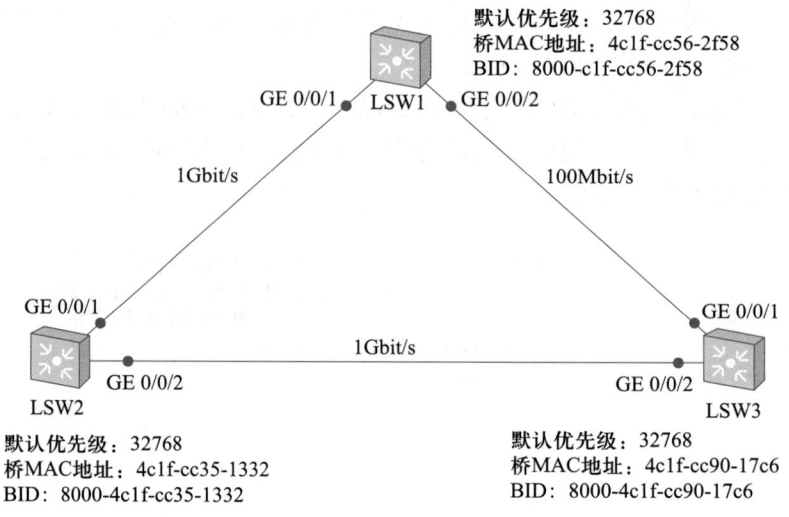

图 4-8　选举根端口

当一个交换机有多个端口与根桥相连，且这些相连的端口的 RPC 值相同，这时可以通过对比与该端口相连的上行设备的 BID，上行设备 BID 小的端口被选举为根端口；若上行设备的 BID 相同，则比较上行设备端口的 PID，PID 小的端口被选举为根端口。PID 由两个字节组成，包含一个数字有序对，第一个数字为端口优先级 Port Priority，第二个数字为端口编号 Port Number。端口优先级的默认值为 128，优先级值越小越优先。

✍【练一练】在进行网络搭建时，使用了 LSW1、LSW2、LSW3 这 3 台相同型号的交换机，默认情况下，3 台交换机的优先级是相同的，请修改交换机的优先级，使 LSW1 优先级高于 LSW2，LSW2 优先级高于 LSW3。

微课 4-5
修改交换
机的优
先级

步骤 3：确定指定端口。

当一个网段中存在两条及两条以上的路径通往根桥时，每一个网段上都必须确定一个端口为指定端口。

通过比较 RPC 来选举指定端口，RPC 较小的端口将被选为指定端口。若 RPC 相同，再比较该端口所在交换机的 BID，BID 小交换机端口将被选为指定端口；若 RPC 相同，交换机 BID 也相同，则比较所连端口的 PID 值，PID 值小的端口被选为指定端口。根桥的所有端口都是指定端口。如图 4-9 所示，STP 为每个网段选举出一个指定端口。

对于根交换机 LSW2，所有与之相连的端口都是指定端口，因此可以直接确定 LSW2 的 GE0/0/1 与 GE0/0/2 为指定端口。

交换机 LSW1 的 GE0/0/2 端口与交换机 LSW3 的 GE0/0/1 端口的 RPC 相同，这时需要比较上行设备的 BID 号，通过对比得出交换机 LSW1 的 BID 号小于交换机 LSW2 的 BID 号，因此确定交换机 LSW1 所连接的 GE0/0/2 端口为指定端口。

对于交换机 LSW3 与 LAN1 之间的两条链路，由于交换机 LSW3 所连接的两个端口 GE0/0/3 与 GE0/0/4 的根路径开销相同，且上行设备的 BID 相同（上行设备均为交换机 LSW3），因此只能通过比较 PID 确定指定端口，由于 GE0/0/3 与 GE0/0/4 的 PID 中优先级均采用默认优先级，所以只能通过比较端口号来确定指定端口，GE0/0/3 的端口号小于 GE0/0/4 的端口号，因此选举 GE0/0/3 为指定端口。

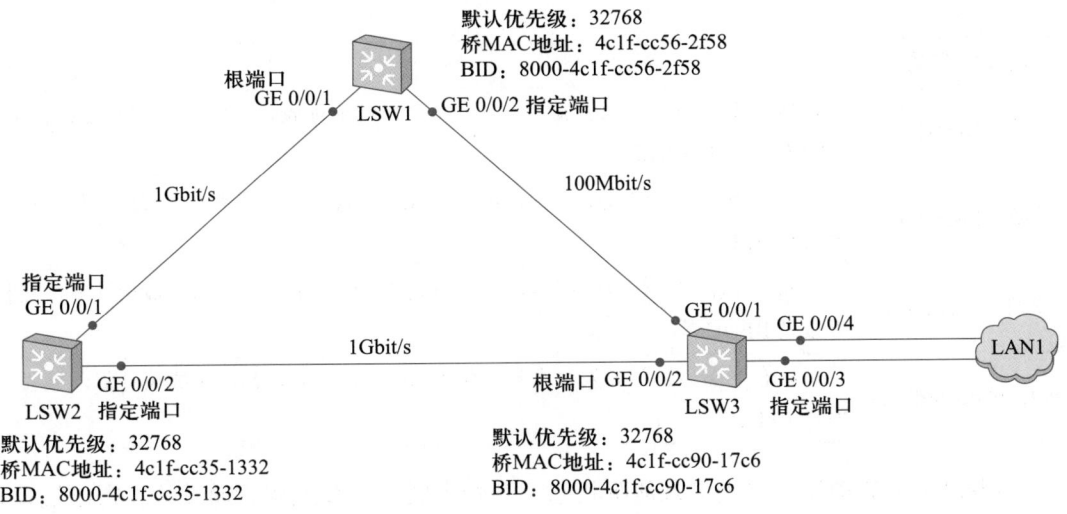

图 4-9　选举指定端口

步骤4：阻塞备用端口。

当确定了网络中根端口与指定端口后，交换式以太网中其余端口都被称为备用端口，STP 会将备用端口进行逻辑阻塞。逻辑阻塞的端口不能转发用户数据帧与 BPDU 报文，但可以接受并处理 BPDU 报文。

如图 4-10 所示，备用端口被逻辑阻塞就会在当前网络中生成一个无环的网络。

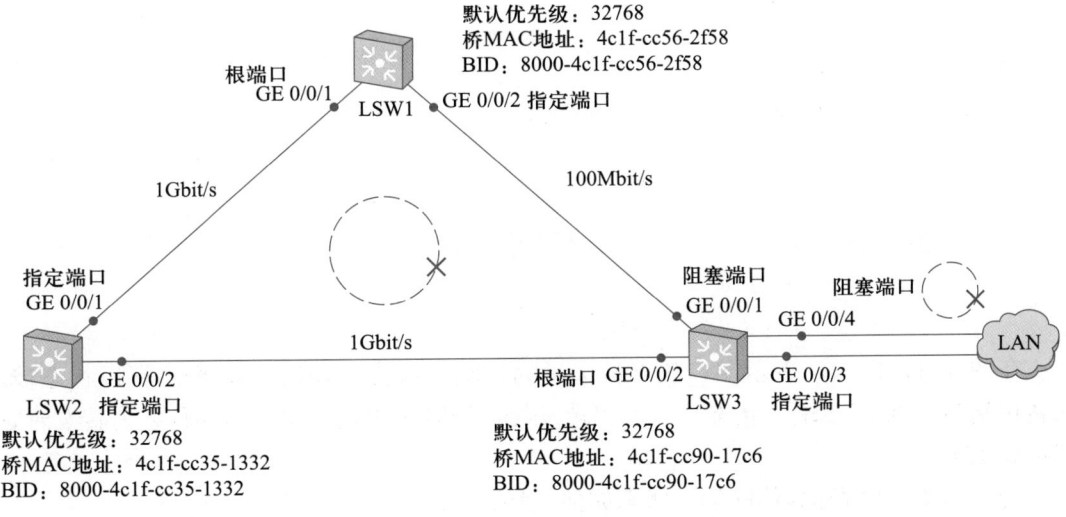

图 4-10　无环网络拓扑

（2）STP 的端口状态

STP 中定义了 3 种端口角色，同时还将端口状态分为了 5 种，见表 4-2。

表 4-2　STP 中端口状态

端 口 状 态	描　　　述
禁用（Disabled）	此状态下端口不转发数据帧，不学习 MAC 地址表，端口处于关闭（Down）状态

续表

端口状态	描　　述
阻塞（Blocking）	此状态下端口不转发数据帧，不学习 MAC 地址表，接收并处理 BPDU 报文，但不向外发送 BPDU
侦听（Listening）	此状态下端口不转发数据帧，不学习 MAC 地址表，只参与生成树计算，接收并发送 BPDU
学习（Learning）	此状态下端口不转发数据帧，但是学习 MAC 地址表，参与生成树计算，接收并发送 BPDU
转发（Forwarding）	此状态下端口正常转发数据帧，学习 MAC 地址表，参与生成树计算，接收并发送 BPDU

当端口正常启动后，首先进入侦听状态，开始生成树计算过程。通过计算得出端口角色为备用端口时，该端口状态立即进入阻塞状态。

若经过 STP 计算，端口角色需要设置为根端口或者指定端口，则端口状态在等待一个周期之后由侦听状态转变为学习状态，再等待一个周期之后由学习状态转变为转发状态，正常转发数据帧。端口状态迁移如图 4-11 所示。

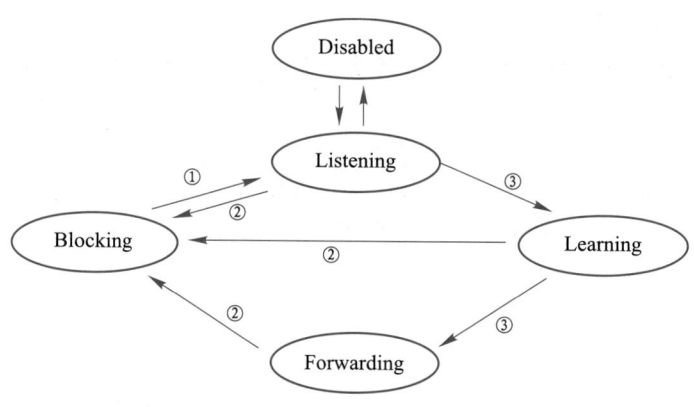

图 4-11　端口状态迁移

在图 4-11 中，① 表示端口状态被选举为根端口或指定端口；② 表示端口状态被选为备用端口；③ 表示端口状态从学习到转发经过的时间周期，将此周期称之为转发时延，默认为 15s。

通过图 4-12 解释具体的端口状态如何迁移。

假设交换机 LSW1、LSW2、LSW3 基本是在同一时间启动的，3 台交换机的各个端口立即从禁用状态进入阻塞状态。处于阻塞状态的端口只能被动接收 BPDU 报文，不能发送，在等待最大老化时间 Max Age（默认 20s）后，3 台交换机都会认为自己是根桥，所有端口角色均转变成指定端口，端口状态迁移为侦听状态。

当 3 台交换机的端口状态转变为侦听状态后，可以发送 BPDU 报文，同时接受其他交换机传输过来的 BPDU 报文，这时通过判断 BID 的大小选举根桥确定交换机 LSW2；通过比较 RPC 确定交换机 LSW1 的 GE0/0/1 端口为根端口，交换机 LSW3 的 GE0/0/2 端口为根端口，根桥 LSW2 上的端口 GE0/0/1 与 GE0/0/2 均为指定端口，通过比较上行设备的 PID 确定交换机 LSW1 的 GE0/0/2 端口为指定端口。在确定好根端口与指定端口角色后，剩余的交换机 LSW3 上的 GE0/0/1 端口被称为备用端口。

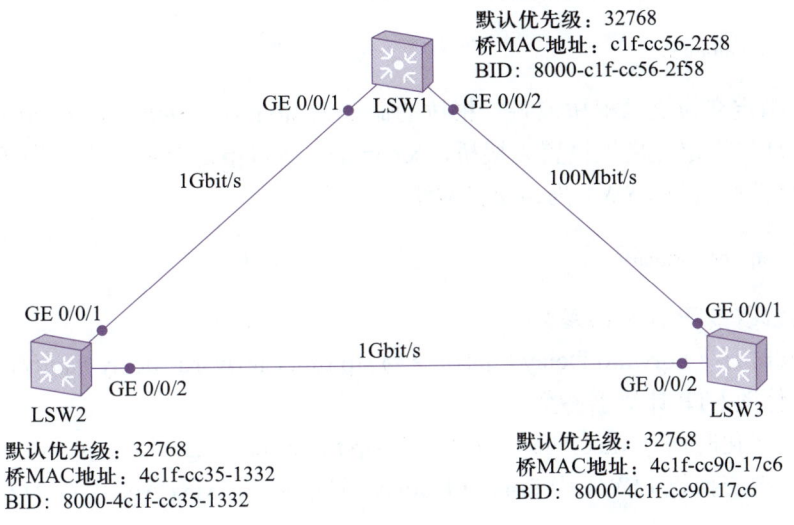

图 4-12　端口状态迁移拓扑

端口在侦听状态持续转发延迟的时间长度后，开始进入学习状态，由于交换机 LSW3 的 GE0/0/1 端口成为备用端口，故其状态会变为阻塞状态。

除了已经进入阻塞状态的交换机 LSW3 的 GE0/0/1 端口外，其余所有端口相继进入学习状态，会持续转发延迟时间长度，在当前时间内，交换机的 MAC 地址表开始学习 MAC 地址与端口的映射关系，同时等待 STP 完全收敛。

除了已经进入阻塞状态的交换机 LSW3 的 GE0/0/1 端口外，其余所有端口由学习状态进入转发状态，开始正常数据帧的转发。

在 STP 完全收敛后，只有根桥每隔一个 Hello Time 时间发送一次配置 BPDU，其余交换机接收到 BPDU 后，启动 Max Age 计时器，并从指定端口发送更新参数后最优的 BPDU。若超过 Max Age 时间没有收到 BPDU，则说明网络拓扑发生变化，交换机之间开始发送 TCN BPDU 沟通拓扑变化后根桥的重新选举以及端口角色的重新定义。

☀【想一想】在进行交换机选型配置时，请查阅相关资料，对比国内外交换机的规格参数及性能，目前国产交换机在国际市场上占有一席之地，这是我国科技综合实力的体现。

4.1.3　STP 配置

1. 配置思路
1）使能交换机 STP 功能。
2）配置交换机的 STP 模式。
3）指定交换机 LSW1 为根桥。
4）指定交换机 LSW2 为备份根桥。

微课 4-6
指定根桥
与备份
根桥

2. STP 配置命令

1）配置交换机生成树模式为 STP 模式的命令为 stp mode stp。

交换机启动后，默认工作模式为 MSTP。

例如，修改交换机 LSW1 的生成模式为 STP 模式。

［LSW1］stp mode stp

2）设置指定交换机为根桥或备份根桥的命令为 stp root *primary/secondary*。

primary 是将指定交换机设置为根桥，secondary 是将指定交换机设置为备份根桥。

例如，修改交换机 LSW1 为该交换网络的根桥。

［LSW1］stp root primary

3）手动修改 STP 计数器参数。

修改转发时延（Forward Delay）的命令为 stp timer forward-delay *number*。

4）手动修改 STP 计数器参数。

修改最大老化时间（Max Age）的命令为 stp timer max-age *number*。

例如，修改交换机 LSW1 中 Forward Delay 时间为 5s，Max Age 时间为 6s。

［LSW1］stp timer forward-delay 500
［LSW1］stp timer max-age 600

5）在交换机系统视图下查看各端口角色的命令为 display stp brief。

✎【练一练】某公司新购买 4 台交换机，需要组建一个交换式网络，网络拓扑如图 4-13 所示，为了避免网络中环路对网络通信的影响，采用 STP 协议部署该交换式网络，要求 LSW1 为指定根桥，LSW2 为备份根桥。

微课 4-7
STP 的
配置

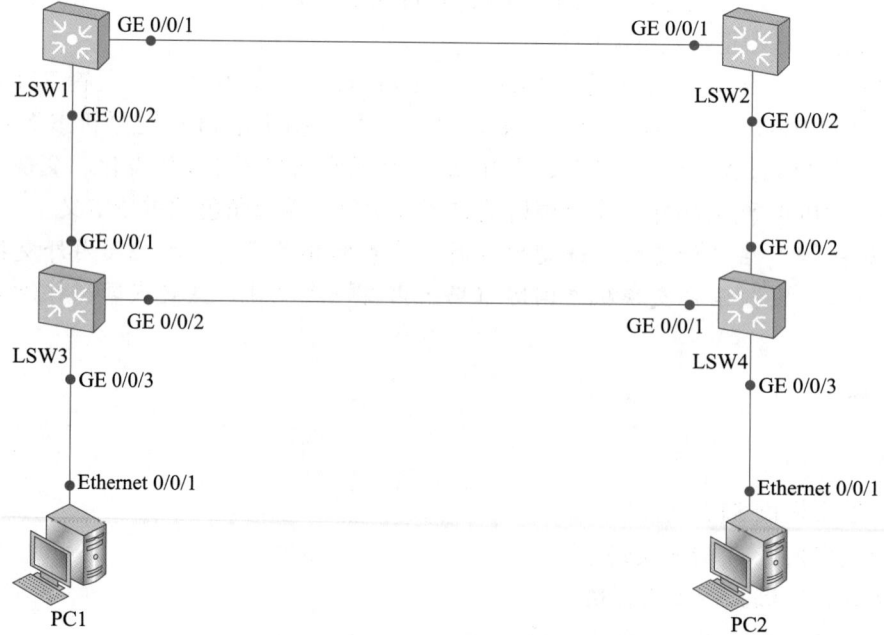

微课 4-8
STP 中查
看端口
角色

图 4-13 新建交换式网络拓扑

4.1.4　RSTP 简介

STP 可以解决网络中环路问题，但在网络拓扑变化时，收敛速度慢，从而影响数据通信质量，为此 IEEE 发布了 IEEE 802.1w 协议作为 802.1D 的补充，并定义了快速生成树协议（Rapid Spanning Tree Protocol，RSTP），在 STP 的基础上进行了改进，可以实现网络拓扑的快速收敛。RSTP 还提供多种保护功能，用于保证运行环境的稳定。

RSTP 中基本术语

RSTP 定义了根端口、指定端口、替代（Alternate）端口和备份端口 4 种端口角色。其中，根端口、指定端口的作用与 STP 中定义的根端口、指定端口作用相同。

（1）替代端口

替代端口是根端口的备份，是在非根桥上收到其他设备发送的 BPDU 报文后被阻塞的端口。若非根桥的根端口发生故障时，替代端口会快速转变为根端口，加快了网络收敛速度。

如图 4-14 所示的网络中，交换机 LSW1 为根桥，交换机 LSW3 有两个端口 GE0/0/1 与 GE0/0/2 均在该网络中，通过对比 RPC 确定了 GE0/0/1 为根端口，经过计算得出交换机 LSW3 的 GE0/0/2 接口为阻塞状态，将处于阻塞状态的 GE0/0/2 接口角色设置为替代端口。此时在交换机 LSW3 上执行 display stp brief 命令，可查看端口角色与端口状态。

```
[LSW3] display stp brief
MSTID   Port                    Role    STP State       Protection
0       GigabitEthernet0/0/1    ROOT    FORWARDING      NONE
0       GigabitEthernet0/0/2    ALTE    DISCARDING      NONE
```

在输出的信息中可以看到交换机 LSW3 的 GE0/0/2 端口角色为 ALTE 也就是替代端口，端口状态为 DISCARDING（丢弃状态）。

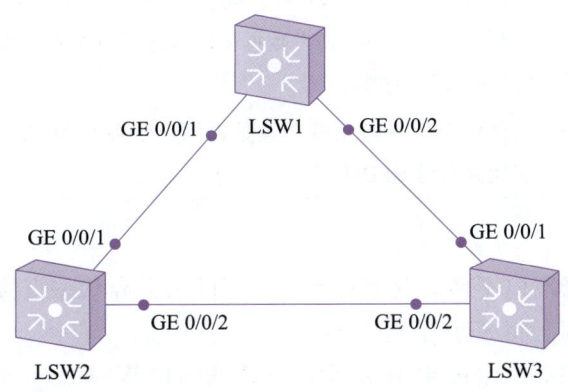

图 4-14　替代端口

（2）备份端口

若一台交换机中有多个端口同时接入一个网段中，并且在这些接入同一个网段的端口中有一个端口为指定端口，那么会将这些端口中其余端口设置为备份端口。

如图 4-15 所示，交换机 LSW1 为根桥，交换机 LSW2 的 GE0/0/1 端口与 GE0/0/2 端

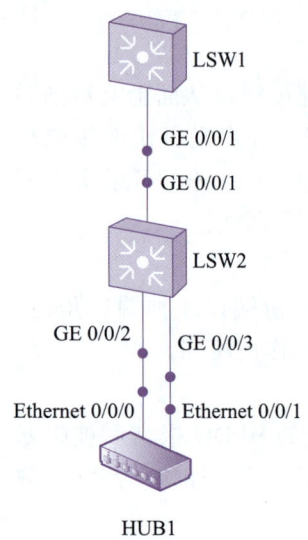

图 4-15 备份端口

口通过集线器接入同一个网络，RSTP 可以检测出这个环路，并在两个端口中选择一个进行阻塞。通过对比端口的 PID，确定端口号较小的 GE0/0/2 为指定端口，GE0/0/3 会被阻塞掉成为备份端口。当交换机 LSW2 的指定端口 GE0/0/2 出现故障时，GE0/0/3 会成为新的指定端口，即备份端口是指定端口的备份。

此时在交换机 LSW2 上执行 display stp brief 命令，查看端口角色与端口状态。

```
[LSW2] display stp brief
MSTID  Port                     Role   STP State    Protection
0      GigabitEthernet0/0/1     ROOT   FORWARDING   NONE
0      GigabitEthernet0/0/2     DESI   FORWARDING   NONE
0      GigabitEthernet0/0/3     BACK   DISCARDING   NONE
```

在输出的信息中可以看到交换机 LSW2 的 GE0/0/1 端口角色为 ROOT，即根端口，端口状态 FORWARDING（转发状态）；GE0/0/2 端口角色为 DEST，即指定端口，端口状态 FORWARDING（转发状态）；GE0/0/3 端口角色为 BACK，即备份端口，端口状态 DISCARDING（丢弃状态）。

（3）RSTP 的端口状态

RSTP 相较于 STP 少了两种端口状态。在 RSTP 中只定义了 3 种端口状态，分别是丢弃状态（Discarding）、学习状态（Learning）和转发状态（Forwarding）。将 STP 中的禁用状态、侦听状态和阻塞状态简化为丢弃状态。RSTP 端口状态的描述见表 4-3。

表 4-3　RSTP 端口状态的描述

端 口 状 态	描　　述
丢弃（Discarding）	此状态下端口将接受到的数据丢弃，不学习 MAC 地址表，不转发数据帧
学习（Learning）	此状态下端口不转发数据帧，但是学习 MAC 地址表，参与生成树计算，接受并发送 BPDU
转发（Forwarding）	此状态下端口正常转发数据帧，学习 MAC 地址表，参与生成树计算，接受并发送 BPDU

（4）边缘端口

在 RSTP 中，边缘端口不参与 RSTP 运算，可以由丢弃状态直接进入转发状态，且不经历时延，就像在端口上将 STP 禁用一样。

✎【练一练】网络拓扑如图 4-16 所示，将交换机 LSW1 的 3 个端口 GE0/0/1、GE0/0/2、GE0/0/3 均配置为边缘端口。

（5）P/A 机制

P/A 机制是交换机之间的一种握手机制，RSTP 通过运行 P/A 机制使得端口状态可以快速地由丢弃状态转变为转发状态，缩短收敛时间。

以图 4-17 拓扑为例，介绍运行 RSTP 的 P/A 机制具体协商过程。

1）交换机 LSW1 与交换机 LSW2 立即在各自端口上发送 BPDU 报文，宣告自己是根桥。

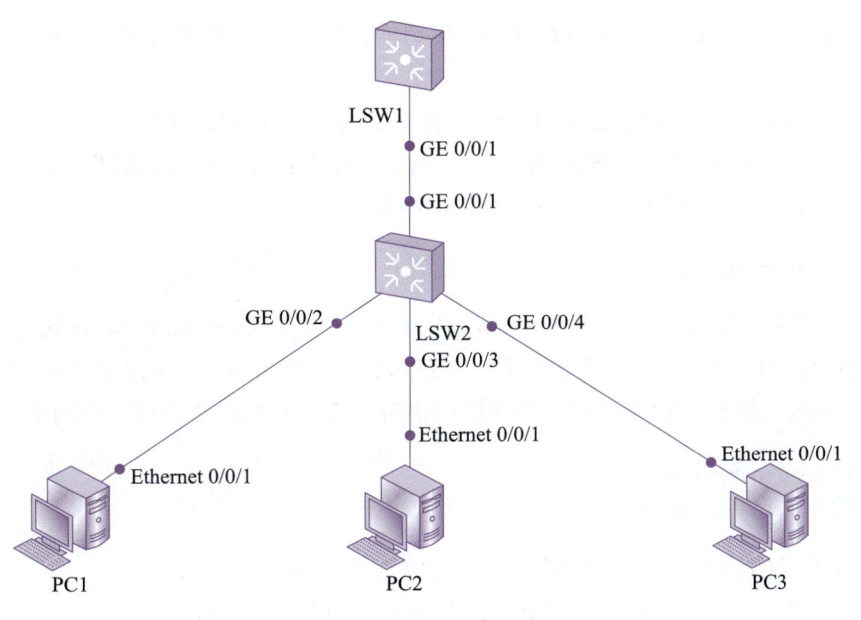

图 4-16　配置为边缘端口

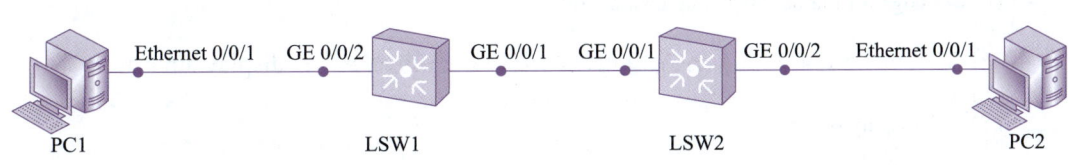

图 4-17　P/A 机制

2）经过 BPDU 报文交互，比较双方交换机的 BID 号确定交换机 LSW1 为根桥。交换机 LSW1 的 GE0/0/1 端口为指定端口；交换机 LSW2 的 GE0/0/1 端口为根端口，此时停止发送 RSTP BPDU。这时两个端口均处于丢弃状态。

3）在交换机 LSW1 与交换机 LSW2 之间运行 P/A 机制，交换机 LSW1 的 GE0/0/1 端口发送 RSTP BPDU 报文中将 Proposal 置 1。

4）交换机 LSW2 接受到根桥发来的携带 Proposal 置 1 的 RSTP BPDU，将自己端口中除了阻塞端口（状态不变）与边缘端口（不参与计算）外，其余端口设置为阻塞状态。

5）完成交换机 LSW2 的端口状态同步后，立即将根端口 GE0/0/1 转换到转发状态，并将 Agreement 置位的 RSTP BPDU 报文转发给交换机 LSW1。

6）交换机 LSW1 接收到交换机 LSW2 转发的 Agreement 置位的 RSTP BPDU 报文后，立即将该端口转换为转发状态，此时 PC1 与 PC2 可以正常通信。

4.1.5　RSTP 配置

1. 配置思路

1）在交换机上分别使能 STP 功能。

2）在交换机上分别配置交换机的 STP 模式为 RSTP。

3）指定交换机 LSW1 为根桥。

4）指定交换机 LSW2 为备份根桥。

5）通过修改交换机 LSW4 的 GE0/0/1 接口的开销值，使其成为阻塞端口。

2. 配置命令

1）配置交换机生成树模式为 STP 模式的命令为：stp mode *rstp*。

交换机启动后，默认工作模式为 MSTP，需管理员手动修改为 RSTP 模式。

例如，修改交换机 LSW1 的生成模式为 RSTP 模式。

〔LSW1〕stp mode rstp

2）设置指定交换机为根桥或备份根桥的命令为：stp root *primary/secondary*。

primary 是将指定交换机设置为根桥，secondary 是将指定交换机设置为备份根桥。

例如，修改交换机 LSW1 为该交换网络的根桥，交换机 LSW2 为该交换网络的备份根桥。

〔LSW1〕stp root primary
〔LSW2〕stp root secondary

3）手动修改交换机端口的开销值，使其成为替代端口。

例如，修改交换机 LSW4 的 GE0/0/1 端口的开销值为 200000。

〔LSW4-GigabitEthernet0/0/1〕stp cost 200000

4）在交换机 LSW4 上查看各端口角色与端口状态的命令为：display stp brief。

〔LSW4〕display stp brief

✎【练一练】某公司新购买 4 台交换机，需要组建一个交换式网络，网络拓扑如图 4-18 所示，由于所部署的 STP 在网络拓扑发生变化时收敛速度过慢，现重新在该拓扑上部署 RSTP，要求配置完成后交换机 LSW1 指定为根桥，交换机 LSW2 指定为备份根桥，交换机 LSW4 的 GE0/0/1 端口被阻塞。

微课 4-12
RSTP 的
配置

微课 4-13
RSTP 中
查看端口
角色

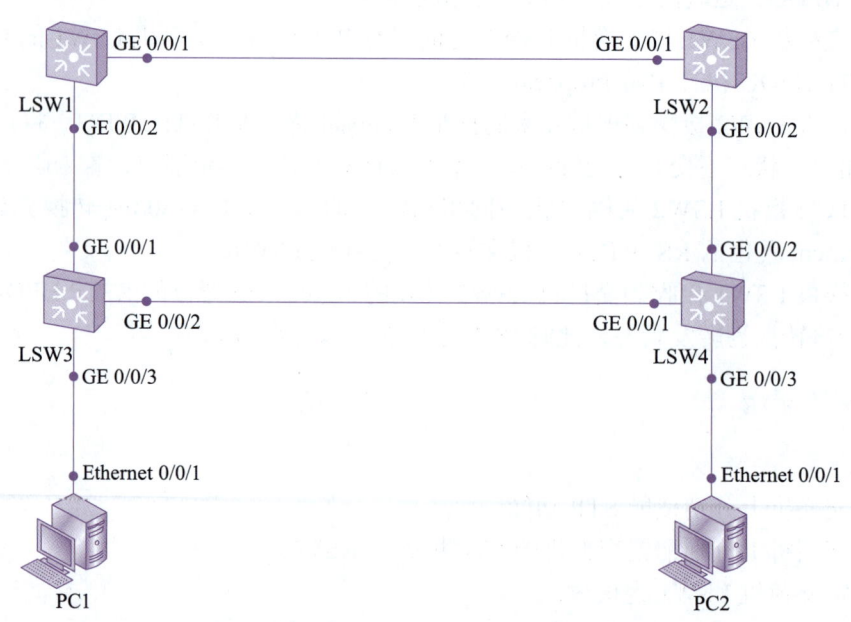

图 4-18　RSTP 验证拓扑

任务实施 ▶▶

1. 配置思路

- 搭建网络
- 配置交换机新增互连端口的类型并加入对应 VLAN
- 配置西安分公司交换机使能 STP 功能
- 查看使能 STP 后各端口状态信息
- 配置昆明分公司交换机使能 RSTP 功能
- 查看使能 RSTP 后各端口状态信息
- 保存设备配置

微课 4-14
配置生成
树协议

2. 配置过程

步骤 1：搭建网络。

建立设备间的物理连接并启动设备，如图 4-19 所示。

图 4-19

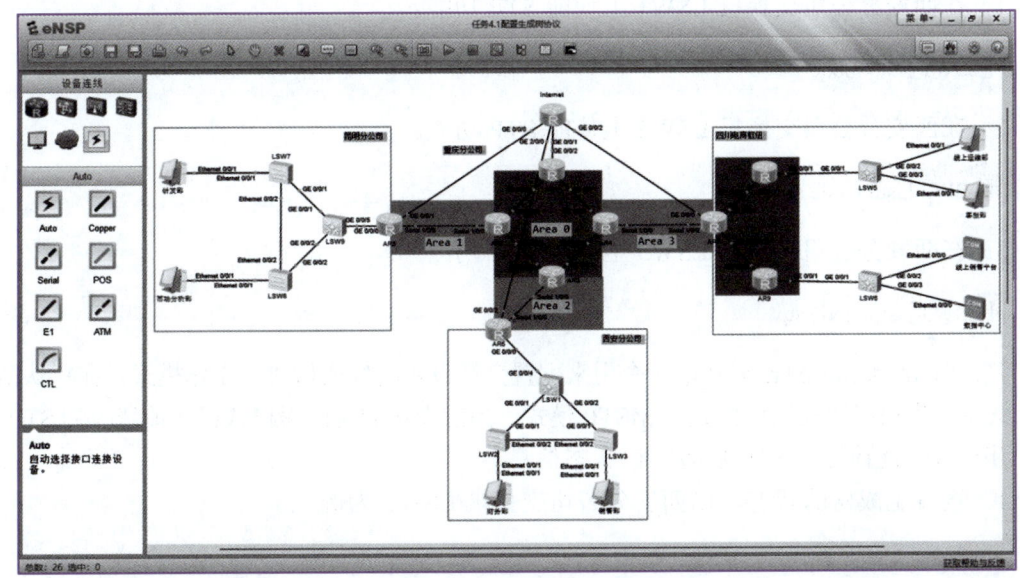

图 4-19　配置生成树协议拓扑

步骤 2：配置交换机新增互连端口的类型并加入对应 VLAN。

1）在西安分公司 LSW2 交换机上，配置新增互连端口的类型并加入对应 VLAN。

```
[LSW2] interface Ethernet0/0/2
[LSW2-Ethernet0/0/2] port link-type hybrid
[LSW2-Ethernet0/0/2] port hybrid tagged vlan 10 20
[LSW2-Ethernet0/0/2] quit
```

2）在西安分公司 LSW3 交换机上，配置新增互连端口的类型并加入对应 VLAN。

```
[LSW3] interface Ethernet0/0/2
[LSW3-Ethernet0/0/2] port link-type hybrid
[LSW3-Ethernet0/0/2] port hybrid tagged vlan 10 20
```

```
［LSW3-Ethernet0/0/2］quit
```

3）在昆明分公司 LSW7 交换机上，配置新增互连端口的类型并加入对应 VLAN。

```
［LSW7］interface Ethernet0/0/2
［LSW7-Ethernet0/0/2］port link-type trunk
［LSW7-Ethernet0/0/2］port trunk allow-pass vlan 30 40
［LSW7-Ethernet0/0/2］quit
```

4）在昆明分公司 LSW8 交换机上，配置新增互连端口的类型并加入对应 VLAN。

```
［LSW8］interface Ethernet0/0/2
［LSW8-Ethernet0/0/2］port link-type trunk
［LSW8-Ethernet0/0/2］port trunk allow-pass vlan 30 40
［LSW8-Ethernet0/0/2］quit
```

步骤 3：配置西安分公司交换机使能 STP 功能。

1）在西安分公司交换机 LSW1 上使能 STP 功能。

```
［LSW1］stp mode stp
```

2）在西安分公司交换机 LSW2 上使能 STP 功能。

```
［LSW2］stp mode stp
```

3）在西安分公司交换机 LSW3 上使能 STP 功能。

```
［LSW3］stp mode stp
```

注：stp mode{mstp | rstp | stp} 命令用来配置交换设备的生成树协议工作模式。在默认情况下，设备的生成树协议工作模式为 MSTP 模式。当前设备的生成树模式已经被修改为 STP。

步骤 4：查看使能 STP 后各端口状态信息。

1）查看生成树的状态，以西安分公司交换机 LSW1 为例。

```
<LSW1>display stp
------- ［CIST Global Info］［Mode STP］-------
CIST Bridge          :32768.4c1f-ccbb-5d98
Config Times         :Hello 2s MaxAge 20s FwDly 15s MaxHop 20
Active Times         :Hello 2s MaxAge 20s FwDly 15s MaxHop 20
CIST Root/ERPC       :32768.4c1f-cc93-3477 / 20000
CIST RegRoot/IRPC    :32768.4c1f-ccbb-5d98 / 0
CIST RootPortId      :128.2
BPDU-Protection      :Disabled
TC or TCN received   :31
TC count per hello   :1
STP Converge Mode    :Normal
Time since last TC   :0 days 0h:0m:22s
Number of TC         :13
Last TC occurred     :GigabitEthernet0/0/2
# 显示信息还包括各个接口的状态，在上述输出中已经按 Ctrl+C 快捷键结束显示。
```

2）查看西安分公司各交换机上生成树接口的状态信息摘要。

```
<LSW1>display stp brief
 MSTID  Port                 Role  STP State    Protection
  0     GigabitEthernet0/0/1  DESI  FORWARDING   NONE
  0     GigabitEthernet0/0/2  ROOT  FORWARDING   NONE
  0     GigabitEthernet0/0/4  DESI  FORWARDING   NONE

<LSW2>display stp brief
 MSTID  Port                 Role  STP State    Protection
  0     Ethernet0/0/1         DESI  FORWARDING   NONE
  0     Ethernet0/0/2         ALTE  DISCARDING   NONE
  0     GigabitEthernet0/0/1  ROOT  FORWARDING   NONE

<LSW3>display stp brief
 MSTID  Port                 Role  STP State    Protection
  0     Ethernet0/0/1         DESI  FORWARDING   NONE
  0     Ethernet0/0/2         DESI  FORWARDING   NONE
  0     GigabitEthernet0/0/1  DESI  FORWARDING   NONE
```

注：该接口信息仅供参考，不一定与实际实验环境中的生成树拓扑相同。

3）修改设备参数，使西安分公司交换机 LSW1 成为根桥，LSW2 成为备份根桥。

```
[LSW1] stp root primary
```

执行 stp root primary 命令，指定当前交换设备为根交换设备，则表示该设备在指定生成树中的优先级为 0，且优先级不能修改。

```
[LSW2] stp root secondary
```

执行 stp root secondary 命令，指定当前交换设备在指定生成树中为备份根桥，则表示该设备的优先级数值为 4096，且优先级不能修改。

4）在西安分公司交换机 LSW2 上查看当前 STP 状态。

```
<LSW1>display stp
-------[CIST Global Info][Mode STP]-------
CIST Bridge        :0    .4c1f-ccbb-5d98   #自身的桥 ID
Config Times       :Hello 2s MaxAge 20s FwDly 15s MaxHop 20
Active Times       :Hello 2s MaxAge 20s FwDly 15s MaxHop 20
CIST Root/ERPC     :0    .4c1f-ccbb-5d98 / 0   #当前的根桥的 ID 与根路径开销
CIST RegRoot/IRPC  :0    .4c1f-ccbb-5d98 / 0
CIST RootPortId    :0.0
BPDU-Protection    :Disabled
CIST Root Type     :Primary root
TC or TCN received :38
TC count per hello :0
STP Converge Mode  :Normal
Time since last TC  :0 days 0h:0m:6s
Number of TC        :15
```

```
   Last TC occurred        :GigabitEthernet0/0/1
```

此时自身桥 ID 与根桥 ID 相同，且根路径开销为 0，说明 LSW5 为根桥。

5）查看西安分公司所有交换机设备上当前生成树接口的状态信息摘要。

```
<LSW1>display stp brief
  MSTID   Port                    Role   STP State      Protection
  0       GigabitEthernet0/0/1    DESI   FORWARDING     NONE
  0       GigabitEthernet0/0/2    DESI   FORWARDING     NONE
  0       GigabitEthernet0/0/4    DESI   FORWARDING     NONE

[LSW2] display stp brief
  MSTID   Port                    Role   STP State      Protection
  0       Ethernet0/0/1           DESI   FORWARDING     NONE
  0       Ethernet0/0/2           DESI   FORWARDING     NONE
  0       GigabitEthernet0/0/1    ROOT   FORWARDING     NONE

<LSW3>display stp brief
  MSTID   Port                    Role   STP State      Protection
  0       Ethernet0/0/1           DESI   FORWARDING     NONE
  0       Ethernet0/0/2           ALTE   DISCARDING     NONE
  0       GigabitEthernet0/0/1    ROOT   FORWARDING     NONE
```

步骤 5：配置昆明分公司交换机使能 RSTP 功能。

1）在昆明分公司交换机 LSW7 上使能 RSTP 功能。

```
[LSW7] stp mode rstp
```

2）在昆明分公司交换机 LSW8 上使能 RSTP 功能。

```
[LSW8] stp mode rstp
```

3）在昆明分公司交换机 LSW9 上使能 RSTP 功能。

```
[LSW9] stp mode rstp
```

步骤 6：查看使能 RSTP 后各端口状态信息。

1）查看生成树的状态，以昆明分公司交换机 LSW9 为例。

```
[LSW9] display stp
------- [CIST Global Info][Mode RSTP] -------
CIST Bridge          :32768.4c1f-cc7c-6840
Config Times         :Hello 2s MaxAge 20s FwDly 15s MaxHop 20
Active Times         :Hello 2s MaxAge 20s FwDly 15s MaxHop 20
CIST Root/ERPC       :32768.4c1f-cc4c-1d52 / 20000
CIST RegRoot/IRPC    :32768.4c1f-cc7c-6840 / 0
CIST RootPortId      :128.1
BPDU-Protection      :Disabled
TC or TCN received   :21
```

```
TC count per hello     :0
STP Converge Mode :Normal
Time since last TC     :0 days 0h:0m:22s
Number of TC           :19
Last TC occurred       :GigabitEthernet0/0/2
```

2）查看昆明分公司所有交换机上生成树的接口状态信息摘要。

```
［LSW7］display stp brief
  MSTID   Port                    Role   STP State     Protection
    0     Ethernet0/0/1           DESI   FORWARDING    NONE
    0     Ethernet0/0/2           DESI   FORWARDING    NONE
    0     GigabitEthernet0/0/1    DESI   FORWARDING    NONE


［LSW8］display stp brief
  MSTID   Port                    Role   STP State     Protection
    0     Ethernet0/0/1           DESI   FORWARDING    NONE
    0     Ethernet0/0/2           ALTE   DISCARDING    NONE
    0     GigabitEthernet0/0/2    ROOT   FORWARDING    NONE


［LSW9］display stp brief
  MSTID   Port                    Role   STP State     Protection
    0     GigabitEthernet0/0/1    ROOT   FORWARDING    NONE
    0     GigabitEthernet0/0/2    DESI   FORWARDING    NONE
    0     GigabitEthernet0/0/5    DESI   FORWARDING    NONE
```

步骤 7：保存设备配置。

使用 save 命令保存西安分公司交换机 LSW1、LSW2、LSW3，昆明分公司交换机 LSW7、LSW8、LSW9 的配置。

技能训练 ▶

小杨运用生成树协议实现了分公司内网链路的冗余备份，从而有效提升了网络的稳定性和可靠性。接下来，公司决定进一步增强西安分公司的网络架构，具体是在交换机 LSW2 与 LSW3 之间增设一条链路，以实现更高层次的网络冗余。按照要求，交换机 LSW2 的两条链路都将配置为指定端口，确保 LSW2 与 LSW3 之间的连接更为稳定和高效，请按要求完成。

任务4.2 配置多生成树协议MSTP

任务引入 ▶

A 集团的西安分公司最初部署了 STP，主要是因为 STP 是一种成熟且广泛支持的协议，能够有效地解决网络中的环路问题，确保网络的稳定性。然而，随着业务的发展和网络规模的扩大，STP 的局限性逐渐显现，例如，收敛速度慢且无法实现 VLAN 间的负载均衡。为了进一步提升网络的性能和灵活性，经过研判，公司决定将西安分公司的生成树协议升级到 MSTP，委派小杨负责此项任务。

任务分析 ▶▶

为了实现 MSTP 的顺利部署，小杨需要了解 MSTP 的基本概念、工作原理，掌握 MSTP 的配置步骤和参数设置方法，具备使用网络工具对 MSTP 进行监控和管理的能力。小杨通过学习研究，查阅资料，并在华为模拟器中进行配置训练，提高自身专业知识和技能，才能确保顺利完成任务。

知识准备 ▶▶

在 STP/RSTP 环境下只能构造一棵生成树，网络中的所有 VLAN 共用一棵树。在正常情况下，所有数据流量都沿主链路传输，备份链路一直处于空闲状态，链路资源没有得到充分利用。MSTP 可以基于不同实例构造不同生成树，可以实现数据流量的负载分担，提高网络的通信效率。

4.2.1 MSTP 基础知识

1. MSTP 基本概念

微课 4-15
MSTP 的
基础知识

多生成树协议（Multiple Spanning Tree Protocol，MSTP）是 IEEE 802.1s 标准定义的协议，通过生成多棵生成树，解决以太网环路问题。可以基于不同的实例构造不同生成树，实现数据流量的负载分担，提高网络通信效率。

（1）多生成树域

多生成树域是 MST 域，由交换网络中多台设备之间的网段共同构成。一个局域网可以存在多个 MST 域，各 MST 域之间在物理上直接或间接相连，处于同一 MST 域的交换设备具有相同的域名、相同的 VLAN 与生成树实例映射关系、相同的 MSTP 修订级别配置。

微课 4-16
MSTP 中
MST 域的
配置

（2）多生成树实例

多生成树实例是 MSTI，是 MST 域中的生成树，一个 MST 域内可以有多棵生成树，生成树之间彼此独立。在 MSTP 中，可以将多个 VLAN 捆绑到一个 MST 实例中，从而节省通信开销和资源占有率，但一个 VLAN 只能与一个 MST 实例绑定。

（3）公共生成树

公共生成树是 CST，是连接交换网络内所有 MST 域的一棵生成树。如果把每个 MST 域看作是一个节点，CST 就是这些节点通过 STP 或 RSTP 计算生成的一棵生成树。

（4）内部生成树

内部生成树是 IST，是 MST 域内连接所有交换设备的一棵生成树。IST 是一个特殊的 MSTI，其 MSTI 的 ID 为 0，通常称为 MSTI0。

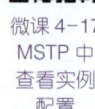

微课 4-17
MSTP 中
查看实例
配置

（5）公共和内部生成树

公共和内部生成树是 CIST，通过 STP 或 RSTP 计算生成的，连接一个交换网络内所有交换设备的一棵生成树，也就是一棵由 CST 和各 MST 域的 IST 共同构成的完整的树。

（6）总根

总根是指 CIST 的根桥，一个交换网络中只有一个总根。

（7）域根

域根分为 IST 域根和 MSTI 域根。IST 域根是在 MST 域中 IST 生成树中距离总根最近的交换设备。MSTI 域根是每个多生成树实例的树根。

2. MSTP 的端口角色

MSTP 的端口角色分为根端口、指定端口、替代端口、备份端口、主端口、域边缘端口和边缘端口 7 种。其中根端口、指定端口、替代端口、备份端口和边缘端口的作用与 RSTP 中定义的完全相同。

域边缘端口是指位于 MST 域的边缘并连接其他 MST 域或单生成树的端口。

主端口是 MST 域交换设备上与总根相连的所有路径中最短路径上的端口，是域中报文去往总根的必经之路，主端口是特殊域边缘端口，在 CIST 上是根端口，在其他实例上都是主端口。

如图 4-20 所示 MSTP 多区域拓扑中，包含 3 个 MST 域，分别是 MST1、MST2、MST3；由交换机 LSW2、LSW3、LSW4、LSW6、LSW7 和 LSW8 连接起来的生成树构成公共生成树；在 MST1 中由交换机 LSW1、LSW2 与 LSW3 连接起来的生成树组成内部生成树；由整个网络中所有交换设备连接起来的生成树组成公共和内部生成树。

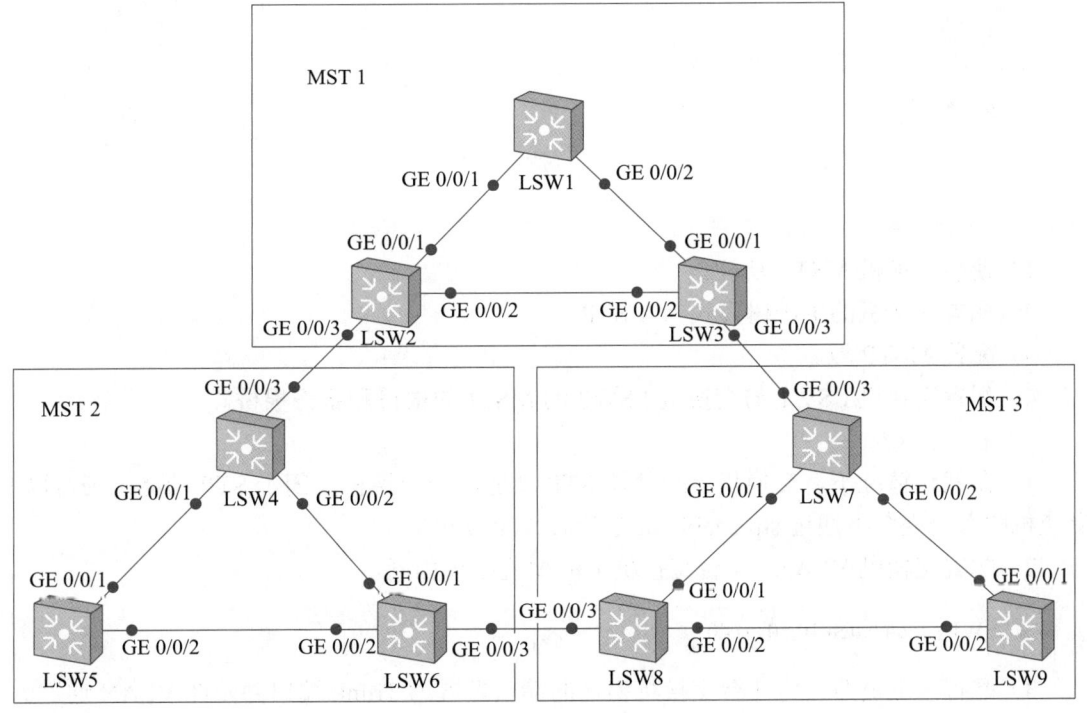

图 4-20 MSTP 多区域拓扑

4.2.2　MSTP 配置案例

　　某公司为了保证网络的稳定性，内部交换网络采用冗余线路互连，如图 4-21 所示。采用 STP/RSTP 可以消除环路影响，但会导致备份链路处于闲置状态。为了充分利用线路资源，公司决定采用 MSTP 来优化网络，在保证网络稳定性的同时，实现负载分担，从而提升网络的通信性能。通过对交换机配置 MSTP，基于 VLAN 分组进行负载分担。

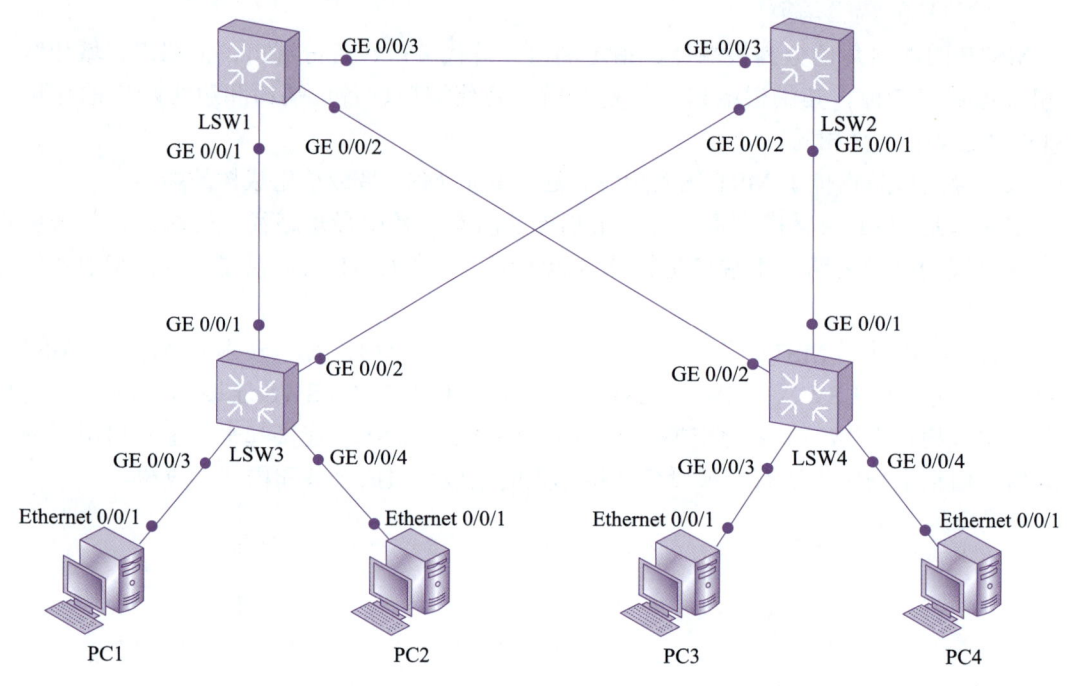

图 4-21　公司内部交换网络

1. 配置思路

1）使能交换机 MSTP 功能。

2）配置交换机的生成树模式为 MSTP。

3）配置 MSTP 域。

4）配置交换机 LSW1 与交换机 LSW2 的 MSTI 的根桥和备份根桥。

2. 主要配置命令

1）在默认情况下，交换机已经使能 STP 功能，若交换机关闭了 STP 功能，则可以在交换机的系统视图下通过 stp enable 命令开启 STP 功能。

2）配置交换机 VLAN。4 台交换机上的配置命令相同。

```
［LSW1］vlan batch 10 20 30 40
```

3）配置干道链路，将 4 台交换机相连的端口设置为 Trunk 端口并允许 VLAN 通过。

```
［LSW1］int g0/0/1
［LSW1-GigabitEthernet0/0/1］port link-type trunk
［LSW1-GigabitEthernet0/0/1］port trunk allow-pass vlan 10 20 30 40
```

```
[LSW1] int g0/0/2
[LSW1-GigabitEthernet0/0/2] port link-type trunk
[LSW1-GigabitEthernet0/0/2] port trunk allow-pass vlan 10 20 30 40
[LSW1] int g0/0/3
[LSW1-GigabitEthernet0/0/3] port link-type trunk
[LSW1-GigabitEthernet0/0/3] port trunk allow-pass vlan 10 20 30 40
```

4）配置交换机 LSW1—LSW4 的生成树模式为 MSTP 模式。以交换机 LSW1 为例，利用 stp mode {stp/rstp/mstp} 命令选择生成树的工作模式，默认工作模式为 MSTP。

```
[LSW1] stp mode mstp
```

5）配置交换机 LSW1—LSW4 的 MSTP 域，以交换机 LSW1 为例，4 台交换机上的配置命令相同。

```
[LSW1] stp region-configuration          // 进入 MST 域配置视图
[LSW1-mst-region] region-name Region1    // 配置 MST 域名
[LSW1-mst-region] revision-level 1       // 配置修订级别为 1
[LSW1-mst-region] instance 1 vlan 10 30  // 设置 instance 1 关联 vlan 10 和 vlan30
[LSW1-mst-region] instance 2 vlan 20 40  // 设置 instance 2 关联 vlan 20 和 vlan40
[LSW1-mst-region] active region-configuration // 激活 MSTP 域配置
```

6）配置交换机 LSW1 与交换机 LSW2 的 MSTI 根桥和备份根桥。

```
[LSW1] stp instance 1 root primary
[LSW1] stp instance 2 root secondary
[LSW2] stp instance 1 root secondary
[LSW2] stp instance 2 root primary
```

3. 验证

1）查看交换机 LSW1 的生成树端口状态。

```
[LSW1] display stp instance 1 brief
MSTID  Port                  Role  STP State    Protection
  1    GigabitEthernet0/0/1  DESI  FORWARDING   NONE
  1    GigabitEthernet0/0/2  DESI  FORWARDING   NONE
  1    GigabitEthernet0/0/3  DESI  FORWARDING   NONE
[LSW1] display stp instance 2 brief
MSTID  Port                  Role  STP State    Protection
  2    GigabitEthernet0/0/1  DESI  FORWARDING   NONE
  2    GigabitEthernet0/0/2  DESI  FORWARDING   NONE
  2    GigabitEthernet0/0/3  ROOT  FORWARDING   NONE
```

2）查看交换机 LSW2 的生成树端口状态。

```
[LSW2] display stp instance 1 brief
MSTID  Port                  Role  STP State    Protection
  1    GigabitEthernet0/0/1  DESI  FORWARDING   NONE
  1    GigabitEthernet0/0/2  DESI  FORWARDING   NONE
```

1	GigabitEthernet0/0/3	ROOT	FORWARDING	NONE	

〔LSW2〕display stp instance 2 brief

MSTID	Port	Role	STP State	Protection
2	GigabitEthernet0/0/1	DESI	FORWARDING	NONE
2	GigabitEthernet0/0/2	DESI	FORWARDING	NONE
2	GigabitEthernet0/0/3	DESI	FORWARDING	NONE

3）查看交换机 LSW3 的生成树端口状态。

〔LSW3〕display stp instance 1 brief

MSTID	Port	Role	STP State	Protection
1	GigabitEthernet0/0/1	ROOT	FORWARDING	NONE
1	GigabitEthernet0/0/2	ALTE	DISCARDING	NONE

〔LSW3〕display stp instance 2 brief

MSTID	Port	Role	STP State	Protection
2	GigabitEthernet0/0/1	ALTE	DISCARDING	NONE
2	GigabitEthernet0/0/2	ROOT	FORWARDING	NONE

4）查看交换机 LSW4 的生成树端口状态。

〔LSW4〕display stp instance 1 brief

MSTID	Port	Role	STP State	Protection
1	GigabitEthernet0/0/1	ALTE	DISCARDING	NONE
1	GigabitEthernet0/0/2	ROOT	FORWARDING	NONE

〔LSW4〕display stp instance 2 brief

MSTID	Port	Role	STP State	Protection
2	GigabitEthernet0/0/1	ROOT	FORWARDING	NONE
2	GigabitEthernet0/0/2	ALTE	DISCARDING	NONE

任务实施 ▶▶

微课 4-18
配置多生
成树协议
MSTP

1. 配置思路

- 使能西安分公司各交换机 MSTP 功能
- 配置西安分公司交换机 MST 域及 VLAN 映射
- 配置 MSTI1 与 MSTI2 的根桥和备份根桥
- 查看使能 MSTP 后各端口状态信息
- 保存设备配置

2. 配置过程

步骤 1：使能西安分公司各交换机 MSTP 功能。

1）在西安分公司 LSW1 交换机上，使能 MSTP 功能。

〔LSW1〕stp mode mstp

2）在西安分公司 LSW2 交换机上，使能 MSTP 功能。

〔LSW2〕stp mode mstp

3）在西安分公司 LSW3 交换机上，使能 MSTP 功能。

```
[LSW3] stp mode mstp
```

步骤 2：配置西安分公司 MST 域及 VLAN 映射。

1）在西安分公司 LSW1 交换机上，配置 MST 域及 VLAN 映射。

```
[LSW1] stp region-configuration
[LSW1-mst-region] region-name 1
[LSW1-mst-region] instance 1 vlan 10
[LSW1-mst-region] instance 2 vlan 20
[LSW1-mst-region] active region-configuration
[LSW1-mst-region] quit
```

2）在西安分公司 LSW2 交换机上，配置 MST 域及 VLAN 映射。

```
[LSW2] stp region-configuration
[LSW2-mst-region] region-name 1
[LSW2-mst-region] instance 1 vlan 10
[LSW2-mst-region] instance 2 vlan 20
[LSW2-mst-region] active region-configuration
```

3）在西安分公司 LSW3 交换机上，配置 MST 域及 VLAN 映射。

```
[LSW3] stp region-configuration
[LSW3-mst-region] region-name 1
[LSW3-mst-region] instance 1 vlan 10
[LSW3-mst-region] instance 2 vlan 20
[LSW3-mst-region] active region-configuration
```

步骤 3：配置 MSTI1 与 MSTI2 的根桥和备份根桥。

1）配置 MSTI1 的根桥为西安分公司 LSW1，备份根桥为西安分公司 LSW2。

```
[LSW1] stp instance 1 root primary
[LSW2] stp instance 1 root secondary
```

2）配置 MSTI2 的根桥为西安分公司 LSW1，备份根桥为西安分公司 LSW3。

```
[LSW1] stp instance 2 root primary
[LSW3] stp instance 2 root secondary
```

步骤 4：查看使能 MSTP 后各端口状态信息。

1）查看西安分公司 LSW1 交换机各端口状态信息。

```
[LSW1] display stp brief
```

MSTID	Port	Role	STP State	Protection
0	GigabitEthernet0/0/1	DESI	FORWARDING	NONE
0	GigabitEthernet0/0/2	DESI	FORWARDING	NONE
0	GigabitEthernet0/0/4	DESI	FORWARDING	NONE
1	GigabitEthernet0/0/1	DESI	FORWARDING	NONE

1	GigabitEthernet0/0/2	DESI	FORWARDING	NONE
1	GigabitEthernet0/0/4	DESI	FORWARDING	NONE
2	GigabitEthernet0/0/1	DESI	FORWARDING	NONE
2	GigabitEthernet0/0/2	DESI	FORWARDING	NONE
2	GigabitEthernet0/0/4	DESI	FORWARDING	NONE

2）查看西安分公司 LSW2 交换机各端口状态信息。

```
［LSW2］display stp brief
```

MSTID	Port	Role	STP State	Protection
0	Ethernet0/0/1	DESI	FORWARDING	NONE
0	Ethernet0/0/2	DESI	FORWARDING	NONE
0	GigabitEthernet0/0/1	ROOT	FORWARDING	NONE
1	Ethernet0/0/1	DESI	FORWARDING	NONE
1	Ethernet0/0/2	DESI	FORWARDING	NONE
1	GigabitEthernet0/0/1	ROOT	FORWARDING	NONE
2	Ethernet0/0/1	DESI	FORWARDING	NONE
2	Ethernet0/0/2	ALTE	DISCARDING	NONE
2	GigabitEthernet0/0/1	ROOT	FORWARDING	NONE

3）查看西安分公司 LSW3 交换机各端口状态信息。

```
［LSW3］display stp brief
```

MSTID	Port	Role	STP State	Protection
0	Ethernet0/0/1	DESI	FORWARDING	NONE
0	Ethernet0/0/2	ALTE	DISCARDING	NONE
0	GigabitEthernet0/0/1	ROOT	FORWARDING	NONE
1	Ethernet0/0/1	DESI	FORWARDING	NONE
1	Ethernet0/0/2	ALTE	DISCARDING	NONE
1	GigabitEthernet0/0/1	ROOT	FORWARDING	NONE
2	Ethernet0/0/1	DESI	FORWARDING	NONE
2	Ethernet0/0/2	DESI	FORWARDING	NONE
2	GigabitEthernet0/0/1	ROOT	FORWARDING	NONE

步骤 5：保存设备配置。

使用 save 命令保存西安分公司交换机 LSW1、LSW2、LSW3 的配置。

技能训练 ▶▶

在部署完成西安分公司的 MSTP 后，为不同的 VLAN 配置不同的生成树，从而优化流量路径，提高网络的带宽利用率，并实现更高效的负载均衡。经过一段时间的使用，集团公司决定在昆明分公司也部署 MSTP，以期实现同样的效果，请完成部署工作。

任务4.3　配置交换机链路聚合

任务引入 ▶▶

西安分公司在网络性能评估中发现了一个问题：尽管已经部署了冗余链路，但受限于生成树协议（STP）的机制，仅有单一链路在传输数据流量。这一现象限制了设备间的链路带宽潜力，影响了网络的整体性能。为了有效解决这一瓶颈问题，公司决定在西安分公司引入链路聚合技术。链路聚合技术能够显著提升带宽容量，实现更高的数据传输速率，并增加链路的冗余能力，提高网络的健壮性和可靠性。此项任务交由信息化部小杨来完成。

任务分析 ▶▶

为了顺利在西安分公司部署链路聚合技术，小杨需要对西安分公司现有的网络架构和关键节点的物理链路布局进行细致分析规划，制定合适的链路聚合策略，确保最大限度地提升网络带宽和增强网络健壮性。小杨需要通过交流学习、查阅资料、实践练习等，提升自己的专业知识和技能，才能确保完成好此项任务。

知识准备 ▶▶

4.3.1　链路聚合基础

1. 链路聚合的概念

以太网链路聚合（Eth-Trunk）简称链路聚合，是指将多个物理接口捆绑为一个逻辑接口，对应的物理链路捆绑为一条逻辑链路的技术，从而达到不进行硬件升级就可以增加链路带宽的目的。

在交换网络中，如果链路需要传输的流量超过了其实际承载能力，就需要提升链路的带宽，可以通过升级设备或更换接口板实现，但是这种方法需要额外的硬件投入。因此，链路聚合技术应运而生，链路聚合技术可以经济有效地解决链路带宽问题，实现链路的负载分担，提高链路的可靠性。

链路聚合接口的最大带宽等于各成员接口带宽之和。除了增加带宽外，链路聚合可在一个链路聚合组内，实现在各成员活动链路上的负载分担。当一条或多条活动链路出现故障时，流量将切换到其他可用的成员链路上，从而提高链路聚合接口的可靠性。

微课 4-19
链路聚合的基础知识

2. 链路聚合的模式

华为交换机支持手工模式和 LACP 模式两种链路聚合模式。

（1）手工模式

在手工模式下，建立 Eth-Trunk，加入端口成员全都由管理员手动配置。在该模式下，两台设备之间 Eth-Trunk 组中的所有活动链路均参与数据的转发。若两台设备之间任一链路出现故障时，由剩余的其他链路平均分担两台设备之间的数据流量。

（2）LACP 模式

LACP 模式是基于链路聚合控制协议（Link Aggregation Control Protocol，LACP）来实现链路聚合的一种模式。网络管理员在配置 LACP 模式时，首先在设备上创建 Eth-Trunk 组，然后配置 LACP 模式，最后将需要捆绑的物理端口添加到 Eth-Trunk 组内。若先将物理端口添加至 Eth-Trunk 组内，则无法再将 Eth-Trunk 组设置为 LACP 模式。在 LACP 模式下，管理员能够设置 Eth-Trunk 端口的最大活动端口数量，Eth-Trunk 链路两端的交换机要保证最大活动端口数必须一致。

在 LACP 模式下，聚合链路两端的设备要先确定主动端和被动端，然后由主动端确定活动接口。

管理员为两台设备完成 LACP 配置之后，两台设备之间会沟通 LACP 数据单元（LACP Data Unit，LACPDU），在双方交换的 LACPDU 中包含了各自设备的优先级与 MAC 地址，先对比两台设备的优先级，优先级值越小的优先级越高，优先级高的设备为 LACP 主动端；当优先级相同时，会对比两端设备的 MAC 地址，MAC 地址小的设备为 LACP 的主动端。

微课 4-20 更改 LACP 系统优先级

在同一 Eth-Trunk 组中，主动端会根据端口优先级确定活动端口，优先级值越小的优先级越高，优先级高的端口被选为活动端口。如果端口的 LACP 优先级相同，就选择端口编号较小的为活动端口。

在如图 4-22 所示的网络拓扑中，根据 LACPDU 报文交换对比结果，选举出交换机 LSW1 为 LACP 的主动端，管理员手动设置两台设备之间的最大活跃链路数为两条，在 LACP 模式下确定主用链路时只对比 LACP 主动端端口的优先级。通过对比端口优先级，确定端口 GE0/0/1 与端口 GE0/0/2 优先级最高，所以 Eth-Trunk 组中选取这两个端口所在的链路为主用链路，GE0/0/3 所连接的链路为备用链路。

微课 4-21 更改 LACP 端口优先级

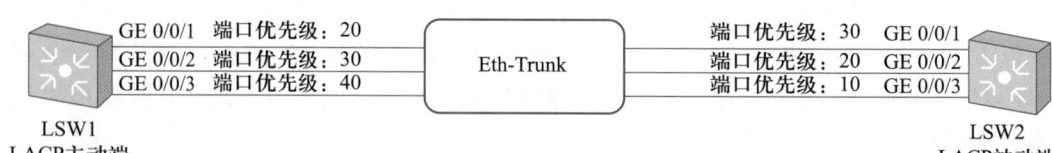

图 4-22　LACP 模式 Eth-Trunk 的主用链路和备用链路

在如图 4-22 所示的网络中，若交换机 LSW1 的端口 GE0/0/1 或 GE0/0/2 任一端口出现故障，那么端口 GE0/0/3 端口所连接的链路会被激活并承担两端设备之间的数据流量。

当在 Eth-Trunk 的 LACP 主动端上有一条比主用链路优先级更高的链路接入或之前故障的主用端口修复后，该端口所连接链路是否会被重新选取为主用链路主要取决于 Eth-Trunk 中是否配置了抢占模式。若网络管理员没有在 LACP 模式下配置抢占功能，那么新加入的端口即使优先级高于当前主用链路所连接的端口，这些端口所连接的链路依然无法成为主用链路。

4.3.2　链路聚合配置案例

1. 手动链路聚合配置

某公司业务部门和生产部门之间的数据流通量较大，使用一个交换机端口无法满足正常通信需求，公司计划通过手动配置将交换机 LSW1 与 LSW2 的 GE0/0/1、GE0/0/2、GE0/0/3 端口进行链路聚合，具体拓扑如图 4-23 所示。

微课 4-22
创建链路
聚合组

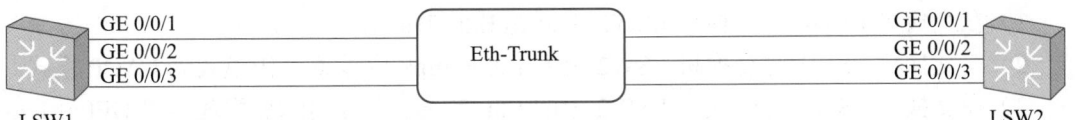

图 4-23　手动链路聚合验证配置

（1）配置思路

1）在交换机 LSW1 与交换机 LSW2 上创建 Eth-Trunk。

2）在交换机 LSW1 与交换机 LSW2 上的 Eth-Trunk 内分别添加物理端口 GE0/0/1-3。

3）在交换机 LSW1 与交换机 LSW2 上的 Eth-Trunk 内设置链路类型为 Trunk 模式。

4）在交换机 LSW1 与交换机 LSW2 上的 Eth-Trunk 内放行所有 VLAN 流量。

微课 4-23
在路由器
上配置链
路聚合

（2）配置命令

1）在交换机上创建链路聚合组的命令为：interface Eth-Trunk *id*。

例如，在交换机 LSW1 上创建链路聚合组 1。

[LSW1] interface Eth-Trunk 1

2）将所要聚合的端口加入链路聚合组的命令为：trunkport *port-number*。

例如，在交换机 LSW1 上将端口 G0/0/1—G0/0/3 加入链路聚合组 1 中。

[LSW1-Eth-Trunk1] trunkport GigabitEthernet 0/0/1 to 0/0/3

3）在链路聚合组中将聚合的端口所在的链路变为干道链路的命令为：port link-type trunk。

例如，在交换机 LSW1 上将链路聚合组 1 中所有接口所在的链路变为干道链路并允许所有 VLAN 通过。

微课 4-24
配置链路
聚合的手
动模式

[LSW1-Eth-Trunk1] port link-type trunk
[LSW1-Eth-Trunk1] port trunk allow-pass vlan all

4）查看链路聚合组 1 状态信息的命令为 display eth-trunk。

2. LACP 链路聚合配置

为了方便公司后期网络维护，公司将如图 4-24 所示的拓扑中手动链路聚合更改为 LACP 模式链路聚合，根据图中的网络拓扑，配置 LACP 模式下 Eth-Trunk，要求交换机 LSW1 为 LACP 主动端；交换机 LSW1 的 GE0/0/1 端口的优先级为 20，GE0/0/2 端口的优先级为 30，GE0/0/3 端口的优先级为 40；Eth-Trunk 内最大活跃链路数为 2 条，同时启动 LACP 抢占功能。

微课 4-25
链路聚合
LACP 模
式配置

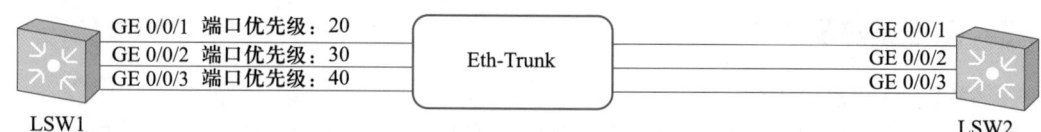

图 4-24　LACP 模式链路聚合验证配置

（1）配置思路

1）在交换机 LSW1 与交换机 LSW2 上创建 Eth-Trunk。

2）在交换机 LSW1 与交换机 LSW2 上的 Eth-Trunk 内设置工作模式为 LACP 模式。

3）在交换机 LSW1 与交换机 LSW2 上的 Eth-Trunk 内分别添加物理端口 GE0/0/1-3。

4）将 LSW1 的系统优先级修改为 500；让其成为 LACP 的主动端。

5）修改 LACP 端口优先级。

6）设置 Eth-Trunk 内最大活跃链路数为 2 条。

7）开启 LACP 抢占功能并设置抢占延迟时间为 10s。

（2）配置命令

1）在交换机 LSW1 与交换机 LSW2 上创建 Eth-Trunk，在 Eth-Trunk 内设置工作模式为 LACP 模式，并且将物理端口 GE0/0/1-3 添加到 Eth-Trunk 组内。

```
[LSW1] interface Eth-Trunk 1
[LSW1-Eth-Trunk1] mode lacp-static
[LSW1-Eth-Trunk1] trunkport GigabitEthernet 0/0/1 to 0/0/3
[LSW2] interface Eth-Trunk 1
[LSW2-Eth-Trunk1] mode lacp-static
[LSW2-Eth-Trunk1] trunkport GigabitEthernet 0/0/1 to 0/0/3
```

2）修改交换机 LSW1 的系统优先级为 500。

```
[LSW1] lacp priority 500
```

3）修改交换机 LSW1 的 3 个端口的优先级分别为 20、30、40。

```
[LSW1] interface GigabitEthernet 0/0/1
[LSW1-GigabitEthernet0/0/1] lacp priority 20
[LSW1] interface GigabitEthernet 0/0/2
[LSW1-GigabitEthernet0/0/1] lacp priority 30
[LSW1] interface GigabitEthernet 0/0/3
[LSW1-GigabitEthernet0/0/1] lacp priority 40
```

4）设置 Eth-Trunk 内最大活跃链路数为 2 条。

```
[LSW1] interface Eth-Trunk 1
[LSW1-Eth-Trunk1] max active-linknumber 2
```

5）开启 LACP 抢占功能。

微课 4-26
使能 LACP
抢占功能

```
[LSW1] interface Eth-Trunk 1
[LSW1-Eth-Trunk1] lacp preempt enable
```

[LSW1-Eth-Trunk1] lacp preempt delay 10

（3）验证

在交换机 LSW1 上执行 display eth-trunk 1 命令查看链路聚合组状态。

```
[LSW1] display eth-trunk 1
Eth-Trunk1's state information is:
Local:
LAG ID: 1                WorkingMode: STATIC
Preempt Delay Time: 10       Hash arithmetic: According to SIP-XOR-DIP
System Priority: 500         System ID: 4c1f-cc7d-5466
Least Active-linknumber: 1  Max Active-linknumber: 2
Operate status: up          Number Of Up Port In Trunk: 2
------------------------------------------------------------------------------------
ActorPortName        Status       PortType  PortPri  PortNo  PortKey     PortState  Weight
GigabitEthernet0/0/1  Selected 1GE  20        2        305     10111100    1
GigabitEthernet0/0/2  Selected 1GE  30        3        305     10111100    1
GigabitEthernet0/0/3  Unselect 1GE  40        4        305     10100000    1
Partner:
------------------------------------------------------------------------------------
ActorPortName        SysPri  SystemID        PortPri  PortNo  PortKey  PortState
GigabitEthernet0/0/1  32768   4c1f-cc64-3878  32768    2       305      10111100
GigabitEthernet0/0/2  32768   4c1f-cc64-3878  32768    3       305      10111100
GigabitEthernet0/0/3  32768   4c1f-cc64-3878  32768    4       305      10110000
```

根据查看到的信息可以得出，交换机 LSW1 的系统优先级为 500，被设置为 LACP 主动端，Eth-trunk 工作模式为 LACP 模式；Eth-trunk 组内添加了 3 个物理端口，最大活跃链路数 2 条，各端口优先级分别为 20、30、40；Selected 状态端口为优先级更高的 GE0/0/1 与 GE0/0/2 端口；端口抢占延迟时间为 10s。

☼【想一想】在进行 LACP 模式链路聚合配置过程中，如果在设置的链路聚合组中由于粗心先添加了端口，想一想会造成什么样的后果，因此在进行配置时，始终应该保持严谨、细致、认真的态度。

任务实施 ▶▶

1. 配置思路
- 搭建网络
- 清除交换机链路聚合成员端口原有的端口类型及所加入的 VLAN
- 部署链路聚合技术并基于接口划分 VLAN
- 保存设备配置

2. 配置过程
步骤 1：搭建网络。
建立设备间的物理连接并启动设备，如图 4-25 所示。

微课 4-27
配置交换机链路聚合

图 4-25

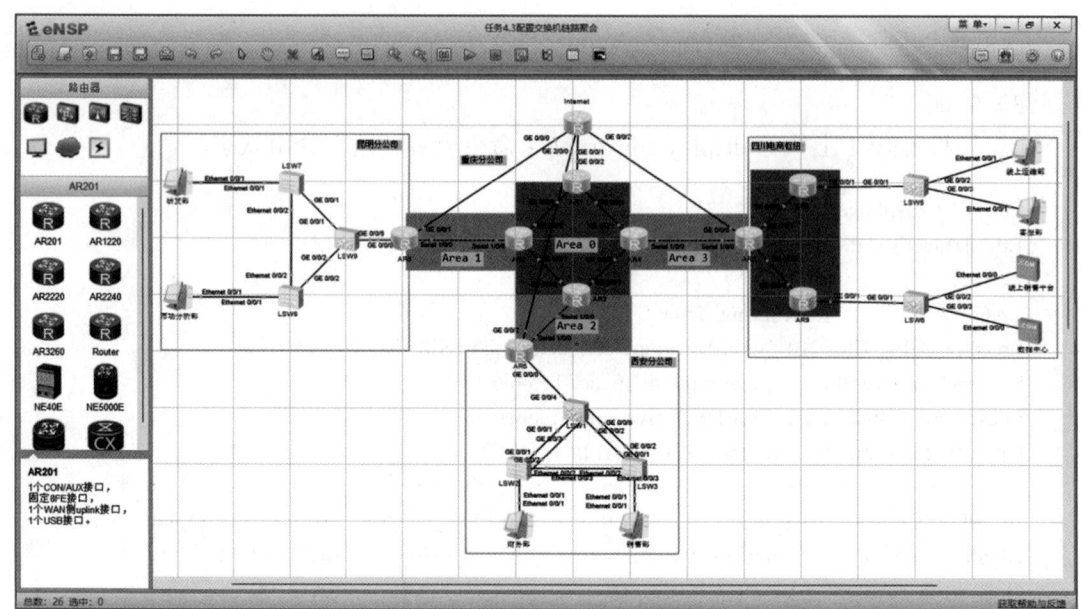

图 4-25 配置交换机链路聚合拓扑

步骤 2：清除交换机链路聚合成员端口原有的端口类型及所加入的 VLAN。

1）清除西安分公司交换机 LSW1 聚合成员端口的类型及其所加入的 VLAN。

```
［LSW1］interface GigabitEthernet 0/0/1
［LSW1-GigabitEthernet0/0/1］undo port hybrid tagged vlan 10 20
［LSW1-GigabitEthernet0/0/1］undo port link-type
［LSW1-GigabitEthernet0/0/1］quit
［LSW1］interface GigabitEthernet 0/0/2
［LSW1-GigabitEthernet0/0/2］undo port hybrid tagged vlan 10 20
［LSW1-GigabitEthernet0/0/2］undo port link-type
［LSW1-GigabitEthernet0/0/2］quit
```

2）清除西安分公司交换机 LSW2 聚合成员端口的类型及其所加入的 VLAN。

```
［LSW2］interface GigabitEthernet 0/0/1
［LSW2-GigabitEthernet0/0/1］undo port hybrid tagged vlan 10 20
［LSW2-GigabitEthernet0/0/1］undo port link-type
［LSW2-GigabitEthernet0/0/1］quit
［LSW2］interface Ethernet0/0/2
［LSW2-Ethernet0/0/2］undo port hybrid tagged vlan 10 20
［LSW2-Ethernet0/0/2］undo port link-type
［LSW2-Ethernet0/0/2］quit
```

3）清除西安分公司交换机 LSW3 聚合成员端口的类型及其所加入的 VLAN。

```
［LSW3］interface GigabitEthernet 0/0/1
［LSW3-GigabitEthernet0/0/1］undo port hybrid tagged vlan 10 20
［LSW3-GigabitEthernet0/0/1］undo port link-type
［LSW3-GigabitEthernet0/0/1］quit
```

```
［LSW3］interface Ethernet0/0/2
［LSW3-Ethernet0/0/2］undo port hybrid tagged vlan 10 20
［LSW3-Ethernet0/0/2］undo port link-type
［LSW3-Ethernet0/0/2］quit
```

步骤 3：部署链路聚合技术并基于接口划分 VLAN。

1）配置西安分公司交换机 LSW1 的链路聚合并划分 VLAN。

```
［LSW1］interface eth-trunk0　# 创建链路聚合组 0
［LSW1-Eth-Trunk0］mode lacp-static　# 配置链路聚合模式为 lacp-static
［LSW1-Eth-Trunk0］trunkport gigabitethernet 0/0/1 0/0/3　# 将接口加入聚合组中
［LSW1-Eth-Trunk0］max active-linknumber 2　# 设置最大活动接口数为 2
［LSW1-Eth-Trunk0］port link-type hybrid
［LSW1-Eth-Trunk0］port hybrid tagged vlan 10 20
［LSW1-Eth-Trunk0］quit
［LSW1］interface eth-trunk1
［LSW1-Eth-Trunk1］mode lacp-static
［LSW1-Eth-Trunk1］trunkport gigabitethernet 0/0/2 0/0/5
［LSW1-Eth-Trunk1］max active-linknumber 2
［LSW1-Eth-Trunk1］port link-type hybrid
［LSW1-Eth-Trunk1］port hybrid tagged vlan 10 20
［LSW1-Eth-Trunk1］quit
［LSW1］lacp priority 30000　# 配置系统 LACP 优先级，优先级值越小优先级越高
```

2）配置西安分公司交换机 LSW2 的链路聚合并划分 VLAN。

```
［LSW2］interface eth-trunk0
［LSW2-Eth-Trunk0］mode lacp-static
［LSW2-Eth-Trunk0］trunkport gigabitethernet 0/0/1 to 0/0/2
［LSW2-Eth-Trunk0］port link-type hybrid
［LSW2-Eth-Trunk0］port hybrid tagged vlan 10 20
［LSW2-Eth-Trunk0］quit
［LSW2］interface eth-trunk1
［LSW2-Eth-Trunk1］mode lacp-static
［LSW2-Eth-Trunk1］trunkport ethernet 0/0/2 to 0/0/3
［LSW2-Eth-Trunk1］port link-type hybrid
［LSW2-Eth-Trunk1］port hybrid tagged vlan 10 20
［LSW2-Eth-Trunk1］quit
```

3）配置西安分公司交换机 LSW3 的链路聚合并划分 VLAN。

```
［LSW3］interface eth-trunk0
［LSW3-Eth-Trunk0］mode lacp-static
［LSW3-Eth-Trunk0］trunkport gigabitethernet 0/0/1 to 0/0/2
［LSW3-Eth-Trunk0］port link-type hybrid
［LSW3-Eth-Trunk0］port hybrid tagged vlan 10 20
［LSW3-Eth-Trunk0］quit
［LSW3］interface eth-trunk1
［LSW3-Eth-Trunk1］mode lacp-static
```

```
［LSW3-Eth-Trunk1］trunkport ethernet 0/0/2 to 0/0/3
［LSW3-Eth-Trunk1］port link-type hybrid
［LSW3-Eth-Trunk1］port hybrid tagged vlan 10 20
［LSW3-Eth-Trunk1］quit
```

4）以西安分公司交换机 LSW1 为例，查看聚合接口信息。

```
［LSW1］display interface Eth-Trunk
Eth-Trunk0 current state          : UP
Line protocol current state       : UP
Description:
Switch Port, PVID                 :    1, Hash arithmetic : According to SIP-XOR-DIP,Maximal BW:
 2G, Current BW                   : 2G, The Maximum Frame Length is 9216
IP Sending Frames' Format is PKTFMT_ETHNT_2, Hardware address is 4c1f-ccbb-5d98
Current system time: 2024-08-28 14:27:35-08:00
    Input bandwidth utilization   :    0%
    Output bandwidth utilization  :    0%
_____

PortName                    Status            Weight
_____

GigabitEthernet0/0/1        UP                1
GigabitEthernet0/0/3        UP                1
_____

The Number of Ports in Trunk    : 2
The Number of UP Ports in Trunk : 2

Eth-Trunk1 current state          : UP
Line protocol current state       : UP
Description:
Switch Port, PVID :    1, Hash arithmetic : According to SIP-XOR-DIP,Maximal BW:
 2G, Current BW: 2G, The Maximum Frame Length is 9216
IP Sending Frames' Format is PKTFMT_ETHNT_2, Hardware address is 4c1f-ccbb-5d98
Current system time: 2024-08-28 14:27:35-08:00
    Input bandwidth utilization   :    0%
    Output bandwidth utilization  :    0%
_____

PortName                    Status            Weight
_____

GigabitEthernet0/0/2        UP                1
GigabitEthernet0/0/5        UP                1
_____

The Number of Ports in Trunk    : 2
The Number of UP Ports in Trunk : 2
```

步骤 4：保存设备配置。

使用 save 命令分别保存西安分公司交换机 LSW1、LSW2、LSW3 的配置。

技能训练 ▶▶

西安分公司在部署完成链路聚合技术后，网络的稳定性和可靠性得到了显著提升，不仅提高了数据传输的效率，还增强了整个网络架构的弹性和冗余性。鉴于良好的效果，集团公司决定将这项技术应用到昆明分公司，以期实现同样的效果，请完成部署工作。

任务4.4　配置虚拟路由冗余协议VRRP

任务引入 ▶▶

A集团西安分公司的网络出口路由器突发故障，导致与重庆分公司及互联网的通信完全中断，造成很多业务无法顺利开展，经过研判，公司决定在西安分公司采用虚拟路由器冗余协议来部署冗余路由器，实现主备路由器间的无缝切换，以保障网络在面临设备故障时仍能维持正常运行，确保网络的稳定性和业务连续性，此项任务由信息化部小杨负责实施。

任务分析 ▶▶

为了确保任务的顺利完成，小杨需要了解VRRP的工作原理，掌握VRRP的配置方法，具备网络规划和故障排查能力。小杨需要通过学习交流、查阅技术文档、实践操作练习等方式，系统地掌握VRRP协议的工作原理和配置方法，才能确保完成此项工作任务。

知识准备 ▶▶

虚拟路由冗余协议（Virtual Router Redundancy Protocol，VRRP）通过联合几台路由设备组成一个虚拟网关备份组，并将虚拟网关备份组的IP地址（虚拟IP地址）作为用户的默认网关地址来实现与外部网络的通信。VRRP能在网关设备出现故障时提供备份链路，从而有效避免单一节点出现故障造成的通信中断。

4.4.1　VRRP概念及其工作原理

1. VRRP的概念

VRRP是一种容错协议，将多台路由设备联合起来模拟成一台虚拟的路由设备，通过一定的机制保证当主机的下一跳路由设备出现故障时，可以及时切换到另一台设备继续通信，保障网络中数据通信的可靠性。

如图4-26所示，交换机LSW1的两个端口分别连接了两台路由器，此时交换机有两个出口网关接入到网络中。从功能上看，可以防止单点故障引起数据无法流通，但如果没有相应配置就会存在两个问题：首先，系统只能配置一个默认网关，每个网络只能选择其中一个接口接入AR1，网关的切换需要网络管理员手动配置；其次，当其中一个出口路由器AR2或AR3出现故障时，该路由器所连接的网络无法接入AR1。

微课 4-28
虚拟路由
冗余协议
基础知识

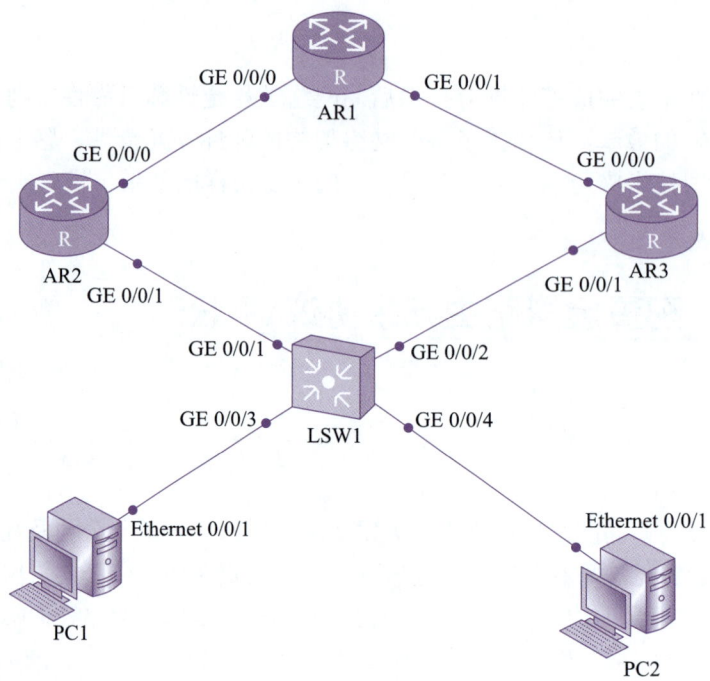

图 4-26 一个典型双出口网络拓扑

因此，在网络中需要有一种协议，可以将这两台网关设备在工作上看起来像一台设备，VRRP 提供了一种可以将多台路由设备虚拟成一台路由设备的功能，其通过虚拟化技术，将多台物理设备在逻辑上虚拟成一台设备，将路由器 AR2、AR3 连接交换机的接口配置成一个 VRRP 组，两台路由器的接口对外使用相同的 IP 地址和 MAC 地址，实现设备的冗余。当一台设备出现故障的时候，该设备所连接局域网的数据会通过 VRRP 组中另外一台设备进行数据的转发，此时局域网终端感觉不到网络出口的变化，因为所使用的均是虚拟后的 VRRP 组 IP 地址作为网关地址。

💡【想一想】在网络中，多个路由器组建成 VRRP 组，保证网络的稳定运行，提高网络通信的可靠性，这是否体现了团队成员合作的重要性，团队成员之间应该如何合作？

2. VRRP 相关术语

（1）虚拟路由器

虚拟路由器是由一组有相同虚拟路由器标识（Virtual Router ID，VRID）的路由器组成，这组路由器中由主路由器和备份路由器共同组成，有一个虚拟的 IP 地址和 MAC 地址，其中 MAC 地址的格式用十六进制表示为 00-00-5e-00-01-XX，XX 是指虚拟路由器组的组号，组号可以取值的范围为 1 ～ 255，共 255 个组。

（2）VRID

同一个 VRRP 路由器可以同时加入不同的 VRRP 组，利用 VRID 可标识不同的 VRRP 组。

（3）主用设备

在一个 VRRP 组内，一定只存在一个主用设备，该设备承担局域网网关的角色，并承担数据转发以及周期性地向备用设备发送 VRRP 报文。

（4）备用设备

在一个 VRRP 组内，除了主用设备外，其余路由设备均被称为备用设备，备用设备会持续监听主用设备的 VRRP 报文，若备用设备在一定的时间内没有监听到主用设备发来的 VRRP 报文，则会认为主用设备出现了故障，从而进行新一轮主用设备的选举。

（5）VRRP 版本

VRRP 的实现有 VRRPv2 和 VRRPv3 两个版本，VRRPv2 仅适用于 IPv4 版本的网络，VRRPv3 不仅适用于 IPv4 版本的网络，还支持 IPv6 版本的网络。

（6）VRRP 优先级

通过 VRRP 优先级确定 Master 设备。在一个 VRRP 组内，优先级最高的路由器为 Master。若 VRRP 组内所有设备优先级相同，则端口 IP 地址大的设备为 Master 设备，默认优先级是 100，范围为 0 ～ 255，可配置范围为 1 ～ 254。

当设备的优先级为 0 时，则该设备不参与 VRRP 主路由器的选举。当设备的优先级为 255 时，则是系统保留给 IP 地址拥有者（接口 IP 地址与虚拟 IP 地址相同）使用，当虚拟 IP 地址就是物理接口真实 IP 地址时，其优先级始终为 255，被选为 Master 设备。

（7）VRRP 抢占

VRRP 的抢占功能是为了确保在 VRRP 组内当主用设备出现故障时，备用设备可以顶替主用成为当前 VRRP 组的主用设备保障完成数据传输。系统默认开启 VRRP 的抢占功能。VRRP 工作方式分为抢占模式和非抢占模式。

当 VRRP 组配置为抢占模式时，如果 Backup 设备的优先级高于当前 VRRP 组内的 Master 设备时，Backup 设备就会自己切换为 Master 设备。

当 VRRP 组工作在非抢占模式时，即使一台 VRRP 设备的优先级高于当前 VRRP 组内主用设备的优先级，只要 Master 设备不发生故障，就不会成为新的 Master 设备。

3. VRRP 工作机制

1）选举 Master：在 VRRP 组内对比优先级，若优先级相同，则对比端口 IP 地址，最终选举出 Master 设备。

2）周期性通告：当选举出 VRRP 组中 Master 设备后，Master 设备会通过 ARP 相应信息通告当前 VRRP 组的虚拟 IP 地址与虚拟 MAC 地址，并周期性地向组内其他备份路由去发送 VRRP 数据包。

微课 4-29
虚拟路由
冗余协议
工作原理

3）主用设备故障：若当前 VRRP 组内主用设备出现故障，当前 VRRP 组内 Backup 设备因为在规定周期内没有收到 Master 设备发送的 VRRP 数据包，会重新开始选举 Master 设备。

4）设备角色切换：当 Master 从一台设备切换到另一台设备时，新的 Master 设备只是发送了一个免费的 ARP 消息，网络中终端主机感受不到主用路由器的切换。

4.4.2 VRRP 配置案例

1. 案例要求

某公司新购买一台路由器作为备份路由器 AR3，在如图 4-27 所示的拓扑中，公司要求路由器 AR2、AR3 作为两台企业网关，实现相互备份，向上通过 AR1 连接主机 PC3，向下连接交换机 LSW1。为了提高可靠性，在路由器 AR2 和 AR3 上实现 VRRP，将路由器 AR2 作为主用路由器，路由器 AR3 作为备用路由器。

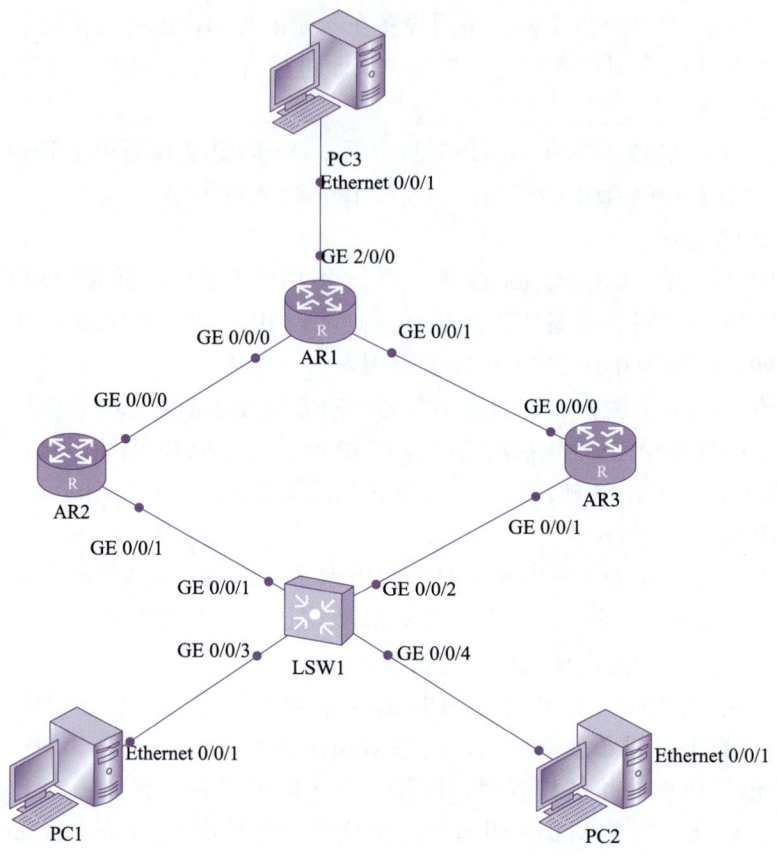

图 4-27 VRRP 验证配置

2. 各设备地址规划

分配设备 IP 地址。表 4-4 列出了各网络设备接口地址信息。

表 4-4 各网络设备接口地址信息

接 口	IP 地址
PC1	10.1.1.1/24（GW：10.1.1.253）
PC2	10.1.1.2/24（GW：10.1.1.254）
PC3	192.168.1.1/24（GW：192.168.1.254）
路由器 AR1 的 GE0/0/1 接口	13.1.1.2/24
路由器 AR1 的 GE0/0/0 接口	12.1.1.2/24
路由器 AR1 的 GE2/0/0 接口	192.168.1.254/24
路由器 AR2 的 GE0/0/1 接口	10.1.1.252/24
路由器 AR2 的 GE0/0/0 接口	12.1.1.1/24
路由器 AR3 的 GE0/0/1 接口	10.1.1.251/24
路由器 AR3 的 GE0/0/0 接口	13.1.1.1/24
VRRP 的 VRID 10	10.1.1.254/24
VRRP 的 VRID 20	10.1.1.253/24

3. 配置思路

1）配置各 PC 主机的 IP 地址与网关地址。

2）配置各路由器接口地址。

3）创建 VRRP 组，组号为 10，虚拟 IP 地址为 10.1.1.254/24。

4）通过更改设备优先级将 AR2 作为主用设备。

5）配置 VRRP 追踪上行接口状态。

6）通过路由配置让网络连通。

7）配置 VRRP VRID 10 认证。

8）实现 VRRP 负载均衡。

微课 4-30
VRRP 基
本配置

微课 4-31
VRRP 指
定主用路
由器

4. 配置过程

1）在 AR2 路由器的 GE0/0/1 端口和 AR3 路由器的 GE0/0/1 端口配置 VRRP。

```
［AR2］interface GigabitEthernet 0/0/1
［AR2-GigabitEthernet0/0/1］vrrp vrid 10 virtual-ip 10.1.1.254
［AR2-GigabitEthernet0/0/1］vrrp vrid 10 priority 150
［AR3］interface GigabitEthernet 0/0/1
［AR3-GigabitEthernet0/0/1］vrrp vrid 10 virtual-ip 10.1.1.254
```

2）配置路由器 AR2，当 AR2 出现故障时，其入接口 VRRP 优先级的值减少 100，由 AR3 顶替为主用设备。

```
［AR2］int g0/0/1
［AR2-GigabitEthernet0/0/1］vrrp vrid 10 track interface GigabitEthernet 0/0/0 reduced 100
```

3）利用单区域 OSPF 实现全网通信。

```
［AR1］ospf
［AR1-ospf-1］area 0
［AR1-ospf-1-area-0.0.0.0］network 12.1.1.0 0.0.0.255
［AR1-ospf-1-area-0.0.0.0］network 13.1.1.0 0.0.0.255
［AR1-ospf-1-area-0.0.0.0］network 192.168.1.0 0.0.0.255
［AR2］ospf
［AR2-ospf-1］area 0
［AR2-ospf-1-area-0.0.0.0］network 10.1.1.0 0.0.0.255
［AR2-ospf-1-area-0.0.0.0］network 12.1.1.0 0.0.0.255
［AR3］ospf
［AR3-ospf-1］area 0
［AR3-ospf-1-area-0.0.0.0］network 10.1.1.0 0.0.0.255
［AR3-ospf-1-area-0.0.0.0］network 13.1.1.0 0.0.0.255
```

微课 4-32
VRRP 追
踪上行接
口状态

4）配置 VRRP VRID 认证。在 VRRP 组内的两台路由器上分别配置认证方式为 simple，认证口令为 huawei。

```
［AR2］interface GigabitEthernet 0/0/1
［AR2-GigabitEthernet0/0/1］vrrp vrid 10 authentication-mode simple plain huawei
［AR3］interface GigabitEthernet 0/0/1
```

微课 4-33
VRRP 认
证配置

［AR3-GigabitEthernet0/0/1］vrrp vrid 10 authentication-mode simple plain huawei

5）配置 VRRP 负载均衡。在路由器 AR2 与路由器 AR3 上再创建一个 VRRP 组，组号为 20，手动修改路由器 AR3 的 GE0/0/1 端口在 VRID 20 的优先级为 150，使之成为 VRID 20 这个 VRRP 组的主用路由器。

微课 4-34
VRRP 负
载均衡

```
［AR2］int g0/0/1
［AR2-GigabitEthernet0/0/1］vrrp vrid 20 virtual-ip 10.1.1.253
［AR3］int g0/0/1
［AR3-GigabitEthernet0/0/1］vrrp vrid 20 virtual-ip 10.1.1.253
［AR3-GigabitEthernet0/0/1］vrrp vrid 20 priority 150
```

5. 案例验证

1）通过 display vrrp brief 命令查看当前 VRRP 组内每台设备的角色。

```
［AR2］display vrrp brief
Total:2    Master:1    Backup:1    Non-active:0
VRID  State    Interface       Type    Virtual IP
---------------------------------------------------------------
10    Master   GE0/0/1         Normal  10.1.1.254
20    Backup   GE0/0/1         Normal  10.1.1.253
［AR3］display vrrp brief
Total:2    Master:1    Backup:1    Non-active:0
VRID  State    Interface       Type    Virtual IP
---------------------------------------------------------------
10    Backup   GE0/0/1         Normal  10.1.1.254
20    Master   GE0/0/1         Normal  10.1.1.253
```

在当前 VRRP 组内，路由器 AR2 充当主用设备，同时还可以看到两台设备的虚拟 IP 地址。路由器 AR2 上的 GE0/0/1 端口在 VRID 10 组内充当主用路由器，在 VRID 20 组内承担备用路由器；路由器 AR3 上的 GE0/0/1 端口在 VRID 10 组内充当备用路由器，在 VRID 20 组内承担主用路由器达到负载均衡的效果。

2）在路由器的系统视图下执行 display vrrp protocol-information 命令查看当前运行的 VRRP 版本号。

```
［AR2］display vrrp protocol-information
 VRRP protocol information is shown as below:
   VRRP protocol version : V2
   Send advertisement packet mode : send v2 only
```

3）利用 tracert 命令测试 PC2 与 PC3 之间的连通性。

```
PC>tracert 192.168.1.1
traceroute to 192.168.1.1, 8 hops max
(ICMP), press Ctrl+C to stop
 1  10.1.1.252   46 ms  47 ms  47 ms
 2  12.1.1.2   31 ms  47 ms  47 ms
 3  192.168.1.1   47 ms  47 ms  47 ms
```

当主机 PC2 向主机 PC3 转发数据时，数据是通过主用路由器 AR2 进行转发的。

4）将主用路由器 AR2 的上行端口 GE0/0/0 关闭，查看 VRRP 组内设备的角色变化情况以及数据流向。

```
PC>tracert 192.168.1.1
traceroute to 192.168.1.1, 8 hops max
(ICMP), press Ctrl+C to stop
 1  10.1.1.252  46 ms  47 ms  47 ms
 2  12.1.1.2  31 ms  47 ms  47 ms
 3  192.168.1.1  47 ms  47 ms  47 ms
[AR3] display vrrp brief
Total:2   Master:2   Backup:0   Non-active:0
VRID  State    Interface         Type    Virtual IP
--------------------------------------------------------------------
10    Master   GE0/0/1           Normal  10.1.1.254
20    Master   GE0/0/1           Normal  10.1.1.253
```

当 VRRP 组内原主用设备 AR2 的上行端口 GE0/0/0 出现故障时，AR2 由主用设备转变为备用设备，原 VRRP 组内备用设备 AR3 转变为主用设备。

```
PC>tracert 192.168.1.1
traceroute to 192.168.1.1, 8 hops max
(ICMP), press Ctrl+C to stop
 1  10.1.1.251  47 ms  47 ms  47 ms
 2  13.1.1.2  47 ms  31 ms  47 ms
 3  192.168.1.1  47 ms  47 ms  46 ms
```

主机 PC1 流向 PC3 的数据由原来的路由器 AR2 转发变成了现在的由 AR3 转发。

5）通过 display vrrp 10 命令查看 VRRP 认证信息。

```
[AR2] display vrrp 10
  GigabitEthernet0/0/1 | Virtual Router 10
    State : Master
    Virtual IP : 10.1.1.254
    Master IP : 10.1.1.252
    PriorityRun : 150
    PriorityConfig : 150
    MasterPriority : 150
    Preempt : YES   Delay Time : 0 s
    TimerRun : 1 s
    TimerConfig : 1 s
    Auth type : SIMPLE   Auth key : huawei
```

路由器 AR2 上的 GE0/0/1 端口在 VRID 10 组内承当主用路由器，在 VRID 20 组内承担备用路由器；路由器 AR3 上的 GE0/0/1 端口在 VRID 10 组内承当备用路由器，在 VRID 20 组内承担主用路由器达到负载均衡的效果。

任务实施 ▶▶

1. 配置思路

- 搭建网络
- 配置设备基础信息
- 部署路由协议实现网络互通
- 部署 VRRP
- 模拟西安分公司路由器 AR6 的 S1/0/0 接口故障，查看主备切换过程
- 保存设备配置

2. 配置过程

步骤 1：搭建网络。

1）根据各分公司部门网络设备情况对设备分配 IP 地址，见表 4-5。

表 4-5　各分公司部门网络设备基础信息

设　备　名	IP 地址	接　　口	分　公　司
AR3	192.168.18.254/24	Serial 1/0/1	重庆分公司
AR10	192.168.1.253/24	GigabitEthernet 0/0/0	西安分公司
	100.100.5.253/24	GigabitEthernet 0/0/1	
AR10	192.168.18.253/24	Serial 1/0/0	西安分公司
virtual-ip	192.168.1.252/24		
Internet	100.100.5.254/24	GigabitEthernet 2/0/1	外网

2）建立设备间的物理连接并启动设备，如图 4-28 所示，配置虚拟路由冗余协议 VRRP 拓扑。

微课 4-35
配置虚拟
路由冗余
协议
VRRP

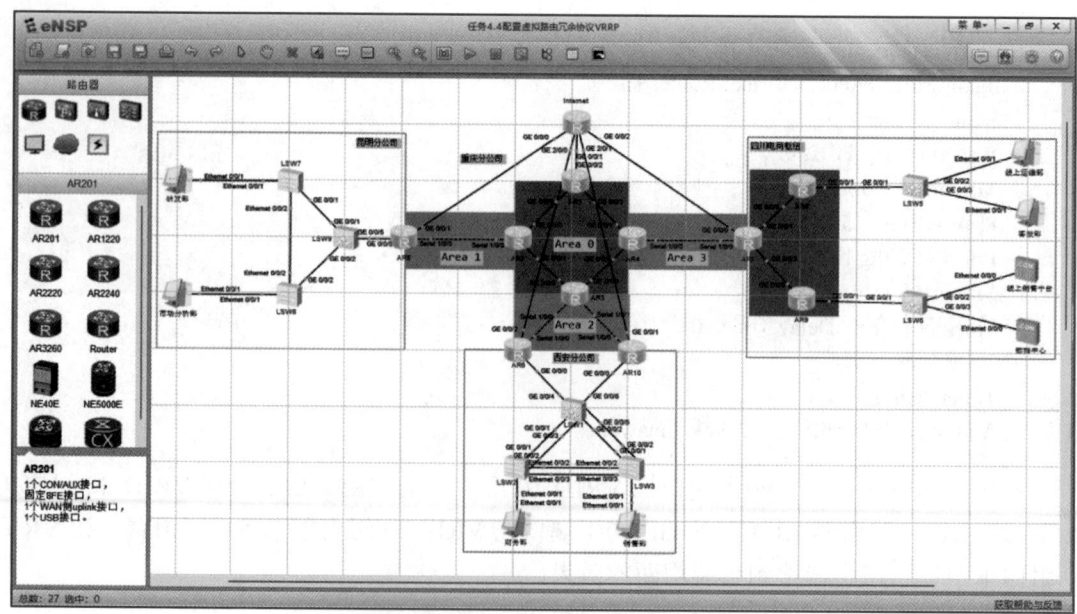

图 4-28

图 4-28　配置虚拟路由冗余协议 VRRP 拓扑

步骤2：配置设备基础信息。

1）根据表4-5中各分公司部门网络设备基础信息，配置西安分公司路由器 AR10 的设备名称及接口 IP 地址。

```
<Huawei>system-view
[Huawei] sysname AR10
[AR10] interface GigabitEthernet 0/0/0
[AR10-GigabitEthernet0/0/0] ip address 192.168.1.253 24
[AR10-GigabitEthernet0/0/0] quit
[AR10] interface GigabitEthernet 0/0/1
[AR10-GigabitEthernet0/0/1] ip address 100.100.5.253 24
[AR10-GigabitEthernet0/0/1] quit
[AR10] interface Serial 1/0/0
[AR10-Serial 1/0/0] ip address 192.168.18.253 24
[AR10-Serial 1/0/0] quit
```

2）根据表4-5中各分公司部门网络设备基础信息，配置重庆路由器 AR3 的接口 IP 地址。

```
<AR3>system-view
[AR3] interface Serial 1/0/1
[AR3-Serial 1/0/1] ip address 192.168.18.254 24
[AR3-Serial 1/0/1] quit
```

3）根据表4-5中各分公司部门网络设备基础信息，配置外部路由器 Internet 的接口 IP 地址。

```
<Internet>system-view
[Internet] interface GigabitEthernet 2/0/1
[Internet-GigabitEthernet 2/0/1] ip address 100.100.5.254 24
[Internet-GigabitEthernet 2/0/1] quit
```

4）配置西安分公司交换机 LSW1 端口的类型及所加入的 VLAN。

```
[LSW1] interface GigabitEthernet 0/0/6
[LSW1-GigabitEthernet0/0/6] port link-type hybrid
[LSW1-GigabitEthernet0/0/6] port hybrid untagged vlan 10 20
```

步骤3：部署路由协议实现网络互通。

1）在西安分公司路由器 AR10 上部署路由。

```
[AR10] ip route-static 0.0.0.0 0.0.0.0 100.100.5.254
[AR10] ospf 2 router-id 10.10.10.10
[AR10-ospf-2] area 2
[AR10-ospf-2-area-0.0.0.2] network 192.168.18.0 0.0.0.255
[AR10-ospf-2-area-0.0.0.2] quit
[AR10-ospf-2] import-route direct
[AR10-ospf-2] quit
```

2）在重庆分公司路由器 AR3 上部署路由。

```
［AR3］ospf 2
［AR3-ospf-2］area 2
［AR3-ospf-2-area-0.0.0.2］network 192.168.18.0 0.0.0.255
［AR3-ospf-2-area-0.0.0.2］quit
```

步骤 4：部署 VRRP。

1）在西安分公司路由器 AR6 上部署 VRRP，当 AR6 为 Master 设备故障恢复时采用抢占模式，抢占延时 10 秒。

```
［AR6］interface GigabitEthernet0/0/0
［AR6-GigabitEthernet0/0/0］vrrp vrid 1 virtual-ip 192.168.1.252
［AR6-GigabitEthernet0/0/0］vrrp vrid 1 priority 120
［AR6-GigabitEthernet0/0/0］vrrp vrid 1 preempt-mode timer delay 10
［AR6-GigabitEthernet0/0/0］vrrp vrid 1 track interface Serial1/0/0 reduced 30
```

2）在西安分公司路由器 AR10 上部署 VRRP，AR10 为 Backup 设备。

```
［AR10］interface GigabitEthernet0/0/0
［AR10-GigabitEthernet0/0/0］vrrp vrid 1 virtual-ip 192.168.1.252
［AR10-GigabitEthernet0/0/0］vrrp vrid 1 priority 110
```

注：配置完成后修改西安分公司各终端的网关配置。

步骤 5：模拟西安分公司路由器 AR6 的 S1/0/0 接口故障，查看主备切换过程。

1）查看西安分公司路由器 AR6 的 VRRP 状态。

```
［AR6］display vrrp
 GigabitEthernet0/0/0 | Virtual Router 1
   State : Master
   Virtual IP : 192.168.1.252
   Master IP : 192.168.1.254
   PriorityRun : 120
   PriorityConfig : 120
   MasterPriority : 120
   Preempt : YES   Delay Time : 10 s
   TimerRun : 1 s
   TimerConfig : 1 s
   Auth type : NONE
   Virtual MAC : 0000-5e00-0101
   Check TTL : YES
   Config type : normal-vrrp
   Backup-forward : disabled
   Track IF : Serial1/0/0   Priority reduced : 30
   IF state : UP
   Create time : 2024-08-28 15:00:27 UTC-08:00
   Last change time : 2024-08-28 15:00:31 UTC-08:00
```

2）查看西安分公司路由器 AR10 的 VRRP 状态。

```
〔AR10〕display vrrp
 GigabitEthernet0/0/0 | Virtual Router 1
   State : Backup
   Virtual IP : 192.168.1.252
   Master IP : 192.168.1.254
   PriorityRun : 110
   PriorityConfig : 110
   MasterPriority : 120
   Preempt : YES   Delay Time : 0 s
   TimerRun : 1 s
   TimerConfig : 1 s
   Auth type : NONE
   Virtual MAC : 0000-5e00-0101
   Check TTL : YES
   Config type : normal-vrrp
   Backup-forward : disabled
   Create time : 2024-08-28 15:01:41 UTC-08:00
   Last change time : 2024-08-28 15:01:41 UTC-08:00
```

3）将西安分公司路由器 AR6 的 Serial1/0/0 接口设置为 shutdown。

```
〔AR6〕interface Serial1/0/0
〔AR6- Serial1/0/0〕shutdown
```

4）查看西安分公司路由器 AR6 的 VRRP 状态。

```
〔AR6〕display vrrp
 GigabitEthernet0/0/0 | Virtual Router 1
   State : Backup
   Virtual IP : 192.168.1.252
   Master IP : 192.168.1.253
   PriorityRun : 90
   PriorityConfig : 120
   MasterPriority : 110
   Preempt : YES   Delay Time : 10 s
   TimerRun : 1 s
   TimerConfig : 1 s
   Auth type : NONE
   Virtual MAC : 0000-5e00-0101
   Check TTL : YES
   Config type : normal-vrrp
   Backup-forward : disabled
   Track IF : Serial1/0/0   Priority reduced : 30
   IF state : DOWN
   Create time : 2024-08-28 15:00:27 UTC-08:00
   Last change time : 2024-08-28 15:03:02 UTC-08:00
```

5）查看西安分公司路由器 AR10 的 VRRP 状态。

```
[AR10] display vrrp
 GigabitEthernet0/0/0 | Virtual Router 1
  State : Master
  Virtual IP : 192.168.1.252
  Master IP : 192.168.1.253
  PriorityRun : 110
  PriorityConfig : 110
  MasterPriority : 110
  Preempt : YES   Delay Time : 0 s
  TimerRun : 1 s
  TimerConfig : 1 s
  Auth type : NONE
  Virtual MAC : 0000-5e00-0101
  Check TTL : YES
  Config type : normal-vrrp
  Backup-forward : disabled
  Create time : 2024-08-28 15:01:41 UTC-08:00
  Last change time : 2024-08-28 15:03:03 UTC-08:00
```

6）将西安分公司路由器 AR6 的 Serial1/0/0 接口恢复。

```
[AR6] interface Serial1/0/0
[AR6-Serial1/0/0] undo shutdown
```

步骤 6：保存设备配置。

使用 save 命令保存西安分公司路由器 AR6、AR10、交换机 LSW1，重庆分公司路由器 AR3，外网路由器 Internet 的配置。

技能训练 ▷▷

在西安分公司成功实施 VRRP 后，公司决定将这一提升网络健壮性的策略应用到昆明分公司。为此，昆明分公司将在其汇聚层网络中新增一台交换机，并通过 VRRP 为研发部和市场部的关键应用部署网络备份解决方案。这不仅将确保关键业务流程的连续性，减少单点故障带来的风险，还将通过高效的主备切换机制，实现网络流量的无缝过渡，请按要求完成部署。

学习评价

项目 4　部署可靠网络学习评价表

评价内容		学 生 自 评	小 组 互 评	教 师 评 价	综 合 评 价
知识	单点故障产生的原因	□ A □ B □ C	□ A □ B □ C	□ A □ B □ C	□ A □ B □ C
	生成树协议的工作原理	□ A □ B □ C	□ A □ B □ C	□ A □ B □ C	□ A □ B □ C

	评 价 内 容	学 生 自 评	小 组 互 评	教 师 评 价	综 合 评 价
知识	生成树协议端口选举过程	□A □B □C	□A □B □C	□A □B □C	□A □B □C
	快速生成树协议工作原理	□A □B □C	□A □B □C	□A □B □C	□A □B □C
	快速生成树协议优点	□A □B □C	□A □B □C	□A □B □C	□A □B □C
	链路聚合的技术原理	□A □B □C	□A □B □C	□A □B □C	□A □B □C
	链路聚合的优点与缺点	□A □B □C	□A □B □C	□A □B □C	□A □B □C
	虚拟路由冗余协议的工作原理	□A □B □C	□A □B □C	□A □B □C	□A □B □C
能力	能够配置生成树协议	□A □B □C	□A □B □C	□A □B □C	□A □B □C
	能够配置快速生成树协议	□A □B □C	□A □B □C	□A □B □C	□A □B □C
	能够配置不同模式链路聚合	□A □B □C	□A □B □C	□A □B □C	□A □B □C
	能够配置路由冗余协议	□A □B □C	□A □B □C	□A □B □C	□A □B □C
素养	科技强国的责任与担当	□A □B □C	□A □B □C	□A □B □C	□A □B □C
	爱国热情和民族自信	□A □B □C	□A □B □C	□A □B □C	□A □B □C
	细致认真、精益求精的精神	□A □B □C	□A □B □C	□A □B □C	□A □B □C
	沟通和协作能力	□A □B □C	□A □B □C	□A □B □C	□A □B □C
	团队合作意识和精神	□A □B □C	□A □B □C	□A □B □C	□A □B □C
综合评价		□A □B □C			
学生签名：	老师签名：				

备注：A 表示"优秀"，B 表示"良好"，C 表示"合格"。

项目小结

本项目主要介绍了生成树协议、快速生成树协议、多生成树协议、链路聚合与虚拟路由冗余协议的相关概念及其配置案例。

生成树协议是一种工作在 OSI 网络参考模型中数据链路层的通信协议，用于确保以太网中无环路的逻辑拓扑结构，从而避免了广播风暴。快速生成树协议在生成树协议的基础上进行了改进，实现了网络拓扑快速收敛，同时提供了多种保护功能，保障运行环境稳定。当网络拓扑发生变化时，快速生成树协议能够更快地重新配置端口状态，确保网络的稳定性。多生成树协议可以基于不同实例，在同一网络下构造不同生成树，基于合理的规划设计，可以实现数据流量的负载分担，从而提高网络通信效率。

链路聚合可解决网络通信瓶颈问题，通过将多个端口聚合在一个链路聚合组中，在不增加硬件成本的情况下，拓宽两台设备之间数据传输的带宽。在链路聚合配置中，分为手动链路聚合和 LACP 模式链路聚合。链路聚合技术在解决通信瓶颈问题的同时还为网络通信提供冗余链路，提高网络通信的可靠性。

虚拟路由冗余协议通过联合几台路由设备组成一个虚拟网关备份组，并将虚拟网关备份组的 IP 地址（虚拟 IP）作为用户网络的网关地址，以此来实现与外部网络的通信，当虚拟网关备份组中主用设备发生故障时，VRRP 机制能在该虚拟网关备份组中选举出新的网关设备来转发流量，保证了网络通信的可靠性。

本项目的重点是生成树协议、快速生成树协议、多生成树协议、链路聚合技术原理的工作原理与配置方法，难点是虚拟路由冗余协议技术原理。

思考与练习

一、单选题

1. STP 计算的端口开销（Port Cost）和端口带宽有一定关系，即带宽越大，开销越（　　　）。

  A. 小   B. 大   C. 一致   D. 不一定

2. 以下说法错误的是（　　　）。

  A. 每一个激活了 STP 的接口都维护着一个 cost 值，接口的 cost 主要用于计算根路径开销，也就是到达根的开销

  B. 接口的默认 cost 除了与其速率、工作模式有关，还与交换机使用的 STP cost 计算方法有关

  C. 接口带宽越小，则 cost 值越小

  D. 用户也可以根据需要通过命令调整接口的 cost

3. 在 RSTP 协议中，当根端口失效的情况下，（　　　）就会快速转换为新的根端口并立即进入转发状态。

  A. Forwarding B. Alternate 端口 C. Backup 端口 D. Edge

4. 在 RSTP 标准中，交换机直接与终端相连接而不是与其他网桥相连的端口定义为（　　　）。

  A. 快速端口 B. 备份端口 C. 根端口 D. 边缘端口

5. 两台华为系列交换机通过手工模式进行链路聚合，下列说法正确的是（　　　）。

  A. 手工模式的链路聚合最多可以聚合 10 条物理链路

  B. 手工模式的链路聚合最多可以聚合 6 条物理线路

C. 手工模式的链路聚合支持 M:N 备份

D. 手工模式的链路聚合不支持 M:N 备份

二、填空题

1. 二层环路会带来_____、_____、_____问题。

2. 在 RSTP 标准中，交换机直接与终端相连接而不是与其他网桥相连的端口定义为_____。

3. 链路聚合的主要作用是_____、_____、_____。

4. VRRP 使用_____地址来提供冗余路由器的虚拟 IP 地址。

5. 链路聚合在_____模式下，设备只能通过物理层状态判断对端接口是否正常工作。

三、简答题

1. 简述网络单点故障对网络通信的影响。

2. 简述快速生成树协议与生成树协议的区别。

3. 简述链路聚合两种不同模式的区别。

4. 简述虚拟路由冗余协议的工作原理。

项目 5
部署安全网络

【学习目标】

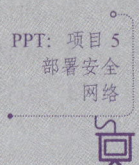

PPT：项目 5
部署安全
网络

知识目标：

（1）理解 ACL 的基本原理。

（2）掌握基本 ACL 和高级 ACL 的工作过程。

（3）掌握 NAT 技术的相关概念及分类。

能力目标：

（1）能够基于安全需求配置基本 ACL。

（2）能够基于安全需求部署应用高级 ACL。

（3）能够基于通信需求配置动态 NAPT。

（4）能够基于通信需求配置静态 NAT 和静态 NAPT。

（5）能够基于通信需求配置 Easy IP。

素养目标：

（1）通过了解网络安全事件和使用国产交换路由设备，充分认识自主创新、科技自立自强对国家的重要性。

（2）通过设计网络安全策略，深刻认识到网络安全对于维护国家稳定、保障人民权益、确保企业个人信息安全的重要性。

（3）通过配置网络安全策略，培养细致认真、精益求精的精神，具备良好的道德品质和社会责任感。

（4）通过实践练习，培养良好的沟通和协作能力，树立团队合作精神。

任务5.1 配置访问控制列表ACL

任务引入 ▷▷

近期，A集团公司发生了昆明分公司研发部门人员越权访问财务部门数据，四川电商枢纽线上运维部门人员越权访问财务部门数据等情况，为了规范分公司内部各部门之间的访问权限，确保数据安全，公司决定实施部门网络安全策略，提高财务部门数据的安全性。此项任务交由信息化部的小杨来完成。经过研判，小杨决定使用ACL技术，禁止昆明分公司研发部门和四川电商枢纽线上运维部门对财务部门网络的访问权限，降低敏感数据被未授权访问的风险。

任务分析 ▷▷

为了成功完成这一任务，小杨需要深入学习ACL技术，理解ACL的工作原理，掌握ACL的类型和规则编写方法，具备ACL规则的设计和配置能力。小杨通过学习交流、查阅文档资料、实践操作练习等方式，提升自身知识储备和操作技能，才能确保完成好此项任务。

知识准备 ▷▷

5.1.1 ACL工作原理

1. ACL的基本概念

访问控制列表（Access Control List，ACL）是控制访问网络的一种有效工具。ACL可以根据设定条件对接口上的数据包进行过滤。ACL被广泛地应用于路由器和三层交换机，借助ACL可以有效地控制用户对网络的访问，从而最大限度地保障网络安全。

微课 5-1
ACL 的基本概念

一个ACL通常是由多条"permit|deny"语句组成，每一条"permit|deny"语句就是该ACL规则所要执行的动作，其中permit表示允许，deny表示禁止。在一般情况下，ACL是会和其他技术相结合的，所结合的技术不同，"permit|deny"表示的含义也会有所区别。例如，当ACL与ICMP相结合，在使用ping命令测试主机之间连通性时，permit表示允许数据通过，deny表示禁止数据通过。

2. ACL的组成

一条ACL由ACL名称+ACL编号+若干条规则组成，各组成部分的具体含义如下：

1）ACL名称：其主要用于区分不同的ACL，这种ACL被称为命名型ACL，采用"名字+数字"的表示形式，可以在定义命名型ACL的同时指定ACL编号，若不指定编号，系统则自动选取该类型ACL可选编号中的最大值作为标识。

2）ACL 编号：其主要用于决定该条规则在 ACL 组中的位置，可配置编号的范围为 0 ～ 4294967294。该编号的获取方式主要有两种：第 1 种是由网络管理员在进行 ACL 规则设定时手动配置，第 2 种是由系统自动排序。在华为 eNSP 模拟器中，第 1 条 ACL 规则编号为 5，后续每一条 ACL 编号会自动加 5。

3）ACL 动作：其主要包含两种动作分别是 permit 和 deny；permit 表示允许，deny 表示拒绝。

4）匹配项：ACL 定义了非常丰富的匹配项。根据 ACL 的种类不同，管理员可以使用与 IP 相关的一些参数进行匹配，主要有源 IP 地址、目的 IP 地址、源端口、目的端口等。

特别注意：除了网络管理员定义的 ACL 语句外，每个 ACL 的末尾均包含有一条隐含规则，可以用于匹配任意数据包。当数据包到达设备时，会与 ACL 中的规则进行匹配，若在 ACL 规则中没有匹配上相应的规则，默认情况下则允许该数据包通行。

3. ACL 规则匹配顺序

在一般情况下，一个 ACL 由多个 rule 组成，当数据传输中的数据包到达配置 ACL 的设备时，会将该数据包与 ACL 中的每一条 rule 逐项进行匹配，如果无法匹配上当前规则，则会尝试与下一条规则进行匹配。一旦该报文与 ACL 中的某一条规则匹配上后，会立即执行该规则要求的动作（permit|deny），并且退出规则匹配机制，不再与 ACL 中后面的规则进行匹配。若该数据包没有与 ACL 中所有规则匹配上，则默认该数据包执行 permit 动作。在对一个数据包进行规则匹配时，规则匹配顺序决定了该规则的优先级。

华为设备支持配置顺序和自动排序两种 ACL 匹配规则，默认情况下使用配置顺序。

1）配置顺序：在 ACL 中规则配置时，规定了每条规则的编号，系统会按照规则的编号由小到大依次匹配，规则编号越小，优先级越高，越先匹配。

2）自动排序：系统使用深度优先的原则，将 ACL 中的规则按照精确程度进行排序，精确程度越高，优先级越高，越先匹配。

4. ACL 的分类

根据 ACL 特性的不同，可以将 ACL 分为基本 ACL、高级 ACL、二层 ACL 和用户自定义 ACL，不同 ACL 可以通过编号进行区分，其中应用最为广泛的是基本 ACL 和高级 ACL。

在网络设备上进行 ACL 配置时，每一个 ACL 都需要有一个编号，不同的 ACL 编号的取值范围不同。在进行 ACL 配置时，需要注意 ACL 的编号必须取该类型 ACL 可取范围内的数字。各类型 ACL 的区别见表 5-1。

表 5-1 各类型 ACL 的区别

ACL 的类型	编 号 范 围	规 则 描 述
基本 ACL	2000 ～ 2999	使用报文的源 IP 地址等信息定义规则
高级 ACL	3000 ～ 3999	使用报文的源 / 目的 IP 地址、源 / 目的端口号、报文优先级、协议类型等定义规则
二层 ACL	4000 ～ 4999	使用报文的源 / 目的 MAC 地址、二层协议类型等定义规则
用户自定义 ACL	5000 ～ 5999	使用报文头、偏移位置、字符串掩码和用户自定义字符串等定义规则

微课 5-2
ACL 的基本原理

5. 通配符掩码

通配符掩码是由 32 位二进制数组成，每 8 位为一组，将其转换成十进制进行表示，和 IP 地址一起使用。在通配符掩码位中，0 表示检查 IP 地址相应的位，1 表示不检查 IP 地址相应的位。在检查一个网络时，通配符与该网络子网掩码的反码相似。

6. ACL 的放置

在进行 ACL 放置时，应尽量考虑将高级 ACL 放置在靠近源位置上，保证被拒绝的数据包尽早被过滤掉，避免网路带宽的浪费。基本 ACL 的放置应考虑尽量靠近目的地址，由于基本 ACL 只使用源地址，若在靠近源端放置会导致阻止数据包流向其他端口。对于每种协议的每个接口的每个方向只能配置和应用一个 ACL。

7. ACL 作用方向

当在设备接口上应用 ACL 时，需要指明 ACL 是应用于流入数据还是流出数据。

5.1.2　基本 ACL 及其配置

基本 ACL 只能使用报文的源 IP 地址等信息定义规则，配置基本 ACL 的步骤如下：

1. 创建基本 ACL

创建基本 ACL 可分为创建数字型的基本 ACL 和命名型的基本 ACL。在创建数字型的基本 ACL 时，管理员在 VRP 系统的系统视图中使用的命令格式、关键词和配置参数如下。

微课 5-3
基本 ACL
创建

```
acl [ number ] acl-number [ match-order { auto | config } ]
```

管理员在系统视图中输入命令 acl 2000，即在系统中成功创建了 ACL 2000，同时进入 ACL 2000 视图。

1）number：可选关键词。在创建数字型的基本 ACL 时，管理员可以省略此关键词，直接输入 ACL 的编号。

2）acl-number：ACL 的编号。基本 ACL 的编号范围是 2000 ～ 2999。在使用特定的编号创建 ACL 后，系统会根据 ACL 类型提供规则配置参数。

3）match-order{auto|config}：指定 ACL 中规则的匹配顺序。这是一组关键词，必须在 auto 和 config 之间选择一个。默认的 ACL 匹配顺序是 config。

2. 配置基本 ACL 的规则

```
rule [ rule-id ] { deny | permit } [ source {source-address source-wildcard | any } | time-rage time-
name ]
```

配置基本 ACL 规则的命令包含以下关键词和配置参数。

1）rule [rule-id]：设置规则编号。规则编号是一个叮选参数。在默认情况下，系统会根据步长自动进行编号设置，默认步长为 5。系统在自动编号时，选取的第 1 个编号为步长值（即 5），第 2 个编号为第 1 个编号加步长（即 5+5=10），第 3 个编号为第 2 个编号加步长（即 10+5=15），以此类推。

2）deny|permit：设置规则的动作，deny 表示拒绝，permit 表示允许。

3）source{source-address source-wildcard|any}：设置匹配项。基本 ACL 需要根据源 IP 地址信息进行匹配，因此这一组是必选参数。管理员可以使用源 IP 地址 + 通配符掩码

的方式指定一台主机或多台主机，也可以使用 any 指定任意主机。any 相当于将源 IP 地址设置为 0.0.0.0，将通配符掩码设置为 255.255.255.255。

4）time-range time-name：设置 ACL 规则生效的时间段。time-name 是系统中配置的时间段名称，设备根据设定的时间段应用这条规则对数据包进行过滤。这是一组可选参数，当管理员没有在规则中配置这组参数时，该 ACL 规则总是生效。当管理员在规则中引用了一个系统中不存在的时间范围时，该规则不生效。

3. 应用基本 ACL

在流量过滤功能中应用基本 ACL 需要进入接口视图，命令如下。

微课 5-4
基本 ACL
设置位置

> Traffic-filter { inbound | outbound} acl { bas-acl | adv-acl | name acl-name}

1）inbound|outbound：指明基本 ACL 的应用方向，inbound 表示这是一个入方向的基本 ACL，过滤从接口收到的流量；outbound 表示这是一个出方向的基本 ACL，过滤从接口转发的流量。

2）acl{bas-acl|adv-acl|nameacl-name}：将具体的基本 ACL 应用在接口上。管理员可以在其中设置基本 ACL 的编号，也可以使用关键词 name 来指定命名型的基本 ACL。

☼【想一想】随着科技的发展，网络作为基础设施的作用愈发重要，交换机和路由器作为网络中的核心设备，想一想发展自主可控的网络核心设备，对我国的科技发展有哪些重要的作用。

4. 基本 ACL 的配置案例

某公司有网管办公区、财务部、市场部等部门，拓扑如图 5-1 所示，公司出于保护数据安全考虑，要求在路由器 AR1 上配置基本 ACL，实现只允许网管办公区的主机 Telnet 远程登录路由器，其余主机均不能 telnet 访问路由器。

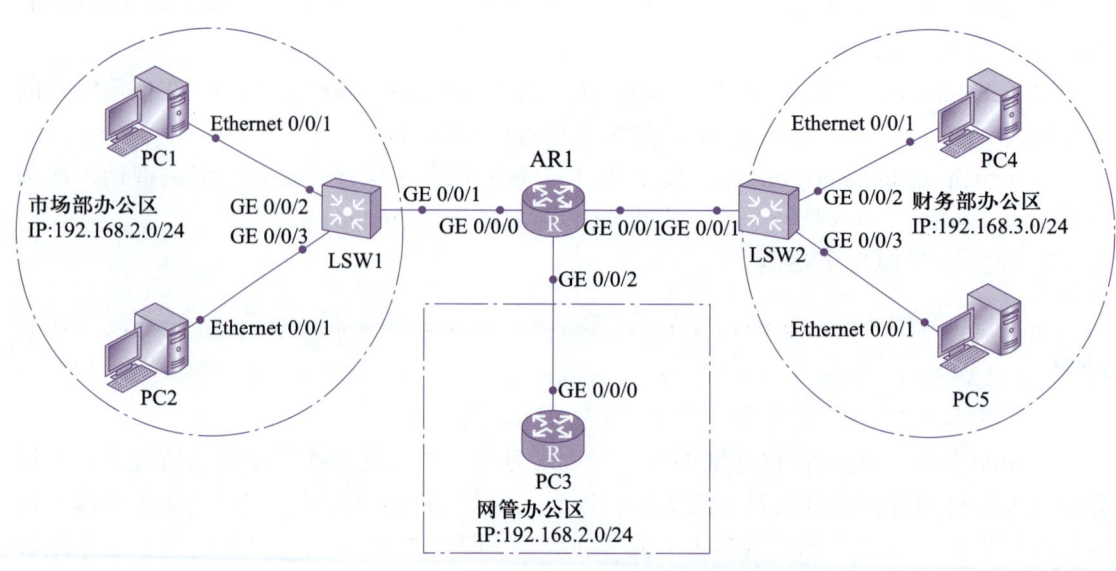

图 5-1 基本 ACL 验证案例

（1）案例配置思路

1）在路由器 AR1 上创建基本 ACL。

2）指定 ACL 规则。

3）配置虚拟类型终端。

4）在虚拟类型终端上应用所配置的基本 ACL。

（2）主要配置命令

1）在路由器 AR1 上创建基本 ACL。

```
［AR1］acl 2000
［AR1-acl-basic-2000］
```

2）创建完基本 ACL 后，在当前视图下就可以创建规则。首先制定一条规则，放行源 IP 地址为 192.168.1.1 的 PC3 的 IP 报文；接着指定一条拒绝放行源 IP 地址为任意地址的 IP 报文。

```
［AR1-acl-basic-2000］rule permit source 192.168.1.1 0
［AR1-acl-basic-2000］rule 10 deny
```

制定完规则后，退出到路由器的用户视图下执行 display acl 2000 命令，查看 ACL 2000 的配置命令。

```
<AR1>dis acl 2000
Basic ACL 2000, 2 rules
Acl's step is 5
 rule 5 permit source 192.168.1.1 0
 rule 10 deny
```

从显示的信息可以看到，基本 ACL 中已经存在两条规则，这两条规则自动编号分别是 5 和 10，回显信息中"Acl's step is 5"表示 ACL 规则编号默认步长是 5。

3）配置虚拟类型终端。

```
［AR1］user-interface vty 0 4
［AR1-ui-vty0-4］authentication-mode password
Please configure the login password (maximum length 16):123
［AR1-ui-vty0-4］user privilege level 15
```

4）在路由器 AR1 的虚拟类型终端的入接口上应用基本 ACL 2000。

```
［AR1］user-interface vty 0 4
［AR1-ui-vty0-4］acl 2000 inbound
```

（3）验证

1）在 PC3 上通过 Telnet 远程登录 AR1。

```
<PC3>telnet 192.168.1.254
 Press CTRL_] to quit telnet mode
 Trying 192.168.1.254 ...
 Connected to 192.168.1.254 ...
Login authentication
Password:123
```

```
<AR1>
```

2）在路由器 AR1 上查看 ACL 2000 配置信息。

```
<AR1>dis acl 2000
Basic ACL 2000, 2 rules
Acl's step is 5
 rule 5 permit source 192.168.1.1 0 (1 matches)
 rule 10 deny
```

"1 matches"表示规则匹配次数，在使用主机 PC3 进行 Telnet 登录路由器 AR1 时，匹配上了第一条规则一次。

3）在市场部办公区主机 PC2 上使用 Telnet 登录路由器 AR1，发现无法正常登录。

```
<PC2>telnet 192.168.2.254
Press CTRL_] to quit telnet mode
Trying 192.168.2.254 ...
Error: Can't connect to the remote host
```

4）再次在路由器 AR1 上查看 ACL 2000 配置信息。

```
<AR1>dis acl 2000
Basic ACL 2000, 2 rules
Acl's step is 5
rule 5 permit source 192.168.1.1 0 (1 matches)
rule 10 deny (1 matches)
```

发现回显数据中第二条规则的匹配次数也变成了 1，这说明 PC2 尝试 Telnet 登录 AR1 所发出的报文匹配了第二条规则。

5.1.3 高级 ACL 及其配置

高级 ACL 可以根据 IP 报文的源 IP 地址与目的 IP 地址、IP 报文的协议字段的值、IP 报文的优先级的值、IP 报文的长度值、TCP 报文的源端口号、TCP 报文的目的端口号、UDP 报文的源端口号、UDP 报文的目的端口号等信息来定义规则。基本 ACL 的功能只是高级 ACL 功能的一个子集，高级 ACL 可定义出更精准、更复杂、更灵活的规则。

1. 创建高级 ACL

创建高级 ACL 可分为创建数字型的高级 ACL 和命名型的高级 ACL。在创建数字型的高级 ACL 时，管理员在 VRP 系统的系统视图中使用的命令格式如下。

微课 5-5
高级 ACL
创建

```
acl [ number ] acl-number [ match-order { auto | config } ]
```

命令中包含的关键词和配置参数如下。

1）number：可选关键词，在创建数字型的高级 ACL 时，管理员可以省略此关键词，直接输入 ACL 的编号。

2）acl-number：ACL 的编号，高级 ACL 的编号范围是 3000 ～ 3999。在使用特定的

编号创建 ACL 后，系统会根据 ACL 类型提供规则配置参数。

3）match-order{auto|config}：指定 ACL 中规则的匹配顺序。这是一组关键词，必须在 auto 和 config 之间选择一个，默认的 ACL 匹配顺序是 config。

2. 配置高级 ACL 规则

配置高级 ACL 规则的命令为：

> rule［rule-id］{deny|permit } ip［ destination { destination-address destination-wildcard|any}］［
> source {source-address source-wildcard | any }］

高级 ACL 规则配置中与基本 ACL 重叠部分不再介绍，主要描述高级 ACL 独有部分。

1）ip：设置匹配项为任意 IP 协议。

2）destination{destination-address destination-wildcard|any}：设置匹配项，根据目的 IP 地址进行匹配。这是一组可选参数，管理员可以使用目的 IP 地址 + 通配符掩码的方式指定一台主机或多台主机，也可以使用关键词 any 指定任意主机。

3. 应用高级 ACL

在流量过滤功能中应用高级 ACL 需要进入接口视图，命令如下。

> Traffic-filter { inbound | outbound} acl { bas-acl | adv-acl | name acl-name}

微课 5-6
高级 ACL
放置位置

应用高级 ACL 的命令包含以下关键词和配置参数。

1）inbound|outbound：指明高级 ACL 的应用方向。inbound 表示这是一个入方向的高级 ACL，过滤接口收到的流量；outbound 表示这是一个出方向的高级 ACL，过滤从接口转发的流量。

2）acl{bas-acl|adv-acl|nameacl-name}：将具体的高级 ACL 应用在接口上。管理员可以在其中设置高级 ACL 的编号，也可以使用关键词 name 来指定命名型的高级 ACL。

4. 高级 ACL 配置案例

要求在路由器 AR2 上配置高级 ACL，在保证网络全通的情况下，实现 PC1 可以访问 FTP 服务器，禁止访问 Web 服务器；PC2 禁止访问 FTP 服务器，允许访问 Web 服务器，具体拓扑如图 5-2 所示。

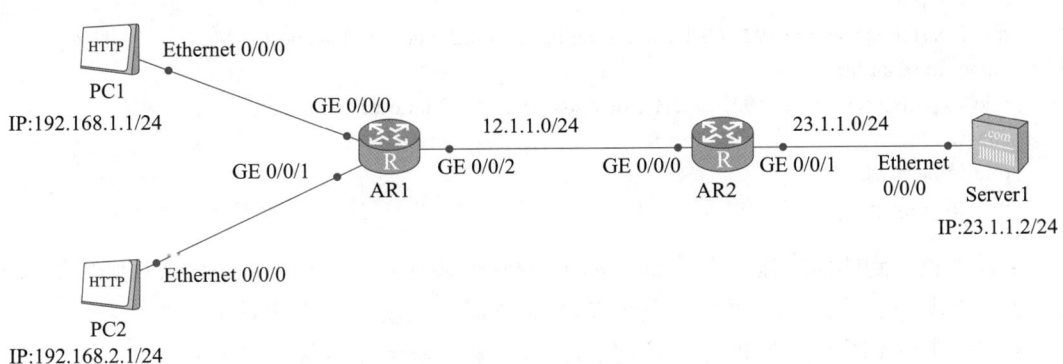

图 5-2　高级 ACL 部署验证

（1）案例配置思路

1）配置路由器接口 IP 地址，通过 OSPF 协议实现全网通。

2）配置 Server 服务器。

3）在路由器 AR2 上创建高级 ACL 3000。

4）在路由器 AR2 的入接口方向应用高级 ACL 3000。

（2）主要配置命令

1）在路由器 AR2 上创建高级 ACL 3000。

```
［AR2］acl 3000
［AR2-acl-adv-3000］
```

2）创建完高级 ACL 3000 后，在当前视图下就可以创建规则。首先制定一条规则，允许源 IP 地址为 192.168.1.1/24 的主机 PC1 通过端口 20 与 21 访问 FTP 服务器；然后制定源 IP 地址为 192.168.2.1/24 的主机 PC2 通过端口 80 访问 Web 服务器，接着制定一条规则允许 OSPF 报文通过，最后禁止其他所有报文通过。

```
［AR2-acl-adv-3000］rule 5 permit tcp source 192.168.1.1 0 destination 23.1.1.2 0 destination-port
range 20 21
［AR2-acl-adv-3000］rule 10 permit tcp source 192.168.2.1 0 destination 23.1.1.2 0 destination-port eq 80
［AR2-acl-adv-3000］rule 15 permit ospf
［AR2-acl-adv-3000］rule 20 deny ip
```

3）在路由器 AR2 的 GE0/0/0 接口应用高级 ACL 3000。

```
［AR2］int g0/0/0
［AR2-GigabitEthernet0/0/0］traffic-filter inbound acl 3000
```

（3）案例验证

1）在路由器 AR2 上输入 display acl 3000 命令查看 ACL 3000 具体配置信息。

```
<AR2>dis play acl 3000
Advanced ACL 3000, 4 rules
Acl's step is 5
rule 5 permit tcp source 192.168.1.1 0 destination 23.1.1.2 0 destination-port
range ftp-data ftp
rule 10 permit tcp source 192.168.2.1 0 destination 23.1.1.2 0 destination-port
eq www
rule 15 permit ospf
rule 20 deny ip
```

从以上查看到的信息显示当前高级 ACL 3000 中共有 4 条规则，系统默认规则步长为 5。

2）如图 5-3 所示，在 PC2 上登录 Web 服务器，发现可以正常登录。

3）如图 5-4 所示，在 PC2 上访问 FTP 服务器，显示连接服务器失败。

☼【想一想】网络安全对于维护国家稳定、保障人民权益非常重要，请查阅相关资料，了解近些年发生的网络安全事件，想一想，在网络安全方面，我们应该怎么做。

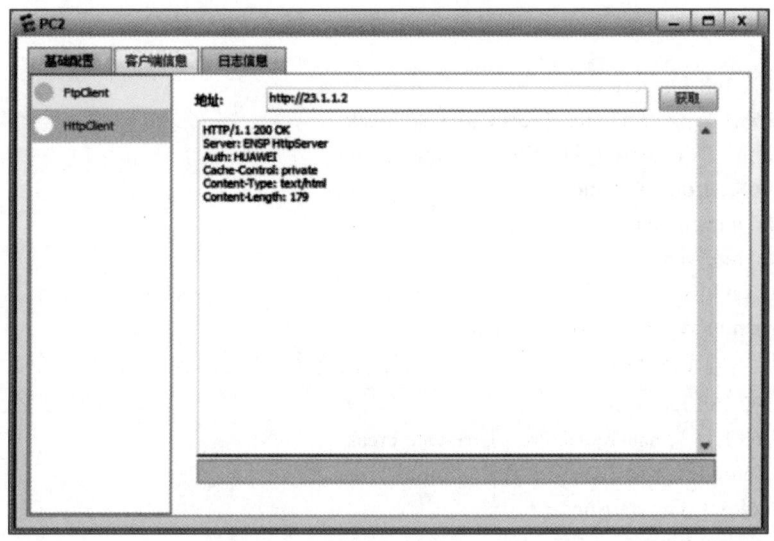

图 5-3　客户端成功登录 Web 服务器

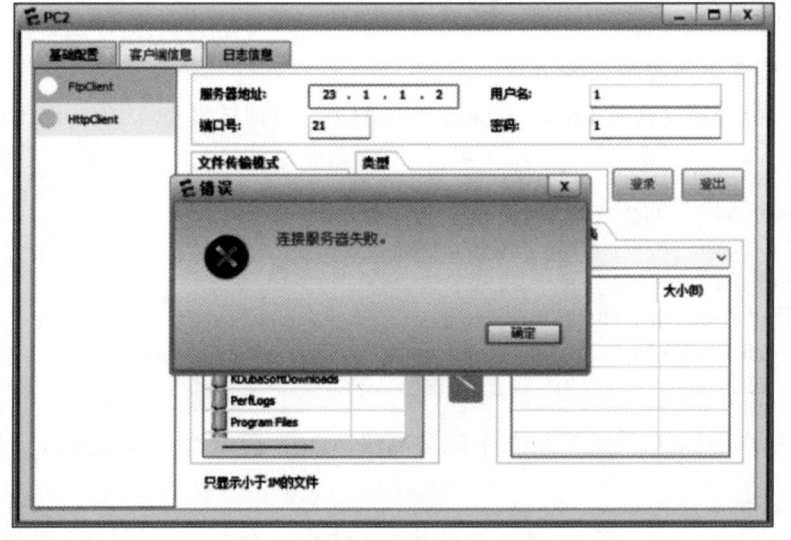

图 5-4　客户端登录 FTP 服务器失败

微课 5-7
配置访问
控制列表
ACL

任务实施 ▶▶

1. 配置思路
- 第 1 次测试设备间的连通情况
- 配置访问控制列表 ACL
- 第 2 次测试设备间的连通情况
- 保存设备配置

2. 配置过程

步骤 1：第 1 次测试设备间的连通情况。

1）使用昆明分公司研发部终端的命令行界面，输入以下命令。

```
PC>ping 192.168.1.1 -c 1
Ping 192.168.1.1: 32 data bytes, Press Ctrl_C to break
From 192.168.1.1: bytes=32 seq=1 ttl=127 time=31 ms
--- 192.168.1.1 ping statistics ---
  1 packet(s) transmitted
  1 packet(s) received
  0.00% packet loss
  round-trip min/avg/max = 31/31/31 ms
```

2）使用四川电商枢纽线上运维部门终端的命令行界面，输入以下命令。

```
PC>ping 192.168.1.1 -c 1
Ping 192.168.1.1: 32 data bytes, Press Ctrl_C to break
From 192.168.1.1: bytes=32 seq=1 ttl=127 time=31 ms
--- 192.168.1.1 ping statistics ---
  1 packet(s) transmitted
  1 packet(s) received
  0.00% packet loss
  round-trip min/avg/max = 31/31/31 ms
```

步骤 2：配置访问控制列表 ACL。

1）在西安分公司交换机 LSW2 上部署基本 ACL，限制昆明分公司的研发部访问财务部。

```
[LSW2] acl 2000
[LSW2-acl-basic-2000] rule deny source 192.168.2.0 0.0.0.255
[LSW2-acl-basic-2000] rule permit source any
[LSW2-acl-basic-2000] quit
[LSW2] interface Ethernet0/0/1
[LSW2- Ethernet0/0/1] traffic-filter outbound acl 2000
[LSW2- Ethernet0/0/1] quit
```

2）在四川电商枢纽路由器 AR7 上部署高级 ACL，限制线上运维部访问财务部。

```
[AR7] acl 3000
[AR7-acl-adv-3000] rule deny ip source 192.168.4.0 0.0.0.255 destination 192.168.1.0 0.0.0.255
[AR7-acl-adv-3000] q
[AR7] interface GigabitEthernet 0/0/1
[AR7-GigabitEthernet0/0/1] traffic-filter inbound acl 3000
[AR7-GigabitEthernet0/0/1] quit
```

步骤 3：第 2 次测试设备间的连通情况。

1）使用昆明分公司研发部终端的命令行界面，输入以下命令。

```
PC>ping 192.168.1.1 -c 1
Ping 192.168.1.1: 32 data bytes, Press Ctrl_C to break
Request timeout!
--- 192.168.1.1 ping statistics ---
  1 packet(s) transmitted
```

> 0 packet(s) received
> 100.00% packet losss

2）在线上运维部终端的命令行界面，输入以上同样的命令，测试设备间的连通情况。

步骤 4：保存设备配置。

使用 save 命令保存西安分公司交换机 LSW2、四川电商枢纽路由器 AR7 的配置。

技能训练 ▶▶

为了进一步加强管理，确保数据安全，A 集团决定在财务数据安全方面进一步加强管理，具体要求是在昆明分公司和四川电商枢纽的财务部门工作时间上午 9:00 至 12:00，下午 14:00 至 18:00 内，禁止财务部门员工访问外部网络，请按照要求完成安全策略的部署。

任务5.2　配置网络地址转换NAT

任务引入 ▶▶

为了实现员工能够访问 Internet 以及出差员工可以访问企业内部数据中心，公司决定申请公网地址，计划在昆明分公司、西安分公司、四川电商枢纽网络出口处部署 NAT 技术，同时，将内网服务器映射到公网提供服务，该任务由信息化部的小杨来完成。小杨将在这些分公司三层路由设备上部署 NAT 技术，确保内部私有网络能够安全、高效地连接到外部 Internet。

任务分析 ▶▶

为了顺利完成 NAT 技术的部署，小杨需要了解 NAT 技术的工作原理及类型，掌握 NAT 技术的应用场景及优缺点，具备各种 NAT 技术的配置能力。小杨通过交流学习、查阅资料、实践练习等方式，提升自己的相关知识和技能，才能确保完成好该项任务。

知识准备 ▶▶

5.2.1　NAT 技术基础

1. NAT 技术的基本概念

随着 Internet 的快速发展，每一台接入 Internet 的主机必须拥有一个唯一的、合法的 IP 地址。但是现有的 TCP/IP 协议版本仍然是由 IPv4 版本实现网络中主机的通信，无法满足所有接入网络的主机独享一个唯一且合法的 IP 地址，IPv4 地址短缺已经成为一个十分突出的问题。网络地址转换（Network Address Translation，NAT）技术是解决这一问题的重要手段之一。

微课 5-8
NAT 技术
的基本
概念

NAT 是一个 IETF 标准，NAT 技术使得一个私有网络可以通过 Internet 注册的 IP 连接到外部网络，位于内部网络（私有 IP 地址）和外部网络（公有 IP 地址）之间的 NAT 路由器在进行数据转发时，将内部网络的 IP 地址转换为一个外部合法的 IP 地址，或将外部 Internet 传输过来的 IP 地址转换为一个内部私有 IP 地址。同时 NAT 技术也可以应用在防火墙技术中，将内部私有 IP 地址进行隐藏不被外界发现，起到保护内部网络设备的作用。

2. NAT 的基本术语

1）内部网络（Inside Network）：连接 NAT 路由器上被定义为 Inside 接口的网络。

2）外部网络（Outside Network）：连接 NAT 路由器上被定义为 Outside 接口的网络。

3）公有 IP 地址：由专门的机构进行管理和分配，可以直接在互联网进行通信，需要付费使用。

4）私有 IP 地址：任何人可以随意使用，无法直接在互联网进行通信，无须付费。在之前学习 IP 地址时，对于私有 IP 地址进行了定义，私有 IP 地址不能直接连接 Internet，需要通过 NAT 等技术接入 Internet。由于私有 IP 地址不能出现在 Internet 中，因此每个私有网络都可按各自需求选取合适的私有 IP 地址，私有 IP 地址在本私有网络中不可重复，但不同的私有网络中允许出现相同的私有 IP 地址。通过重复利用私有 IP 地址，可以有效地节省 IP 地址空间。私有 IP 地址范围与数量见表 5-2。

表 5-2　私有 IP 地址范围与数量

类　　别	私有地址范围	IP 地址数量
A 类	10.0.0.0—10.255.255.255	16777216
B 类	172.16.0.0—172.31.255.255	1048576
C 类	192.168.0.0—192.168.255.255	65536

5）内部全局地址：当内部主机访问外网时，NAT 路由器分配给内部主机的有效公网地址。

6）外部全局地址：分配给 Internet 上主机的可达 IP 地址。

3. NAT 技术的工作原理

如图 5-5 所示，当内部主机 PC1 希望与外部网络 Web 服务器进行通信时，其所发送的数据包会先到达具有 NAT 功能的边界路由器 AR1 上，AR1 读取该数据包，并获得目的 IP 地址，检查该数据包是否符合 IP 地址转换条件。AR1 上有一个 ACL 用于确定内部网络中可进行转换的有效主机。路由器 AR1 将 PC1 的内部私有 IP 地址 192.168.1.10 转换为公网 IP 地址 12.1.1.3，并且将转换条目存储在 NAT 表中，再将转换 IP 地址后的数据包发送到 Web 服务器。Web 服务器返回的数据包目的地址是公网 IP 地址 12.1.1.3，路由器 AR1 收到数据包后，根据 NAT 表中的条目，将该数据包中的目的地址转（公网地址）换成私有地址，然后将数据转发给主机 PC1，NAT 映射表见表 5-3，若 NAT 表中没有对应的转换条目，则将该数据包丢弃。

4. NAT 的分类

NAT 主要包含静态 NAT、动态 NAT、NAPT 和 Easy IP 等。

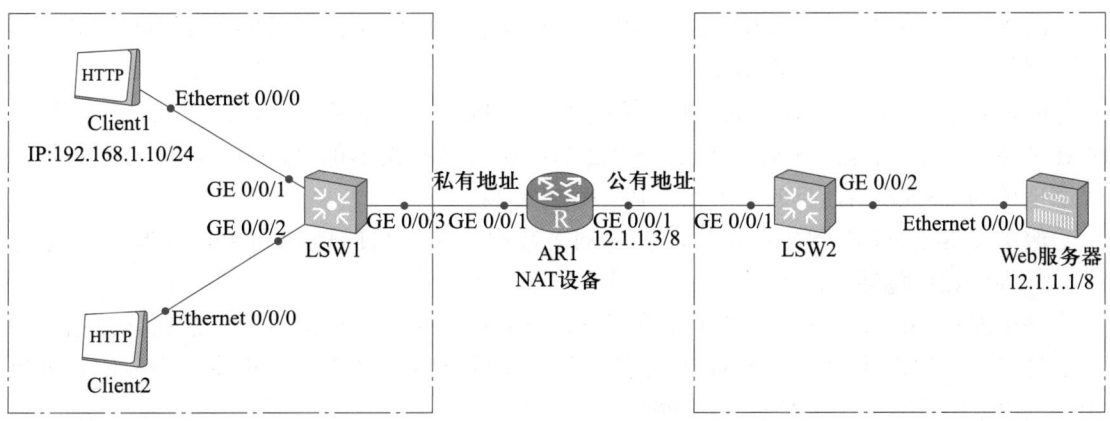

图 5-5　网络地址转换

表 5-3　NAT 映射表

私有 IP 地址	内部全局地址	外部全局地址
192.168.1.10/24	12.1.1.3/8	12.1.1.1/8

1）静态 NAT：把一个私有 IP 地址映射为一个固定共有 IP 地址。静态 NAT 的特点就是每一个私有 IP 地址都有一个与之绑定的公有 IP 地址。

微课 5-9
静态 NAT
工作过程

静态 NAT 的工作过程如图 5-6 所示，NAT 路由器 AR1 左侧接口 GE0/0/0（IP 地址为 192.168.1.254/24）连接内部私有网络，右侧接口 GE0/0/1（IP 地址 8.8.8.1/24）连接 Internet，路由器中有多个公有 IP 地址可用于转换，公网中有一主机 PC2 的 IP 地址为 8.8.8.8/24，见表 5-4，现 PC2 需要访问内网服务器。

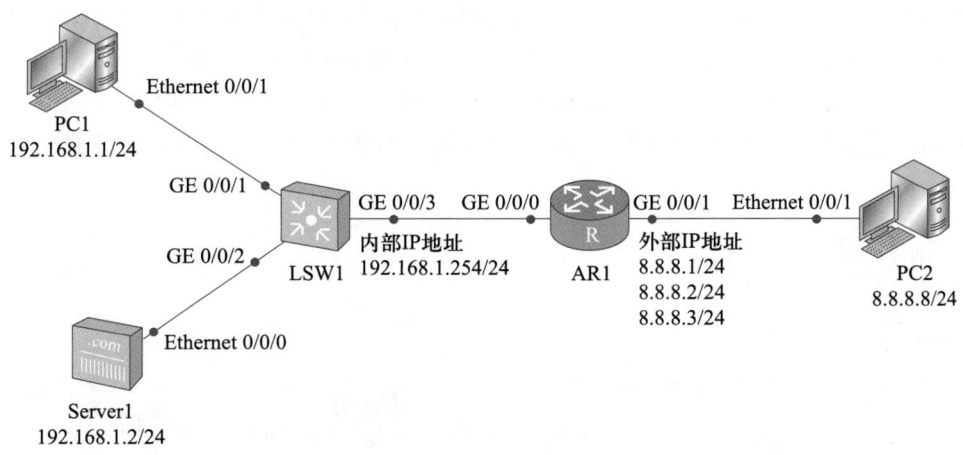

图 5-6　静态 NAT 的工作过程

表 5-4　路由器静态 NAT 映射表

内部私有地址	外部公有地址
192.168.1.1/24	8.8.8.2/24
192.168.1.2/24	8.8.8.3/24

PC2 发送数据给服务器 Server1，数据包源地址为 8.8.8.8/24，目的地址为 8.8.8.3；将该数据包转发给 NAT 路由器 AR1。

NAT 路由器 AR1 的 GE0/0/1 接口接收到来自 PC2 发出的数据包后，对照路由器静态 NAT 映射表将目的地址转换为 192.168.1.2/24；这时从路由器的 GE0/0/0 接口出去的数据包源地址为 8.8.8.8/24，目的地址为：192.168.1.2/24。

服务器 Server1 收到数据包后，会将响应数据封装在目的地址为 8.8.8.8/24 的数据包中，并将该数据包转发出去。

路由器的 GE0/0/0 接口接收到服务器 Server1 发回的响应数据包后，根据该数据包中的源地址，对照路由器静态 NAT 映射表将源地址转换为 8.8.8.3/24。再将转换后的数据包由 GE0/0/1 接口转发出去给到主机 PC2。

静态 NAT 主要用于私有网络内服务器需要对外提供服务的场景，采用固定一对一的内外网 IP 地址映射关系，因此外网的主机可以根据访问外网 IP 地址访问内网的服务器。

☼【想一想】随着互联网的蓬勃发展，网络不断改变人们学习和生活的方式，作为一名网络技术人员，是否应该具有持续学习的能力和创新的思维模式？

微课 5-10
动态 NAT
工作过程

2）动态 NAT：动态 NAT 是通过地址池的概念实现私有 IP 地址与共有 IP 地址池的映射关系，将一个 IP 地址转换为一组外部地址 IP 地址池中的一个地址。

网络管理员可以在 NAT 路由器上创建一个公有 IP 地址池，NAT 设备根据内部主机访问互联网的实际需求分配公有 IP 地址。当公有 IP 地址与私有 IP 地址相互映射时，该公有地址在地址池中状态会被标记为已使用，地址池中其他未与私有 IP 地址进行映射的公有 IP 地址会被标记为未使用。当内部主机不再访问 Internet 时，地址池中分配给其所使用的公有 IP 地址会被回收，重新标记为未使用，并且可以和其他主机建立映射关系。动态 NAT 的转换和静态 NAT 的转换十分相似，只是公有的 IP 地址不能永久被一个确定的私有 IP 地址占用。

动态 NAT 的工作过程如图 5-7 所示，NAT 路由器 AR1 左侧接口 GE0/0/0（IP 地址为 192.168.1.254/24）连接内部私有 IP 地址，右侧接口 GE0/0/1（IP 地址 8.8.8.1/24）连接 Internet，且路由器中还有多个公有 IP 地址可用于转换，公网中服务器的 IP 地址为 8.8.8.8/24，见表 5-5，实现 PC1 通过 NAT 路由器进行地址转换后要访问服务器。

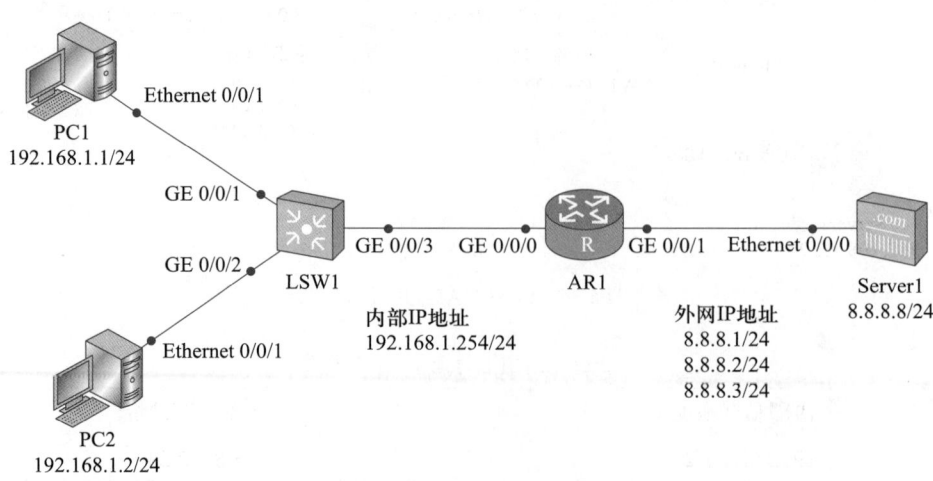

图 5-7　动态 NAT 的工作过程

表 5-5　路由器动态 NAT 映射表

内部私有地址	外部公有地址
192.168.1.1/24	8.8.8.2/24
192.168.1.2/24	8.8.8.3/24

PC1 发送数据给服务器 Server1，数据包源地址为 192.168.1.1/24，目的地址为 8.8.8.8；将该数据包转发给 NAT 路由器 AR1。

当 NAT 路由器 AR1 的 GE0/0/0 接口接收到来自 PC1 发出的数据包后，对照路由器静态 NAT 映射表将目的地址转换为 8.8.8.2/24；这时从路由器的 GE0/0/1 接口出去的数据包源地址为 8.8.8.2/24，目的地址为 8.8.8.8/24。此时路由器 IP 地址池中有多个公用 IP 地址，当需要进行 NAT 转换时，路由器会在 IP 地址池中选择一个未被占用的公有 IP 地址进行转换。由于 8.8.8.1/24 已经被路由器的 GE0/0/1 接口占用，剩余 3 个 IP 地址均未被占用，路由器选择第 1 个未被占用的 IP 地址。若此时 PC2 也要访问服务器 Server1，路由器会选择第 2 个未被占用的 IP 地址（8.8.8.3/24）进行映射。IP 地址池中的 IP 地址数量决定了可允许最多几台主机同时访问服务器，当地址池中的公有 IP 地址都被使用，那么内网中的其他主机就无法正常访问服务器。当内部网络主机与服务器之间的通信结束后，会释放被占用的公有 IP 地址，释放后的 IP 地址就可以被内部私有网络中其他主机使用。

源 IP 地址为 8.8.8.2/24 的数据包在 Internet 上进行转发，最终被服务器 Server1 接收。

当服务器 Server1 接收到数据包后，会将响应数据封装在目的地址为 8.8.8.2/24 的数据包中，并将该数据包转发出去。

当路由器的 GE0/0/1 接口接收到服务器 Server1 发回的响应数据包后，根据该数据包中的目的地址，对照路由器静态 NAT 映射表将目的地址转换为 192.168.1.1/24。再将转换后的数据包由 GE0/0/0 接口转发出去给到主机 PC1。PC1 通过数据包中的源 IP 地址可以得到该数据包是由 Internet 上的服务器 Server1 发来的。

3）NAPT：是指以 IP 地址 + 端口号作为转换条件，将专用网络内部私有 IP 地址 + 端口号转换为外部公网 IP 地址 + 端口号，这一转换关系解决了 NAT 中一个内部 IP 地址对应一个外部公网 IP 地址。使得一个 IP 地址和多个端口号进行组合，可使用的端口号范围为 1024～65535；路由器上可用的网络地址映射关系条目增多，可以满足大量内网主机访问外网的需求。

微课 5-11
动态 NAPT
工作过程

NAPT 的工作过程图 5-8 所示，其地址对应关系见表 5-6。

PC1 访问服务器 Server1，数据包源地址为 192.168.1.1/24，源端口号为 2000，目的地址为 8.8.8.8，目的端口号为 80。

当路由器 AR1 的 GE0/0/0 接口接收到来自 PC1 发出的数据包后，对照路由器 NAPT 映射表将源 IP 地址转换为 8.8.8.1/24，端口号为 80；这时从路由器的 GE0/0/1 接口出去的数据包源地址为 8.8.8.1/24，源端口号为 80；目的地址为 8.8.8.8/24，目的端口号为 80。

当服务器 Server1 收到数据包后，会将响应数据封装在目的地址为 8.8.8.1/24 的数据包中，并将该数据包转发出去。

当路由器的 GE0/0/1 接口接收到服务器 Server1 发回的响应数据包后，根据该数据包中的目的地址，对照路由器静态 NAPT 映射表将目的地址转换为 192.168.1.1/24，端口号为 2000。再将转换后的数据包由 GE0/0/0 接口转发出去给到主机 PC1。主机 PC1 可以通过接收到的数据包中源 IP 地址及端口号（8.8.8.8:80）知道该数据包是由服务器 Server1 返回的数据。

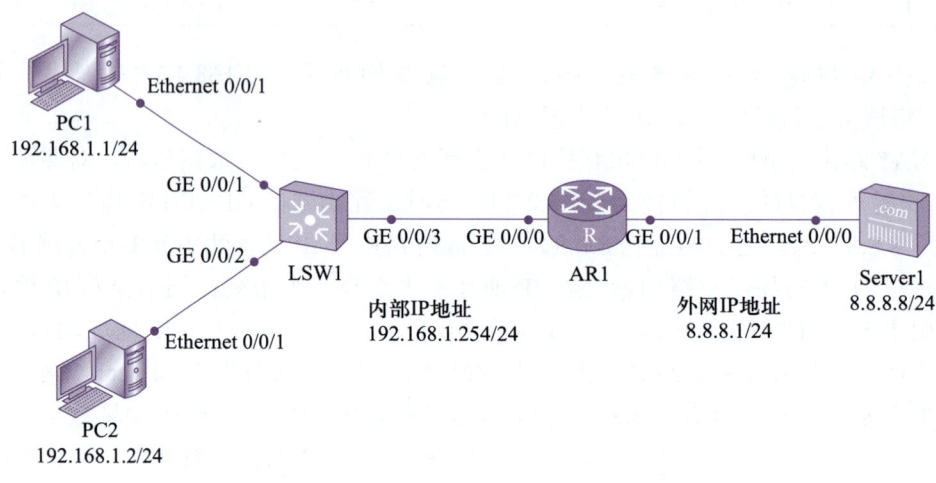

图 5-8　NAPT 的工作过程

表 5-6　路由器 NAPT 映射表

协　　议	内部私有地址	外部公有地址
TCP	192.168.1.1:2000	8.8.8.1:3000

4）Easy-IP：是 NAPT 的一种实现方式，直接利用路由器出接口上的 IP 地址作为公网 IP 地址，不需要创建地址池，将不同的内部 IP 地址映射到同一公网 IP 地址下的不同端口，实现一对多的转换。Easy-IP 也会建立一张动态地址及端口映射表，若路由器出接口的 IP 地址发生变化，则次映射表中公网 IP 地址也会发生相应的变化。Easy-IP 主要适用于小规模局域网中的主机访问 Internet 的情况。

微课 5-12
Easy-IP
工作过程

　　Easy-IP 的工作原理与 NAPT 类似，也是利用 IP 地址 + 端口号进行转换，只是 Easy-IP 的环境更为简单，由直接连接 ISP 出口的 IP 地址提供 NAT，连接 ISP 接口的 IP 地址通常是由 ISP 分配的公有 IP 地址。Easy-IP 的工作过程如图 5-9 所示。

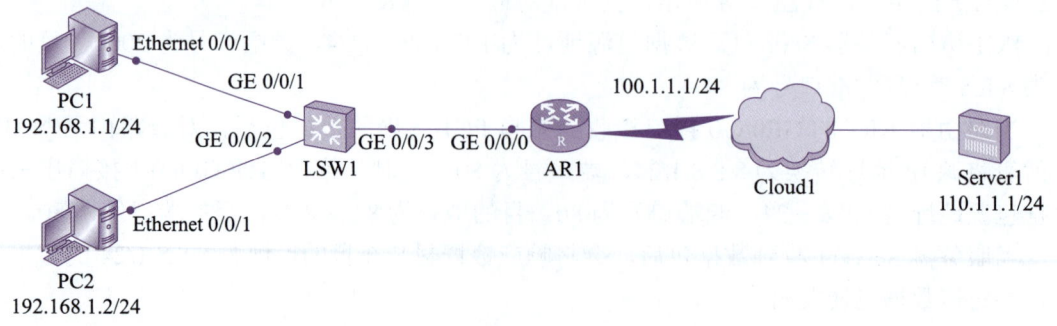

图 5-9　Easy-IP 的工作过程

5.2.2 静态 NAT 配置

1. 案例配置思路

1）配置各设备 IP 地址。

2）在路由器 AR1 上配置 NAT，将 Web 服务器的 IP 地址映射到 210.1.1.2/24 上。

2. 静态 NAT 配置命令

在路由器上配置 NAT，并将私有地址映射到公网地址的命令如下：

> nat static global *ip-address1* inside *ip-address2*

其中 *ip-address1* 为公网 IP 地址，*ip-address2* 为私有 IP 地址。

例如，在路由器 AR1 上将私有 IP 地址 192.168.1.1 映射到公网 IP 地址 210.1.1.2。

> ［AR1-GigabitEthernet0/0/1］nat static global 210.1.1.2 inside 192.168.1.1

✍【练一练】某公司新申请到两个公网 IP 地址 210.1.1.1/24 和 210.1.1.2/24。公司内部有一个 Web 服务器，IP 地址为 192.168.1.1/24，现在要求以静态 NAT 实现公司 Web 服务器能够向外提供服务，外部主机 IP 地址为 210.1.1.10/24。具体拓扑如图 5-10 所示。

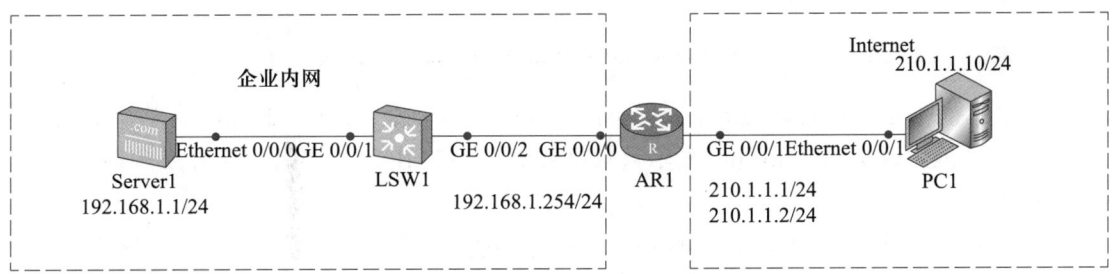

图 5-10　静态 NAT 配置验证

5.2.3 动态 NAT 配置案例

某公司新申请到一批公网 IP 地址 210.1.1.1 ～ 210.1.1.20。公司市场部主机由于业务需求想要接入 Internet，公司内部主机所在的私有网络地址为 192.168.1.0，现在要求使用动态 NAT 使得公司业务部的主机可以通过路由器 R1 映射到公网，实现内外网互相访问。具体拓扑如图 5-11 所示。

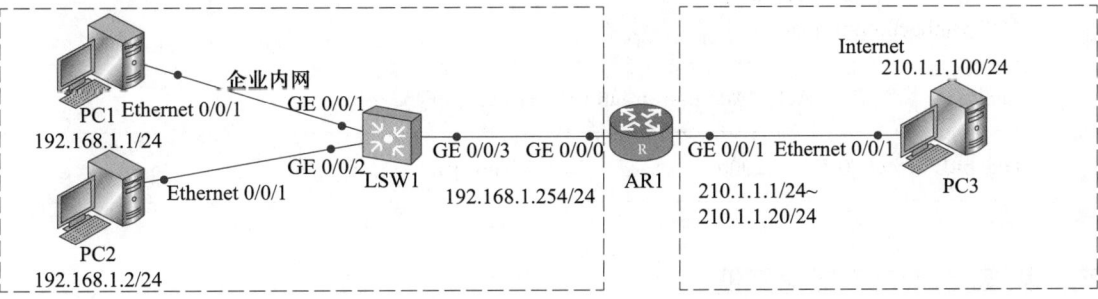

图 5-11　动态 NAT 配置验证

1. 案例配置思路

1）配置各设备 IP 地址。

2）在路由器 AR1 上创建公网 IP 地址池。

3）在路由器 AR1 上配置基本 ACL 规则，定义哪些主机可用于映射到公网。

4）在路由器 AR1 上配置动态 NAT，应用基本 ACL，将匹配上 ACL 规则的主机自动映射到公网 IP 地址池中。

2. 主要配置命令

1）按要求配置各设备 IP 地址。

2）在路由器 AR1 上创建公网 IP 地址池。

```
［AR1］nat address-group 1 210.1.1.2 210.1.1.20
```

3）在路由器 AR1 上创建基本 ACL 规则。

```
［AR1］acl 2000
［AR1-acl-basic-2000］rule permit source 192.168.1.0 0.0.0.255
［AR1-acl-basic-2000］quit
```

4）在路由器 AR1 上创建动态 NAT 并应用基本 ACL。

```
［AR1-GigabitEthernet0/0/1］nat outbound 2000 address-group 1 no-pat
```

上述配置中 nat address-group 用于创建公网 IP 地址池；nat outbound 将基本 ACL 与公网 IP 地址池进行关联；no-pat 表示只转换数据包中的 IP 地址信息，不转换端口信息。

3. 案例验证

在路由器 AR1 上执行 display nat address-group 1 命令，查看 NAT 地址池配置信息，执行 display nat outbound 命令，查看动态 NAT 配置信息。

```
［AR1］display nat address-group 1
NAT Address-Group Information:
-----------------------------------------
Index   Start-address   End-address
-----------------------------------------
1       210.1.1.2       210.1.1.20
-----------------------------------------
 Total : 1
［AR1］display nat outbound
NAT Outbound Information:
-----------------------------------------------------------------
Interface          Acl   Address-group/IP/Interface   Type
-----------------------------------------------------------------
GigabitEthernet0/0/1   2000                      1   no-pat
-----------------------------------------------------------------
```

5.2.4 动态 NAPT 配置案例

某公司由于业务扩展，新招收大量工作人员，有限的公网 IP 地址无法满足所有员工

的上网需求，公司只申请到 2 个公网 IP，其中 210.1.1.1 作为路由器 AR1 公网出口 IP 地址，210.1.1.2 作为访问 Internet 时使用的 IP 地址；现公司需要使用 NAPT 来满足所有员工上网需求。具体拓扑如图 5-12 所示。

微课 5-15
NAPT
配置

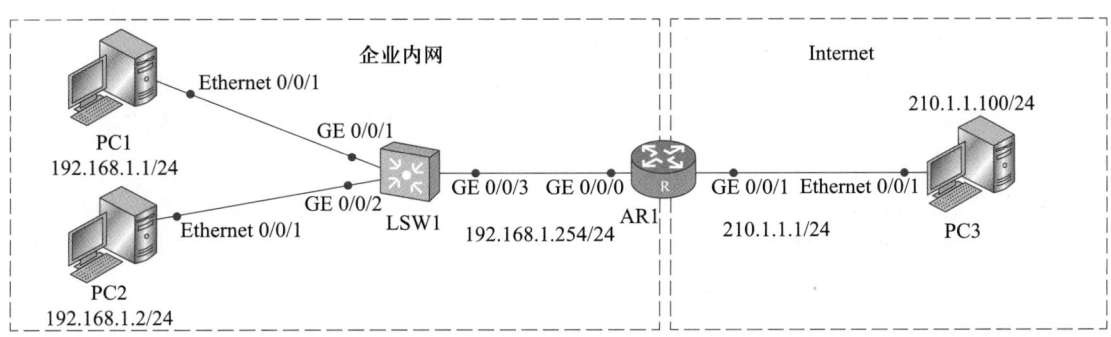

图 5-12　NAPT 配置验证

1. 案例配置思路

1）配置各设备 IP 地址。

2）在路由器 AR1 上创建公网 IP 地址池。

3）在路由器 AR1 上配置基本 ACL 规则，定义哪些主机可用于映射到公网。

4）在路由器 AR1 上配置动态 NAT，应用基本 ACL，将匹配上 ACL 规则的主机自动映射到公网 IP 地址池中。

2. 主要配置命令

1）按案例要求配置各设备 IP 地址。

2）在路由器 AR1 上创建公网 IP 地址池。

```
［AR1］nat address-group 1 210.1.1.2 210.1.1.2
```

3）在路由器 AR1 上创建基本 ACL 规则。

```
［AR1］acl 2000
［AR1-acl-basic-2000］rule permit source 192.168.1.0 0.0.0.255
［AR1-acl-basic-2000］quit
```

4）在路由器 AR1 上创建动态 NAT 并应用基本 ACL。

```
［AR1-GigabitEthernet0/0/1］nat outbound 2000 address-group 1
```

3. 案例验证

1）在内网主机 PC1 上执行 ping 210.1.1.100 命令，测试内网主机与公用网络上主机的连通性。

2）在路由器 AR1 上执行 display nat session all 命令，查看 NAPT 会话信息。

5.2.5 Easy-IP 配置案例

某公司由于业务扩展，新招收大量工作人员，有限的公网 IP 地址无法满足所有员工

微课 5-16
Easy-IP
配置

的上网需求，公司只申请到 1 个公网 IP 地址，210.1.1.1 作为路由器 AR1 公网出口 IP 地址；现公司需要使用 Easy-IP 来满足所有员工上网需求。

1. 案例配置思路

1）配置各设备 IP 地址。

2）在路由器 AR1 出接口上配置公网 IP 地址。

3）在路由器 AR1 上配置基本 ACL 规则，定义哪些主机可用于映射到公网。

4）在路由器 AR1 上配置动态 NAT，应用基本 ACL，将匹配上 ACL 规则的主机自动映射到公网 IP 地址池中。

2. 案例配置过程

1）按案例要求配置各设备 IP 地址。

2）在路由器 AR1 出接口 GE0/0/1 上配置公网 IP 地址。

```
［AR1-GigabitEthernet0/0/1］ip address 210.1.1.1 24
```

3）在路由器 AR1 上创建基本 ACL 规则。

```
［AR1］acl 2000
［AR1-acl-basic-2000］rule permit source 192.168.1.0 0.0.0.255
［AR1-acl-basic-2000］quit
```

4）在路由器 AR1 上创建动态 NAT 并应用基本 ACL。

```
［AR1-GigabitEthernet0/0/1］nat outbound 2000
```

在本案例中，使用 Easy-IP，有利于基本 ACL，使得所有从路由器 AR1 的 GE0/0/1 接口出去的数据包中的源 IP 地址都转换成该接口地址。Easy-IP 相当于简化的 NAPT，只是在 Easy-IP 中不需要再进行地址池的创建。

3. 案例验证

在路由器 AR1 上执行 display nat outbound 命令查看配置结果。

```
［AR1］display nat outbound
NAT Outbound Information:
----------------------------------------------------------------------
Interface         Acl   Address-group/IP/Interface    Type
----------------------------------------------------------------------
GigabitEthernet0/0/1    2000            210.1.1.1   easyip
----------------------------------------------------------------------
Total : 1
```

任务实施 ≫

1. 配置思路

■ 搭建网络

■ 部署网络地址转化技术并进行验证

■ 保存设备配置

2. 配置过程

步骤1：搭建网络。建立设备间的物理连接并启动设备，如图 5-13 所示。

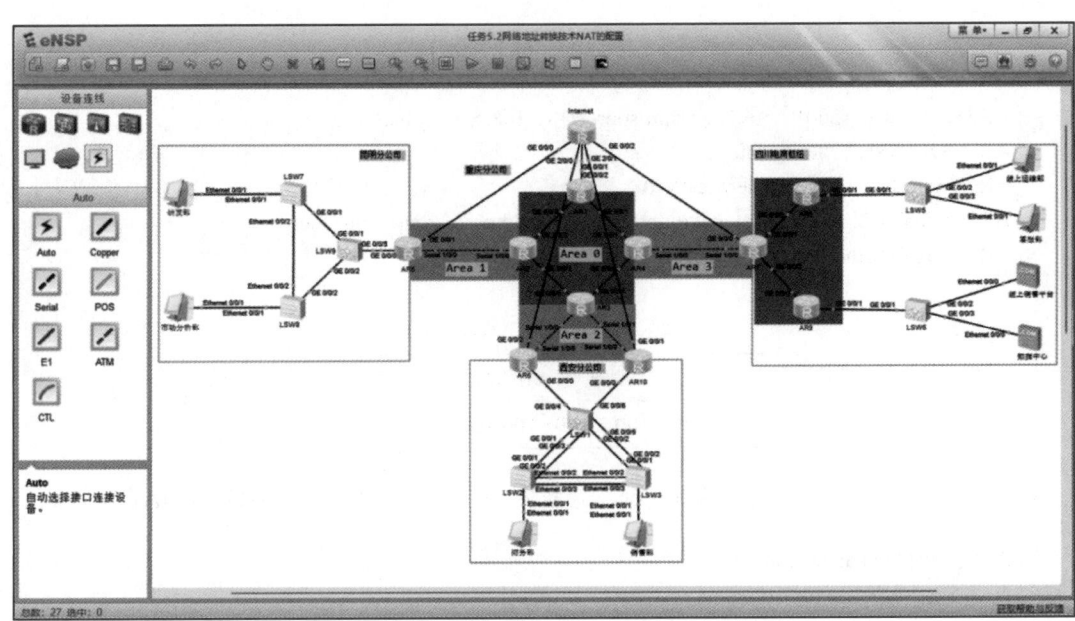

图 5-13

微课 5-17
配置网络
地址转换
NAT

图 5-13　网络地址转换技术 NAT 的配置拓扑

步骤2：部署网络地址转换技术并进行验证。

1）在四川电商枢纽路由器 AR7 上部署静态 NAT 协议，静态 NAT 映射表见表 5-7。

```
［AR7］interface GigabitEthernet0/0/0
［AR7-GigabitEthernet0/0/0］nat static global 100.100.3.252 inside 192.168.4.1
［AR7-GigabitEthernet0/0/0］quit
```

表 5-7　静态 NAT 映射表

私 有 地 址	公 有 地 址
192.168.4.1/24	100.100.3.252/24

2）线上运维部门访问 Internet，查看四川电商枢纽路由器 AR7 的 NAT 会话表。

```
［AR7］display nat session all
  NAT Session Table Information:
    Protocol         : ICMP(1)
    SrcAddr  Vpn     : 192.168.4.1
    DestAddr Vpn     : 100.100.3.254
    Type Code IcmpId : 0   8   54136
    NAT-Info
    New SrcAddr      : 100.100.3.252
    New DestAddr     : ----
    New IcmpId       : ----
```

```
   Total : 1s
```

3）在四川电商枢纽路由器 AR7 上部署动态 NAT 协议，动态 NAT 地址表见表 5-8。

```
[AR7] nat address-group 1 100.100.3.100 100.100.3.200
[AR7] acl 2001
[AR7-acl-basic-2001] rule 5 permit source 192.168.5.0 0.0.0.255
[AR7-acl-basic-2001] quit
[AR7] interface GigabitEthernet 0/0/0
[AR7-GigabitEthernet0/0/0] nat outbound 2001 address-group 1 no-pat
[AR7-GigabitEthernet0/0/0] quit
```

表 5-8 动态 NAT 地址表

公 有 地 址
100.100.3.100-100.100.3.200

4）使用客服部的设备访问 Internet，查看四川电商枢纽路由器 AR7 的 NAT 会话表。

```
[AR7] display nat session all
 NAT Session Table Information:
   Protocol       : ICMP(1)
   SrcAddr  Vpn   : 192.168.5.1
   DestAddr  Vpn  : 100.100.3.254
   Type Code IcmpId : 0  8  54297
   NAT-Info
   New SrcAddr    : 100.100.3.104
   New DestAddr   : ----
   New IcmpId     : ----
 Total : 1
```

5）在西安分公司路由器 AR6 和 AR10 上部署 NAPT 协议，NAPT 地址表见表 5-9。

```
[AR6] nat address-group 1 100.100.2.100 100.100.2.100
[AR6] acl 2000
[AR6-acl-basic-2000] rule 5 permit source 192.168.1.0 0.0.0.255
[AR6-acl-basic-2000] quit
[AR6] interface GigabitEthernet 0/0/2
[AR6-GigabitEthernet0/0/2] nat outbound 2000 address-group 1

[AR10] nat address-group 1 100.100.5.100 100.100.5.100
[AR10] acl 2000
[AR10-acl-basic-2000] rule 5 permit source 192.168.1.0 0.0.0.255
[AR10-acl-basic-2000] quit
[AR10] interface GigabitEthernet 0/0/1
[AR10-GigabitEthernet0/0/1] nat outbound 2000 address-group 1
[AR10-GigabitEthernet0/0/1] quit
```

表 5-9 NAPT 地址表

公 有 地 址
100.100.2.100
100.100.5.100

6）使用财务部或市场部的设备访问 Internet，查看西安分公司路由器 AR6 的 NAT 会话表。

```
［AR6］display nat session all
 NAT Session Table Information:
   Protocol        : ICMP(1)
   SrcAddr  Vpn    : 192.168.1.1
   DestAddr  Vpn   : 100.100.2.254
   Type Code IcmpId : 0  8  54555
   NAT-Info
   New SrcAddr     : 100.100.2.100
   New DestAddr    : ----
   New IcmpId      : 10241
 Total : 1
```

7）在昆明分公司路由器 AR5 上部署 Easy-IP。

```
［AR5］acl 2000
［AR5-acl-basic-2000］rule 5 permit source 192.168.0.0 0.0.3.255
［AR5-acl-basic-2000］quit
［AR5］interface GigabitEthernet 0/0/1
［AR5-GigabitEthernet0/0/1］nat outbound 2000
［AR5-GigabitEthernet0/0/1］quit
```

8）使用昆明分公司设备访问 Internet，查看昆明分公司路由器 AR5 的 NAT 会话表。

```
［AR5］display nat session all
 NAT Session Table Information:
   Protocol        : ICMP(1)
   SrcAddr  Vpn    : 192.168.2.1
   DestAddr  Vpn   : 100.100.1.254
   Type Code IcmpId : 0  8  57376
   NAT-Info
   New SrcAddr     : 100.100.1.253
   New DestAddr    : ----
   New IcmpId      : 10241
 Total : 1
```

9）在四川电商枢纽路由器 AR7 上部署 NAT Server 协议。

```
［AR7］interface GigabitEthernet 0/0/0
［AR7-GigabitEthernet0/0/0］nat server global 100.100.3.10 inside 192.168.7.1
［AR7-GigabitEthernet0/0/0］quit
```

10）使用 Internet 路由器访问数据中心设备，查看四川电商枢纽路由器 AR7 的 NAT 会话表。

```
［AR7］display nat session all
  NAT Session Table Information:
    Protocol        : ICMP(1)
    SrcAddr  Vpn    : 100.100.3.254
    DestAddr  Vpn   : 100.100.3.10
    Type Code IcmpId : 0  8  43982
    NAT-Info
    New SrcAddr      : ----
    New DestAddr     : 192.168.7.1
    New IcmpId       : ----
  Total : 1
```

步骤 3：保存设备配置。

使用 save 命令保存昆明分公司路由器 AR5，西安分公司路由器 AR6、AR10，四川电商枢纽路由器 AR7 的配置。

技能训练 ▷▷

请在重庆分公司应用网络地址转换技术，实现公司内部能够访问 Internet，需要考虑如何利用静态 NAT、动态 NAT 或 NAPT 等技术，将私有网络中的 IP 地址转换为可在 Internet 上路由的公有 IP 地址，同时，还需要考虑到当多个内部设备需要访问外部网络时，如何通过端口转换实现 IP 地址复用，以及如何配置 NAT 以支持外部用户访问内部服务器。

学习评价

项目 5　部署安全网络学习评价表

	评 价 内 容	学 生 自 评	小 组 互 评	教 师 评 价	综 合 评 价
知识	ACL 的基本原理	□ A □ B □ C	□ A □ B □ C	□ A □ B □ C	□ A □ B □ C
	基本 ACL 的部署场景	□ A □ B □ C	□ A □ B □ C	□ A □ B □ C	□ A □ B □ C
	高级 ACL 的部署场景	□ A □ B □ C	□ A □ B □ C	□ A □ B □ C	□ A □ B □ C
	基本 ACL 的工作过程	□ A □ B □ C	□ A □ B □ C	□ A □ B □ C	□ A □ B □ C
	高级 ACL 的工作过程	□ A □ B □ C	□ A □ B □ C	□ A □ B □ C	□ A □ B □ C
	NAT、NAPT、Easy-IP 的使用场景	□ A □ B □ C	□ A □ B □ C	□ A □ B □ C	□ A □ B □ C
	NAT、NAPT、Easy-IP 的特点	□ A □ B □ C	□ A □ B □ C	□ A □ B □ C	□ A □ B □ C

续表

	评 价 内 容	学 生 自 评	小 组 互 评	教 师 评 价	综 合 评 价
能力	能够配置基本 ACL	□A □B □C	□A □B □C	□A □B □C	□A □B □C
	能够配置高级 ACL	□A □B □C	□A □B □C	□A □B □C	□A □B □C
	能够配置动态 NAPT	□A □B □C	□A □B □C	□A □B □C	□A □B □C
	能够配置静态 NAT 和静态 NAPT	□A □B □C	□A □B □C	□A □B □C	□A □B □C
	能够配置 Easy-IP	□A □B □C	□A □B □C	□A □B □C	□A □B □C
素养	科技自立自强	□A □B □C	□A □B □C	□A □B □C	□A □B □C
	网络安全对维护国家稳定的重要性	□A □B □C	□A □B □C	□A □B □C	□A □B □C
	网络安全对保障人民权益的重要性	□A □B □C	□A □B □C	□A □B □C	□A □B □C
	细致认真、精益求精的精神	□A □B □C	□A □B □C	□A □B □C	□A □B □C
	良好的道德品质和社会责任感	□A □B □C	□A □B □C	□A □B □C	□A □B □C
	良好的沟通和协作能力	□A □B □C	□A □B □C	□A □B □C	□A □B □C
综合评价		□A □B □C			
学生签名：		老师签名：			

备注：A 表示"优秀"，B 表示"良好"，C 表示"合格"。

项目小结

本项目主要介绍了基本访问控制列表的相关概念与配置过程、地址转换技术中的静态地址转换，动态地址转换，网络地址端口转换与 Easy-IP 相关概念及配置过程。

ACL 是应用在路由器接口的指令列表，其主要作用是限制网络流量、提高网络性能，控制通信流量。访问控制列表主要分为基本 ACL 与高级 ACL，基本 ACL 只能基于源 IP 地址定义规则，采用基本 ACL 抓取的流量范围过大不够具体，因此基本 ACL 在流量过滤的应用中存在诸多局限。高级 ACL 可以对流量进行精准定义，是网络中进行流量控制的首选。

NAT 技术有效缓解了 IPv4 地址紧张的局面，该技术通过将多个私有地址转换为一个或多个公网地址，解决了内部网络的用户数量多而公网地址数量少的问题，同时提高网络的安全性。动态 NAT 技术是在 NAT 技术基础上增加地址池，使得内部私有地址与外部公有地址的对应关系是随机的，所有被授权访问 Internet 的私有 IP 地址可随机转换为任何地址池内未被占用的合法 IP 地址。

NAPT 是指使用一个合法公网地址，以不同的协议端口号与不同的内部地址相对应，即内部地址和端口与外部地址和端口之间的转换，用于企业只有一个公网 IP 但是有多个业务系统需要被互联网访问的场景。NAPT 也被称为"一对多"的 NAT。

Easy IP 可以将外部网络接口上的公网地址和内网用户的私有地址进行一对多映射，以满足用户访问外部网络的需求。在 Easy-IP 中，只使用一个公网 IP 地址，无须建立公有 IP 地址池。

本项目的学习重点是 ACL 的部署场景以及 NAT、NAPT、Easy-IP 的使用场景，学习难点是 ACL 的工作过程。

思考与练习

一、单选题

1. 下列选项中，（　　）是一条合法的基本 ACL 规则。

A. rule permit ip
B. rule deny ip
C. rule permit source any
D. rule deny tcp source any

2. 为了使主机 A 能访问公网，且公网用户也能主动访问主机 A，则此时在路由器上应该配置（　　）NAT 转换模式。

A. 静态 NAT
B. 动态 NAT
C. Easy-IP
D. NAPT

3. 以下 NAT 地址池配置正确的是（　　）。

A.［R1］nat address-group 1 122.1.2.14 122.1.2.3
B.［R1］nat address-group 1 122.1.2.1 122.1.2.3
C.［R1-GigabitEthernet0/0/1］nat address-group 1 122.1.2.14 122.1.2.3
D.［R1-GigabitEthernet0/0/1］nat address-group 1 122.1.2.1 122.1.2.3

4. 为了使主机 A 能访问公网，且公网用户也能主动访问主机 A，则此时在路由器上应该配置（　　）NAT 转换模式。

A. 静态 NAT
B. 动态 NAT
C. Easy-IP
D. NAPT

5. 一个公司网络中有 50 个私有 IP 地址，管理员使用 NAT 技术接入公网，且该公司仅有一个公网地址可用，则下列（　　）NAT 转换方式符合要求。

A. 静态转换
B. 动态转换
C. easy-ip
D. NAPT

二、填空题

1. 基于 ACL 规则定义方式的划分，可分为_____、_____、_____、_____、_____。

2. 基于 ACL 标识方法的划分，可分为_____、_____。

3. 让一台 IP 地址是 10.0.0.1 的主机访问 Internet 的必要技术是_____。

4. 地址转换技术主要方法有_____、_____、_____、_____。

三、简答题

1. 高级 ACL 可以基于哪些条件来定义规则？

2. 简述基本 ACL 与高级 ACL 的区别。

3. 描述静态地址转换工作过程。

4. 简述静态 NAT、动态 NAT、NAPT、Easy–IP 的特点。

项目 **6**
部署无线局域网络

【学习目标】

知识目标：

（1）了解无线网络的基本概念。

（2）了解无线网络的协议标准。

（3）理解无线网络设备。

（4）理解 WLAN 的组网方式。

（5）掌握 WLAN 的概念及工作原理。

能力目标：

（1）能够完成小型无线网络的规划与设计。

（2）能够完成 AC+Fit AP 的网络组建。

（3）能够完成 AC+Fit AP 的基础配置。

（4）能够完成 WLAN 的安全配置。

素养目标：

（1）通过了解我国无线通信技术的发展，培养学生科技强国的认同感，提高对无线通信技术在国家信息化建设中的重要地位的认识。

（2）通过设置无线局域网络，培养学生的网络安全意识，增强应对网络安全事件的处理能力和水平。

（3）培养学生团队协作意识和沟通能力，提升团队的凝聚力和合作力。

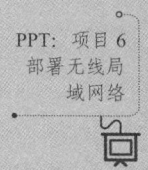

PPT：项目 6
部署无线局
域网络

任务6.1 认识无线网络

任务引入 ▶▶

随着移动互联网的普及和数字化生活方式的兴起,数字化转型已成为全球经济发展的重要趋势,对移动办公提出了新的需求,经过研判,A 集团公司决定在企业网络中部署无线局域网络,方便企业员工及客户上网等需求,并保障信息传输的高效性和安全性。信息化部委派小杨负责本次昆明分公司无线网络的规划和部署任务。

任务分析 ▶▶

为了完成好本次任务,小杨需要学习无线网络的相关技术,了解不同类型的无线局域网络的技术标准及其在企业环境中应用,熟悉无线局域网的组成,掌握无线网络的基本原理、架构和工作机制,具备无线局域网络的设计、规划和部署能力。

知识准备 ▶▶

无线网络是移动终端最重要的网络接入途径。全球已经进入移动互联时代,大多数网民每天通过无线网络接入互联网,我国也在大力推进无线网络建设,实现车站、学校、医院、机场等公共区域的无线网络全覆盖。

6.1.1 无线网络特点与类型

无线网络(Wireless Network)是一种利用无线电波作为信息传输媒介的网络,无须有线传输介质,摆脱了有线网络的物理连接束缚,弥补了传统有线局域网传输不足的功能缺陷,提供了更高的灵活性和便捷性。无线网络技术允许电子设备(如个人计算机、手机、平板电脑等)在没有物理连接的情况下互相通信或连接到互联网。

1. 无线网络的特点

无线网络的核心技术是无线通信技术,与有线网络最大的区别在于传输介质不同。无线网络具有以下主要特点:

1)便捷性:无线网络无须布线,用户可以轻松接入网络,并在一定范围内自由移动,不受物理连接的限制。

2)灵活性:无线网络可以适应不同的环境和需求,支持多种设备接入,并提供多样化的服务。

3)可扩展性:无线网络可以通过增加无线接入点或扩大信号覆盖范围来扩展网络规模,满足更多用户的需求。

4)传输距离限制:无线网络的传输距离受到信号衰减和环境因素的影响,通常需要在一定的范围内才能保证稳定的连接。

5）安全性问题：无线网络容易受到信号干扰和黑客攻击，因此需要采取一定的安全措施来保护网络和数据的安全。

2. 无线网络的类型

无线网络可以根据不同的分类标准进行划分，根据网络覆盖范围不同，无线网络可以划分为无线广域网、无线城域网、无线局域网和无线个人局域网。

1）无线广域网（Wireless Wide Area Network，WWAN），基于移动通信基础设施，由网络运营商（如中国移动、中国联通等）经营，负责一个城市所有区域甚至一个国家所有区域的通信服务，可以使终端设备在移动蜂窝网络覆盖范围内的任何地方连接到互联网中，如4G、5G、卫星通信等。

2）无线城域网（Wireless Metropolitan Area Network，WMAN），覆盖一个城市或城镇的多个建筑的网络，主要用于将城市或地区的多个固定场所连接起来，适用于城市范围内的宽带接入服务。

3）无线局域网（Wireless Local Area Network，WLAN），在局部区域内以无线传输介质代替有线传输介质连接两个或多个设备形成的局域网，通常使用 IEEE 802.11 技术标准，常见的 WiFi 就属于 WLAN 的一种技术。WLAN 的覆盖范围一般在几十米到几百米之间，常见的部署场景如家庭、学校、企业办公楼等。

4）无线个人局域网（Wireless Personal Area Network，WPAN），将具有不同功能的单一设备在小范围内实现无线连接的网络，通常用于个人设备的短距离通信，如蓝牙（Bluetooth）、Zigbee 等。

6.1.2 无线网络协议标准

无线网络协议标准是为了规范和约束无线网络设备和系统之间的通信方式、数据格式、传输速率、安全性等方面而设计的一系列标准和规范，从而确保不同厂商的无线设备和系统可以互相兼容和协同工作。IEEE 802.11 系列协议由美国电气电子工程师协会（IEEE）制定，是目前 WLAN 最常用的协议标准。常见的 IEEE 802.11 协议标准的相关信息见表 6-1。

表 6-1 IEEE 802.11 协议标准的相关信息

协议标准	发布年份	兼容性	频段	理论最大传输速率
IEEE 802.11a	1999 年	—	5GHz	54Mbit/s
IEEE 802.11b	1999 年	—	2.4GHz	11Mbit/s
IEEE 802.11g	2003 年	兼容 802.11b	2.4GHz	54Mbit/s
IEEE 802.11n	2009 年	兼容 802.11a/b/g	2.4GHz&5GHz	600Mbit/s
IEEE 802.11ac	2013 年	兼容 802.11a/n	5GHz	6.9Gbit/s
IEEE 802.11ax	2019 年	兼容 802.11a/b/g/n/ac	2.4GHz&5GHz	9.6Gbit/s
IEEE 802.11be	2023 年	兼容 802.11a/b/g/n/ac/ax	2.4GHz&5GHz&6GHz	30Gbit/s

6.1.3　常用无线网络设备

WLAN 网络中常用的设备包括无线接入点和无线接入控制器两大类。

1. 无线接入点

无线接入点（Wireless Access Point，简称 AP）是一个无线网络的接入点，利用电磁波将有线网络信号转换为无线网络信号，为无线设备如智能手机、笔记本电脑等提供无线网络接入服务。AP 是 WLAN 的重要组成部分，为用户提供了便捷的无线网络接入方式。

无线 AP 从功能上可以分为"胖"AP（Fat AP）和"瘦"AP（Fit AP）。

Fat AP 是一种功能较为复杂的无线接入点，可以自主实现无线加入、安全加密、设备配置以及对无线数据的转发和管理等功能，其功能完善且独立性强，无须借助其他设备就能提供无线网络服务。Fat AP 的缺点是无法实现统一管理和配置，需要对每台 AP 单独进行配置和维护，因此不适合用于部署大规模的 WLAN，通常用于构建小型规模的 WLAN，如家庭无线网络、小型办公场所等，广泛使用的家用无线路由器就属于一种 Fat AP 产品，如图 6-1 所示。

Fit AP 是一种功能较为简单、体积较小的无线接入点。Fit AP 主要负责无线数据的转发和管理，但不具备对无线数据进行处理和分析能力，必须借助于无线接入控制器 AC 实现对无线网络的管理和控制，主要用于中大型 WLAN 中，如商场、超市、景点、酒店、企业办公等场所。华为 AP7060DN 是一种 Fit AP 产品，如图 6-2 所示。

图 6-1　家用无线路由器　　　　图 6-2　华为 AP7060DN

Fat AP 和 Fit AP 在功能、应用场景、管理方式等方面存在显著区别。Fat AP 拥有独立的操作系统，可以独立工作，能够进行单独配置和管理，而 Fit AP 无法单独进行配置和管理操作，需要借助无线控制器进行统一管理和配置。两者的主要区别见表 6-2。

表 6-2　Fat AP 和 Fit AP 的主要区别

区　别	Fat AP	Fit AP
安全性	单点安全，无整网统一安全能力	统一的安全防护体系，AP 和 AC 间通过数字证书进行认证，支持二层、三层安全机制
配置管理	每台设备需要单独配置，独立性强，无法集中管理，适合小型网络部署	Fit AP 零配置管理，统一由 AC 集中配置管理，配置和管理工作简化，适合大规模网络部署

续表

区　别	Fat AP	Fit AP
网络恢复能力	网络无法独自恢复，AP 故障会造成无线覆盖漏洞	在 AC 的集中管理下，Fit AP 具有故障自动恢复能力，自动进行 AC 切换
无缝漫游能力	不支持无缝漫游	支持无缝漫游
可扩展性	无扩展能力，新增 AP 需要单独配置	方便扩展，新增 AP 无须任何配置
高级功能	对于基于 WiFi 的高级功能，如安全、广告营销、语音等方面的支持相对有限，一般只提供基本的无线接入和安全认证功能	通过 AC，支持更高级的安全认证和加密功能、个性化页面推送、广告营销、语音等基于用户的业务及服务质量控制
应用场景	小型无线局域网	大型无线局域网

2. 无线接入控制器

无线接入控制器（Wireless Access Point Controller，AC）是一种无线局域网的接入控制设备，用于集中控制和管理无线网络中所有无线 AP。AC 负责把来自不同 AP 的数据进行汇聚并接入 Internet，同时完成 AP 设备的配置管理、无线用户认证、宽带访问、安全等控制功能，通过集中化管理和智能化控制，为无线网络提供了高效、安全、稳定的运行环境。华为 AC6005 是一种 AC 产品，如图 6-3 所示。

图 6-3　华为 AC6005

☼【想一想】我国无线技术发展迅速，产业链日益完善，主要的公共场所已基本实现无线网络全覆盖，这是否是国家综合实力的体现。

任务实施 ≫

1. 配置思路
- 信号覆盖设计
- 业务带宽设计
- 信道规划设计
- 组网架构设计
- 设备选型

2. 配置过程

步骤 1：信号覆盖设计。

在 Wi-Fi6 组网方案中，需要满足 95% 的覆盖区域场强≥ -65dBm，-65dBm 是工程实践中得出的经验值。

在本项目中，根据昆明分公司的需求将覆盖区域划分为重点覆盖区域、一般覆盖区域和特殊覆盖区域。

重点覆盖区域：招待室室内、培训室室内、会议室室内、办公室室内等区域，需要保证场强 ≥ −65dBm。

一般覆盖区域：如有阻挡的置物架内部、隔间很多、从走廊向室内覆盖的场景，属于次要业务活动区域，仅需要有网络覆盖，对于场强没有特殊要求。

特殊覆盖区域：客户基于业务安全或物业等其他原因考虑，限定的覆盖 / 安装区域或不允许覆盖 / 安装的区域，如保密室、卫生间等处不考虑信号覆盖。

步骤 2：业务带宽设计。

在 Wi-Fi6 组网方案中，需要满足每个用户的接入以及带宽要求，而用户的带宽要求则取决于用户的日常业务。

接入终端数：在当前覆盖区域中的接入终端总数。

终端类型：普通终端（如手机、平板电脑、笔记本电脑等）、特殊终端（如扫码枪、收银机等）。

各终端 MIMO 类型的占比，用于后续的 AP 性能估算。目前终端一般支持单空间流和双空间流，如果无法收集该信息，后续在进行 AP 性能估算时，可以按照双空间流终端进行估算。

步骤 3：信道规划设计。

为了最大限度地避免干扰，采用如下规划原则进行信道规划设计。

2.4G 蜂窝覆盖。2.4G 频段选用信道：1、5、9、13，前后左右上下任何方向上不使用同一个信道，避免相邻 AP 之间出现同频干扰。

5G 蜂窝覆盖。5G 频段选用信道：36、40、44、48、52、56、60、64、149、153、157、161、165，前后左右上下任何方向上不使用同一个信道，避免相邻 AP 之间出现同频干扰。

2.4G & 5G 双射频蜂窝覆盖。在使用双频 AP 时，2.4G 和 5G 需要分别规划信道，避免干扰。

对于多楼层的场景，除了要考虑和周边 AP 信道错开，还需要同时考虑和上下楼 AP 信道错开，以减少跨楼层信号干扰。

步骤 4：组网架构设计。

根据 AC 所管控的区域和吞吐量的不同，AC 部署在汇聚层。WLAN 网络中的数据包括控制报文和数据报文。控制报文是通过 CAPWAP 的控制隧道转发的，用户的数据报文按照是否通过 CAPWAP 的数据隧道转发分为隧道转发（集中转发）方式和直接转发（本地转发）方式。

本任务采用直接转发模式，由上层网络设备汇聚交换机作为 DHCP 服务器给终端分配 IP 地址并配置用户网关。

步骤 5：设备选型。

设备选型见表 6-3。

表 6-3 设备选型

设备类型	设备型号	说明
无线控制器	AC6005	无线控制器
AP	AirEngine 5761-11W	面板 AP，主要部署小型办公室
	AirEngine 5761-11	放装 AP，主要部署普通办公室和大型办公室
	AirEngine 6761-21T	高密 AP，主要部署大型会议室

技能训练 ▶▶

在完成昆明分公司的无线局域网络规划设计之后，随着公司业务的不断发展，集团公司决定，依据西安分公司以及四川电商枢纽各自实际的场地需求，分别开展关于信号覆盖、信道规划、组网架构以及设备选型等方面的设计工作，请设计合理的规划方案。

任务6.2 配置WLAN

任务引入 ▶▶

随着业务的不断拓展，A 集团昆明分公司经常接待大量人员来访交流，为确保来访人员方便上网，集团决定搭建并优化昆明分公司的无线网络环境，提供一个既覆盖广泛又安全稳定的无线网络，主要工作任务是评估昆明分公司当前的无线网络基础设施及现有的安全设置，设计一个合理的无线网络方案，以实现对各个关键区域的全面覆盖，并确保在高流量情况下无线网络的稳定性和可靠性，规划部署无线网络访问控制和身份验证解决方案，为来访人员提供一个安全可靠的网络环境。此项任务交由信息部的小杨来完成。

任务分析 ▶▶

为了顺利完成此次任务，小杨需要了解 WLAN 的工作原理、常用的无线网络结构类型和面临的安全威胁，掌握不同网络架构的优缺点和适用场景，熟悉 WLAN 的安全措施，具备无线网络规划，设备的安全、配置和调试能力。小杨通过学习交流、实践操作等方式，不断提升在企业无线网络部署方面的知识储备和技能水平，才能确保该项目的顺利完成。

知识准备 ▶▶

6.2.1 WLAN 工作原理

由于无线信道的特性和冲突检测的困难性，在无线网络中主要采用 CSMA/CA 进行介质访问控制和避免冲突，从而保证数据传输的可靠性。在 AC+Fit AP 组网中，AC 和 AP 的互联需要使用 CAPWAP 协议实现。CAPWAP 定义了 AP 和 AC 之间的通信规则，为实现 AP 和 AC 间的互通性提供了通用封装和传输机制。

1. CSMA/CA 协议

载波监听多路访问 / 冲突避免协议（Carrier Sense Multiple Access with Collision Avoidance，CSMA/CA）是一种在无线局域网中广泛使用的避免冲突的多址接入协议，通过载波监听（CSMA）和冲突避免（CA）两部分来避免冲突的产生，实现 WLAN 数据的可靠传输。

IEEE 802.11 的数据链路层协议与 IEEE 802.3 相似，由于 WLAN 中的无线电波传输距离受限，不是所有的节点都能监听到信号，并且无线网卡的工作模式为半双工，无法正确地检测到冲突，冲突也更难处理，因此采用"退避"来避免冲突。CSMA/CA 的工作流程如下：

当 STA 要发送消息之前，首先要进行监听信道，并检测信道是否有其他 STA 正在使用，如果信道空闲，则等待一个帧间间隔后，再监听信道，如果信道依然空闲，则开始发送消息。

如果检测到信道正在使用，则根据 CSMA/CA 退避算法，STA 将冻结退避计时器，并继续进行监听，只要信道空闲，再等待一个帧间间隔，若信道依然为空，则开始发送消息。

当接收端正确收到数据帧，则经过一段时间间隔后，向发送端发送 ACK 确认帧。

接收端收到该 ACK 确认帧后，确定发送的消息已正确到达接收端。

2. CAPWAP 协议

CAPWAP（Control And Provisioning of Wireless Access Points）是一种用于无线接入点 AP 的控制和配置的协议，定义了 AP 和 AC 之间的通信规则，为 AP 和 AC 之间的通信提供了一种通用封装和传输机制。当 AC 和 AP 之间建立 CAPWAP 隧道后，AC 利用 CAPWAP 协议实现对 AP 进行集中管理和配置，实现了在 AC 上对 AP 进行集中的管控和配置业务下发，避免了网络管理员对单个 AP 进行逐台配置的繁琐，极大地提高了 WLAN 的运维效率，并降低了运维成本。CAPWAP 协议的主要功能包括 AP 能够自动发现 AC，AC 对 AP 的管理和业务配置的下发，AP 和 AC 间状态机的运行和维护，以及移动终端数据的封装等。

6.2.2　WLAN 网络架构

1. Fat AP 网络架构

Fat AP 主要采用有线交换机加 Fat AP 的组网方式。Fat AP 除无线接入功能外，一般具有 WAN、LAN 两种接口类型，支持 DHCP、DNS 和 MAC 地址克隆，以及 VPN 接入、防火墙安全等功能，可以自行组建无线网络，控制接入的无线终端设备，独立实现无线网络管理功能，如图 6-4 所示。

微课 6-2
WI AN 组
网方式

2. Fit AP 网络架构

当使用 Fit AP 构建 WLAN 时，一般采用无线接入控制器 AC+AP 的组网方式，Fit AP 作为无线接入点，无须配置，只负责无线信号的接收，不具备管理控制功能，主要通过 AC 实现对 WLAN 的统一配置和管理，通过在 AC 上统一配置后再向指定的 AP 下发控制策略，如图 6-5 所示。

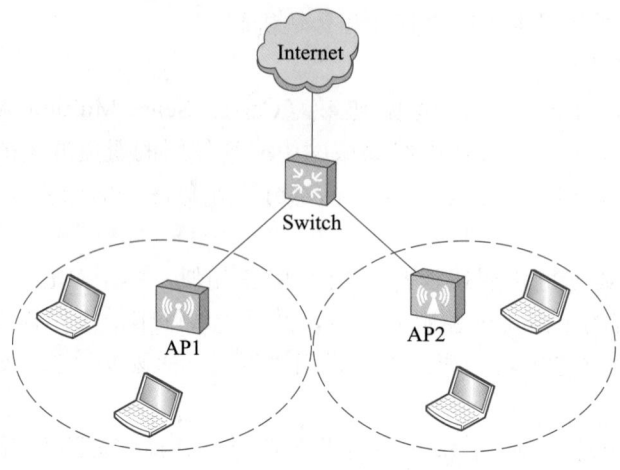

图 6-4 Fat AP 网络架构

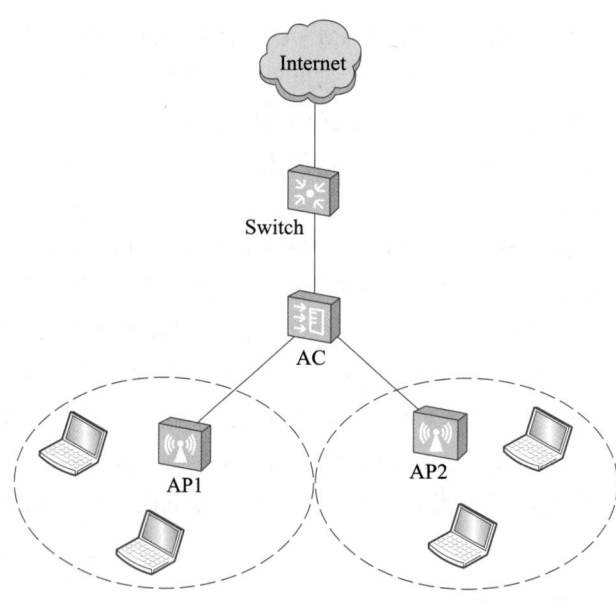

图 6-5 Fit AP 网络架构

6.2.3 WLAN 基本配置

1. WLAN 的基本配置流程

目前市场上采用最广泛的是 AC+Fit AP 架构，在使用该架构进行 WLAN 网络部署时，主要是进行有线网络和 AC 的配置，只有完成以下配置流程，才能实现 WLAN 的基本业务功能。

1）创建 AP 组，用于引用 WLAN 模板。

2）配置网络互通，包括 DHCP 服务器、IP 地址配置、VLAN 划分、路由配置等。

3）配置 AC 系统参数，包括创建域管理模板、AC 源接口、AP 认证方式以及 AP 上线。

4）配置 AC 为 Fit AP 下发 WLAN 业务，包括 SSID 模板、安全模板、VAP 模板等。

5）配置基本射频参数或创建射频模板，实现 STA 正常接入 WLAN。

2. WLAN 的基本配置命令

使用 AC+Fit AP 架构进行无线局域网部署时，AC 统一控制和管理 AP，无须配置 AP，只需在 AC 上进行相应的配置，因此网络管理员必须掌握 AC 的配置方法及命令。

1）创建 AP 组。一台 AC 可同时管理多个 AP，通常将需要进行相同配置的 AP 加入到同一个 AP 组中，对属于同一个 AP 组的 AP 进行统一配置。在默认情况下，系统中存在名为 default 的 AP 组。

在 WLAN 模式下，创建 AP 组的命令格式为：

ap-group name *group-name*

例如，在 AC1 的 WLAN 视图下，创建一个名为 ap-group1 的 AP 组。

微课 6-4
配置
DHCP 服
务器—二
层旁挂组
网为例

```
［AC1］wlan
［AC1-wlan-view］ap-group name ap-group1
```

微课 6-5
创建 AP 组

2）创建域管理模板，配置国家码。国家码用于标志 AP 射频所在的国家和地区，不同国家码规定了不同的 AP 射频特性，包括 AP 的发送功率、支持的信道等，通过配置国家码以保证 AP 的射频特性符合不同国家和地区的法律法规要求。国家码在域管理模板下进行配置，如果一台 AC 管理的 AP 都分布在同一个国家或地区，只需要配置一个国家码；否则需要为分布在不同国家和地区的 AP 配置不同的国家码。

微课 6-6
创建域管
理模块

在 WLAN 视图下，创建域管理模板的命令格式为：

regulatory-domain-profile name *profile-name*

在域管理模板视图下，配置国家码的命令格式为：

country-code *country-code*

在 AP 组中引用域管理模板的命令格式为：

regulatory-domain-profile *profile-name*

例如，在 AC1 的 WLAN 视图下，创建名为 default 的域管理模板，设置国家码为 CN，并将该域管理模板引入 AP 组 ap-group1。

```
［AC1-wlan-view］regulatory-domain-profile name default
［AC1-wlan-regulate-domain-default］country-code cn
［AC1-wlan-view］ap-group name ap-group1
［AC1-wlan-ap-group-ap-group1］regulatory-domain-profile default
Warning: Modifying the country code will clear channel, power and antenna gain configurations of the
radio and reset the AP.Continue?［Y/N］:y
```

3）配置源接口。每台 AC 都至少指定一个 VLANIF 接口或 Loopback 接口作为源接口，AP 和 AC 之间通过源接口才能建立 CAPWAP 隧道，用于 AP 和 AC 间的通信。源接口配置命令格式为：

微课 6-7
配置 AC
源接口

capwap source interface vlanif *vlan-id*

capwap source interface loopback *loopback-number*

例如，设置 AC1 的源接口为 VLANIF 100。

```
［AC1］capwap source interface vlanif 100
```

4）配置 AP 认证方式。实现在 AC 中添加 AP，常见的添加 AP 的方式有离线导入 AP、自动发现 AP 以及手工确认未认证列表中的 AP。

① 离线导入 AP：预先配置 AP 的 MAC 地址或 SN，当 AP 与 AC 连接时，如果 AC 发现 AP 和预先增加的 AP 的 MAC 地址或 SN 匹配，则 AC 与 AP 建立连接。

② 自动发现 AP：当配置 AP 的认证方式为不认证或离线导入前已将 AP 加入到 AP 白名单时，AP 将被 AC 自动发现并正常上线。

③ 手工确认未认证列表中的 AP：当配置的 AP 的认证模式为 MAC 或 SN，但没有离线导入且不在已设置的 AP 白名单中，则该 AP 会被记录到未授权的 AP 列表中，需要用户手工确认后，AP 才能正常上线。

如果已知 AP 的 MAC 地址或 SN，一般采用离线导入 AP 的方式，将 AP 添加到 AC 中，在 WLAN 视图下，离线导入 AP 的配置命令为：

ap auth-mode { mac-auth | sn-auth }

在默认情况下，AP 认证模式为 MAC 地址认证。

例如，AP1 的 MAC 地址为 00e0-fc50-60f0，在 AC1 上离线导入 AP1，并将其加入 ap-group1。

```
[AC1-wlan-view] ap auth-mode mac-auth
[AC1-wlan-view] ap-id 0 ap-mac 00e0-fc50-60f0
[AC1-wlan-ap-0] ap-name ap1
[AC1-wlan-ap-0] ap-group ap-group1
Warning: This operation may cause AP reset. If the country code changes, it will clear channel, power
and antenna gain configurations of the radio, Whether to continue? [Y/N] :y
```

5）配置 SSID 模板。SSID 用来表示不同的无线网络，在 STA 上搜索可接入的无线网络时，所显示的网络名称就是 SSID。在 SSID 模板中，用户可以自定义 SSID 名称并配置其他相关参数，SSID 模板配置完成后，需要将其引用到 VAP 模板中。

在 WLAN 视图下，执行命令 ssid-profile name *profile-name*，创建 SSID 模板，并进入 SSID 模板视图；执行命令 ssid *ssid*，配置网络的 SSID 名称。

例如，在 AC1 上创建一个名为 SSID1 的 SSID 模板，并设置无线网络名称为 wlan1。

```
[AC1-wlan-view] ssid-profile name SSID1
[AC1-wlan-ssid-prof-SSID1] ssid wlan1
```

6）配置安全模板。用于配置安全策略，安全模板提供了 WEP、WPA、WPA2 和 WAPI 这 4 种安全策略，每一种安全策略可实现一整套安全机制，包括链路认证方式、用户接入认证方式以及业务数据的加密方式等。在实际应用中，根据无线网络的规模、环境、应用场景等因素，综合选择安全策略，保证 WLAN 的安全性和可靠性。创建安全模板时，如果不配置任何安全策略，安全模板内默认配置 open-system 安全策略，即当 STA 加入 WLAN 时，不需要认证，可以直接访问。在 WLAN 视图下，创建安全模板并进入模板视图的命令格式为：

security-profile name *profile-name*

例如，在 AC1 中创建名为 wlan-net 的安全模板，并设置安全模式为 open 开放状态。

```
［AC1-wlan-view］security-profile name wlan-net
［AC1-wlan-sec-prof-wlan-net］security open
```

7）配置 VAP 模板。VAP 模板用于为 STA 提供无线接入服务，通过配置 VAP 模板下的参数，使 AP 可以为 STA 提供不同无线业务服务。在默认情况下，系统上存在名为 default 的 VAP 模板。在 WLAN 视图下，创建 VAP 模板的命令格式为：

vap-profile name *profile-name*

8）配置数据转发方式。WLAN 中的数据分为控制报文和数据报文。控制报文通过 CAPWAP 隧道转发，而用户的数据报文根据是否通过 CAPWAP 隧道转发分为隧道转发（tunnel）和直接转发（direct-forward）两种方式。在默认情况下，VAP 模板下的数据转发方式为直接转发。在 VAP 模板视图下，配置数据转发方式的命令为：

forward-mode { direct-forward | tunnel }

当完成 SSID 模板、安全模板的配置后，需要将 SSID 模板和安全模板引入到 VAP 模板中。

微课 6-11
创建 VAP
模板

例如，在 AC 的 WLAN 视图下，创建一个名为 VAP1 的 VAP 模板，数据转发方式为直接转发，业务 VLAN 为 VLAN 101，并将安全模板 wlan-net、SSID 模板 SSID1 引入到该 VAP 模板中。

```
［AC1-wlan-view］vap-profile name VAP1
［AC1-wlan-vap-prof-VAP1］forward-mode direct-forward
［AC1-wlan-vap-prof-VAP1］service-vlan vlan-id 101
［AC1-wlan-vap-prof-VAP1］security-profile wlan-net
［AC1-wlan-vap-prof-VAP1］ssid-profile SSID1
```

9）引用 VAP 模板。当 VAP 模板配置完成后，需要将其引用到 AP 组、AP、AP 射频或 AP 组射频中，下发配置后，VAP 模板下的配置才能够在 AP 上生效。AP 组或 AP 下引用 VAP 模板后，VAP 模板中的参数配置会对 AP 组或 AP 的所有射频生效；AP 组射频或 AP 射频下引用 VAP 模板后，VAP 模板中的参数配置会对 AP 组或 AP 的指定射频生效。

微课 6-12
引用 VAP
模板

例如，将 VAP 模板 VAP1 引入 AP 组 ap-group1 中，保证 VAP 模板中引用的各类模板下的配置都会下发给 AP 的射频。

```
［AC1-wlan-view］ap-group name ap-group1
［AC1-wlan-ap-group-ap-group1］vap-profile VAP1 wlan 1 radio 0
［AC1-wlan-ap-group-ap-group1］vap-profile VAP1 wlan 1 radio 1
```

✍【练一练】某企业计划在网络中部署 WLAN，以满足员工的移动办公需求，根据业务发展以及办公场所的需求，计划采用 AC+Fit AP 的直连式二层网络结构，应该如何去实现？网络拓扑如图 6-6 所示，网络数据规划见表 6-4。

微课 6-13
练一练—
直连式二
层无线网
络配置
实验

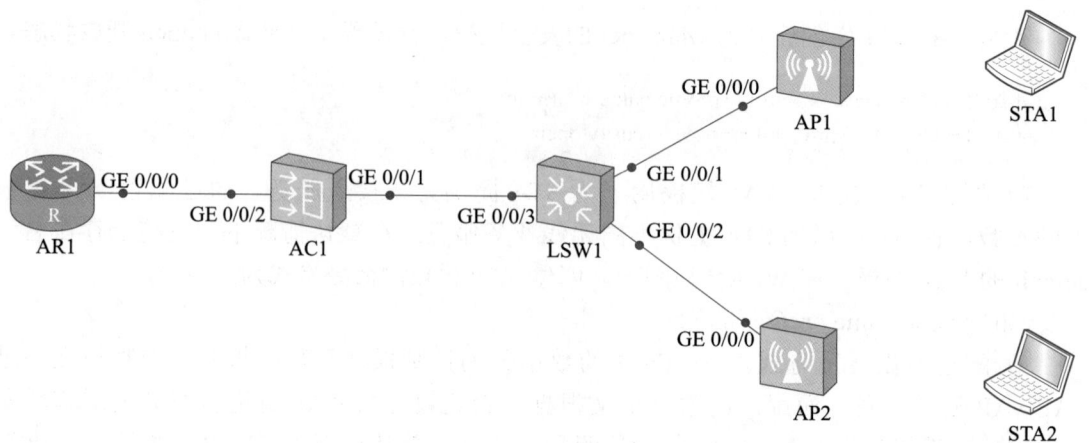

图 6-6 直连式二层组网拓扑图

表 6-4 网络数据规划表

配 置 项	规 划 数 据
AP 管理 VLAN	VLAN 100
STA 业务 VLAN	VLAN 101
DHCP 服务器	AC
AP 的 IP 地址池	192.168.100.2 ~ 192.168.100.254/24 网关：192.168.100.1
STA 的 IP 地址池	192.168.101.3 ~ 192.168.101.254/24 网关：192.168.101.1
AC 源接口 IP 地址	VLANIF 100：192.168.100.1/24
AP 组	名称：ap-group1 引用模板：VAP 模板 VAP1、域管理模板 default
域管理模板	名称：default 国家码：cn
SSID 模板	名称：SSID1 SSID 名称：wlan 1
安全模板	名称：wlan-net 安全策略：open
VAP 模板	名称：VAP1 数据转发方式：直接转发 引用模板：SSID 模板 SSID1、安全模板 wlan-net

💡【想一想】在使用、设置无线局域网的过程中，应该具有良好的职业素养和网络安全意识，查阅相关资料，了解如何提高网络安全意识和应对网络安全事件。

任务实施 ▷

1. 配置思路

- 搭建网络
- 配置设备基础信息
- 配置 DHCP 服务器为 STA 和 AP 分配 IP 地址
- 部署 AP 上线
- 配置 WLAN 业务参数，实现 STA 访问 WLAN 网络功能
- 保存设备配置

2. 配置过程

步骤 1：搭建网络。

1) 根据设备情况进行 AC 数据规划，见表 6-5。

微课 6-14
配置
WLAN

表 6-5　AC 数据规划表

数　　据	配　　置
AP 管理 VLAN	VLAN 100
STA 业务 VLAN	VLAN 30、VLAN 40
DHCP 服务器	AC 作为 DHCP 服务器为 AP 分配 IP 地址，昆明分公司交换机 LSW9 作为 DHCP 服务器为 STA 分配 IP 地址，STA 的默认网关为 VLANIF30 192.168.2.254/24、VLANIF40 192.168.3.254/24
AP 的 IP 地址池	192.168.100.2 ～ 192.168.100.253/24
STA 的 IP 地址池	192.168.2.2 ～ 192.168.2.253/24 192.168.3.2 ～ 192.168.3.253/24
AC 的源接口 IP 地址	VLANIF100：192.168.100.254/24
AP 组	名称：HQNM；引用模板：VAP 模板 HQNM、域管理模板
域管理模板	名称：default 国家码：中国
SSID 模板	名称：HQNM SSID 名称：HQNM
安全模板	名称：HQNM-net 安全策略：WPA-WPA2+PSK+AES 密码：a1234567
VAP 模板	名称：HQNM 转发模式：隧道转发 业务 VLAN：VLAN POOL 1(VLAN 10、VLAN 20) 引用模板：SSID 模板 HQNM、安全模板 HQNM-net

2) 建立设备间的物理连接并启动设备，如图 6-7 所示。

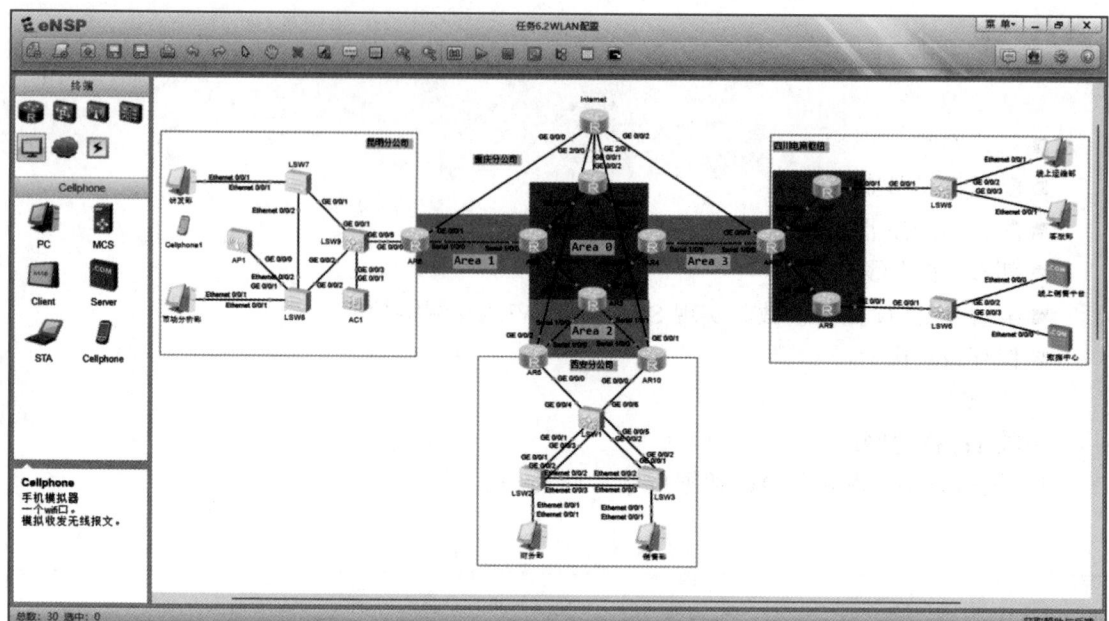

图 6-7

图 6-7　WLAN 配置拓扑

步骤 2：配置设备基础信息。

1）根据表 6-5，配置昆明分公司交换机 LSW8。

```
［LSW8］vlan batch 100
［LSW8］interface GigabitEthernet0/0/1
［LSW8-GigabitEthernet0/0/1］port link-type trunk
［LSW8-GigabitEthernet0/0/1］port trunk allow-pass vlan 100
［LSW8-GigabitEthernet0/0/1］port trunk pvid vlan 100
［LSW8-GigabitEthernet0/0/1］quit
［LSW8］interface GigabitEthernet 0/0/2
［LSW8-GigabitEthernet0/0/2］port trunk allow-pass vlan 100
［LSW8-GigabitEthernet0/0/2］quit
［LSW8］interface Ethernet 0/0/2
［LSW8-Ethernet0/0/2］port trunk allow-pass vlan 100
```

2）根据表 6-5，配置昆明分公司交换机 LSW7。

```
［LSW7］vlan batch 100
［LSW7］interface Ethernet 0/0/2
［LSW7-Ethernet0/0/2］port trunk allow-pass vlan 100
［LSW7-Ethernet0/0/2］quit
［LSW7］interface GigabitEthernet 0/0/1
［LSW7-GigabitEthernet0/0/1］port trunk allow-pass vlan 100
```

3）根据表 6-5，配置昆明分公司交换机 LSW9。

```
［LSW9］vlan batch 100
［LSW9］interface GigabitEthernet 0/0/1
［LSW9-GigabitEthernet0/0/1］port trunk allow-pass vlan 100
［LSW9］interface GigabitEthernet 0/0/2
```

```
[LSW9-GigabitEthernet0/0/2] port trunk allow-pass vlan 100
[LSW9] interface GigabitEthernet 0/0/3
[LSW9-GigabitEthernet0/0/3] port link-type trunk
[LSW9-GigabitEthernet0/0/3] port trunk allow-pass vlan 30 40 100
```

4）根据表 6-5，配置昆明分公司 AC。

```
[AC] vlan batch 30 40 100
[AC] interface GigabitEthernet0/0/1
[AC-GigabitEthernet0/0/1] port link-type trunk
[AC-GigabitEthernet0/0/1] port trunk allow-pass vlan 30 40 100
```

步骤 3：配置 DHCP 服务器为 STA 和 AP 分配 IP 地址。

1）根据表 6-5，在昆明分公司 AC 上配置 VLANIF100 接口为 AP 提供 IP 地址。

```
[AC] dhcp enable
[AC] interface vlanif 100
[AC-Vlanif100] ip address 192.168.100.254 24
[AC-Vlanif100] dhcp select interface
```

2）根据表 6-5，在昆明分公司交换机 LSW9 上配置 VLANIF30 和 VLANIF40 接口为
STA 提供 IP 地址，并指定 192.168.2.254 和 192.168.3.254 作为 STA 的默认网关地址。

```
[LSW9] dhcp enable
[LSW9] interface Vlanif 30
[LSW9-Vlanif30] dhcp select interface
[LSW9] interface Vlanif 40
[LSW9-Vlanif40] dhcp select interface
```

步骤 4：部署 AP 上线。

1）根据表 6-5，在昆明分公司 AC 上创建 AP 组、域管理模板，并配置 AC 的国家码。

```
[AC] wlan   #进入 WLAN 视图
[AC-wlan-view] regulatory-domain-profile name default #创建域管理模板，并进入模板视图
[AC-wlan-regulate-domain-default] country-code cn  #配置设备的国家码标识
[AC-wlan-regulate-domain-default] quit
[AC-wlan-view] ap-group name HQNM  #创建 AP 组，并进入 AP 组视图
[AC-wlan-ap-group- HQNM] regulatory-domain-profile default  #将指定的域管理模板引用到
AP 或 AP 组
    Warning: Modifying the country code will clear channel, power and antenna gain configurations of the
radio and reset the AP. Continue? [Y/N] :y
```

2）根据表 6-5，在昆明分公司 AC 上配置 AC 的源接口。

```
[AC] capwap source interface vlanif 100 #配置 AC 与 AP 建立 CAPWAP 隧道的源接口
```

3）根据表 6-5，在昆明分公司 AC 上离线导入 AP。

```
[AC] wlan
[AC-wlan-view] ap auth-mode mac-auth   #配置 AP 认证模式为 MAC 地址认证
```

```
〔AC-wlan-view〕ap-id 0 ap-mac 00E0-FC20-7850  # 查看 AP 设备 MAC 地址进行配置
〔AC-wlan-ap-0〕ap-name area_1   # 配置单个 AP 的名称
〔AC-wlan-ap-0〕ap-group HQNM  # 配置 AP 所加入的组
Warning: This operation may cause AP reset. If the country code changes, it will clear channel, power
and antenna gain configurations of the radio, Whether to continue? 〔Y/N〕:y
```

4）查看 AP 上线状态。

```
〔AC〕display ap all
Info: This operation may take a few seconds. Please wait for a moment.done.
Total AP information:
nor : normal    〔1〕
---------------------------------------------------------------------------------
ID  MAC      Name  Group  IP       Type  State  STA  Uptime
---------------------------------------------------------------------------------
0 00e0-fc20-7850 area_1  HQNM 192.168.100.242 AP2050DN  nor    1  26M:10S
---------------------------------------------------------------------------------
Total: 1
```

步骤 5：配置 WLAN 业务参数，实现 STA 访问 WLAN 网络功能。

1）创建名为"HQNM-net"的安全模板，并配置安全策略。

```
〔AC〕wlan
〔AC-wlan-view〕security-profile name HQNM-net   # 创建安全模板
〔AC-wlan-sec-prof-HQNM-net〕security wpa-wpa2 psk pass-phrase a1234567 aes
```

2）创建名为"HQNM"的 SSID 模板，并配置 SSID 名称为"HQNM"。

```
〔AC-wlan-view〕ssid-profile name HQNM # 创建 SSID 模板，并进入模板视图
〔AC-wlan-ssid-prof- HQNM〕ssid HQNM # 配置当前 SSID 模板中的服务组合识别码 SSID
```

3）新建业务 VLAN pool。

```
〔AC〕vlan pool 1   # 创建 VLAN Pool
〔AC-vlan-pool-1〕vlan 30 40
```

4）创建名为"HQNM"的 VAP 模板，配置业务数据转发模式、业务 VLAN，并且引用安全模板和 SSID 模板。

```
〔AC〕wlan
〔AC-wlan-view〕vap-profile name HQNM   # 创建 VAP 模板，并进入模板视图
〔AC-wlan-vap-prof-HQNM〕forward-mode tunnel   # 配置 VAP 模板下的数据转发方式为隧道
转发
〔AC-wlan-vap-prof-HQNM〕service-vlan vlan-pool 1 # 配置 VAP 的业务 VLAN
〔AC-wlan-vap-prof-HQNM〕security-profile HQNM-net # 指定 VAP 模板中引用安全模板
〔AC-wlan-vap-prof-HQNM〕ssid-profile HQNM # 指定 VAP 模板中引用 SSID 模板
```

5）配置 AP 组引用 VAP 模板，AP 上射频 0 和射频 1 都使用 VAP 模板"HQNM"的配置。

```
[AC-wlan-view] ap-group name HQNM
[AC-wlan-ap-group-HQNM] vap-profile HQNM wlan 1 radio 0  # 在 AP 组中，将指定的 VAP
模板引用到射频
[AC-wlan-ap-group-HQNM] vap-profile HQNM wlan 1 radio 1
```

6）使用终端设备访问 WLAN 网络，如图 6-8 所示。

7）查看 VAP 信息。

```
<AC>display vap all
Info: This operation may take a few seconds, please wait.
WID : WLAN ID
------------------------------------------------------------------------
AP ID AP name RfID WID  BSSID        Status Auth type    STA  SSID
------------------------------------------------------------------------
0    area_1 0  1   00E0-FC20-7850 ON    WPA/WPA2-PSK 1    HQNM
0    area_1 1  1   00E0-FC20-7860 ON    WPA/WPA2-PSK 0    HQNM
------------------------------------------------------------------------
Total: 2
```

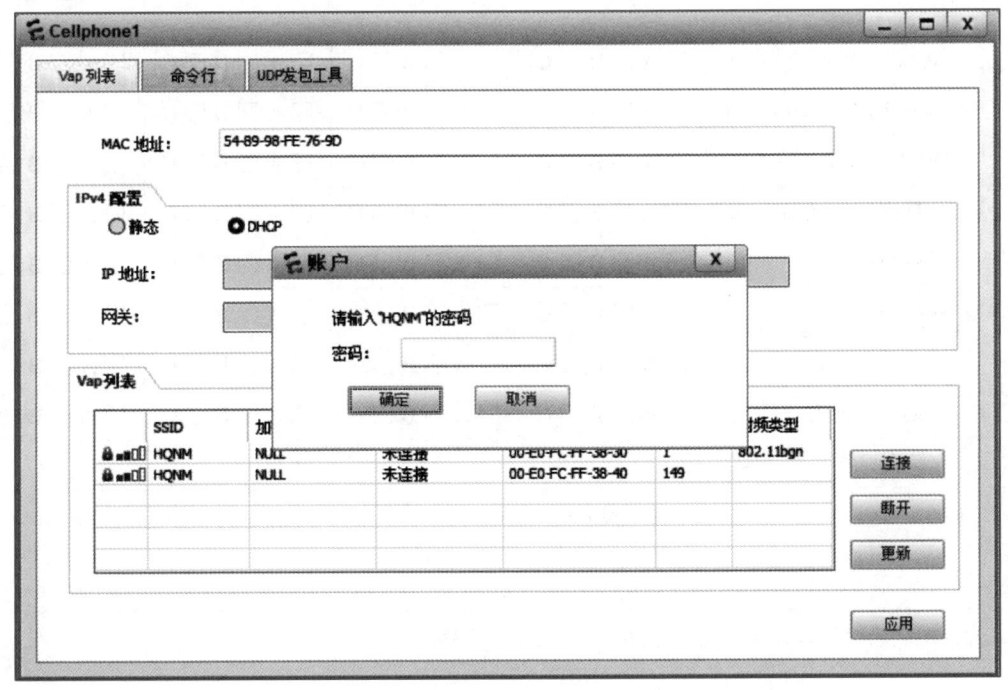

图 6-8   终端连接 WLAN 网络

步骤 6：保存设备配置。

使用 save 命令分别保存昆明分公司 LSW7、LSW8、LSW9 以及 AC 的配置。

技能训练 »

在昆明分公司的无线局域网络部署优化完毕后。随着公司的发展，集团公司决定在西安分公司和四川电商枢纽按照同样的要求部署优化 WLAN 网络,请按照要求完成部署工作。

学习评价

项目 6　部署无线局域网络学习评价表

评 价 内 容		学 生 自 评	小 组 互 评	教 师 评 价	综 合 评 价
知识	无线网络的种类	□A □B □C	□A □B □C	□A □B □C	□A □B □C
	主要的无线协议标准	□A □B □C	□A □B □C	□A □B □C	□A □B □C
	常见的无线网络设备	□A □B □C	□A □B □C	□A □B □C	□A □B □C
	WLAN 的组网方式	□A □B □C	□A □B □C	□A □B □C	□A □B □C
	WLAN 的工作原理	□A □B □C	□A □B □C	□A □B □C	□A □B □C
能力	规划和设计小型无线网络	□A □B □C	□A □B □C	□A □B □C	□A □B □C
	AC+Fit AP 的网络组建	□A □B □C	□A □B □C	□A □B □C	□A □B □C
	AC+Fit AP 的基础配置	□A □B □C	□A □B □C	□A □B □C	□A □B □C
	WLAN 的安全配置	□A □B □C	□A □B □C	□A □B □C	□A □B □C
素养	科技强国认同感	□A □B □C	□A □B □C	□A □B □C	□A □B □C
	民族自信心	□A □B □C	□A □B □C	□A □B □C	□A □B □C
	网络安全意识	□A □B □C	□A □B □C	□A □B □C	□A □B □C
	团队合作能力	□A □B □C	□A □B □C	□A □B □C	□A □B □C
	沟通协调能力	□A □B □C	□A □B □C	□A □B □C	□A □B □C
综合评价		□A □B □C			
学生签名:	老师签名:				

备注:A 表示"优秀",B 表示"良好",C 表示"合格"。

项目小结

　　本项目介绍了无线网络的基本概念、无线协议标准、常见的无线网络设备以及 WLAN 的工作原理和常见的网络架构,最后介绍了 WLAN 的基本配置流程和配置命令。
　　无线网络是一种利用无线电波作为信息传输媒介的网络,无须有线传输介质,摆脱了网线的物理连接束缚，具有极大的灵活性和便捷性，广泛应用于家庭、办公室、公共场所等多个场景。

WLAN 是指利用无线通信技术在一定的局部范围内建立的网络，是一种灵活、便捷、易于扩展的无线网络技术。通过合理的规划和配置，可以为用户提供高效、安全、稳定的无线网络服务。无线网络设备主要包括无线路由器、无线接入点 AP、无线网卡等。

WLAN 的网络架构多种多样，常见的有 Fat AP 架构和 AC+Fit AP 架构。Fat AP 具备完整的路由和交换功能，可以独立处理无线连接和用户数据转发，通常适合于小型网络或临时性无线网络。在 AC+Fit AP 架构中，Fit AP 只负责无线接入和信号转发，AC 专门负责路由和交换功能，实现对 AP 的管理和控制。AC+Fit AP 架构的可管理性、扩展性和安全性更好，适用于大型无线网络或企业网络的部署。

本项目的学习重点是无线网络技术的基础知识，学习难点是 WLAN 网络架构及配置。通过本项目的学习，能够对 WLAN 有一定了解，熟悉了无线网络的概念及作用，能够熟练完成 AC+Fit AP 的配置。

思考与练习

一、单选题

1. WLAN 的协议标准为（   ）。
   A. IEEE 802.3   B. IEEE 802.11   C. IEEE 802.1   D. IEEE 802.5

2. 无线局域网 WLAN 传输介质是（   ）。
   A. 无线电波   B. 红外线   C. 载波电流   D. 卫星通信

3. 在 WLAN 中，（   ）设备负责将无线信号转换为有线信号，以便与有线网络进行通信。
   A. 无线网卡   B. 无线路由器   C. 无线接入点   D. 天线

4. WLAN 工作的频段有（   ）。
   A. 0.9GHz   B. 2.4GHz   C. 3.6GHz   D. 5.8GHz

5. IEEE 802.11ac 工作在（   ）频段。
   A. 2.4GHz   B. 5.8GHz
   C. 2.4GHz 和 5.8GHz   D. 以上都不对

二、填空题

1. Fit AP 支持的默认认证方式是_____。

2. SSID 的中文名称为_____。

3. CAPWAP 协议是由 IEEE 标准组织在 2009 年 4 月发布的一个 WLAN 标准，用于_____和_____之间的通信。

4. 根据是否通过 CAPWAP 隧道转发，用户数据报文转发方式分为_____和_____两种方式。

5. 我国无线局域网安全强制性标准是_____。

三、简答题

1. 简述 WLAN 的定义。
2. 简述 WLAN 的主要标准。
3. 简述 SSID 的作用。

项目 7
接入广域网

PPT：项目 7
接入广域网

【学习目标】

知识目标：

（1）了解广域网的基础知识和发展历程。

（2）了解广域网的接入技术和常用接入设备。

（3）掌握 PPP 协议的基本知识和认证协商流程。

（4）理解 PPPoE 协议的基本知识和会话建立流程。

能力目标：

（1）能够根据需要选择合适的广域网接入技术。

（2）能够进行常用接入技术的操作。

（3）能够进行 PPP 协议的配置操作。

（4）能够进行 PPPoE 协议的配置操作。

素养目标：

（1）通过了解我国广域网的发展成就，增进对科技强国的认同感。

（2）提升创新能力和意识，充分认识科技自立自强、核心技术自主可控的重要性。

（3）通过实践操作训练，培养认真细致、精益求精的工作态度。

（4）在实训场所需具有良好安全意识，规范使用仪器设备，严格按照规范流程进行操作。

任务7.1 配置点对点协议PPP

任务引入 ▶▶

在 A 集团公司西部片区成立之初，重庆分公司与各分公司之间通过运营商的网络实现互访。在公司进行信息安全检查的过程中，发现了信息泄露的问题，信息化部决定采用点对点协议（Point to Point Protocol，PPP），将重庆分公司的网络与四川电商枢纽和西安分公司的网络出口路由器相连接，实现其互联互通。为确保这一网络架构的安全与高效，公司特别委派小杨负责这项任务。

任务分析 ▶▶

为了顺利完成这一任务，小杨通过查阅资料、学习交流等方式，掌握点对点协议（PPP）的相关知识及配置技能，同时，分析现有网络架构，规划并设计合适的 PPP 连接方案，从而确保各分公司和重庆分公司之间的安全、高效互联。

知识准备 ▶▶

7.1.1 广域网基础知识

微课 7-1
广域网与
局域网

1. 广域网的概念

广域网（Wide Area Network，WAN）是一种覆盖范围较大的计算机网络，用于连接处于不同地点的多个局域网（LAN）和城域网（MAN），一般使用互联网服务提供商（ISP）提供的设备作为信息传输平台，对网络通信的要求较高，如图 7-1 所示。在企业网中，广域网主要用来连接距离较远的多个局域网，从而实现网络通信，企业、机构和个人能够实现远程协作、信息交流以及满足业务需求。

广域网通常由多个局域网连接而成，其覆盖范围可以跨越城市、国家甚至全球。WAN 通常由 ISP 管理，用于连接远程地点的计算机和设备，传输数据速度较慢且成本较高。局域网则是指在较小范围内建立的网络，通常覆盖办公室、学校或家庭等，其传输速度快且成本较低，用于内部通信和资源共享。表 7-1 展示了广域网和局域网的区别。

2. 广域网接入技术

广域网接入技术，也称为接入网技术，是将用户终端或局域网连接到广域网的技术手段。以下是常见的广域网接入技术及其特点。

（1）DDN（数字数据网）

DDN 是利用数字信道传输数据信号的数据传输网。采用时分复用技术，为用户提供专用的数字电路，传输速率高、传输质量高、网络时延小，但费用相对较高，适用于对数据传输要求较高的企业和机构，如政府、金融等大型用户和集团用户组建本地和异地"专网"。

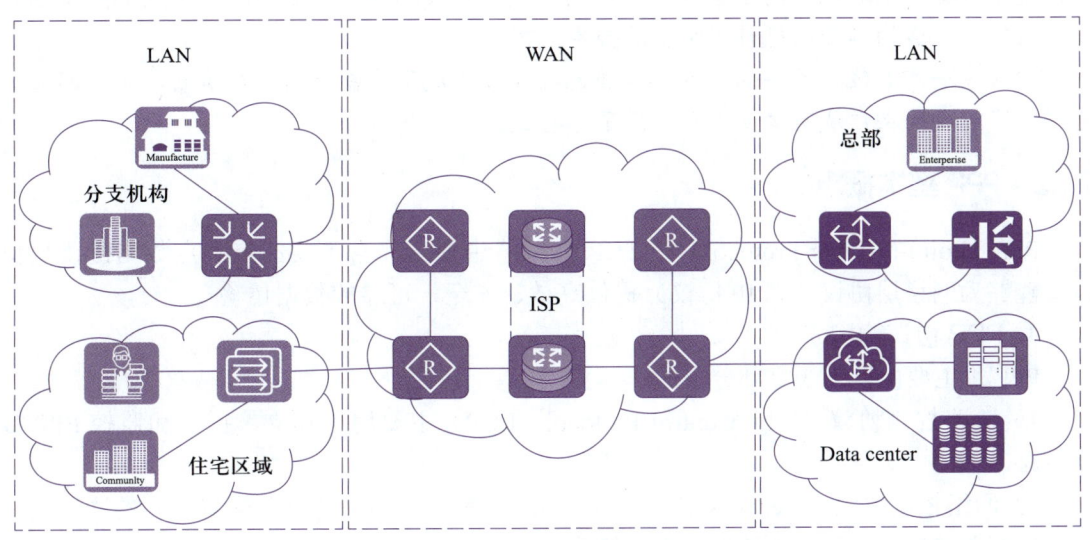

图 7-1 广域网结构示意图

表 7-1 广域网与局域网的区别

特 征	局域网（LAN）	广域网（WAN）
覆盖范围	一般局限于较小的地理范围，如家庭、办公室、校园或企业园区等	覆盖很大的地理区域，如城市、国家等
IP 地址设置	每个设备需要唯一的局域网 IP 地址，可在不同局域网中复用	每台设备拥有一个或多个唯一的广域网 IP 地址，不可重复
传输速度	快且安全性较高	传输速度相对较慢
用途	适用于小范围内部数据共享和传输	适用于连接距离较远的局域网

（2）ISDN（综合业务数字网）

ISDN 是在传统电话网络基础上进行数字化改造的网络，可同时传输语音、数据等多种业务，包含基本速率接口（BRI）和基群速率接口（PRI）两种速率接入方式，BRI 能实现一边上网一边打电话，但设备成本较高，随着宽带技术的发展，ISDN 的应用逐渐减少。

（3）xDSL 技术

xDSL 技术是一系列基于数字用户线路（DSL）技术的统称，基于现有电话网铜线的高速数字接入技术，包括 ADSL、IIDSL 等多种类型，具有传输速度快、误码率低等特点，主要适用于家庭、办公室或小型企业等需要高速互联网接入的场所。其中，ADSL 已经成为广域网接入的主要技术。

微课 7-2
互联网接
入技术

（4）光纤接入技术

光纤接入技术以光纤为主要传输媒介，直接将光纤铺设到用户端，为用户提供高速、稳定的网络连接，能够满足用户对高清视频、大数据传输等高速网络应用的需求，是宽带接入的主要发展方向。

广域网接入技术多种多样，还包括公共电话网 PSTN、卫星接入技术、无线接入技术等，不仅满足远程通信和数据传输需求，还能够拓展连接边界，赋能各行各业数字化发展，进一步提升全球范围内信息互联互通的便捷性与及时性，深刻地改变了人们的生活和工作方式，已成为当今信息时代坚实的技术支撑。

☼【想一想】经过多年的建设，我国已经初步建成了覆盖全面的广域网，请查阅相关资料，了解我国在广域网建设方面取得了哪些成就。

微课 7-3
PPP 协议
基本情况

7.1.2 PPP 基本概念

PPP（Point-to-Point Protocol）是 TCP/IP 网络中使用非常重要的点到点数据链路层协议，能够为网络层协议（如 IP 协议）提供高效、安全、可靠的数据传输。

1. PPP 协议的构成

PPP 协主要由以下 3 个部分组成。

1）链路控制协议（Link Control Protocol，LCP）主要用于建立、拆除和监控 PPP 数据链路。

2）网络控制协议（Network Control Protocol，NCP）用于建立和配置不同的网络层协议，协商在该数据链路上传输的数据包格式与类型。

3）扩展协议簇包括挑战握手认证协议（Challenge–Handshake Authentication Protocol，CHAP）和口令认证协议（Password Authentication Protocol，PAP），主要用于网络安全方面的验证。

2. PPP 链路的建立过程

PPP 链路的建立过程通过 5 个协商阶段完成，分别是链路静止（Dead）阶段、链路建立（Establish）阶段、认证协商（Authenticate）阶段、网络层协商（Network）阶段和链路终结（Terminate）阶段，PPP 链路建立流程如图 7-2 所示。

微课 7-4
PPP 协议
介绍

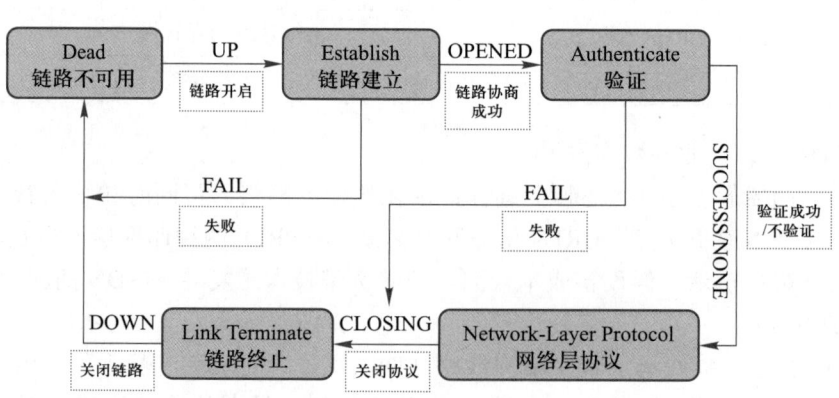

图 7-2　PPP 链路建立流程图

（1）链路静止（Dead）阶段

PPP 连接的初始态，链路处于未激活的静止模式。此时，通信双方设备均在等待，无数据交互与协商，需要等待如用户连接请求或特定网络事件来激活后续链路建立流程。

（2）链路建立（Establish）阶段

连接需求触发后，该阶段启动，为链路建立阶段。PPP 链路进行 LCP 协商，双方通过交换 LCP 配置请求帧协商关键链路参数，包括最大接收单元（Maximum Receive Unit，MRU）确定链路上可接收的最大数据帧长、认证方式、魔术字等。LCP 协商如果成功，则底层链路建立；如果协商失败，则链路返回 Dead 阶段。

（3）认证协商（Authenticate）阶段

在默认情况下，PPP 链路不验证。如果需要验证，可在链路建立阶段进行链路认证方式设置，PPP 支持 PAP 和 CHAP 两种认证方式。

（4）网络层协商（Network）阶段

通过 NCP 协商来选择和配置一个网络层协议并进行网络层参数协商。例如，在 IP 网络中使用 IP 控制协议（IP Control Protocol，IPCP）来协商 IP 地址分配等问题。NCP 协商成功后，PPP 链路就可以承载网络层数据的传输。

（5）链路终结（Terminate）阶段

在 PPP 运行过程中，如因用户主动断开、认证失败、服务结束或异常、链路故障等情况导致的链路难以维持时，该阶段被触发，如果所有资源都被释放，通信双方的 PPP 链路将回到 Dead 阶段，直到通信双方重新开始建立新的 PPP 链路。

3．PPP 认证协商

在链路层协商成功后，进行认证协商。认证协商有 PAP 和 CHAP 两种模式。

（1）PAP 认证过程

PAP 认证是一种简单的明文认证方式，为两次握手机制，认证过程如下：

1）在 PPP 链路建立的基础上，被认证方（客户端）向认证方（服务器）发送 PAP 认证请求，Authenticate-Request 报文以明文形式携带用户名和密码。

微课 7-5
PPP 协议
认证协商

2）认证方接收到被认证方的认证请求后，会对请求中的用户名和密码进行验证。认证方会在自己预先存储的用户信息数据库中检查被认证方发送的用户名和密码信息是否匹配。如果匹配，则返回 Authenticate-Ack 报文，表示 PAP 认证通过；反之，则返回 Authenticate-Nak 报文，表示 PAP 认证未通过。

PAP 认证过程如图 7-3 所示。

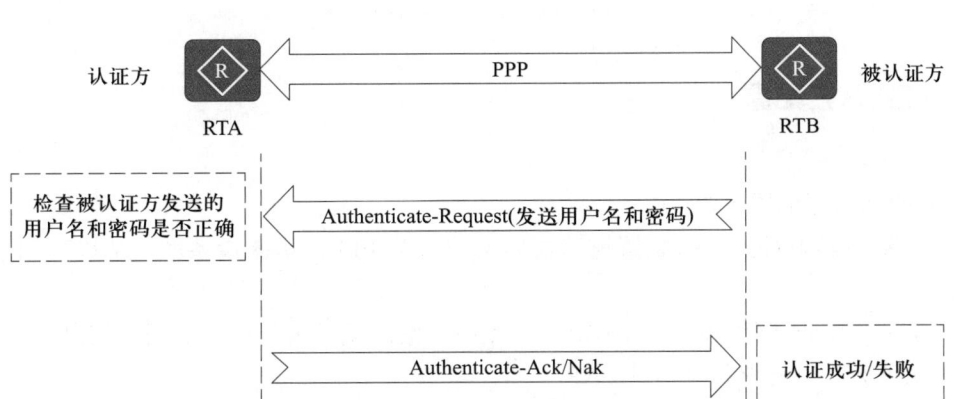

图 7-3　PAP 认证过程示意图

（2）CHAP 认证过程

CHAP 认证为三次握手机制，在链路上传输用户名而不传输密码，因此安全性比 PAP

高，其认证过程如下：

1）认证方主动向被认证方发送 Challenge 报文，该报文包含认证方的用户名、一个随机数和一个认证序列号。

2）被认证方收到 Challenge 报文后，根据报文中的用户名在本地用户数据库中查找对应的密码，并结合随机数和认证序列号进行哈希运算，将生成的哈希值和本端的用户名封装在 Response 报文中发送给认证方。

3）认证方收到被认证方发送的 Response 报文后，根据报文中的用户名在本地用户数据库中查找对应的密码，并结合随机数和认证号进行哈希运算。认证方将自己计算出的哈希值与被认证方发送的哈希值进行比较，如果两者相同，则认证成功，并向被认证方发送 Success 报文；如果不相同，则认证失败，返回 Failure 报文。

CHAP 认证过程如图 7-4 所示。

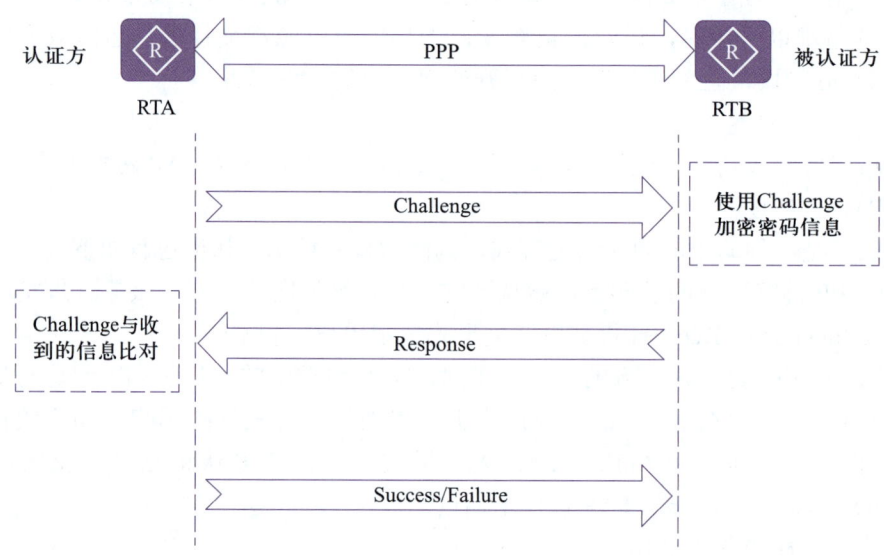

图 7-4　CHAP 认证过程示意图

微课 7-6
配置点对
点协议
PPP

7.1.3　PPP 认证配置

1. PPP 认证配置思路

（1）PAP 认证配置思路

1）在路由器串行接口上配置链路层封装协议为 PPP，华为设备默认的串口封装模式为 PPP。

2）认证方配置本地的用户名和密码，该用户信息就是被认证方的用户信息。

3）认证方配置链路认证方式 PAP。

4）被认证方配置向认证方发送用于认证的自身用户信息。

（2）CHAP 认证配置思路

1）在路由器串行接口上配置链路层封装协议为 PPP，华为设备默认的串口封装模式为 PPP。

微课 7-7
PPP-LCP

2）认证方配置本地用户数据库，创建被认证方的用户信息。

3）认证方配置链路认证方式为 CHAP。

4）认证方配置用户名，该用户名将被封装在 Challenge 报文中发送给被认证方。

5）被认证方创建认证方的用户信息。

6）被认证方配置用于认证的自身用户名。

2．PPP 认证配置命令

1）在路由器串行接口上启用 PPP 功能的命令为 link-protocol ppp。

在默认情况下，串行接口封装的链路层协议为 PPP。

例如，在路由器 AR1 的 S1/0/0 接口启用 PPP 协议。

```
［AR1］interface Serial 1/0/0
［AR1-Serial0/0/1］link-protocol ppp
```

2）在路由器上创建用于 PPP 认证的用户名和密码。

① 开启 AAA 功能的命令为 aaa。

② 创建 AAA 用户的命令为 local-user *username* password cipher *password*。

③ 配置 AAA 用户的服务类型是 PPP 的命令为 local-user *username* service-type ppp。

例如，在 AR1 上创建一个本地用户，用户名为 huawei，密码为 hauwei123，服务类型为 PPP。

```
［AR1］aaa
［AR1-aaa］local-user huawei password cipher hauwei123
［AR1-aaa］local-user huawei service-type ppp
```

3）配置 PPP 认证类型的命令为 ppp authentication-mode { pap | chap }。

例如，配置 AR1 的 S1/0/0 接口的认证方式为 PAP。

```
［AR1-Serial0/0/1］ppp authentication-mode pap
```

例如，配置路由器 AR1 的 S1/0/0 接口的认证方式为 CHAP。

```
［AR1-Serial0/0/1］ppp authentication-mode chap
```

4）在 PAP 认证中，在被认证方上配置向认证方发送的用于认证的自身用户信息的命令为 ppp pap local-user username password cipher *password*。

在 PAP 认证中，被认证方发送的用户信息与认证方创建的本地用户信息一致才能认证成功。

例如，在被认证方 AR2 的 S1/0/0 接口上配置用于 PAP 认证的用户信息，用户名为 huawei，密码为 huawei123。

```
［AR2-Serial0/0/1］ppp pap local-user huawei password cipher huawei123
```

5）在 CHAP 认证中，在认证方上指定用于 CHAP 认证的用户名的命令为 ppp chap user username。

例如，在认证方 AR1 上的 S1/0/0 接口上配置用户名 huawei。

> ［AR1-Serial0/0/1］ppp chap user huawei

在认证方上配置用于确认的用户名和密码的命令为：

ppp chap user *username*

ppp chap cipher *password*

例如，在被认证方 AR2 上的 S1/0/0 接口上配置用于确认的用户名为 huawei，密码为 huawei123，以密文形式保存在配置文件中。

> ［AR2-Serial0/0/1］ppp chap user huawei
> ［AR2-Serial0/0/1］ppp chap cipher huawei123

例如，根据如图 7-5 所示的网络拓扑，在 R1 和 R2 之间的 PPP 链路上完成 PAP 认证配置，认证的用户名为"huawei"，密码为"huawei123"。

（1）配置思路

在认证方 R1 上配置认证的用户名和密码，并指定认证用户用于 PPP 的认证模式为 PAP 认证。在被认证方 R2 上添加用于 PPP 认证的用户信息。

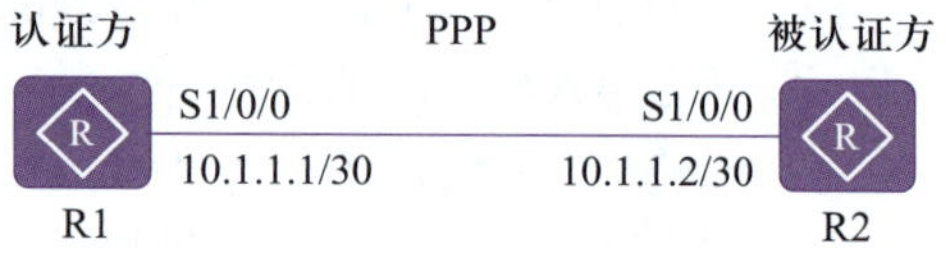

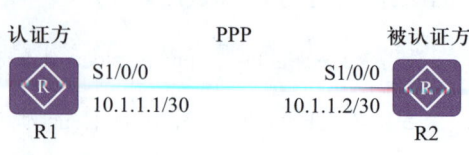

图 7-5　PAP 认证网络拓扑

（2）配置步骤

1）在认证方 R1 上配置认证的用户名和密码。

> ［R1］aaa
> ［R1-aaa］local-user huawei password cipher huawei123
> ［R1-aaa］local-user huawei service-type ppp

2）指定认证用户用于 PPP 的认证模式为 PAP 认证。

> ［R1］interface Serial 1/0/0
> ［R1-Serial1/0/0］link-protocol ppp
> ［R1-Serial1/0/0］ppp authentication-mode pap
> ［R1-Serial1/0/0］ip address 10.1.1.1 30

3）在被认证方 R2 上添加用于 PPP 认证的用户信息。

> ［R2］interface Serial 1/0/0
> ［R2-Serial1/0/0］link-protocol ppp
> ［R2-Serial1/0/0］ppp pap local-user huawei password cipher huawei123
> ［R2-Serial1/0/0］ip address 10.1.1.2 30

例如，根据如图 7-6 所示的网络拓扑，在 R1 和 R2 之间的 PPP 链路上完成 CHAP 认证配置，认证的用户名为"huawei"，密码为"huawei123"。

（1）配置思路

在认证方 R1 上配置认证的用户名和密码，并指定认证用户用于 PPP 的认证模式为 CHAP 认证。在被认证方 R2 上启用 PPP，并添加用于 PPP 认证的用户信息。

图 7-6　CHAP 认证网络拓扑

（2）配置步骤

1）在认证方 R1 上配置认证的用户名和密码。

```
[R1] aaa
[R1-aaa] local-user huawei password cipher huawei123
[R1-aaa] local-user huawei service-type ppp
```

2）指定认证用户用于 PPP 的认证模式为 CHAP 认证。

```
[R1] interface Serial 1/0/0
[R1-Serial1/0/0] link-protocol ppp
[R1-Serial1/0/0] ip address 10.1.1.1 30
[R1-Serial1/0/0] ppp authentication-mode chap
```

3）被认证方 R2 上启用 PPP，并添加用于 PPP 认证的用户信息。

```
[R2] interface Serial 1/0/0
[R2-Serial1/0/0] link-protocol ppp
[R2-Serial1/0/0] ip address 10.1.1.2 30
[R2-Serial1/0/0] ppp chap user huawei
[R2-Serial1/0/0] ppp chap password cipher huawei123
```

☼【想一想】面对复杂网络环境，在配置 PPP 认证时，是否需要时刻保持严谨、细致的工作态度，从而确保网络安全及认证的准确性。

任务实施 ▶▶

1. 配置思路

- 在重庆分公司与四川电商枢纽路由器之间的 PPP 链路上启用 PAP 认证
- 验证 PAP 认证
- 在重庆分公司与西安分公司路由器之间的 PPP 链路上启用 CHAP 认证
- 验证 CHAP 认证
- 保存设备配置

2. 配置过程

步骤 1：在重庆分公司与四川电商枢纽路由器之间的 PPP 链路上启用 PAP 认证。

1）配置重庆分公司路由器 AR4 为认证方。

```
[AR4] aaa   #添加待认证用户信息
[AR4-aaa] local-user huawei password cipher huawei123
[AR4-aaa] local-user huawei service-type ppp   #指定认证用户业务类型为PPP，适配PPP认证场景
[AR4-aaa] quit
[AR4] interface Serial 1/0/0
[AR4-Serial1/0/0] link-protocol ppp   #将接口封装协议修改为ppp，华为串行接口的默认封装协议为ppp
[AR4-Serial1/0/0] ppp authentication-mode pap   #指定认证模式为PAP
```

2）配置四川电商枢纽路由器 AR7 为被认证方。

```
［AR7］interface Serial 1/0/0
［AR7-Serial1/0/0］link-protocol ppp
［AR7-Serial1/0/0］ppp pap local-user huawei password cipher huawei123    #添加 PPP 认证的用户信息
```

步骤 2：验证 PAP 认证。

1）在四川电商枢纽路由器 AR7 接口 Serial1/0/0 接口执行 shoutdown 命令。

```
［AR7］interface Serial 1/0/0
［AR7-Serial1/0/0］shutdown
```

2）在四川电商枢纽路由器 AR7 接口 Serial1/0/0 接口执行 undo shoutdown 命令并抓包，如图 7-7 所示的 PAP 认证报文。

```
［AR7-Serial1/0/0］undo shutdown
```

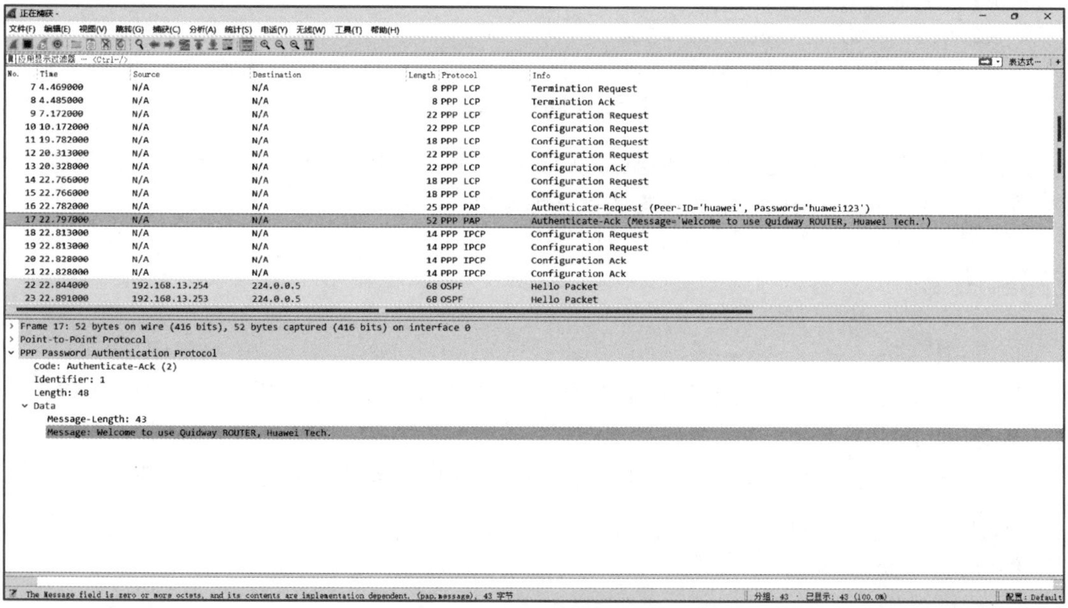

图 7-7　PAP 认证报文

步骤 3：在重庆分公司与西安分公司路由器之间的 PPP 链路上启用 CHAP 认证。

1）配置总部路由器 AR3 为认证方。

```
［AR3］aaa
［AR3-aaa］local-user huawei password cipher huawei123
［AR3-aaa］local-user huawei service-type ppp
［AR3-aaa］quit
［AR3］interface Serial 1/0/0
［AR3-Serial1/0/0］link-protocol ppp
［AR3-Serial1/0/0］ppp authentication-mode chap    #指定认证模式为 CHAP
［AR3］interface Serial 1/0/1
```

［AR3-Serial1/0/1］link-protocol ppp
［AR3-Serial1/0/1］ppp authentication-mode chap

2）配置西安分公司路由器 AR6 为被认证方。

［AR6］interface Serial 1/0/0
［AR6-Serial1/0/0］link-protocol ppp
［AR6-Serial1/0/0］ppp chap user huawei
［AR6-Serial1/0/0］ppp chap password cipher huawei123

3）配置西安分公司路由器 AR10 为被认证方。

［AR10］interface Serial 1/0/0
［AR10-Serial1/0/0］link-protocol ppp
［AR10-Serial1/0/0］ppp chap user huawei
［AR10-Serial1/0/0］ppp chap password cipher huawei123

步骤 4：验证 CHAP 认证。

1）在西安分公司路由器 AR6 接口 Serial1/0/0 接口执行 shoutdown 命令。

［AR6］interface Serial 1/0/0
［AR6-Serial1/0/0］shutdown

2）在西安分公司路由器 AR6 接口 Serial1/0/0 接口执行 undo shoutdown 命令并抓包，如图 7-8 所示的 CHAP 认证报文。

［AR6-Serial1/0/0］undo shutdown

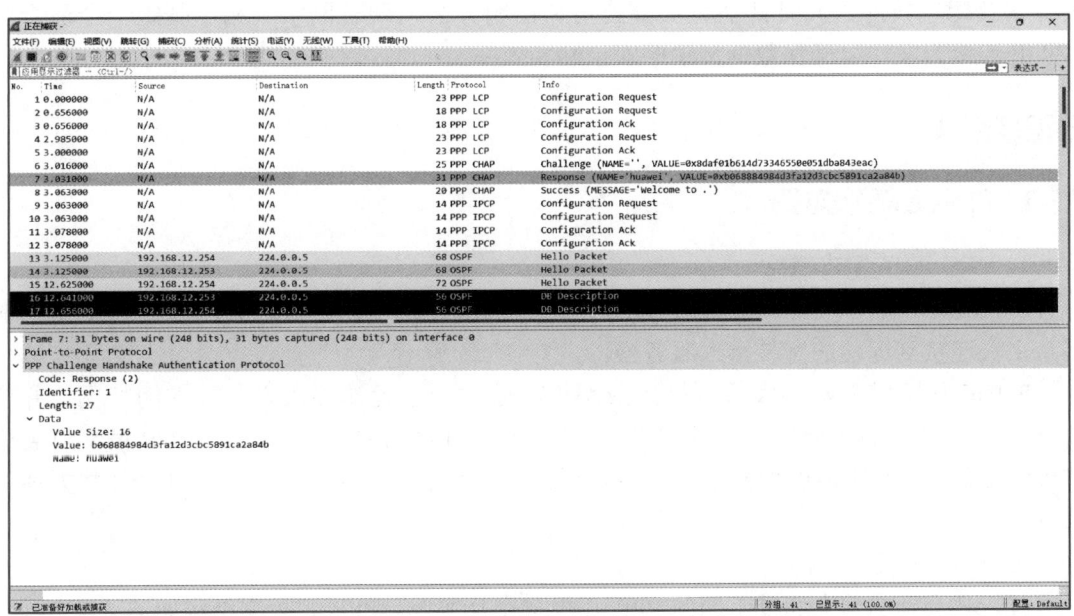

图 7-8 CHAP 认证报文

步骤 5：保存设备配置。

使用 save 命令保存各路由器上的配置。

技能训练 ▶▶

小杨利用 PPP 封装技术，实现了西安分公司及四川电商枢纽网络的安全接入，现 A 集团公司计划将上海分公司接入总部网络，请使用 PPP 封装技术中的 CHAP 认证方式实现。

任务7.2 配置基于局域网的点对点协议PPPoE

任务引入 ▶▶

重庆分公司与昆明分公司的网络连接一直依赖于运营商提供的网络服务。为了更好地实现网络传输，提升数据传输的安全性，更好地管理和分配带宽资源，优化网络性能，公司决定采用 PPP over Ethernet（PPPoE）协议进行重庆分公司与昆明分公司的网络连接。信息化部委派小杨负责具体实施。

任务分析 ▶▶

为了完成这一任务，小杨通过查阅资料、学习交流等方式，掌握 PPPoE 协议的相关知识及配置技能，同时评估重庆分公司和昆明分公司现有网络架构，制定一个适合的 PPPoE 连接方案，以确保数据传输的安全性和效率。

知识准备 ▶▶

7.2.1 PPPoE 基础知识

微课 7-8
PPPoE
协议

1. PPPoE 的基本概念

PPPoE 是一种将 PPP 帧封装到以太网帧中的链路层协议。PPPoE 可以使以太网中的多台主机连接到远端的宽带接入服务器。

PPPoE 利用以太网将大量主机组成网络，通过一个远端接入设备连入因特网，并借助 PPP 提供良好的访问控制和计费功能。在 PPP 组网结构的基础上，将 PPP 报文封装成 PPPoE 报文，从而实现以太网上的点对点通信，具有适用范围广、安全性高、计费方便的特点。

2. PPPoE 报文结构

PPPoE 会话的建立通过不同的 PPPoE 报文交互实现。PPPoE 报文结构如图 7-9 所示，其中 Code 代码不同，代表不同的报文类型，常见的 PPPoE 报文类型见表 7-2。

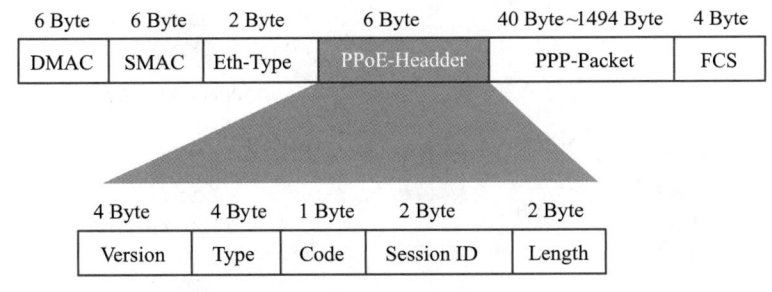

图 7-9　PPPoE 报文结构

表 7-2　常见的 PPPoE 报文类型

名称	内　容
PADI	PPPoE Active Discovery Initiation，PPPoE 激活发现起始报文
PADO	PPPoE Active Discovery Offer，PPPoE 激活发现服务报文
PADR	PPPoE Active Discovery Request，PPPoE 激活发现请求报文
PADS	PPPoE Active Discovery Session-confirmation，PPPoE 激活发现会话确认报文
PADT	PPPoE Active Discovery Terminate，PPPoE 激活发现终止报文

7.2.2　PPPoE 会话建立

PPPoE 会话建立有发现阶段、会话阶段和终结阶段 3 个阶段。

1. PPPoE 发现阶段

PPPoE 发现阶段分 4 个步骤，包括客户端发送请求、服务器端响应请求、客户端确认响应和建立会话。

（1）客户端发送请求

如图 7-10 所示，PPPoE 客户端在本地以太网中广播一个 PADI 报文，PADI 报文中包含了客户端需要的服务信息。PPPoE 服务器端收到 PADI 报文之后，若自身具备相应的服务能力，则会将报文中请求的服务与自身能够提供的服务进行比较。

微课 7-9 PPPoE 基本配置

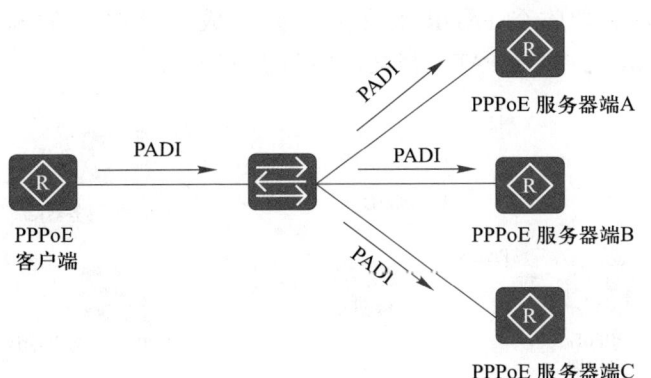

图 7-10　PPPoE 服务器端与客户端的 PADI 交互示意图

（2）服务器端响应请求

如图 7-11 所示，如果服务器端可以提供客户端请求的服务，就会回复一个 PADO 报文。

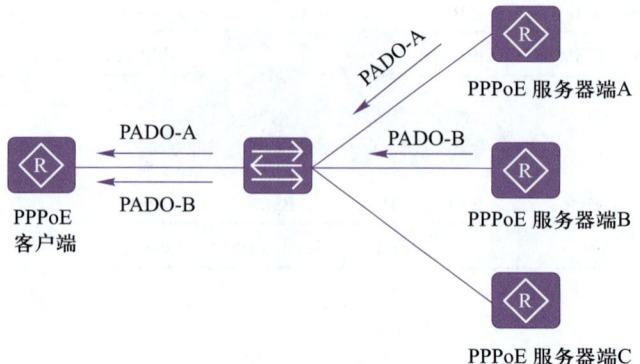

图 7-11 PPPoE 服务器端与客户端 PADO 状态交互示意图

（3）客户端确认响应

客户端若收到多个 PADO 报文，将选择最先接收的 PADO 报文对应的 PPPoE 服务器端，向其发送一个 PADR 报文，如图 7-12 所示。

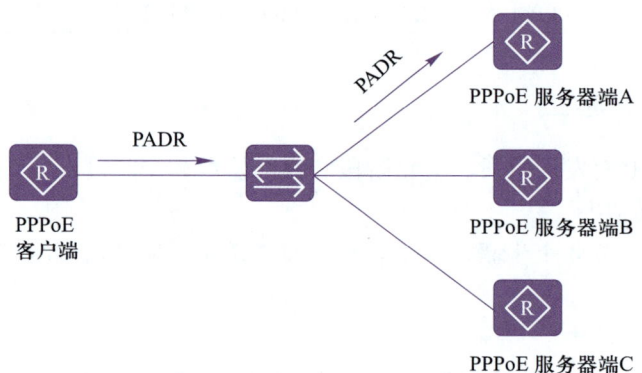

图 7-12 PPPoE 服务器端与客户端的 PADR 交互示意图

（4）建立会话

当 PPPoE 服务器端收到 PADR 报文后，会生成一个唯一的 Session ID 来标识和 PPPoE 客户端的会话，并发送 PADS 报文，如图 7-13 所示。

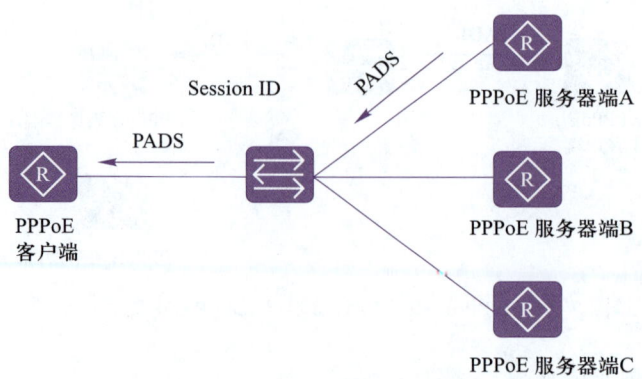

图 7-13 PPPoE 服务器端 PADS 相关信息交互示意图

2. PPPoE 会话阶段

PPPoE 会话阶段会进行 PPP 协商，分为 LCP 协商、认证协商、NCP 协商 3 个阶段。

（1）LCP 协商

LCP 协商阶段主要完成建立、配置和检测数据链路连接。

（2）认证协商

LCP 协商成功后，开始进行认证协商，PPP 认证协议类型由 LCP 协商结果决定。

（3）NCP 协商

认证成功后，PPP 进入 NCP 阶段，NCP 是一个协议族，用于配置不同的网络层协议，常用的是 IP 控制协议（IP Control Protocol，IPCP），主要负责配置用户的 IP 地址和 DNS 服务器地址等。

PPPoE Session 的 PPP 协商成功后，就可以承载 PPP 数据报文。在这一阶段传输的数据包中必须包含在发现阶段确定的 Session ID 并保持不变。

3. PPPoE 终结阶段

当 PPPoE 客户端需要关闭连接时，会向 PPPoE 服务器端发送一个 PADT 报文。同样，如果 PPPoE 服务器端需要关闭连接时，也会向 PPPoE 客户端发送一个 PADT 报文。

☼【想一想】网络发展是经济发展的基础，主干网络的建设是国家基础设施建设的重要部分，想一想国家主干网络核心设备的国产化及技术自主创新对国家网络安全有哪些重要作用？

7.2.3 PPPoE 配置

1）通过拨号规则来配置发起 PPPoE 会话的条件。

[Huawei] dialer-rule

2）配置拨号接口用户名，此用户名必须与对端服务器用户名相同。

[Huawei-Dialer1] dialer user *username*

3）将接口置于一个拨号访问组。

[Huawei-Dialer1] dialer-group *group-number*

4）指定当前拨号接口使用的拨号绑定。

[Huawei-Dialer1] dialer-bundle *number*

5）将物理端口与 dialer-bundle 进行绑定。

[Huawei-Ethernet0/0/0] pppoe-client dial-bundle-number *number*

✎【练一练】PPPoE 配置的网络拓扑如图 7-14 所示，请根据以下配置要求完成 PPPoE 客户端及服务器端配置。

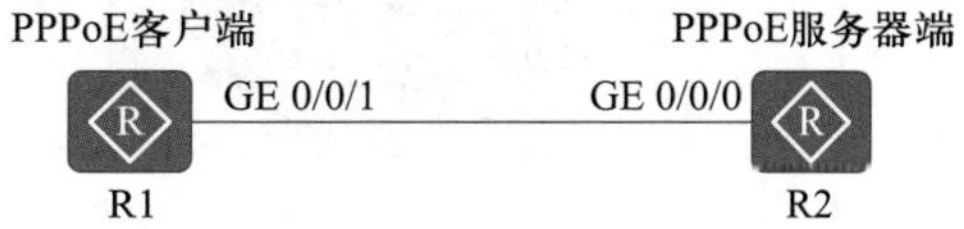

图 7-14 PPPoE 实验拓扑

（1）客户端配置要求

1）将 R1 设置为 PPPoE 客户端，R2 为 PPPoE 服务器端。

2）在 R1 上配置 PPPoE 客户端拨号接口。

3）在 R1 上配置 PPPoE 客户端拨号接口的认证功能。

4）R1 上的拨号接口获取 PPPoE 服务器端分配的 IP 地址。

5）R1 通过拨号接口可以访问服务器端。

（2）服务器端配置要求

1）在 PPPoE 服务器端上创建为客户端分配 IP 的地址池。

2）PPPoE 服务器端完成 PPPoE 客户端认证并分配合法的 IP 地址。

任务实施 ▶▶

微课 7-10
配置基于
局域网的
点对点
协议

1. 配置思路

- 搭建网络
- 配置 PPPoE 服务器端
- 配置 PPPoE 客户端
- 验证配置
- 保存设备配置

2. 配置过程

步骤 1：搭建网络。

1）删除重庆分公司路由器 AR2 接口 Serial1/0/0 的 IP 地址。

```
〔AR2〕interface Serial 1/0/0
〔AR2-Serial1/0/0〕undo ip address
```

2）删除昆明分公司路由器 AR5 接口 Serial1/0/0 的 IP 地址。

```
〔AR5〕interface Serial 1/0/0
〔AR5-Serial1/0/0〕undo ip address
```

3）修改重庆分公司路由器 AR2 与昆明分公司 AR5 的链路为以太网链路，如图 7-15 所示，配置基于局域网的点对点协议 PPPoE 拓扑。

图 7-15

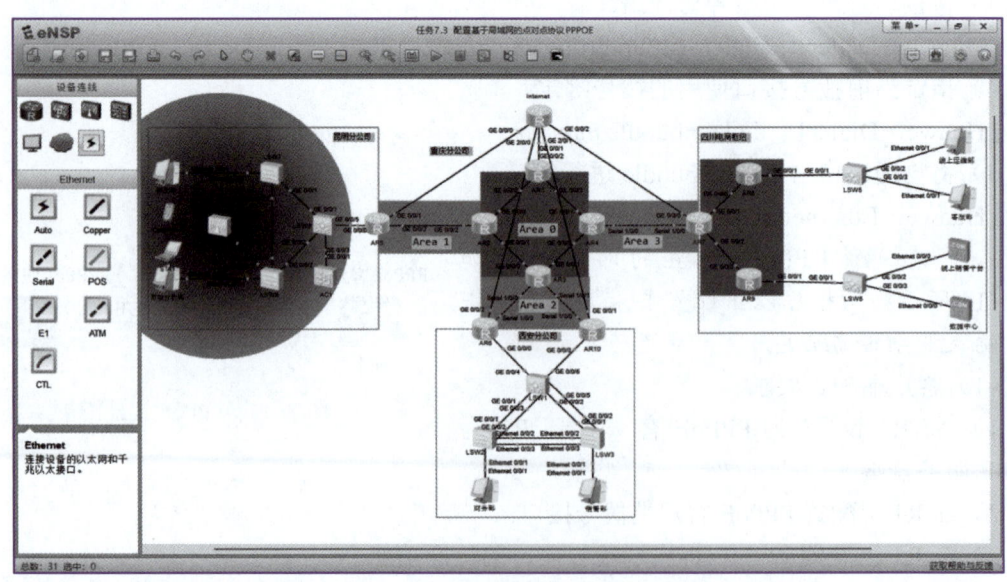

图 7-15 配置基于局域网的点对点协议 PPPoE 拓扑

步骤 2：配置 PPPoE 服务器端。

1）在重庆分公司路由器 AR2 上创建地址池与虚拟模板。

```
［AR2］ip pool pool1　# 创建地址池，指定分配的 IP 地址和网关
［AR2-ip-pool-pool1］network 192.168.11.0 mask 255.255.255.0
［AR2-ip-pool-pool1］gateway-list 192.168.11.254
［AR2］interface Virtual-Template 1　# 创建虚拟模板接口
［AR2-Virtual-Template1］ppp authentication-mode chap
［AR2-Virtual-Template1］ip address 192.168.11.254 255.255.255.0
［AR2-Virtual-Template1］remote address pool pool1
［AR2-Virtual-Template1］quit
```

2）在重庆分公司路由器 AR2 上将物理接口与虚拟模板绑定。

```
［AR2］interface GigabitEthernet 0/0/2
［AR2-GigabitEthernet0/0/2］pppoe-server bind virtual-template 1
［AR2-GigabitEthernet0/0/2］quit
```

3）在重庆分公司路由器 AR2 上创建访问用户。

```
［AR2］aaa　# 添加认证用户信息
［AR2-aaa］local-user huawei1 password cipher huawei123
［AR2-aaa］local-user huawei1 service-type ppp
```

步骤 3：配置 PPPoE 客户端。

1）在昆明分公司路由器 AR5 上创建拨号接口并配置被认证方用户名和密码。

```
［AR5］dialer-rule
［AR5-dialer-rule］dialer-rule 1 ip permit
［AR5-dialer-rule］quit
［AR5］interface dialer 1
［AR5-DialeAR5］dialer user enterprise
［AR5-DialeAR5］dialer-group 1
［AR5-DialeAR5］dialer bundle 1
［AR5-DialeAR5］ppp chap user huawei1
［AR5-DialeAR5］ppp chap password cipher huawei123
［AR5-DialeAR5］ip address ppp-negotiate
［AR5-DialeAR5］quit
```

2）在昆明分公司路由器 AR5 上将拨号接口绑定出接口。

```
［AR5］interface GigabitEthernet 0/0/2
［AR5-GigabitEthernet0/0/2］pppoe-client dial-bundle-number 1
［AR5-GigabitEthernet0/0/2］quit
```

步骤 4：验证配置。

1）查看 PPPoE-client 会话初始状态信息。

```
［AR5］display pppoe-client session summary
```

```
PPPoE Client Session:
ID Bundle Dialer Intf     Client-MAC   Server-MAC    State
0  1      1      GE0/0/2  00e0fc544fde 000000000000  IDLE
```

2）查看 PPPoE-client 会话建立状态信息。

```
[AR5] display pppoe-client session summary
PPPoE Client Session:
ID Bundle Dialer Intf     Client-MAC   Server-MAC    State
1  1      1      GE0/0/2  00e0fc544fde 00e0fc3f1fec  UP
```

步骤 5：保存设备配置。
使用 save 命令保存路由器 AR2、AR5 的配置。

技能训练 ▶▶

小杨成功利用 PPPoE 封装技术，实现了昆明分公司安全接入重庆分公司的网络。接下来，公司对西安分公司的接入方式也提出了新的要求，请将西安分公司的接入方式改为 PPPoE。

学习评价

项目 7　接入广域网学习评价表

	评 价 内 容	学 生 自 评	小 组 互 评	教 师 评 价	综 合 评 价
知识	广域网的基础知识和发展历程	□A□B□C	□A□B□C	□A□B□C	□A□B□C
	广域网的接入技术	□A□B□C	□A□B□C	□A□B□C	□A□B□C
	广域网的常用接入设备	□A□B□C	□A□B□C	□A□B□C	□A□B□C
	PPP 协议认证协商过程	□A□B□C	□A□B□C	□A□B□C	□A□B□C
	PPPoE 协议会话建立过程	□A□B□C	□A□B□C	□A□B□C	□A□B□C
能力	根据需要选择合适的广域网接入方式	□A□B□C	□A□B□C	□A□B□C	□A□B□C
	操作常用接入技术	□A□B□C	□A□B□C	□A□B□C	□A□B□C
	配置 PPP 协议	□A□B□C	□A□B□C	□A□B□C	□A□B□C
	配置 PPPoE 协议	□A□B□C	□A□B□C	□A□B□C	□A□B□C
素养	爱国热情和民族自豪感	□A□B□C	□A□B□C	□A□B□C	□A□B□C
	科技自立自强、核心技术自主可控	□A□B□C	□A□B□C	□A□B□C	□A□B□C

续表

	评 价 内 容	学 生 自 评	小 组 互 评	教 师 评 价	综 合 评 价
素养	细致认真、精益求精的工作态度	□A □B □C	□A □B □C	□A □B □C	□A □B □C
	规范操作	□A □B □C	□A □B □C	□A □B □C	□A □B □C
综合评价		□A □B □C			
学生签名：		老师签名：			

备注：A 代表优秀；B 代表良好；C 代表合格。

项目小结

本项目介绍了广域网的相关知识，涵盖广域网的基本概念、特点、工作原理、接入技术与设备，以及 PPP 和 PPPoE 协议。

广域网作为跨越广阔区域、整合多个局域网和城域网的网络，在范围、IP 地址分配、连接手段、传输速率、应用场景及参考模型等方面与局域网存在差异，这些差异是理解广域网特性的关键，也是后续学习和实践的基础。

PPP 协议在数据链路层保障串行链路数据可靠传输，其架构包含封装数据报、链路控制协议和网络控制协议，工作流程包含链路静止、建立、认证协商、网络层协商和链路终结 5 个阶段。认证协商阶段包含 PAP 和 CHAP 两种模式，PAP 简单但不安全，CHAP 通过挑战响应机制提升安全性。PPPoE 协议用于在以太网上构建宽带连接，会话建立分发现、会话和终结 3 个阶段。

本项目的重点是 PPP 协议的两种认证协商方式，难点是 PPPoE 协议的配置。

思考与练习

一、单选题

1. 以下（　　）不是广域网的特点。

    A. 覆盖范围广 　　　　　　　　　　　　B. 传输速率快

    C. 成本较高 　　　　　　　　　　　　　D. 由多个局域网连接而成

2. PPP 协议适用于（　　）通信场景。

    A. 广播通信 　　　B. 多播通信 　　　C. 点对点通信 　　　D. 以上都是

3. 在 PAP 认证过程中，密码是以（　　）形式传输的。

    A. 明文 　　　　　B. 密文 　　　　　C. 哈希值 　　　　　D. 随机数

4. 以下（　　）协议常用于 PPPoE 发现阶段。

　　A. PADI　　　　　　　B. PADO　　　　　　C. PADR　　　　　　D. PADS

5. 在 PPPoE 会话阶段，以下（　　）阶段先进行。

　　A. LCP 协商　　　　　B. 认证协商　　　　　C. NCP 协商　　　　D. 以上同时进行

二、填空题

1. PPP 协议是在_____的基础上发展起来的。

2. PPP 协议的基本工作流程包含_____个阶段。

3. PPP 认证协商包含_____和_____两种模式。

4. PPPoE 会话建立的 3 个阶段，包含_____、_____和_____。

5. 在接口上配置 PPP 认证模式，启用 CHAP 认证的命令为_____；启用 PAP 认证的命令为_____。

三、简答题

1. 简述广域网和局域网的区别。

2. 简述 PPP 协议的构成部分。

3. 简述 PAP 认证的过程。

4. 简述 CHAP 认证的过程。

5. 简述 PPPoE 发现阶段的 4 个步骤。

项目 **8**
部署 IPv6 网络

【学习目标】

知识目标:

（1）了解 IPv6 地址的构成。

（2）理解 IPv6 地址的分类及其各类别的特点。

（3）掌握 IPv6 地址的基本配置方法和操作步骤。

（4）掌握 IPv6 静态路由配置方法。

（5）掌握 IPv6 默认路由配置方法。

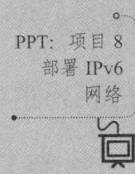

PPT：项目 8 部署 IPv6 网络

能力目标:

（1）能够准确地书写和识别 IPv6 地址。

（2）能够进行 IPv6 地址的基本配置操作。

（3）能够进行 IPv6 静态路由的配置。

（4）能够进行 IPv6 默认路由的配置。

素养目标:

（1）通过了解 IP 地址的发展过程，认识科技自立自强的重要性。

（2）提升创新能力和意识，充分认识对关键核心技术的攻关和突破，实现关键领域的自主可控，减少对外部技术依赖的重要性。

（3）通过配置 IPv6 网络实践操作训练，培养细致认真、精益求精的工作态度。

（4）在实训场所具有良好的安全意识，规范使用仪器设备，严格按照规范进行操作。

任务8.1 认识IPv6地址

任务引入 ▶▶

A 集团公司决定将四川电商枢纽的 IPv4 网络迁移至 IPv6，主要出于地址空间枯竭、全球通用性、增强安全性能和技术发展趋势等考虑。IPv6 提供了广泛的地址空间，IPv6 的部署不仅能解决 IPv4 地址耗尽的问题，还能为 5G、物联网等新兴技术提供强有力的网络基础支撑。四川电商枢纽的 IPv6 部署将遵循一系列成熟的技术方案，包括双栈技术、隧道技术以及协议转换技术，确保 IPv4 和 IPv6 之间的平滑过渡。

任务分析 ▶▶

微课 8-1
认识 IPv6
地址

小杨在实施 IPv4 到 IPv6 网络迁移任务的过程中，首先需要深入了解并分析四川电商枢纽现有的 IPv4 网络架构和设备配置，以准确把握迁移的技术和操作挑战，其次，将规划和设计适合四川电商枢纽的 IPv6 地址配置方案，以确保每台设备都能顺利完成 IPv6 网络的转换，并保障网络运行的稳定性和安全性。在实施过程中，将完成配置和验证 IPv6 地址的分配、路由设置和安全策略等，以保证新网络架构的完整性和可靠性。

知识准备 ▶▶

随着互联网的普及，互联网规模在不断扩大，IPv4 地址空间已经几乎耗尽，目前主要采用 NAT 技术缓解 IPv4 地址紧缺问题，但无法从根本上解决。IPv6 地址是对 IPv4 的全面升级，采用 128 位二进制数表示，能够提供海量的地址空间，满足未来各种设备和应用的需求。

8.1.1 IPv6 地址格式

微课 8-2
IPv4 到
IPv6 的演
进逻辑

IPv6（Internet Protocol Version 6）作为网络层协议的第二代标准协议，亦被称为 IPng（IP Next Generation），是由 Internet 工程任务组 IETF（Internet Engineering Task Force）精心设计的一套规范。IPv6 地址在网络里负责唯一标识网络设备，可提供约 2^{128} 个地址，极大地满足了未来互联网发展对地址的需求。

IPv6 地址用二进制表示时，长度为 128 位，通常分为 8 组，每组为 4 位十六进制数，组间用 "："隔开，如 2001:0DB8:85A3:0000:0000:0000:0370:7334。

1. IPv6 地址简化规则

微课 8-3
IPv6 地址
简化规则

IPv6 地址采用完整格式书写不太方便，在此基础上可以对 IPv6 地址进行简化，简化规则如下：

1）每组中起始部分的 0 可以省略。

例如，上述 IPv6 地址可简化为 2001:DB8:85A3:0:0:0:370:7334。

2）地址中包含连续的两个或多个均为 0 的组时，可以用 "::" 代替。

例如，IPv6 地址 2001:0000:0000:0000:0000:0000:0000:0001 可简化为 2001::1。

3）一个 IPv6 地址里 "::" 只能使用一次。

例如，IPv6 地址 2001:0000:0000:00BC:0000:0000:0000:0001 可简化为 2001::BC:0:0:0:1 或者 2001:0:0:BC::1。若简化为 2001::BC::1，将其恢复 128 位时会产生歧义。

2. IPv6 地址结构

一个 IPv6 地址由网络前缀和接口标识两部分组成。

1）网络前缀：n 位，相当于 IPv4 地址中的网络 ID，用于表示和区分不同的网络范围。

2）接口标识：占 $128-n$ 位，相当于 IPv4 地址中的主机 ID，用于在一个网络范围内区分不同的主机。接口标识有 3 种生成方式，分别是手工配置、系统自动生成和基于 EUI-64 规范生成。

① 手工配置：网络管理员手动指定接口标识。

② 系统自动生成：系统自动生成随机接口标识。

③ 基于 EUI-64 规范生成：根据接口的 48 位 MAC 地址计算生成 64 位的接口标识。先将 MAC 地址分为前 24 位和后 24 位两部分，其次在这两部分中间插入特定值 FFFE，最后将 MAC 地址的第 1 个字节的第 7 位进行反转，即可得到 EUI-64 格式的接口 ID。如图 8-1 所示为基于 EUI-64 规范自动生成接口标识的过程。

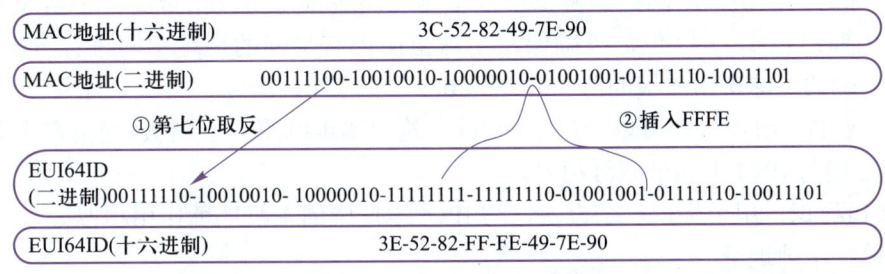

图 8-1 EUI-64 规范自动生成接口标识的过程

💡【想一想】通过查阅相关资料，了解 IPv4 地址给我国分配了多少，为什么给我国分配较少？

8.1.2 IPv6 地址分类

微课 8-4
IPv6 分类
与特点

IPv6 地址分为单播地址、组播地址和任播地址 3 种类型。

1. 单播地址

IPv6 单播地址用来唯一标识网络接口，类似于 IPv4 地址中的单播地址。发送到单播地址的报文将被传输到此地址标识的唯一接口上，一个单播地址只能标识一个接口，但一个接口可以有多个单播地址。单播地址可分为以下几类。

（1）未指定地址

IPv6 中的未指定地址为 0:0:0:0:0:0:0:0/128 或 ::/128。在网络通信的某些特定情境下，如在网络初始化阶段或者某些临时性的网络配置过程中，某个接口或者节点还没有 IP 地址，可以作为某些报文的源 IP 地址，其作用类似于 IPv4 中的 0.0.0.0。

（2）环回地址

IPv6 中的环回地址被定义为 0:0:0:0:0:0:0:1/128（::1/128），与 IPv4 地址中的 127.0.0.1 作用相同，主要用于设备向自身发送报文，是一种重要的本地测试与自我通信机制。实际发送的数据包中不能使用环回地址作为源 IP 地址或者目的 IP 地址。

（3）全球单播地址

全球单播地址是带有全球单播前缀的 IPv6 地址，其功能类似 IPv4 中的公有地址，能够让设备在全球范围内被访问，使不同网络中的主机可以相互通信。全球单播地址允许路由前缀聚合，有效地限制全球路由表项的数量，减轻路由器的负担，提高网络路由的效率与可扩展性。全球单播地址由 3 个关键部分组成，分别是全球路由前缀（Global Routing Prefix）、子网 ID（Subnet ID）和接口标识（Interface ID），其格式如图 8-2 所示。

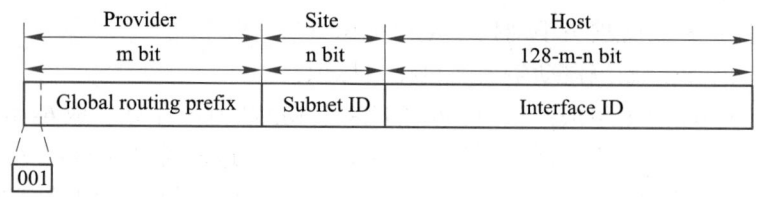

图 8-2　单播地址组成详解图

1）全球路由前缀：由网络服务提供商根据相关规则与协议指定给一个组织机构。通常全球路由前缀至少为 48 位，以确保在全球范围内有足够的地址空间进行分配与管理。目前已经分配的全球路由前缀的前 3bit 均为 001。

2）子网 ID：组织机构可以利用子网 ID 来构建本地网络。子网 ID 通常最多分配到第 64 位，其作用与 IPv4 中的子网号相似。

3）接口标识：用于标识一个设备，与 IPv4 地址中的主机地址作用相似。

（4）链路本地地址

链路本地地址仅能在连接到同一本地链路的节点之间进行通信交互，即以链路本地地址为源地址或目的地址的 IPv6 报文不会被路由设备转发到其他链路。以 FE80::/10 作为固定的本地链路前缀（即最高 10 位值为 1111111010），低 64 位为接口标识，中间 54 位为 0，格式如图 8-3 所示。

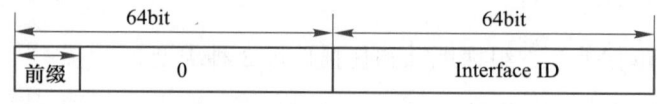

图 8-3　链路本地地址格式

（5）唯一本地地址

唯一本地地址专门用于私有网络内部使用，在全球 IPv6 网络中不能被路由转发，其功能与 IPv4 中的私有地址类似，地址格式为 FC00::/7。

2. 组播地址

组播地址用来标识一组接口，类似于 IPv4 地址中的组播地址，发送到组播地址的数据报文被传送给此地址标识的所有接口。IPv6 组播地址由前缀（FF）、标志字段（Flag）、范围字段（Scope）和组播组 ID（Group ID）四个关键部分组成，其地址格式如图 8-4 所示。IPv6 组播地址的前缀是 FF00::/8。

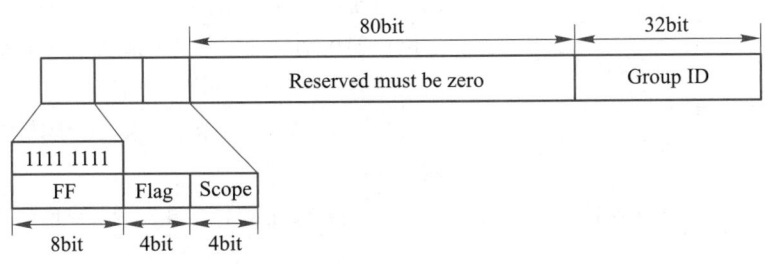

图 8-4　IPv6 组播地址格式

3. 任播地址

IPv6 任播地址用于标识不同节点上的一组网络接口。当数据包发往任播地址时，路由协议会依据网络拓扑和链路状态等因素，将数据包发送给其中路由意义上最近的一个网络接口，主要用于在多个主机或节点提供相同服务时实现冗余和负载均衡。例如，在大型数据中心，多个提供相同服务的服务器节点可被分配同一个任播地址。当大量用户请求访问时，网络路由系统能根据实时网络状况将请求均衡分配到不同服务器节点，防止单点故障，实现负载均衡，提高服务的可靠性和可用性。

8.1.3　IPv6 地址基本配置

一个接口在发送 IPv6 报文前，需依次完成地址配置、重复地址检测（DAD）以及地址解析 3 个阶段，IPv6 单播地址业务流程如图 8-5 所示。

微课 8-5
IPv6 路由
配置

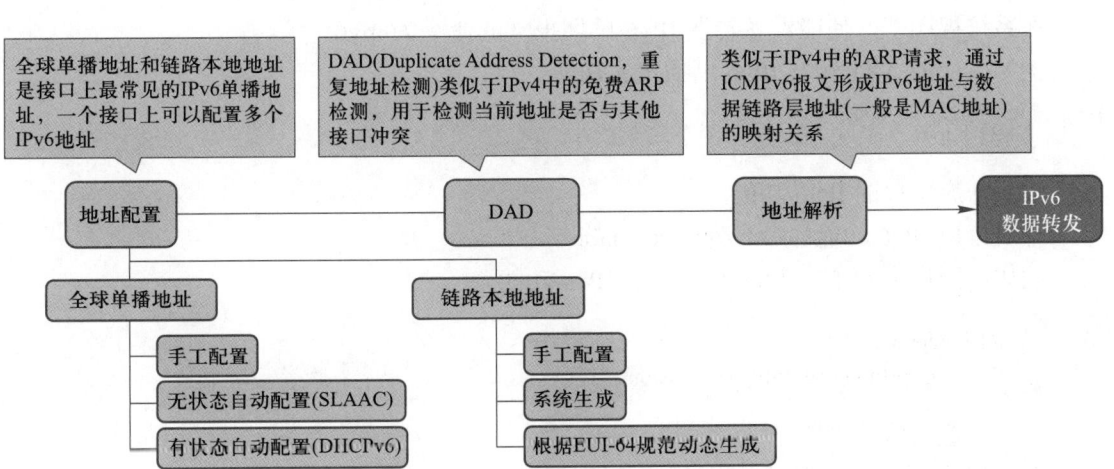

图 8-5　IPv6 单播地址业务流程

邻居发现协议（Neighbor Discovery Protocol，NDP）在此过程中发挥着关键作用。NDP 是保证 IPv6 网络正常运行的一个不可或缺的协议，用于在 IPv6 网络中实现邻居节点之间相互发现、地址解析、无状态自动配置过程中的路由器发现以及检测邻居节点的可达性等功能。NDP 使用 4 种 ICMPv6 报文实现其功能，见表 8-1。

微课 8-6
IPv6 动态
地址配置

表 8-1　NDP 的 ICMPv6 报文

ICMPv6 Type	报 文 名 称	报 文 作 用
133	路由器请求（RS）	主机在初始化时发送 RS 报文来主动请求路由器发送路由器通告（RA）报文
134	路由器通告（RA）	路由器周期性地发送 RA 报文，向链路上的主机通告自己的存在以及相关网络配置信息
135	邻居请求（NS）	类似于 IPv4 中的 ARP 请求，用于请求邻居节点的链路层地址
136	邻居通告（NA）	用于响应 NS 报文，告知发送节点自己的链路层地址

IPv6 地址的配置分为手动配置和动态配置。其中，动态配置又可分为无状态地址自动配置（SLAAC）和有状态地址自动配置（DHCPv6）。

无状态地址自动配置通过 NDP 实现。当 IPv6 设备接入网络后，会监听路由器定期发送的 RA 消息。RA 消息中包含了网络前缀信息，设备提取该前缀，再结合自身接口的标识符来生成一个完整的 IPv6 全球单播地址。无状态自动配置使 IPv6 主机能够非常便捷地接入到 IPv6 网络中，即插即用，无须手工配置繁冗的 IPv6 地址，无须部署应用服务器（如 DHCP 服务器）为主机分发地址。

有状态地址自动配置需要通过 DHCPv6 实现。DHCPv6 服务器维护一个 IPv6 地址池，当 IPv6 设备接入网络后，会向 DHCPv6 服务器发送请求消息。服务器根据自身的配置和策略，从地址池中选择一个 IPv6 地址分配给设备，并可能同时提供其他网络配置信息，如 DNS 服务器地址、域名等。

1. IPv6 地址手动配置

（1）使能 IPv6

在系统视图下，使能设备转发 IPv6 单播报文的命令为 ipv6。

例如，使能 AR1 转发 IPv6 单播报文功能。

微课 8-7
IPv6 静态
路由配置

```
［AR1］ipv6
```

（2）开启接口的 IPv6 功能

开启接口 IPv6 功能的命令为 ipv6 enable。

例如，开启 AR1 的 GE0/0/0 接口的 IPv6 功能。

```
［AR1］interface g0/0/0
［AR1-GigabitEthernet0/0/0］ipv6 enable
```

（3）配置全球单播地址

在接口视图下，配置接口的全球单播地址命令为 ipv6 address { ipv6-address prefix-length | ipv6-address /prefix-length}。

例如，为 AR1 的 GE0/0/1 接口配置全球单播地址 2001::1/64。

```
［AR1］interface g0/0/1
［AR1-GigabitEthernet0/0/1］ipv6 address 2001::1/64
或者 ［AR1-GigabitEthernet0/0/1］ipv6 address 2001::1 64
```

（4）配置链路本地地址

1）手工指定

在接口视图下，手工配置接口的链路本地地址命令为 ipv6 address *ipv6-address* link-local。

注意：链路本地地址的前缀必须匹配 FE80::/10。

例如，为 AR1 的 GE0/0/1 接口配置本地链路地址为 FE80::1。

> ［AR1-GigabitEthernet0/0/1］ipv6 address FE80::1 link-local

2）自动生成

接口标识默认基于 IEEE EUI-64 规范生成链路本地地址。在接口视图下，自动生成接口的链路本地地址命令为 ipv6 address auto link-local。

例如，为 AR1 的 GE0/0/1 接口配置自动生成本地链路地址。

> ［AR1-GigabitEthernet0/0/1］ipv6 address auto link-local

2．IPv6 地址自动配置

（1）无状态地址自动配置

在默认情况下，华为路由器接口不发送 ICMPv6 RA 报文，若想进行 IPv6 无状态地址配置，需要手工开启发送 RA 报文，配置步骤及主要命令如下。

微课 8-8
IPv6 静态路由配置—实验

1）使能设备和接口的 IPv6 功能。

2）使能设备接口路由器通告 RA 报文功能，命令为 undo ipv6 nd ra halt。

3）RA 报文中的 M 标志位和 O 标志位的默认值均为 0，无须配置。

例如，开启路由器 AR1 的 GE0/0/0 接口的路由器通告报文功能。

> ［AR1］ipv6
> ［AR1］interface g0/0/1
> ［AR1-GigabitEthernet0/0/1］ipv6 enable
> ［AR1-GigabitEthernet0/0/1］undo ipv6 nd ra halt

（2）有状态地址自动配置

1）使能设备 DHCP 服务。

在系统视图下，启动设备的 DHCP 服务的命令为 dhcp enable。

2）配置 DHCPv6 服务器，设置 IPv6 地址池的相关参数。

创建 IPv6 地址池的命令为 dhcpv6 pool *pool-name*。

在地址池视图下，配置网络前缀的命令为 address prefix *ipv6-prefix*/*ipv6-prefix-length*。

设置不参与自动分配的 IPv6 地址列表的命令为 excluded-address *start-ipv6-address* ［to *end-ipv6-address*］。

配置 DNS 服务器的 IPv6 地址的命令为 dns-server *ipv6-address*。

注意：每个 IPv6 地址池最多可支持 3 个网络前缀，在默认情况下，地址池中所有 IPv6 地址都参与自动分配，如果只有一个 IPv6 地址不参与自动分配，则只需指定参数 start-ipv6-address。

例如，启用路由器 AR1 的 DHCPv6 功能，配置 DHCPv6 服务器地址池 pool1，地址池网络前缀为 FC00:3::/64，DNS 服务器地址为 FC00:3::1。

```
[AR1] dhcp enable
[AR1] dhcpv6 pool pool1
[AR1-dhcpv6-pool-pool1] address prefix fc00:3::/64
[AR1-dhcpv6-pool-pool1] excluded-address fc00:3::1
[AR1-dhcpv6-pool-pool1] dns-server fc00:3::1
```

3）接口使能 DHCPv6 服务器功能。

接口使能 DHCPv6 服务器功能命令为 dhcpv6 server pool-name。

例如，启用 AR1 的 GE0/0/1 接口 DHCPv6 服务器功能。

```
[AR1] ipv6
[AR1] interface g0/0/1
[AR1-GigabitEthernet0/0/1] ipv6 enable
[AR1-GigabitEthernet0/0/1] dhcpv6 server pool1
```

4）配置 RA 报文中的 M 标志位和 O 标志位。

配置发布 RA 报文的 M 和 O 标志位，使 DHCPv6 客户端通过 DHCPv6 方式获取 IPv6 地址和其他网络参数。

设置 M 标志位的命令为 ipv6 nd autoconfig managed-address-flag。

设置 O 标志位的命令为 ipv6 nd autoconfig other-flag。

例如，设置路由器 AR1 的 GE0/0/0 接口的有状态地址自动配置 M 标志位和 O 标志位。

```
[AR1] ipv6
[AR1] interface g0/0/0
[AR1-GigabitEthernet0/0/0] ipv6 enable
[AR1-GigabitEthernet0/0/0] undo ipv6 nd ra halt
[AR1-GigabitEthernet0/0/0] ipv6 nd autoconfig managed-address-flag
[AR1-GigabitEthernet0/0/0] ipv6 nd autoconfig other-flag
```

【练一练】某企业网络需要部署 IPv6 协议，需要对当前运行的网络设备进行 IPv6 地址配置。如图 8-6 所示，AR2 作为 DHCPv6 服务器分别给 AR3 的 GE0/0/0 分配全球单播地址，AR4 的 GE0/0/0 接口通过 AR2 的 RA 进行无状态地址自动配置，AR1 和 AR2 之间使用静态 IPv6 地址互联。

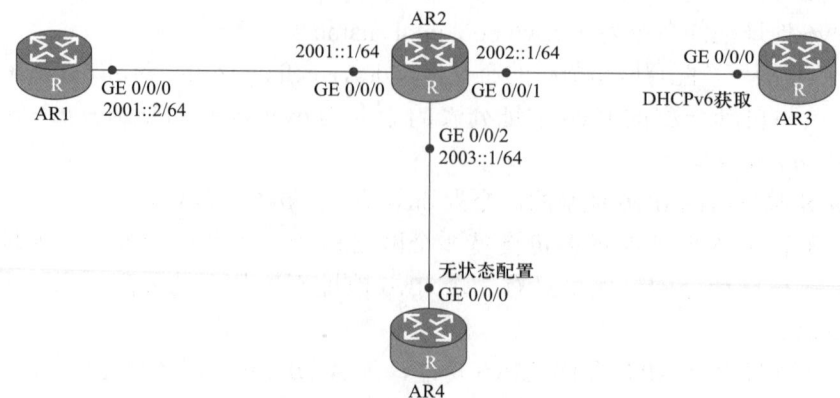

图 8-6　构建 IPv6 网络实验拓扑图

☼【想一想】互联网各类标准是全球众多组织和国家共同协作的成果，在制定的过程中，是否体现了国家的科技综合实力。

任务实施 ▶▶

1. 配置思路

- 搭建网络
- 相关接口使能 IPv6 功能并自动生成链路本地地址
- 在相应接口配置静态 IPv6 全球单播地址
- 为 AR9 配置无状态获取地址
- 保存设备配置

2. 配置过程

步骤 1：搭建网络。

1）IP 地址分配。IPv6 网络设备基础信息见表 8-2。

表 8-2　IPv6 网络设备基础信息

设　备　名	IP 地址（全球单播）	接　　口	分　公　司
AR8	2002::2/64	GigabitEthernet 0/0/0	四川电商枢纽
	2002:1::1/64	GigabitEthernet 0/0/1	
AR9	无状态配置	GigabitEthernet 0/0/0	
	2001:1::1/64	GigabitEthernet 0/0/1	
AR7	2002::1/64	GigabitEthernet 0/0/1	
	2003::1/64	GigabitEthernet 0/0/2	
	2001::2/64	GigabitEthernet 0/0/0	
Internet	2001::1/64	GigabitEthernet 0/0/2	外网

2）建立设备间的物理连接并启动设备，如图 8-7 所示，完成 IPv6 地址配置拓扑。

图 8-7

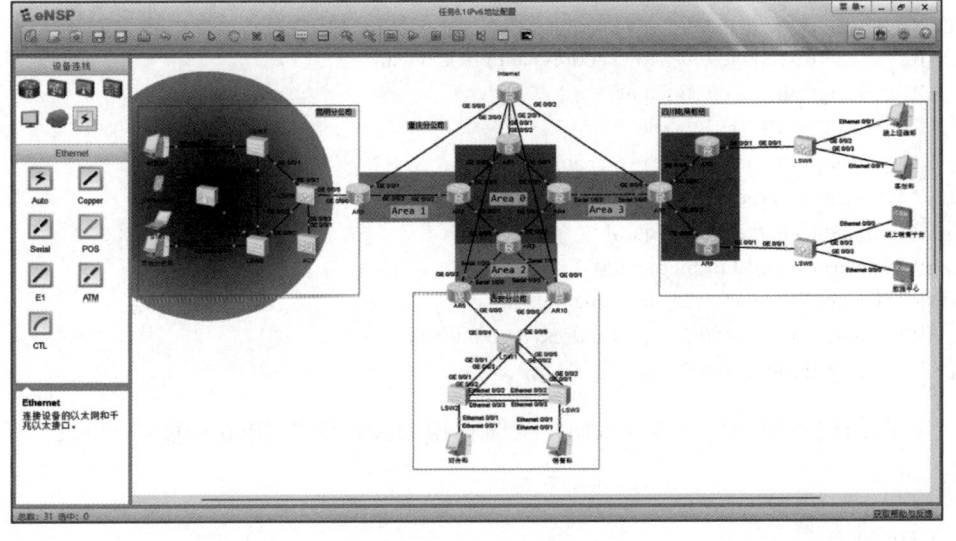

图 8-7　IPv6 地址配置拓扑

步骤 2：相关接口使能 IPv6 功能并自动生成链路本地地址。

1）在四川电商枢纽路由器 AR8 全局和相关接口使能 IPv6 功能，同时自动生成链路本地地址。

```
［AR8］ipv6
［AR8］interface GigabitEthernet 0/0/0
［AR8-GigabitEthernet0/0/0］ipv6 enable
［AR8-GigabitEthernet0/0/0］ipv6 address auto link-local
［AR8-GigabitEthernet0/0/0］quit
［AR8］interface GigabitEthernet 0/0/1
［AR8-GigabitEthernet0/0/1］ipv6 enable
［AR8-GigabitEthernet0/0/1］ipv6 address auto link-local
［AR8-GigabitEthernet0/0/1］quit
```

2）在四川电商枢纽路由器 AR9 全局和相关接口使能 IPv6 功能，同时自动生成链路本地地址。

```
［AR9］ipv6
［AR9］interface GigabitEthernet 0/0/0
［AR9-GigabitEthernet0/0/0］ipv6 enable
［AR9-GigabitEthernet0/0/0］ipv6 address auto link-local
［AR9-GigabitEthernet0/0/0］quit
［AR9］interface GigabitEthernet 0/0/1
［AR9-GigabitEthernet0/0/1］ipv6 enable
［AR9-GigabitEthernet0/0/1］ipv6 address auto link-local
［AR9-GigabitEthernet0/0/1］quit
```

3）在四川电商枢纽路由器 AR7 全局和相关接口使能 IPv6 功能，同时自动生成链路本地地址。

```
［AR7］ipv6
［AR7］interface GigabitEthernet 0/0/0
［AR7-GigabitEthernet0/0/0］ipv6 enable
［AR7-GigabitEthernet0/0/0］ipv6 address auto link-local
［AR7-GigabitEthernet0/0/0］quit
［AR7］interface GigabitEthernet 0/0/1
［AR7-GigabitEthernet0/0/1］ipv6 enable
［AR7-GigabitEthernet0/0/1］ipv6 address auto link-local
［AR7-GigabitEthernet0/0/1］quit
［AR7］interface GigabitEthernet 0/0/2
［AR7-GigabitEthernet0/0/2］ipv6 enable
［AR7-GigabitEthernet0/0/2］ipv6 address auto link-local
［AR7-GigabitEthernet0/0/2］quit
```

4）在四川电商枢纽路由器 Internet 全局和相关接口使能 IPv6 功能，同时自动生成链路本地地址。

```
［Internet］ipv6
```

```
[Internet] interface GigabitEthernet 0/0/2
[Internet-GigabitEthernet0/0/2] ipv6 enable
[Internet-GigabitEthernet0/0/2] ipv6 address auto link-local
[Internet-GigabitEthernet0/0/2] quit
```

步骤3：在相应接口配置静态IPv6全球单播地址。

1）在四川电商枢纽路由器AR8相关接口配置静态IPv6全球单播地址。

```
[AR8] interface GigabitEthernet 0/0/0
[AR8-GigabitEthernet0/0/0] ipv6 address 2002::2 64
[AR8] interface GigabitEthernet 0/0/1
[AR8-GigabitEthernet0/0/1] ipv6 address 2002:1::1 64
[AR8-GigabitEthernet0/0/1] quit
```

2）在四川电商枢纽路由器AR7相关接口配置静态IPv6全球单播地址。

```
[AR7] interface GigabitEthernet 0/0/0
[AR7-GigabitEthernet0/0/0] ipv6 address 2001::2 64
[AR7] interface GigabitEthernet 0/0/1
[AR7-GigabitEthernet0/0/1] ipv6 address 2002::1 64
[AR7] interface GigabitEthernet 0/0/2
[AR7-GigabitEthernet0/0/2] ipv6 address 2003::1 64
[AR7-GigabitEthernet0/0/2] quit
```

3）在四川电商枢纽路由器Internet相关接口配置静态IPv6全球单播地址。

```
[Internet] interface GigabitEthernet 0/0/2
[Internet-GigabitEthernet0/0/2] ipv6 address 2001::1 64
[Internet-GigabitEthernet0/0/2] quit
```

步骤4：为AR9配置无状态获取地址。

1）在四川电商枢纽路由器AR7使能发布RA报文的功能。

```
[AR7] interface GigabitEthernet 0/0/2
[AR7-GigabitEthernet0/0/2] undo ipv6 nd ra halt
[AR7-GigabitEthernet0/0/2] quit
```

2）在四川电商枢纽路由器AR9通过无状态地址配置的方式获取地址。

```
[AR9] interface GigabitEthernet 0/0/0
[AR9-GigabitEthernet0/0/0] ipv6 address auto global
[AR9] interface GigabitEthernet 0/0/1
[AR9-GigabitEthernet0/0/1] ipv6 add 2001:1::1 64
[AR9-GigabitEthernet0/0/1] quit
```

步骤5：保存设备配置。

使用save命令保存四川电商枢纽路由器AR7、AR8、AR9和Internet的配置。

技能训练 ▶▶

A 集团公司从长远发展考虑，决定在重庆分公司部署 IPv6 地址，请根据重庆分公司现有网络架构对网络进行升级和改造，实现 IPv6 的部署。

任务8.2 配置IPv6路由

任务引入 ▶▶

小杨已经成功完成了四川电商枢纽网络设备的 IPv6 地址部署，随着业务需求的增长和网络环境的扩展，内部网络的互联互通变得尤为重要。为此，公司安排小杨在四川电商枢纽部署 IPv6 路由协议，确保四川电商枢纽内部不同网络能够顺畅通信。

任务分析 ▶▶

小杨将通过所学的知识和技能，首先分析四川电商枢纽的网络架构和 IPv6 设备配置，接下来规划和设计适合四川电商枢纽的 IPv6 路由方案，包括子网划分、路由器配置和路由协议的选择，最后完成 IPv6 路由部署。

知识准备 ▶▶

8.2.1 配置 IPv6 静态路由

1. IPv6 静态路由

在 IPv6 网络中，可以在网络设备上配置静态路由，实现不同子网主机间的数据交互与通信，建立稳定的网络环境。

IPv6 静态路由是指在 IPv6 网络环境中，由网络管理员手动配置的路由信息，其指定了从源网络到目标网络的固定路径，用于引导 IPv6 数据包在网络中的转发，适合于结构比较简单的 IPv6 网络。和 IPv4 静态路由相同，不能自动适应网络拓扑结构的变化，当网络发生故障或者拓扑发生变化后，必须由网络管理员手工修改配置。

2. 配置 IPv6 静态路由

IPv6 静态路由可以指定出接口或下一跳地址，也可同时指定出接口和下一跳地址。在系统视图下，配置 IPv6 静态路由的配置命令为 ipv6 route-static *dest-ipv6-address prefix-length nexthop-ipv6-address*。

例如，为 AR1 配置去往 IPv6 网络 2003::/64 的静态路由，下一跳地址为 2001::1/64。

```
[AR1] ipv6 route-static 2003:: 64 2001::1
```

为 AR1 配置去往 IPv6 网络 2003::/64 的静态路由，出接口是 GE0/0/1，下一跳地址为 2001::1/64。

［AR1］ipv6 route-static 2003:: 64 g0/0/1 2001::1

在配置完成后，可以通过查看路由表来验证配置是否成功，查看 IPv6 静态路由信息的命令为 dispaly ipv6 routing-table protocol static。

✎【练一练】IPv6 网络拓扑如图 8-8 所示，请配置静态路由实现互联互通。

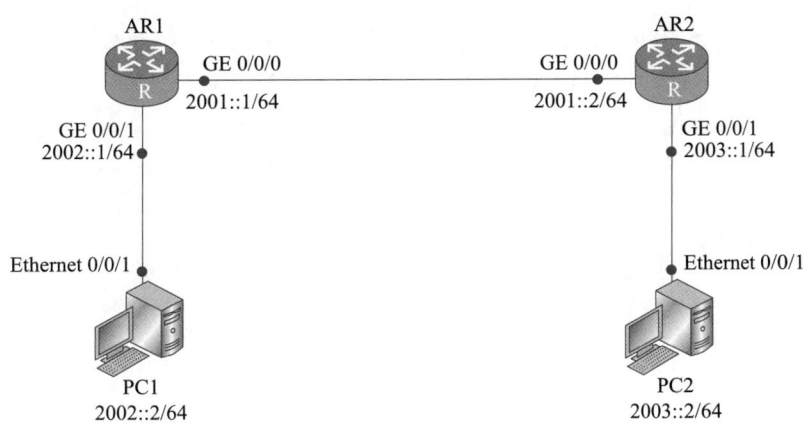

图 8-8　IPv6 静态路由配置网络拓扑图

配置思路：

1）全局开启 IPv6 功能。

2）配置接口 IPv6 地址。

3）配置静态路由。

8.2.2　配置 IPv6 默认路由

1. IPv6 默认路由含义

IPv6 默认路由是指目的网络地址 / 掩码为 ::/0 的路由。在 IPv6 网络中，如果网络设备的路由表中存在默认路由，那么当网络设备收到一个目的地址不属于其路由表中任何一个特定路由条目的 IPv6 数据包时，就会按照默认路由进行转发；如果网络设备的路由表中不存在默认路由，当 IPv6 数据包没有匹配到任何路由时，该数据包就会被丢弃。

2. 配置 IPv6 默认路由

在系统视图下，配置 IPv6 默认路由的配置命令为 ipv6 route-static ::/0 *nexthop-ipv6-address*。

例如，为 AR1 配置去往 IPv6 网络默认路由，下一跳地址为 2001::1/64。

［AR1］ipv6 route-static ::/0 2001::1

✎【练一练】IPv6 网络拓扑图如图 8-9 所示，AR3 是 ISP 路由器，假设 AR3 上已经有通往 Internet 的路由，要求在 AR1、AR2 和 AR3 上配置默认路由，实现 PC1 和 PC2 互联互通，并且均能访问 Internet。

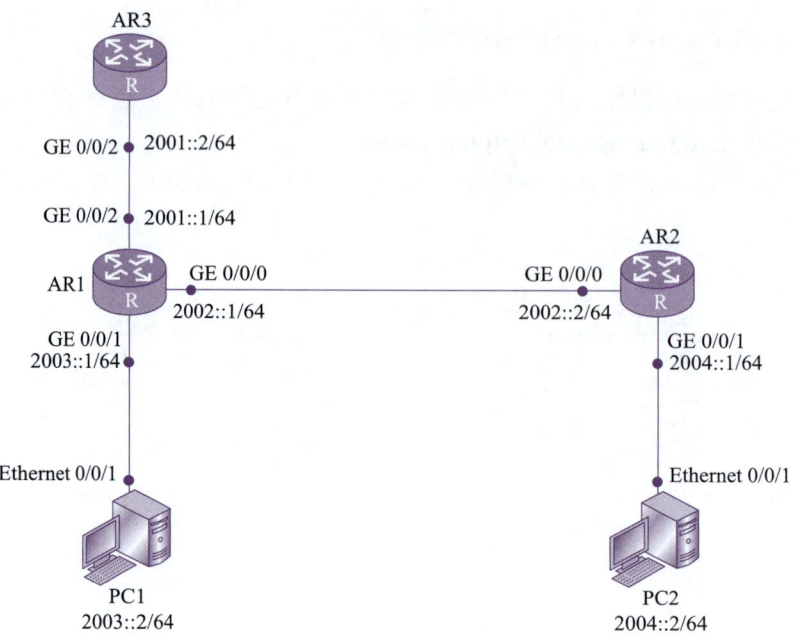

图 8-9 IPv6 默认路由配置网络拓扑图

☼【想一想】在 IPv6 网络配置过程中，IP 地址会变长，应采取哪些措施帮助我们养成严谨、细致、认真的工作习惯？

任务实施 ▷▷

1. 配置思路

■ 部署静态路由
■ 部署默认路由
■ 保存设备配置

2. 配置过程

步骤 1：部署静态路由。

在四川电商枢纽路由器 AR7 上部署静态路由。

```
[AR7] ipv6 route-static 2002:1:: 64 2002::2
[AR7] ipv6 route-static 2001:1:: 64 2003::2E0:FCFF:FEB0:17C7
```

步骤 2：部署默认路由。

1）在四川电商枢纽路由器 AR8 上部署默认路由。

```
[AR8] ipv6 route-static :: 0 2002::1
```

2）在四川电商枢纽路由器 AR9 上部署默认路由。

```
[AR9] ipv6 route-static :: 0 2003::1
```

步骤 3：保存设备配置。

使用 save 命令保存四川电商枢纽路由器 AR7、AR8、AR9 的配置。

技能训练 ▶

通过上面的练习已完成四川电商枢纽网络 IPv6 路由配置，请在重庆分公司的 IPv6 网络中部署静态路由及默认路由。

学习评价

项目 8　部署 IPv6 网络学习评价表

评 价 内 容		学 生 自 评	小 组 互 评	教 师 评 价	综 合 评 价
知识	IPv6 地址构成	□A□B□C	□A□B□C	□A□B□C	□A□B□C
	IPv6 地址分类和各类别特点	□A□B□C	□A□B□C	□A□B□C	□A□B□C
	IPv6 地址基本配置和步骤	□A□B□C	□A□B□C	□A□B□C	□A□B□C
	IPv6 静态路由配置	□A□B□C	□A□B□C	□A□B□C	□A□B□C
	IPv6 默认路由配置	□A□B□C	□A□B□C	□A□B□C	□A□B□C
能力	识别 IPv6 地址	□A□B□C	□A□B□C	□A□B□C	□A□B□C
	简化 IPv6 地址	□A□B□C	□A□B□C	□A□B□C	□A□B□C
	配置 IPv6 地址	□A□B□C	□A□B□C	□A□B□C	□A□B□C
	配置 IPv6 静态路由	□A□B□C	□A□B□C	□A□B□C	□A□B□C
	配置 IPv6 默认路由	□A□B□C	□A□B□C	□A□B□C	□A□B□C
素养	科技自立自强	□A□B□C	□A□B□C	□A□B□C	□A□B□C
	核心技术的攻关和突破	□A□B□C	□A□B□C	□A□B□C	□A□B□C
	细致认真的工作态度	□A□B□C	□A□B□C	□A□B□C	□A□B□C
	安全意识	□A□B□C	□A□B□C	□A□B□C	□A□B□C
	规范操作	□A□B□C	□A□B□C	□A□B□C	□A□B□C
综合评价		□A□B□C			
学生签名：	老师签名：				

备注：A 表示"优秀"，B 表示"良好"，C 表示"合格"。

项目小结

本项目介绍了 IPv6 网络相关知识，涵盖基本概念、地址配置、路由配置以及未来发展与应用要点。

IPv6 是下一代互联网协议，其网络地址采用 128 位二进制表示，分为单播、组播、任播地址等。地址配置分为静态和动态两类，静态配置包括手动设置链路本地地址和全球单播地址，动态配置方式有无状态地址自动配置（Stateless Address Auto Configuration，SLAAC）和有状态自动配置（Dynamic Host Configuration Protocol for IPv6，DHCPv6）。SLAAC 基于一定规则自动生成地址，DHCPv6 则依赖服务器分配，且二者都涉及 RA 报文，华为设备默认需手动开启该报文发送功能。静态路由需手动指定目的网络、下一跳等信息，适用于拓扑稳定网络。默认路由用于处理未知目的地址数据包，在网络出口路由器配置。

本项目重点是 IPv6 地址的分类及格式，难点是 IPv6 地址的动态配置。IPv6 技术正处于不断发展演进的阶段，未来需要关注网络架构和路由配置的创新。在实际应用中，要根据网络规模和业务需求，灵活选择优化地址配置及路由策略，确保网络高效稳定运行。

思考与练习

一、单选题

1. 以下（　　　）IPv6 单播地址不能用作源地址或目的地址。
   A. 未指定地址　　　　B. 环回地址　　　　C. 全球单播地址　　　D. 链路本地地址

2. IPv6 任播地址通常通过（　　）方式实现。
   A. 独立地址空间　　　B. 共享单播地址　　　C. 特殊前缀　　　　D. 以上选项都不是

3. 配置 IPv6 默认路由时，目标前缀应设置为（　　　）。
   A. 具体的网络地址　　　　　　　　　　B. 任意地址
   C. ::/0　　　　　　　　　　　　　　　D. 无

4. 在 IPv6 地址简化规则中，以下（　　　）省略方式是正确的。
   A. 省略中间的 0　　　　　　　　　　　B. 省略每组结尾的 0
   C. 随意省略 0　　　　　　　　　　　　D. 以上选项都不是

5. 以下（　　　）IPv6 地址类型主要用于在私有网络内部使用。
   A. 全球单播地址　　　B. 链路本地地址　　　C. 唯一本地地址　　　D. 组播地址

二、填空题

1. IPv6 地址由_____和_____两部分组成。

2. IPv6 组播地址的前缀是_____。

3. IPv6 地址由_____位二进制数组成。

4. IPv6 链路本地地址采用_____作为固定的本地链路前缀。

5. IPv6 唯一本地地址的前缀是_____。

三、简答题

1. 简述 IPv6 静态地址配置的步骤。

2. 简要说明 IPv6 链路本地地址的作用和特点。

3. 简述 IPv6 地址和 IPv4 地址的区别。

4. 对比 IPv6 静态地址和默认地址在手动配置、目的明确性、适用范围、路由表更新和复杂性方面的差异。

5. 简述在 IPv6 网络中配置路由时，如何根据实际网络规模和需求选择合适的路由类型。

项目 9
项目综合实战

PPT: 项目9
项目综合
实战

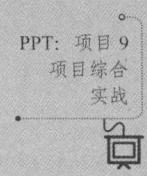

【学习目标】

知识目标：

（1）掌握项目需求分析方法。

（2）掌握项目规划的原则。

（3）掌握项目实施的流程和方法。

（4）掌握项目测试方法。

能力目标：

（1）能够进行项目需求的收集、整理和分析。

（2）能够完成静态路由汇总及浮动静态路由配置。

（3）能够部署单区域 OSPF 和多区域 OSPF 路由协议。

（4）能够根据网络需求配置路由引入。

（5）能够利用路由协议实现网络之间的数据通信。

素养目标：

（1）通过配置国产交换机设备和路由器设备，培育科技强国的责任与担当，增进中国制造、科技自强的认同感，增强爱国热情和民族自信。

（2）通过完整项目的练习，培养按照规范进行项目设计开发的能力和规范书写项目文档的能力。

（3）树立规范意识，按规范操作要求使用仪器设备及工具，实训中工具及线缆摆放有序，实训完成后及时清理现场。

（4）培养团队协作意识和能力，培养沟通交流表达能力。

（5）在实训现场具有良好安全意识，懂得安全操作知识，严格按照安全标准流程操作。

任务9.1 项目需求分析

任务引入 ▶▶

经过一系列的项目实践和自身不断的努力，小杨已锻炼成为一位技术娴熟、能力出众的网络技术人员。目前，A 集团公司正计划投资成立一家纯净水生产和销售子公司 B，B 公司由北京总部和深圳分公司两部分组成，其中，北京总部负责研发、市场拓展，由 IT 部和市场部组成；深圳分公司负责销售，由销售部组成。现在，集团公司委派小杨负责 B 公司网络规划设计、部署、测试等工作，构建一个稳定、高效的企业级内部网络，确保 B 公司深圳分公司内部网络以及与北京总部网络的无缝互联互通。此外，他还需确保网络解决方案在效率、可靠性和安全性方面均达到高标准。

任务分析 ▶▶

经过小杨与公司的详细沟通后，B 公司的需求采集及分析如下：

1）总部位于北京，分支位于深圳，现需要组建内部的小型企业网络。

2）AR1 和 AR2 分别为总部和分支的出口路由器，各自通过 GE0/0/0 端口连接 Internet，要求上班时间（9:00-12:00、14:00-18:00）市场部不允许访问 Internet，其他时间所有终端都可访问 Internet。

3）总部和分支之间租用运营商专线，部署 PPP 协议，总部需对分支进行 CHAP 认证，用户名/密码：huawei/Huawei@123。

4）SW1、SW2、SW5 为三层交换机，SW3、SW4、SW6 为二层交换机，需为所有设备进行 VLAN 及 IP 地址规划。

5）AR1、AR3、SW1、SW2、SW5 之间运行 OSPF 协议学习路由，其中 AR1、SW1、SW2 所有互联接口属于 Area0 区域，AR3（S1/0/0 接口除外）与 SW5 属于 Area1 区域。

6）SW1 与 SW2 之间互连链路部署链路聚合技术，需使用 LACP 静态模式。

7）在 SW1 与 SW2 上部署 VRRP 协议并配合 MSTP 协议，实现对业务及交换机网管的可靠性提升，其中 IT 部终端及交换机网管主走 SW1，市场部终端主走 SW2，当网络出现故障时，可实现链路及网关的冗余。

在以上需求分析的基础上，选择的设备清单见表 9-1。

表 9-1 设 备 清 单

产 品 名 称	版 本	数 量
AR2220	V200R003C00	3
S5700	V200R001C00	3

续表

产 品 名 称	版 本	数 量
S3700	V200R001C00	3
PC 端	Windows 11	35

任务9.2 项目规划设计

1. 项目拓扑规划

建立设备间的物理连接并启动设备，B 公司的网络拓扑如图 9-1 所示。

图 9-1

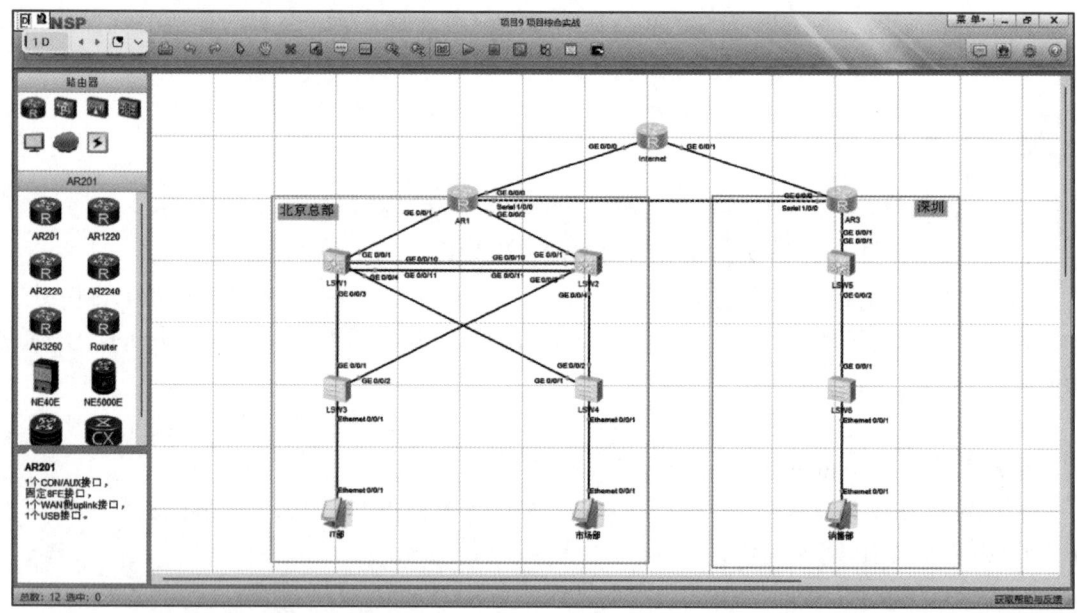

图 9-1　B 公司的网络拓扑

2. 根据拓扑结构规划设备及 IP 地址

分配设备 IP 地址。北京总部及深圳分公司各部门网络设备基础信息见表 9-2。

表 9-2　北京总部及深圳分公司各部门网络设备基础信息

设 备 名	IP 地址	网 关	所属 VLAN	分 公 司
IT 部	10.0.100.10/24	10.0.100.254/24	100	北京总部
市场部	10.0.101.10/24	10.0.101.254/24	101	
销售部	10.1.102.10/24	10.1.102.254/24	102	深圳

续表

设　备　名	IP 地址	网　　关	所属 VLAN	分　公　司
LSW1	10.0.2.2/30	VLANIF11		北京总部
	10.0.2.13/30	VLANIF13		
	10.0.100.1/24	VLANIF100		
	10.0.101.1/24	VLANIF101		
LSW2	10.0.2.6/30	VLANIF12		
	10.0.2.14/30	VLANIF13		
	10.0.100.2/24	VLANIF100		
	10.0.101.2/24	VLANIF101		
AR1	100.0.0.2/24	GigabitEthernet 0/0/0		
	10.0.2.1/30	GigabitEthernet 0/0/1		
	10.0.2.5/30	GigabitEthernet 0/0/2		
	10.0.2.9/30	Serial1/0/0		
Internet	100.0.0.1/24	GigabitEthernet 0/0/0		公网
	200.0.0.1/24	GigabitEthernet 0/0/1		
AR3	200.0.0.2/24	GigabitEthernet 0/0/0		深圳分公司
	10.1.2.1/30	GigabitEthernet 0/0/1		
	10.0.2.10/30	Serial1/0/0		
LSW5	10.1.2.2/30	VLANIF11		
	10.1.102.254/24	VLANIF102		

任务9.3　项目实施

1. 根据网络 VLAN 规划及 IP 地址规划完成设备接口配置

1）在外网路由器 Internet 上配置设备名及接口 IP 地址（该部分配置由运营商进行调试）。

微课 9-1
设备接口
配置

```
<Huawei>system-view
[Huawei] sysname Internet
[Internet] interface GigabitEthernet 0/0/0
[Internet-GigabitEthernet0/0/0] ip address 100.0.0.1 24
[Internet-GigabitEthernet0/0/0] quit
[Internet] interface GigabitEthernet 0/0/1
[Internet-GigabitEthernet0/0/1] ip address 200.0.0.1 24
```

```
［Internet-GigabitEthernet0/0/1］quit
```

2）在北京总部路由器 AR1 上配置设备名及接口 IP 地址。

```
<Huawei>system-view
［Huawei］sysname AR1
［AR1］interface GigabitEthernet 0/0/0
［AR1-GigabitEthernet0/0/0］ip address 100.0.0.2 24
［AR1-GigabitEthernet0/0/0］quit
［AR1］interface GigabitEthernet 0/0/1
［AR1-GigabitEthernet0/0/1］ip address 10.0.2.1 30
［AR1-GigabitEthernet0/0/1］quit
［AR1］interface GigabitEthernet 0/0/2
［AR1-GigabitEthernet0/0/2］ip address 10.0.2.5 30
［AR1-GigabitEthernet0/0/2］quit
［AR1］interface Serial 1/0/0
［AR1-Serial1/0/0］ip address 10.0.2.9 30
［AR1-Serial1/0/0］quit
```

3）在深圳路由器 AR3 上配置设备名及接口 IP 地址。

```
<Huawei>system-view
［Huawei］sysname AR3
［AR3］interface GigabitEthernet 0/0/0
［AR3-GigabitEthernet0/0/0］ip address 200.0.0.2 24
［AR3-GigabitEthernet0/0/0］quit
［AR3］interface GigabitEthernet 0/0/1
［AR3-GigabitEthernet0/0/1］ip address 10.1.2.1 30
［AR3-GigabitEthernet0/0/1］quit
［AR3］interface Serial 1/0/0
［AR3-Serial1/0/0］ip address 10.0.2.10 30
［AR3-Serial1/0/0］quit
```

4）在北京总部交换机 LSW1 上配置设备名、VLAN、接口 IP 地址、链路聚合。

```
<Huawei>system-view
［Huawei］sysname LSW1
［LSW1］vlan batch 11 13 100 to 101
［LSW1］interface GigabitEthernet 0/0/1
［LSW1-GigabitEthernet0/0/1］port link-type access
［LSW1-GigabitEthernet0/0/1］port default vlan 11
［LSW1-GigabitEthernet0/0/1］quit
［LSW1］interface GigabitEthernet 0/0/3
［LSW1-GigabitEthernet0/0/3］port link-type trunk
［LSW1-GigabitEthernet0/0/3］port trunk allow-pass vlan 100
［LSW1-GigabitEthernet0/0/3］quit
［LSW1］interface GigabitEthernet 0/0/4
［LSW1-GigabitEthernet0/0/4］port link-type trunk
［LSW1-GigabitEthernet0/0/4］port trunk allow-pass vlan 101
```

```
［LSW1-GigabitEthernet0/0/4］quit
［LSW1］interface Eth-Trunk 12
［LSW1-Eth-Trunk12］mode lacp-static
［LSW1-Eth-Trunk12］port link-type trunk
［LSW1-Eth-Trunk12］port trunk allow-pass vlan 13 100 101
［LSW1-Eth-Trunk12］quit
［LSW1］interface GigabitEthernet 0/0/10
［LSW1-GigabitEthernet0/0/10］eth-trunk 12
［LSW1-GigabitEthernet0/0/10］quit
［LSW1］interface GigabitEthernet 0/0/11
［LSW1-GigabitEthernet0/0/11］eth-trunk 12
［LSW1-GigabitEthernet0/0/11］quit
［LSW1］interface Vlanif 11
［LSW1-Vlanif11］ip address 10.0.2.2 30
［LSW1-Vlanif11］quit
［LSW1］interface Vlanif 13
［LSW1-Vlanif13］ip address 10.0.2.13 30
［LSW1-Vlanif13］quit
［LSW1］interface Vlanif 100
［LSW1-Vlanif100］ip address 10.0.100.1 24
［LSW1-Vlanif100］quit
［LSW1］interface Vlanif 101
［LSW1-Vlanif101］ip address 10.0.101.1 24
［LSW1-Vlanif101］quit
```

5）在北京总部交换机 LSW2 上配置设备名、VLAN、接口 IP 地址、链路聚合。

```
<Huawei>system-view
［Huawei］sysname LSW2
［LSW2］vlan batch 12 13 100 to 101
［LSW2］interface GigabitEthernet 0/0/1
［LSW2-GigabitEthernet0/0/1］port link-type access
［LSW2-GigabitEthernet0/0/1］port default vlan 12
［LSW2-GigabitEthernet0/0/1］quit
［LSW2］interface GigabitEthernet 0/0/3
［LSW2-GigabitEthernet0/0/3］port link-type trunk
［LSW2-GigabitEthernet0/0/3］port trunk allow-pass vlan 100
［LSW2-GigabitEthernet0/0/3］quit
［LSW2］interface GigabitEthernet 0/0/4
［LSW2-GigabitEthernet0/0/4］port link-type trunk
［LSW2-GigabitEthernet0/0/4］port trunk allow-pass vlan 101
［LSW2-GigabitEthernet0/0/4］quit
［LSW2］interface Eth-Trunk 12
［LSW2-Eth-Trunk12］mode lacp-static
［LSW2-Eth-Trunk12］port link-type trunk
［LSW2-Eth-Trunk12］port trunk allow-pass vlan 13 100 101
［LSW2-Eth-Trunk12］quit
［LSW2］interface GigabitEthernet 0/0/10
```

```
[LSW2-GigabitEthernet0/0/10] eth-trunk 12
[LSW2-GigabitEthernet0/0/10] quit
[LSW2] interface GigabitEthernet 0/0/11
[LSW2-GigabitEthernet0/0/11] eth-trunk 12
[LSW2-GigabitEthernet0/0/11] quit
[LSW2] interface Vlanif 12
[LSW2-Vlanif12] ip address 10.0.2.6 30
[LSW2-Vlanif12] quit
[LSW2] interface Vlanif 13
[LSW2-Vlanif13] ip address 10.0.2.14 30
[LSW2-Vlanif13] quit
[LSW2] interface Vlanif 100
[LSW2-Vlanif100] ip address 10.0.100.2 24
[LSW2-Vlanif100] quit
[LSW2] interface Vlanif 101
[LSW2-Vlanif101] ip address 10.0.101.2 24
[LSW2-Vlanif101] quit
```

6）在北京总部交换机 LSW3 上配置设备名、VLAN。

```
<Huawei>system-view
[Huawei] sysname LSW3
[LSW3] vlan batch 100
[LSW3] interface GigabitEthernet 0/0/1
[LSW3-GigabitEthernet0/0/1] port link-type trunk
[LSW3-GigabitEthernet0/0/1] port trunk allow-pass vlan 100
[LSW3-GigabitEthernet0/0/1] quit
[LSW3] interface GigabitEthernet 0/0/2
[LSW3-GigabitEthernet0/0/2] port link-type trunk
[LSW3-GigabitEthernet0/0/2] port trunk allow-pass vlan 100
[LSW3-GigabitEthernet0/0/2] quit
[LSW3] interface Ethernet0/0/1
[LSW3-Ethernet0/0/1] port link-type access
[LSW3-Ethernet0/0/1] port default vlan 100
[LSW3-Ethernet0/0/1] quit
```

7）在北京总部交换机 LSW4 上配置设备名、VLAN。

```
<Huawei>system-view
[Huawei] sysname LSW4
[LSW4] vlan batch 101
[LSW4] interface GigabitEthernet 0/0/1
[LSW4-GigabitEthernet0/0/1] port link-type trunk
[LSW4-GigabitEthernet0/0/1] port trunk allow-pass vlan 101
[LSW4-GigabitEthernet0/0/1] quit
[LSW4] interface GigabitEthernet 0/0/2
[LSW4-GigabitEthernet0/0/2] port link-type trunk
[LSW4-GigabitEthernet0/0/2] port trunk allow-pass vlan 101
```

```
[LSW4-GigabitEthernet0/0/2] quit
[LSW4] interface Ethernet0/0/1
[LSW4-Ethernet0/0/1] port link-type access
[LSW4-Ethernet0/0/1] port default vlan 101
[LSW4-Ethernet0/0/1] quit
```

8）在深圳交换机 LSW5 上配置设备名、VLAN、接口 IP 地址。

```
<Huawei>system-view
[Huawei] sysname LSW5
[LSW5] vlan batch 11 102
[LSW5] interface GigabitEthernet 0/0/1
[LSW5-GigabitEthernet0/0/1] port link-type access
[LSW5-GigabitEthernet0/0/1] port default vlan 11
[LSW5-GigabitEthernet0/0/1] quit
[LSW5] interface GigabitEthernet 0/0/2
[LSW5-GigabitEthernet0/0/2] port link-type trunk
[LSW5-GigabitEthernet0/0/2] port trunk allow-pass vlan 102
[LSW5-GigabitEthernet0/0/2] quit
[LSW5] interface Vlanif 11
[LSW5-Vlanif11] ip address 10.1.2.2 30
[LSW5-Vlanif11] quit
[LSW5] interface Vlanif 102
[LSW5-Vlanif102] ip address 10.1.102.254 24
[LSW5-Vlanif102] quit
```

9）在深圳交换机 LSW6 上配置设备名、VLAN。

```
<Huawei>system-view
[Huawei] sysname LSW6
[LSW6] vlan batch 102
[LSW6] interface GigabitEthernet 0/0/1
[LSW6-GigabitEthernet0/0/1] port link-type trunk
[LSW6-GigabitEthernet0/0/1] port trunk allow-pass vlan 102
[LSW6-GigabitEthernet0/0/1] quit
[LSW6] interface Ethernet0/0/1
[LSW6-Ethernet0/0/1] port link-type access
[LSW6-Ethernet0/0/1] port default vlan 102
[LSW6-Ethernet0/0/1] quit
```

2. 部署 MSTP，实现总部二层防环

MSTP 域名：HUAWEI

修订级别：0

VLAN100 属于实例 1，SW1 为实例 1 主根桥，SW2 为实例 1 备根桥

VLAN101 属于实例 2，SW2 为实例 2 主根桥，SW1 为实例 2 备根桥

1）在北京总部交换机 LSW1 上部署 MSTP。

微课 9-2
部署
MSTP
协议

```
[LSW1] stp region-configuration
```

```
[LSW1-mst-region] region-name HUAWEI
[LSW1-mst-region] revision-level 0
[LSW1-mst-region] instance 1 vlan 100
[LSW1-mst-region] instance 2 vlan 101
[LSW1-mst-region] active region-configuration
[LSW1-mst-region] quit
[LSW1] stp instance 1 root primary
[LSW1] stp instance 2 root secondary
[LSW1] stp instance 0 root primary
```

2）在北京总部交换机 LSW2 上部署 MSTP。

```
[LSW2] stp region-configuration
[LSW2-mst-region] region-name HUAWEI
[LSW2-mst-region] revision-level 0
[LSW2-mst-region] instance 1 vlan 100
[LSW2-mst-region] instance 2 vlan 101
[LSW2-mst-region] active region-configuration
[LSW2-mst-region] quit
[LSW2] stp instance 2 root primary
[LSW2] stp instance 1 root secondary
[LSW2] stp instance 0 root secondary
```

3）在北京总部交换机 LSW3 上部署 MSTP。

```
[LSW3] stp region-configuration
[LSW3-mst-region] region-name HUAWEI
[LSW3-mst-region] revision-level 0
[LSW3-mst-region] instance 1 vlan 100
[LSW3-mst-region] instance 2 vlan 101
[LSW3-mst-region] active region-configuration
[LSW3-mst-region] quit
```

4）在北京总部交换机 LSW4 上部署 MSTP。

```
[LSW4] stp region-configuration
[LSW4-mst-region] region-name HUAWEI
[LSW4-mst-region] revision-level 0
[LSW4-mst-region] instance 1 vlan 100
[LSW4-mst-region] instance 2 vlan 101
[LSW4-mst-region] active region-configuration
[LSW4-mst-region] quit
```

3. 部署 VRRP

IT 部业务配置 VRRP，LSW1 为 Master，SW2 为 Backup，同时，当 LSW1 上行链路 GE0/0/1 出现故障时，网关可切换至 LSW2，当链路恢复后 60s 业务回切。

1）在北京总部交换机 LSW1 上部署 VRRP。

```
[LSW1] interface Vlanif 100
```

微课 9-3
部署
VRRP
协议

```
[LSW1-Vlanif100] vrrp vrid 100 virtual-ip 10.0.100.254
[LSW1-Vlanif100] vrrp vrid 100 priority 150
[LSW1-Vlanif100] vrrp vrid 100 track interface GigabitEthernet 0/0/1 reduced 80
[LSW1-Vlanif100] vrrp vrid 100 preempt-mode timer delay 60
[LSW1-Vlanif100] quit
```

2）在北京总部交换机 LSW2 上部署 VRRP。

```
[LSW2] interface Vlanif 100
[LSW2-Vlanif100] vrrp vrid 100 virtual-ip 10.0.100.254
[LSW2-Vlanif100] quit
```

市场部业务配置 VRRP，LSW2 为 Master，LSW1 为 Backup，同时，当 LSW2 上行链路 GE0/0/1 出现故障时，网关可切换至 LSW1，当链路恢复后 60s 业务回切。

3）在北京总部交换机 LSW2 上部署 VRRP。

```
[LSW2] interface Vlanif 101
[LSW2-Vlanif101] vrrp vrid 101 virtual-ip 10.0.101.254
[LSW2-Vlanif101] vrrp vrid 101 priority 150
[LSW2-Vlanif101] vrrp vrid 101 track interface GigabitEthernet 0/0/1 reduced 80
[LSW2-Vlanif101] vrrp vrid 101 preempt-mode timer delay 60
[LSW2-Vlanif101] quit
```

4）在北京总部交换机 LSW1 上部署 VRRP。

```
[LSW1] interface Vlanif 101
[LSW1-Vlanif101] vrrp vrid 101 virtual-ip 10.0.101.254
[LSW1-Vlanif101] quit
```

4. 完成总部与分支之间 PPP 链路配置

1）在北京总部路由器 AR1 上部署 PPP。

```
[AR1] aaa
[AR1-aaa] local-user huawei password cipher Huawei@123
[AR1-aaa] local-user huawei service-type ppp
[AR1-aaa] quit
[AR1] interface Serial 1/0/0
[AR1-Serial1/0/0] ppp authentication-mode chap
[AR1-Serial1/0/0] quit
```

微课 9-4
总部与分支之间
PPP 链路配置

2）在深圳路由器 AR3 上部署 PPP。

```
[AR3] interface Serial 1/0/0
[AR3-Serial1/0/0] ppp chap user huawei
[AR3-Serial1/0/0] ppp chap password cipher Huawei@123
[AR3-Serial1/0/0] quit
```

微课 9-5
全网路由配置

5. 完成全网路由配置

在 AR1、AR3、LSW1、LSW2、LSW5 之间运行 OSPF 协议学习路由，其中 AR1、SW1、

SW2 所有互联接口属于 Area0 区域，AR3（S1/0/0 接口除外）与 SW5 属于 Area1 区域。

1）在北京总部路由器 AR1 上部署 OSPF 协议。

```
[AR1] ospf 1 router-id 1.1.1.1
[AR1-ospf-1] area 0
[AR1-ospf-1-area-0.0.0.0] network 10.0.2.1 0.0.0.0
[AR1-ospf-1-area-0.0.0.0] network 10.0.2.5 0.0.0.0
[AR1-ospf-1-area-0.0.0.0] network 10.0.2.9 0.0.0.0
[AR1-ospf-1-area-0.0.0.0] quit
[AR1-ospf-1] default-route-advertise always
[AR1-ospf-1] quit
```

2）在深圳路由器 AR3 上部署 OSPF 协议。

```
[AR3] ospf 1 router-id 3.3.3.3
[AR3-ospf-1] area 0
[AR3-ospf-1-area-0.0.0.0] network 10.0.2.10 0.0.0.0
[AR3-ospf-1-area-0.0.0.0] quit
[AR3-ospf-1] area 1
[AR3-ospf-1-area-0.0.0.1] network 10.1.2.1 0.0.0.0
[AR3-ospf-1-area-0.0.0.1] quit
[AR3-ospf-1] quit
```

3）在北京总部交换机 LSW1 上部署 OSPF 协议。

```
[LSW1] ospf 1 router-id 10.10.10.10
[LSW1-ospf-1] area 0
[LSW1-ospf-1-area-0.0.0.0] network 10.0.2.2 0.0.0.0
[LSW1-ospf-1-area-0.0.0.0] network 10.0.2.13 0.0.0.0
[LSW1-ospf-1-area-0.0.0.0] network 10.0.100.1 0.0.0.0
[LSW1-ospf-1-area-0.0.0.0] network 10.0.101.1 0.0.0.0
[LSW1-ospf-1-area-0.0.0.0] quit
[LSW1-ospf-1] quit
```

4）在北京总部交换机 LSW2 上部署 OSPF 协议。

```
[LSW2] ospf 1 router-id 20.20.20.20
[LSW2-ospf-1] area 0
[LSW2-ospf-1-area-0.0.0.0] network 10.0.2.6 0.0.0.0
[LSW2-ospf-1-area-0.0.0.0] network 10.0.2.14 0.0.0.0
[LSW2-ospf-1-area-0.0.0.0] network 10.0.100.2 0.0.0.0
[LSW2-ospf-1-area-0.0.0.0] network 10.0.101.2 0.0.0.0
[LSW2-ospf-1-area-0.0.0.0] quit
[LSW2-ospf-1] quit
```

5）在深圳交换机 LSW5 上部署 OSPF 协议。

```
[LSW5] ospf 1 router-id 50.50.50.50
[LSW5-ospf-1] area 1
[LSW5-ospf-1-area-0.0.0.1] network 10.1.2.2 0.0.0.0
```

```
[LSW5-ospf-1-area-0.0.0.1] network 10.1.102.254 0.0.0.0
[LSW5-ospf-1-area-0.0.0.1] quit
[LSW5-ospf-1] quit
```

6）在北京总部路由器 AR1 上部署默认路由，指向 Internet。

```
[AR1] ip route-static 0.0.0.0 0 100.0.0.1
```

7）在深圳总部路由器 AR3 上部署默认路由，指向 Internet。

```
[AR3] ip route-static 0.0.0.0 0 200.0.0.1
```

6. 完成总部和分支 Internet 接入及 NAT 配置

AR1 和 AR3 分别为总部和分支的出口路由器，各自通过 GE0/0/0 端口连接 Internet，要求上班时间（9:00–12:00、14:00–18:00）市场部不允许访问 Internet，其他时间所有终端都可访问 Internet。

微课 9-6
总部和分
支 Internet
接入及
NAT 配置

1）在北京总部路由器 AR1 上定义基于时间段的 ACL 并部署 NAT。

```
[AR1] time-range work 9:00 to 12:00 working-day
[AR1] time-range work 14:00 to 18:00 working-day
[AR1] acl 2000
[AR1-acl-basic-2000] rule deny source 10.0.101.0 0.0.0.255 time-range work
[AR1-acl-basic-2000] rule permit
[AR1-acl-basic-2000] quit
[AR1] interface GigabitEthernet 0/0/0
[AR1-GigabitEthernet0/0/0] nat outbound 2000
[AR1-GigabitEthernet0/0/0] quit
```

2）在深圳路由器 AR3 上配置 ACL 及 NAT。

```
[AR3] acl 2000
[AR3-acl-basic-2000] rule permit
[AR3-acl-basic-2000] quit
[AR3] interface GigabitEthernet 0/0/0
[AR3-GigabitEthernet0/0/0] nat outbound 2000
[AR3-GigabitEthernet0/0/0] quit
```

任务9.4 项目测试

1. 查看北京总部各交换机 STP 信息

微课 9-7
项目测试

```
<LSW1>display stp brief
  MSTID  Port                    Role   STP State      Protection
    0    GigabitEthernet0/0/1    DESI   FORWARDING     NONE
```

MSTID	Port	Role	STP State	Protection
0	GigabitEthernet0/0/3	DESI	FORWARDING	NONE
0	GigabitEthernet0/0/4	DESI	FORWARDING	NONE
0	Eth-Trunk12	DESI	FORWARDING	NONE
1	GigabitEthernet0/0/3	DESI	FORWARDING	NONE
1	Eth-Trunk12	DESI	FORWARDING	NONE
2	GigabitEthernet0/0/4	DESI	FORWARDING	NONE
2	Eth-Trunk12	DESI	FORWARDING	NONE

<LSW2>display stp brief

MSTID	Port	Role	STP State	Protection
0	GigabitEthernet0/0/1	DESI	FORWARDING	NONE
0	GigabitEthernet0/0/3	DESI	FORWARDING	NONE
0	GigabitEthernet0/0/4	DESI	FORWARDING	NONE
0	Eth-Trunk12	ROOT	FORWARDING	NONE
1	GigabitEthernet0/0/3	DESI	FORWARDING	NONE
1	Eth-Trunk12	MAST	FORWARDING	NONE
2	GigabitEthernet0/0/4	DESI	FORWARDING	NONE
2	Eth-Trunk12	MAST	FORWARDING	NONE

<LSW3>display stp brief

MSTID	Port	Role	STP State	Protection
0	Ethernet0/0/1	DESI	FORWARDING	NONE
0	GigabitEthernet0/0/1	ALTE	DISCARDING	NONE
0	GigabitEthernet0/0/2	ROOT	FORWARDING	NONE
1	Ethernet0/0/1	DESI	FORWARDING	NONE
1	GigabitEthernet0/0/1	ALTE	DISCARDING	NONE
1	GigabitEthernet0/0/2	ROOT	FORWARDING	NONE

<LSW4>display stp brief

MSTID	Port	Role	STP State	Protection
0	Ethernet0/0/1	DESI	FORWARDING	NONE
0	GigabitEthernet0/0/1	ALTE	DISCARDING	NONE
0	GigabitEthernet0/0/2	ROOT	FORWARDING	NONE
2	Ethernet0/0/1	DESI	FORWARDING	NONE
2	GigabitEthernet0/0/1	ALTE	DISCARDING	NONE
2	GigabitEthernet0/0/2	ROOT	FORWARDING	NONE

2. 查看 VRRP 状态

［LSW1］display vrrp 100
  Vlanif100 | Virtual Router 100
   State : Master
   Virtual IP : 10.0.100.254
   Master IP : 10.0.100.1
   PriorityRun : 150
   PriorityConfig : 150
   MasterPriority : 150
   Preempt : YES   Delay Time : 60 s

TimerRun : 1 s
TimerConfig : 1 s
Auth type : NONE
Virtual MAC : 0000-5e00-0164
Check TTL : YES
Config type : normal-vrrp
Track IF : GigabitEthernet0/0/1　Priority reduced : 80
IF state : UP
Create time : 2024-05-25 13:22:44 UTC-08:00
Last change time : 2024-05-25 13:22:48 UTC-08:00

［LSW2］display vrrp 100
　Vlanif100 | Virtual Router 100
　State : Backup
　Virtual IP : 10.0.100.254
　Master IP : 10.0.100.1
　PriorityRun : 100
　PriorityConfig : 100
　MasterPriority : 150
　Preempt : YES　Delay Time : 0 s
　TimerRun : 1 s
　TimerConfig : 1 s
　Auth type : NONE
　Virtual MAC : 0000-5e00-0164
　Check TTL : YES
　Config type : normal-vrrp
　Create time : 2024-05-25 13:23:15 UTC-08:00
　Last change time : 2024-05-25 13:23:15 UTC-08:00

［LSW2］display vrrp 101
　Vlanif101 | Virtual Router 101
　State : Master
　Virtual IP : 10.0.101.254
　Master IP : 10.0.101.2
　PriorityRun : 150
　PriorityConfig : 150
　MasterPriority : 150
　Preempt : YES　Delay Time : 60 s
　TimerRun : 1 s
　TimerConfig : 1 s
　Auth type : NONE
　Virtual MAC : 0000-5e00-0165
　Check TTL : YES
　Config type : normal-vrrp
　Track IF : GigabitEthernet0/0/1　Priority reduced : 80
　IF state : UP
　Create time : 2024-05-25 13:24:31 UTC-08:00
　Last change time : 2024-05-25 13:24:34 UTC-08:00

```
[LSW1] display vrrp 101
  Vlanif101 | Virtual Router 101
    State : Backup
    Virtual IP : 10.0.101.254
    Master IP : 10.0.101.2
    PriorityRun : 100
    PriorityConfig : 100
    MasterPriority : 150
    Preempt : YES   Delay Time : 0 s
    TimerRun : 1 s
    TimerConfig : 1 s
    Auth type : NONE
    Virtual MAC : 0000-5e00-0165
    Check TTL : YES
    Config type : normal-vrrp
    Create time : 2024-05-25 13:25:00 UTC-08:00
    Last change time : 2024-05-25 13:25:00 UTC-08:00
```

3. 查看各设备 OSPF 邻接关系

```
<AR1>display ospf peer
              OSPF Process 1 with Router ID 1.1.1.1
                      Neighbors
Area 0.0.0.0 interface 10.0.2.1(GigabitEthernet0/0/1)'s neighbors
Router ID: 10.10.10.10    Address: 10.0.2.2
  State: Full  Mode:Nbr is  Master  Priority: 1
  DR: 10.0.2.1  BDR: 10.0.2.2  MTU: 0
  Dead timer due in 38  sec
  Retrans timer interval: 5
  Neighbor is up for 00:04:01
  Authentication Sequence: [ 0 ]
                      Neighbors
Area 0.0.0.0 interface 10.0.2.5(GigabitEthernet0/0/2)'s neighbors
Router ID: 20.20.20.20    Address: 10.0.2.6
  State: Full  Mode:Nbr is  Master  Priority: 1
  DR: 10.0.2.5  BDR: 10.0.2.6  MTU: 0
  Dead timer due in 34  sec
  Retrans timer interval: 5
  Neighbor is up for 00:03:11
  Authentication Sequence: [ 0 ]
                      Neighbors
Area 0.0.0.0 interface 10.0.2.9(Serial1/0/0)'s neighbors
Router ID: 3.3.3.3        Address: 10.0.2.10
  State: Full  Mode:Nbr is  Master  Priority: 1
  DR: None  BDR: None  MTU: 0
  Dead timer due in 32  sec
  Retrans timer interval: 5
```

Neighbor is up for 00:04:44
Authentication Sequence: [0]

<AR3>display ospf peer
                OSPF Process 1 with Router ID 3.3.3.3
                        Neighbors
 Area 0.0.0.0 interface 10.0.2.10(Serial1/0/0)'s neighbors
 Router ID: 1.1.1.1   Address: 10.0.2.9
  State: Full Mode:Nbr is Slave Priority: 1
  DR: None BDR: None   MTU: 0
  Dead timer due in 28 sec
  Retrans timer interval: 5
  Neighbor is up for 00:05:21
  Authentication Sequence: [0]
                        Neighbors
 Area 0.0.0.1 interface 10.1.2.1(GigabitEthernet0/0/1)'s neighbors
 Router ID: 50.50.50.50   Address: 10.1.2.2
  State: Full Mode:Nbr is Master Priority: 1
  DR: 10.1.2.1 BDR: 10.1.2.2 MTU: 0
  Dead timer due in 36 sec
  Retrans timer interval: 5
  Neighbor is up for 00:03:07
  Authentication Sequence: [0]

<LSW5>display ospf peer
                OSPF Process 1 with Router ID 50.50.50.50
                        Neighbors
 Area 0.0.0.1 interface 10.1.2.2(Vlanif11)'s neighbors
 Router ID: 3.3.3.3   Address: 10.1.2.1
  State: Full Mode:Nbr is Slave Priority: 1
  DR: 10.1.2.1 BDR: 10.1.2.2 MTU: 0
  Dead timer due in 33 sec
  Retrans timer interval: 5
  Neighbor is up for 00:03:37
  Authentication Sequence: [0]

4. 在北京总部路由器 AR1 上查看 ACL 及 NAT

[AR1] display acl 2000
Basic ACL 2000, 2 rules
Acl's step is 5
 rule 5 deny source 10.0.101.0 0.0.0.255 time-range work(Inactive)
 rule 10 permit

[AR1] display nat outbound
 NAT Outbound Information:

 Interface   Acl   Address-group/IP/Interface   Type

```
--------------------------------------------------------------------------
GigabitEthernet0/0/0      2000                   100.0.0.2   easyip
--------------------------------------------------------------------------
Total : 1
```

5. 在深圳路由器 AR3 上查看 ACL 及 NAT

```
〔AR3〕display acl 2000
Basic ACL 2000, 1 rule
Acl's step is 5
 rule 5 permit

〔AR3〕display nat outbound
NAT Outbound Information:
--------------------------------------------------------------------------
Interface          Acl   Address-group/IP/Interface   Type
--------------------------------------------------------------------------
GigabitEthernet0/0/0      2000                   200.0.0.2   easyip
--------------------------------------------------------------------------
Total : 1
```

6. 保存设备配置

1）保存路由器 Internet 的配置。

```
<Internet>save
 The current configuration will be written to the device.
 Are you sure to continue? (y/n) 〔n〕:y
 It will take several minutes to save configuration file, please wait.......
 Configuration file had been saved successfully
 Note: The configuration file will take effect after being activated
```

2）保存北京总部路由器 AR1 的配置。

```
<AR1>save
 The current configuration will be written to the device.
 Are you sure to continue? (y/n) 〔n〕:y
 It will take several minutes to save configuration file, please wait.......
 Configuration file had been saved successfully
 Note: The configuration file will take effect after being activated
```

接下来，依次保存深圳路由器 AR3，北京总部交换机 LSW1、LSW2、LSW3、LSW4，深圳分公司交换机 LSW5、LSW6 的配置。

技能训练 ▶▶

某 C 公司的办公楼是一座三层现代建筑，一楼设有接待大厅、前台和咖啡厅，同时配备多功能会议室，主要通过无线网络上网；二楼为开放式办公区和独立办公室，辅以小型会议室和茶水间；三楼则是管理层办公室和 IT 部门所在地，并设有员工休息室及户外休闲露台。网络拓扑如图 9-2 所示，请完成该网络的部署。

图 9-2

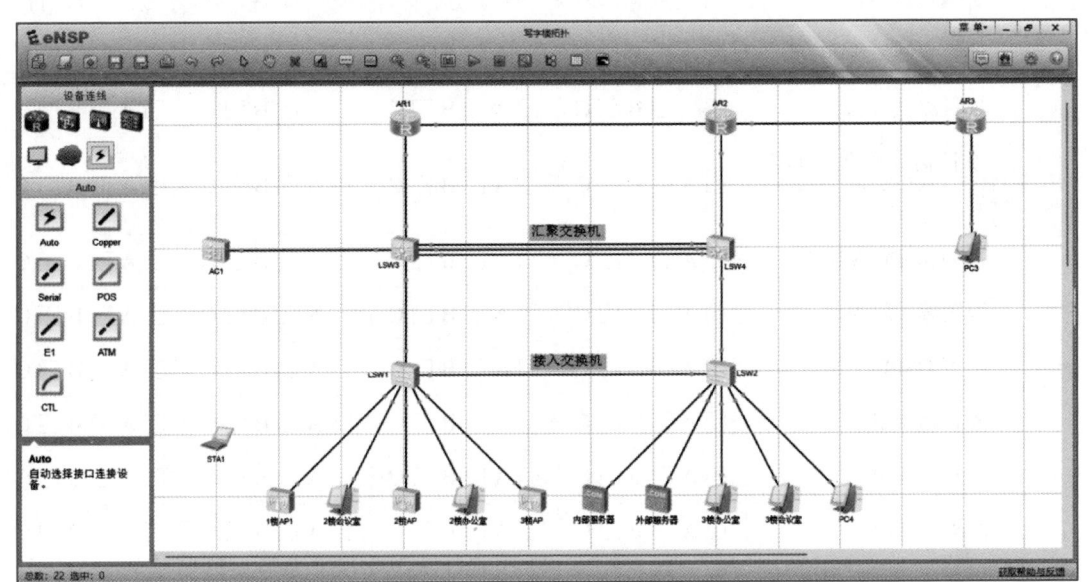

图 9-2　某 C 公司网络拓扑

项目需求如下：

1）使用静态路由、动态路由协议使内网各部门网络互通。

2）在交换机 LSW3、LSW4 上配置链路聚合，LSW3 为主控端且所有交换机允许 STP 协议。

3）配置 AP 上线（DHCP 服务为 AP 分配地址池，使用域标识为 CN 国家码，认证模式为 MAC 模式、配置 SSID 命名 Office，密码模式为 wpa2，密码为：Office@123。VAP 使用隧道模式传输）。

4）汇聚交换机和核心路由器互访需求，使用 OSPF 建立邻居关系，实现所以终端设备都能够互访。

5）配置运营商设备，AR3 上配置 PPPoE 服务器并配置 DHCP 地址池（使用 CHAP 认证，创建 AAA 用户、用户名：hw123，密码：huawei@123）。

6）AR2 配置 NAT 实现公司内网设备均能访问外网设备。

7）访问控制和网络优化，避免外来网络接入公司内部服务器。

学习评价

项目 9　项目综合实战学习评价表

评价内容		学 生 自 评	小 组 互 评	教 师 评 价	综 合 评 价
知识	项目需求分析方法	□ A □ B □ C	□ A □ B □ C	□ A □ B □ C	□ A □ B □ C
	项目规划原则	□ A □ B □ C	□ A □ B □ C	□ A □ B □ C	□ A □ B □ C

续表

评 价 内 容		学 生 自 评	小 组 互 评	教 师 评 价	综 合 评 价
知识	项目实施流程和方法	□A □B □C	□A □B □C	□A □B □C	□A □B □C
	项目测试方法	□A □B □C	□A □B □C	□A □B □C	□A □B □C
能力	项目需求收集整理和分析	□A □B □C	□A □B □C	□A □B □C	□A □B □C
	规划和配置 VLAN	□A □B □C	□A □B □C	□A □B □C	□A □B □C
	配置静态路由	□A □B □C	□A □B □C	□A □B □C	□A □B □C
	配置 OSPF 路由协议	□A □B □C	□A □B □C	□A □B □C	□A □B □C
	配置路由引入	□A □B □C	□A □B □C	□A □B □C	□A □B □C
	配置 MSTP	□A □B □C	□A □B □C	□A □B □C	□A □B □C
	配置 VRRP	□A □B □C	□A □B □C	□A □B □C	□A □B □C
	能够完成项目测试	□A □B □C	□A □B □C	□A □B □C	□A □B □C
素养	科技强国的责任与担当	□A □B □C	□A □B □C	□A □B □C	□A □B □C
	规范书写项目文档能力	□A □B □C	□A □B □C	□A □B □C	□A □B □C
	实训场地的清理	□A □B □C	□A □B □C	□A □B □C	□A □B □C
	团队协作能力	□A □B □C	□A □B □C	□A □B □C	□A □B □C
	沟通协调能力	□A □B □C	□A □B □C	□A □B □C	□A □B □C
	规范操作	□A □B □C	□A □B □C	□A □B □C	□A □B □C
综合评价		□A □B □C			
学生签名：		老师签名：			

备注：A 表示"优秀"，B 表示"良好"，C 表示"合格"。

项目小结

本项目选取企业的真实案例，介绍从需求分析、规划设计、部署实施、测试完整的实施过程。需求分析主要是收集整理用户对所部署网络在功能和性能方面的要求，并按照规范进行梳理。规划设计主要是根据需求分析结果，设计网络拓扑结构、确定设备、划分VLAN、分配 IP 地址、制定安全策略等。部署实施主要是网络布线与连接、设备配置与调试、安全策略实施等。测试主要是网络性能测试、安全测试、用户验收测试等。

　　本项目的重点是网络的规划和设计、设备的选型、施工与安装、测试与验收等，难点是设备的兼容性与配置、网络安全与防护、项目管理与协调等。通过本项目的学习，将掌握实际网络项目实施过程的相关知识，能够进行真实企业网络的部署。

思考与练习

一、填空题

1. 查看设备当前生效配置的命令是_____。

2. 查看当前视图下生效配置的命令是_____。

3. 查看路由设备 IP 路由表信息的命令是_____。

4. 查看设备接口 IP 地址简要信息的命令是_____。

5. 查看 OSPF 路由器邻居简要信息的命令是_____。

二、简答题

1. 简述企业网络规划流程。

2. 简述交换机和路由器的主要区别。

3. 在典型的交换网络中，广播域过大会带来哪些问题？

4. 在企业网络规划设计中，如何选择合适的网络设备？

5. 规划设计企业网络时应遵守哪些规则？

参 考 文 献

[1] 梁广民，齐坤，徐磊，程越．网络互联技术（华为）[M]．3 版．北京：高等教育出版社，2023．

[2] 汪双顶，王隆杰，梁广民．高级路由技术与实践 [M]．北京：高等教育出版社，2020．

[3] 华为技术有限公司．网络系统建设与运维（初级）微课版 [M]．2 版．北京：人民邮电出版社，2024．

[4] 华为技术有限公司．网络系统建设与运维（中级）微课版 [M]．2 版．北京：人民邮电出版社，2024．

[5] 华为技术有限公司．网络系统建设与运维（高级）微课版 [M]．2 版．北京：人民邮电出版社，2024．

[6] 朱壮普．网络互联技术 [M]．北京：电子工业出版社，2023．

[7] 崔升广．高级网络互联技术项目教程（微课版）[M]．北京：人民邮电出版社，2024．

[8] 冯昊．交换机 / 路由器的配置与管理 [M]．3 版．北京：清华大学出版社，2022．

[9] 华为技术有限公司．HCIA-Datacom 网络技术学习指南 [M]．北京：人民邮电出版社，2022．

[10] 徐霄宇，等．计算机网络技术基础（项目式微课版）[M]．北京：人民邮电出版社，2024．

[11] 王进，等．华为新数通 Datacom 认证实验指南 [M]．北京：中国水利水电出版社，2023．

[12] 华为技术有限公司．HCIA-WLAN 学习指南 [M]．北京：人民邮电出版社，2023．

[13] 蔺玉珂．无线局域网组建与优化（HCIA-WLAN）（微课版）[M]．北京：人民邮电出版社，2024．

[14] 石淑华，等．计算机网络安全技术（微课版）[M]．7 版．北京：人民邮电出版社，2025．

[15] 刘洪亮．信息安全技术（HCIA-Security）（微课版）[M]．2 版．北京：人民邮电出版社，2025．

[16] 龚娟，等．计算机网络基础（微课版）[M]．5 版．北京：人民邮电出版社，2024．

[17] 刘勇，等．计算机网络基础 [M]．北京：清华大学出版社，2025．

[18] 华为技术有限公司．数据通信与网络技术 [M]．北京：人民邮电出版社，2021．

读者意见反馈

为收集对教材的意见建议，进一步完善教材编写并做好服务工作，读者可将对本教材的意见建议通过如下渠道反馈至我社。

咨询电话 400-810-0598

反馈邮箱 gjdzfwb@pub.hep.cn

通信地址 北京市朝阳区惠新东街 4 号富盛大厦 1 座
　　　　　　高等教育出版社总编辑办公室

邮政编码 100029

资源服务提示

授课教师如需获得本书配套的教学资源，请登录"高等教育出版社产品信息检索系统"（xuanshu.hep.com.cn）搜索下载，首次使用本系统的用户，请先进行注册并完成教师资格认证。